ENTRETIENS ET CONFÉRENCES

Dans la même collection

GEORGES PEREC

ENTRETIENS ET CONFÉRENCES, volume 2, 1979-1981.

MICHEL BUTOR

ENTRETIENS, quarante ans de vie littéraire, volume 1, 1956-1968.
ENTRETIENS, quarante ans de vie littéraire, volume 2, 1969-1978.
ENTRETIENS, quarante ans de vie littéraire, volume 3, 1979-1996.

Georges Perec

Entretiens et conférences,

volume I
1965-1978

Édition critique établie par
Dominique Bertelli et Mireille Ribière

ouvrage publié avec le concours
du Centre national du livre

Joseph K.

Ouvrage publié
sous la responsabilité
de Franck Lhomeau

Remerciements

À Ela Bienenfeld, qui nous a permis de consulter le fonds privé Georges Perec déposé à la bibliothèque de l'Arsenal et de reproduire les documents réunis ici.

À Paulette Perec, qui nous a fait bénéficier de ses souvenirs personnels et de son expérience de conservateur en chef à la Bibliothèque nationale de France.

À Marcel Bénabou et Bernard Magné, pour leurs précieuses relectures.

À Claude Burgelin, pour son aimable soutien.

À l'Association Georges Perec (bibliothèque de l'Arsenal).

À tous ceux qui, directement ou indirectement, ont contribué à la collecte de documents et d'informations : Jorge Aguilar Mora, Marie-Béatrice Angelé, Françoise Arndt, Jan Baetens, Georges Balandier, Éric Beaumatin, David Bellos, Jacques Bens †, Pierre Bourgeade, Roland Brasseur, Philippe Bruhat, Michel Butor, Catherine Chauchard, Andrée Chauvin, Susan Clark, Danielle Constantin, Maurice Couturier, Marcel Cuvelier, Cécile De Bary, Henri Desoubeaux, Philippe-Gérard Dupuy, Jean Duvignaud, Paul Fournel, Jacques Gaudier, Pierre Getzler, Eugen Helmlé †, John Jensen, Jean-Luc Joly, Steen Bille Jørgensen, Michel Laclos, Bianca Lamblin, Philippe Larincq, Anne Lillios, Jean Mailland, Adrian Mathews, Harry Mathews, Wilfrid Mazzorato, Claude Mesplède, Michèle Métail, Manet van Montfrans, Kaye Mortley, Eva T. Nielsen, John Pedersen, Cécile Petit, André Peyrat, Jacques Poli †, Bernard Queysanne, Robyn Ravlich, Léon Robel, Jacques Roubaud, Bernardo Schiavetta, Isabelle Sig, Caroline Szylowicz, Peter Schröder, Uwe Schleypen, Ros Schwartz, Carsten Sestoft, Maria Turaids, Jocelyn van Tuyl, Timothy Warner, Alain Zalmanski.

À Franck Lhomeau, Cécile You et Maurice Bondu, des éditions Joseph K.

D.B. et M.R.

Avant-propos

En permettant de découvrir plus largement un Perec commentateur de son œuvre, les documents ici réunis témoignent de l'émergence et de l'affirmation progressive de son esthétique, tout en le situant par rapport à l'actualité littéraire, culturelle et sociopolitique de l'époque.

Le premier volume de ces entretiens et conférences suit le cheminement de Georges Perec à partir de l'automne 1965, où son premier roman publié, *Les Choses*, obtient le prix Renaudot, jusqu'à l'automne 1978, où *La Vie mode d'emploi*, ouvrage qui l'imposera définitivement sur la scène littéraire française et internationale, obtient le prix Médicis.

Un simple coup d'œil au sommaire de ce volume révèle entre 1967 et 1978 une longue période durant laquelle Perec n'est que rarement sollicité pour s'expliquer publiquement sur son activité d'écrivain dans les journaux et revues. Son bref retour sur le devant de l'actualité culturelle, à l'occasion de la sortie de l'adaptation cinématographique d'*Un Homme qui dort*, prix Jean-Vigo 1974, fait mesurer à quel point Perec est alors marginal par rapport à l'actualité littéraire — marginalité que son succès à partir de 1978 tend à faire quelque peu oublier. Pourtant, après *Quel petit vélo à guidon chromé au fond de la cour ?* (1966) et *Un Homme qui dort* (1967), Perec se révèle remarquablement prolifique : ses deux premiers romans oulipiens, dont l'un (*La Disparition*, 1969) se prive de la lettre « e » tandis que l'autre ne s'autorise que cette voyelle (*Les Revenentes*, 1972), sont suivis de récits de rêves (*La Boutique obscure*, 1973), d'un essai (*Espèces d'espaces*, 1974), d'un livre où alternent récit autobiographique et texte de fiction (*W ou le Souvenir d'enfance*, 1975) et d'un recueil de 176 poèmes hétérogrammatiques (*Alphabets*, 1976), auxquels viennent s'ajouter, entre autres, les premières représentations de *L'Augmentation* (1970) et de *La Poche Parmentier* (1974), ainsi que plusieurs créations musicales ou radiophoniques et autres travaux en collaboration.

Durant cette période d'expérimentation soutenue, où il s'essaie à différents types de discours et de pratiques esthétiques, Perec ne semble guère éveiller la curiosité. Ainsi, à notre connaissance, aucun journaliste de la presse écrite n'est

tenté de lui demander de s'expliquer sur *La Disparition*, roman devenu légen-
daire, ni sur *W ou le Souvenir d'enfance*, livre considéré aujourd'hui comme
incontournable dans le champ autobiographique mais à propos duquel aucun
entretien n'a été retrouvé, à part l'échange — parfois cité mais resté inédit —
entre Perec et son ami et traducteur allemand Eugen Helmlé, à Sarrebruck. Il
faudra attendre 1978 pour que les travaux des dix années précédentes soient
progressivement redécouverts à la faveur du succès de *La Vie mode d'emploi* et,
par ricochet, de *Je me souviens* également paru en 1978.

Le second volume couvre un laps de temps beaucoup plus réduit que le
précédent, puisqu'il regroupe une quarantaine de documents recueillis ou
publiés entre le début de l'année 1979 et la fin de 1981. Ces trois années, qui
voient la sortie du film *Série Noire* (1979) dont Perec a signé les dialogues, la
parution d'*Un cabinet d'amateur* (1979) suivie de deux recueils, *La Clôture et
autres poèmes* (1980) et *Théâtre I* (1981), d'ouvrages en collaboration dont *Récits
d'Ellis Island* (1980) avec Robert Bober et la traduction d'un second roman de
Harry Mathews, *Le Naufrage du stade Odradek* (1981), correspondent en effet à
une période d'activité intense dans le domaine du dialogue avec la presse et de
la communication avec les lecteurs français et étrangers. Depuis octobre 1978,
date de sa démission du CNRS, Perec exerce l'unique profession d'écrivain.
Suite au succès de *La Vie mode d'emploi*, il est très sollicité et, en l'absence jusqu'à la mi-1981 de grand projet d'écriture en cours, répond aux nombreuses
invitations.

Si *La Vie mode d'emploi* reste au cœur de nombreux échanges, d'autres étant
motivés par les parutions plus récentes, l'heure est souvent aux entretiens thé-
matiques : l'espace urbain, l'informatique, le jazz, le jeu, le rôle de la mémoire
dans l'œuvre perecquienne, les modèles littéraires, le pouvoir générateur de la
contrainte. C'est également l'époque des bilans et des retours en arrière : à plusieurs reprises, les interlocuteurs de Perec — Patrice Fardeau et Jean-Marie
Le Sidaner en 1979, Ewa Pawlikowska en 1981 — l'invitent à jeter un regard
rétrospectif sur son œuvre et à s'interroger sur son évolution ; dans un long
entretien encore inédit de 1981 avec Bernard Pous, Perec retrace la genèse de
ses textes majeurs ; les conférences australiennes de 1981 sont, par ailleurs, l'occasion pour Perec de revenir sur *Les Choses* et ses débuts d'écrivain. À Warwick,
en 1967, Perec avait déjà longuement parlé des *Choses*, mais il ne s'agit pas là du
seul document qui appelle la comparaison, ainsi les entretiens parus dans *Presse
nouvelle hebdomadaire* où Jean Liberman, à quinze ans d'intervalle, l'interroge
sur le sentiment qu'il a de sa judéité sont remarquablement contrastés. Autre
aspect important de ce second volume d'entretiens et conférences : Perec
s'identifie de plus en plus nettement à la cause oulipienne et multiplie les interventions sur ce thème à l'automne 1981.

Cette activité intense est interrompue fin 1981 par la maladie ; Perec meurt d'un cancer du poumon le 3 mars 1982, à quelques jours de son quarante-sixième anniversaire.

Note sur la présente édition

Les lecteurs trouveront rassemblés dans cet ouvrage en deux volumes (I. 1965-1978, II. 1979-1981) l'essentiel des entretiens avec Georges Perec parus dans les journaux ou périodiques français et étrangers, la transcription d'entretiens inédits à caractère parfois semi-privé, les réponses de Perec à plusieurs questionnaires et certains propos rapportés dans le cadre d'articles de presse. Ont également été recueillies les transcriptions de diverses réunions, discussions et conférences publiques, dont plusieurs inédits. N'ont pas été retenus les propos tenus dans le cadre d'émissions de radio ou de télévision francophones.

Le présent ouvrage n'a pas trouvé d'emblée sa forme définitive. Il s'agissait à l'origine de réunir la majorité des entretiens dans lesquels Perec s'expliquait sur son travail d'écrivain. Les recherches devaient cependant révéler non seulement d'importants inédits sous forme de cassettes ou de tapuscrits mais aussi divers questionnaires, interviews ou déclarations encore non répertoriés dont la publication, si elle n'a rien de fondamental, apporte souvent un nouvel éclairage sur l'œuvre perecquienne et témoigne plus généralement de l'intérêt qu'elle a suscité du vivant de l'auteur. Autre découverte, celle de plusieurs enregistrements ou transcriptions de conférences, de discussions ou de tables rondes où Perec prenait la parole pour s'expliquer et qui, à ce titre, ne se distinguaient pas radicalement des pièces dont nous disposions déjà. D'où l'inclusion de ces prises de parole, chaque fois que les documents sonores originaux ont disparu ou s'avèrent de qualité médiocre. Bien que tous les entretiens radiophoniques ou télévisés aient été exclus de notre corpus, nous avons néanmoins retenu celui réalisé en anglais pour une radio australienne, document qui nous renseigne très précisément sur les connaissances de Perec en anglais — ses déclarations ont été retranscrites telles quelles, puis traduites.

Après maints essais infructueux, nous avons renoncé à établir des distinctions génériques entre les diverses pièces réunies, optant pour une présentation chronologique fondée, à défaut d'informations plus précises, sur le contenu du document ou sa date de parution. Les entretiens, conférences et discussions publiés portent, à moins d'indications contraires, les titres rédactionnels de la première publication. Pour les entretiens inédits, nous avons précisé en titre le nom de la personne ayant recueilli les propos de l'écrivain ; quant aux conférences et interventions publiques dont l'intitulé d'origine n'a pas été consigné, nous leur avons donné un titre descriptif.

Pour établir la présente édition, nous avons consulté, chaque fois que possible, les cassettes audio ou vidéo d'origine et procédé à une transcription littérale. Ce retour aux sources nous a permis de mesurer l'écart entre la parole de Perec saisie sur le vif et celle que lui prêtent parfois journalistes et universitaires afin, semble-t-il, de présenter au public une parole plus conforme à l'idée que l'on se faisait de Georges Perec et au type de discours que l'on attend d'un écrivain. Parallèlement aux effets stylistiques que l'on peut vraisemblablement attribuer à une reformulation plus ou moins systématique de ses propos, on relève ici et là certains écarts ou erreurs qui sont probablement le fait de l'écrivain dans une situation d'échanges spontanés. Nous les avons pointés et nous donnons, le cas échéant, des précisions en note. Nous avons procédé de la même manière pour les erreurs factuelles manifestement imputables aux journalistes ou interlocuteurs de Perec lorsqu'elles témoignent de préjugés ou d'un manque d'information remarquables à un titre ou à un autre. Les corrections effectuées dans le corps du texte se limitent donc essentiellement à l'orthographe des noms de personnes, d'ouvrages ou de lieux. Il convient de noter que l'énormité de certaines références ou erreurs factuelles — Perec militaire en Algérie par exemple — jette ici et là un doute sur l'authenticité de certains propos rapportés.

Lorsqu'il est apparu, suite à la consultation des documents conservés dans le fonds privé Georges Perec, que les déclarations de Perec avaient été tronquées, nous en avons donné la version complète en complément. Les notes préparatoires de Perec conservées dans ce même fonds ont également servi à vérifier, voire à compléter, certaines transcriptions de conférence défectueuses ; c'est le cas notamment de la conférence intitulée « À propos de la description ».

Les documents transcrits ou retranscrits par nos soins donnent en revanche une idée aussi exacte que possible — dans la limite des conventions de l'écrit — des déclarations de Perec et renseignent très précisément sur la manière dont l'écrivain exprimait son rapport à l'écriture. Outre la modestie de l'auteur, ce qui frappe toujours dans ses propos, c'est l'absence d'un discours plein, rond, lisse sur la littérature. Ainsi, lors des tournées de conférences qui, de septembre à décembre 1981, l'emmènent successivement en Australie, au Danemark et en Italie, Perec continue à varier les exemples, à hésiter, à chercher ses mots, alors même qu'il aborde des thèmes qu'il a déjà eu plusieurs fois l'occasion de traiter. Aussi nous a-t-il paru intéressant de reproduire non seulement les conférences sur *Les Choses* faites à quatorze ans d'intervalle mais deux conférences sur le même thème prononcées le même mois, voire la même semaine.

Nous avions envisagé de faire quelques coupes ici et là pour éviter les redites mais nous y avons en définitive renoncé. Aucun critère rigoureux ne s'étant imposé pour le choix des coupes, il nous a paru en effet plus honnête de ne pas intervenir et de n'exclure aucun des documents retrouvés ; chacun pourra ainsi juger sur pièces. D'autant plus que la multiplication, à l'occasion de certaines parutions, d'entretiens ou de questionnaires parfois très courts rend plus sensibles les phénomènes de réception et la dynamique qui se crée autour de certaines œuvres — laquelle contraste avec le silence relatif accompagnant d'autres parutions aujourd'hui considérées comme primordiales (notamment celle de *W ou le Souvenir d'enfance*).

Si, fidèles à l'esthétique perecquienne, nous n'avons nullement cherché à minimiser les reprises, écarts et glissements qui apparaissent ici et là, ni les effets de répétition et de ressassement qui naissent de la compilation de tous ces documents, il importe de ne pas oublier que la majorité des entretiens, conférences et autres propos réunis ici n'ont pas été relus par Perec. Il s'agit, dans la plupart des cas, de déclarations spontanées ou peu préparées, et non de textes à part entière.

*

Appareil critique

Notices introductives

D'abord destiné à rassembler des pièces éparses, le présent ouvrage s'est très tôt fixé deux objectifs complémentaires : préciser le contexte dans lequel s'inscrivent les propos de Perec et documenter la réception de son œuvre au fil des parutions. D'où les diverses notices jalonnant les deux volumes.

La notice consacrée à chacune des années illustrées par un ou plusieurs documents dresse brièvement le bilan des activités et des publications majeures de Perec et propose, le cas échéant, un tour d'horizon des comptes rendus de presse. La notice précédant un document renseigne plus précisément sur les conditions dans lesquelles il a été réalisé et/ou publié. Lorsque plusieurs documents forment un ensemble, ils sont précédés d'une notice de longueur variable réunissant toute la documentation les concernant. Ainsi, dans le premier volume, les entretiens relatifs au film *Un homme qui dort* sont accompagnés d'un dossier concernant sa réalisation, ses conditions d'exploitation et sa réception ; dans le second volume, les conférences et entretiens donnés par Perec durant son séjour en Australie sont accompagnés d'un itinéraire détaillé.

Notes

Les notes en bas de page ne relèvent ni de l'interprétation ni du commentaire. Leur fonction est exclusivement informative : il s'agit de préciser, de compléter, d'expliciter, voire de rectifier l'information fournie dans le corps du texte. Étant donné la diversité des lecteurs, les références et citations littéraires, de même que les allusions aux événements du moment, font l'objet d'une note dès lors qu'elles dépassent la culture la plus générale.

Repères

Sont regroupées sous ce titre, à la fin de chaque volume, des informations à caractère récapitulatif. À travers une dizaine de rubriques — Publication, Radiodiffusion, Télédiffusion, Manifestation, Musique, Cinéma, Théâtre, Multimédia, Étude, Presse —, ces repères proposent, année par année, une première chronologie de l'ensemble de la production perecquienne et permettent de suivre sa réception jusqu'en 1982, année de la disparition de l'écrivain. Ces repères ne sauraient prétendre à l'exhaustivité ; en l'état, ils visent plus modestement à offrir un instrument de travail pour de nouvelles recherches.

Index

À la fin de chaque volume, le lecteur dispose d'un index des œuvres de Perec mentionnées dans les entretiens, les conférences et autres propos de l'auteur, et d'un index des noms propres cités. À la fin du second figure en outre un index notionnel portant sur les deux volumes.

Bibliographie générale

Le second volume s'achève sur une bibliographie regroupant, d'une part, l'essentiel des ouvrages de Perec parus en librairie de son vivant puis à titre posthume et, d'autre part, l'ensemble des articles et ouvrages de critique perecquienne mentionnés dans les deux volumes ainsi que tous les autres ouvrages dont il importe de connaître l'édition pour retrouver les références de pages et les citations.

Abréviations utilisées

BP   — *Beaux présents, belles absentes*, 1994.

CJL   — « *Cher, très cher, admirable et charmant ami…* » *Correspondance Georges Perec & Jacques Lederer*, 1997.

CS   — *Cantatrix sopranica L. et autres écrits scientifiques*, 1991.

IO   — *L'infra-ordinaire*, 1989.

JSN   —*Je suis né*, 1990.

LG   — *L. G. Une histoire des années soixante*, 1992.

MC   — *Les Mots croisés*, 1999.

PC   — *Penser/Classer*, 1985.

VO   — *Vœux*, 1989

FPGP — Fonds privé Georges Perec

Autres références

L'inventaire de la bibliothèque de Georges Perec, auquel il sera souvent fait référence dans ces pages, a été réalisé par Éric Beaumatin dans l'appartement de l'écrivain peu après sa disparition. Cet inventaire fait partie du fonds documentaire de l'Association Georges Perec.

1965-1978

1965

Le 1ᵉʳ septembre 1965, Les Choses, *premier ouvrage de Georges Perec, sort en librairie; le même jour, sous la plume de Jean-Claude Brisville, on peut lire dans* Le Nouvel Observateur : «*En nous décrivant [Jérôme et Sylvie] dans un style découragé qui s'accorde admirablement à la tristesse du sujet, il se peut que Georges Perec, jeune romancier de trente ans, ait écrit un des livres les plus cruellement révélateurs de notre époque désœuvrée*» («*Un couple dans le vent*», *1ᵉʳ-7 septembre 1965). Et de fait, public et critique s'accordent vite à reconnaître dans l'ouvrage une photographie fidèle de ce qu'on appelle depuis peu «société de consommation». Dès le 6 octobre, Perec est interviewé par Pierre Desgraupes dans la célèbre émission télévisée* Lectures pour tous. *Ce même mois d'octobre, Julliard procède à un nouveau tirage de deux mille exemplaires, bientôt suivi de deux autres. En dépit d'un lancement modeste, sans tapage, le livre «prend» et fait figure d'événement. Dans son numéro du 11 octobre, sous le titre «L'argent peut faire le bonheur»,* Le Nouveau Candide *publie de très larges extraits du roman ainsi présenté: «Un ton original, une forme neuve de récit, un art de progresser doucement et presque souterrainement dans la pensée des personnages, tels sont les mérites de ce livre écrit par un jeune inconnu, et qui est déjà la sensation de la rentrée littéraire.» Les semaines suivantes, le succès se confirme et le roman suscite plus d'une quinzaine de comptes rendus, fort circonstanciés parfois, et presque tous bienveillants. Le 9 novembre, Perec donne un second entretien télévisé dans une émission de la collection* Lire.

Cette reconnaissance rapide et presque unanime ne va pas cependant sans son lot de malentendus. En premier lieu, lorsqu'il s'agit de classer cette «histoire des années soixante»: «Roman? Non. Témoignage sociologique intéressant plutôt qu'œuvre de création littéraire» lit-on dans L'Express (27 *septembre-3 octobre). François Nourissier s'interroge à son tour et conclut en termes semblables: «Littérature à l'état naissant? Document sociologique? Témoignage à peine (et parfois maladroitement) élaboré? C'est tout cela à la fois. Il est sage et plus excitant de considérer* Les Choses *comme source de réflexions, non comme œuvre d'art» («Les habitants d'hier»,* Le Nouvel Observateur, *6-12 octobre 1965). Ou encore, parmi d'autres, Christine Arnothy, tout aussi péremptoire, qui affirme: «l'œuvre n'a rien à voir avec un roman», c'est «un document de sociologue littéraire» (*Le Parisien libéré, *12 octobre 1965). Certains sont plus nuancés. Ainsi Raymond Jean par exemple, qui se souvient à bon escient que l'écrivain «a réfléchi* *aux problèmes du roman contemporain », comme en témoignent « quelques articles fort lucides qu'il a publiés (notamment dans la revue* Partisans) *», et qui relève dans* Les Choses *« un évident parti pris de concilier la* description *des choses (qui appartient à l'univers du roman) et l'*enquête-témoignage *(qui appartient à l'univers de la sociologie) ». Mais si « la qualité formelle, la tension littéraire, la richesse de langue de telle page de Flaubert » sont indéniables dans les premiers chapitres, on n'en glisse pas moins « de l'œuvre littéraire au document », « embûche qui guette toute littérature reflet » (« Une histoire des années soixante »,* Le Monde, *16 octobre 1965). Le témoin, on le voit, finit par l'emporter sur le romancier. C'est aussi peu ou prou l'avis de Tristan Renaud pour qui l'attrait du livre réside dans « la construction d'un roman (mais le récit le plus pur et le plus efficace) à l'intérieur d'un véritable document sociologique » (« Les dépossédés »,* Les Lettres françaises, *18-24 novembre 1965).*

Quoi qu'il en soit de ces quelques concessions au savoir-faire de l'écrivain, c'est cette image de sociologue lucide qui, pour longtemps, prévaudra, et l'on verra Perec, promu de surcroît moraliste et contempteur du welfare capitalism, *s'en expliquer souvent au fil des entretiens. En 1981, dans la postface qu'il donne à la réédition des* Choses, *Jacques Leenhardt observe justement que cette discussion autour d'« un roman non romanesque » tourna sous la plume des critiques « de l'analyse littéraire au débat d'idées sur la société contemporaine », pour déboucher « sur une critique axiologique dont le thème récurrent est alternativement bonheur ou bien-être » (p. 155). Force est alors de constater que la littérature est la grande oubliée de la discussion ; là encore, invoquant à l'envi sa dette envers Flaubert et une conception citationnelle de l'écriture, Perec va tenter de recentrer* Les Choses.

C'est donc un roman déjà reconnu qui, le 22 novembre 1965, comme beaucoup l'avaient prédit, décroche le prix Renaudot. Dédicaces publiques, séances de photographie et entretiens avec la presse écrite et parlée se multiplient : pour quelques semaines, Perec devient un personnage public avec lequel il faut dorénavant compter.

I

« Les dix jeunes loups de la rentrée littéraire »
Reportage de Marie-France Lepoutre, *Elle*, n° 1034, 14-20 octobre 1965.

Outre Perec, répondent au même questionnaire: Bernard Savoy (La Fuite, *Gallimard*), *Jacques-Arnaud Penent* (Les Temps morts, *Grasset*), *Alexandre Kalda* (Le Ciel des fous, *Albin Michel*), *René-Victor Pilhes* (La Rhubarbe, *Seuil*), *Jean Vérame* (La Fortune des fous, *Denoël*), *Yves Buin* (Les Alephs, *Grasset*), *Serge Chauvel* (L'Odeur de la vertu, *Julliard*), *Dominique Grandmont* (Le Printemps, *Denoël*), *et Claude Faraggi* (Les Dieux de sable, *Grasset*). *Dans un court texte de présentation, Michèle Manceaux relève un point commun à ces «nouveaux», tous issus de « la génération de la paix »: « Ils aiment leur époque. Pourtant, dans leurs livres, ils semblent désespérés. »*

Les réponses sont précédées d'un «Portrait de l'auteur» — pour Perec: « 29 ans. Marié sans enfant. / Petit, timide, brun. Très sérieux. / Il habite près de la Mosquée[1]. *Pour arriver chez lui, il faut traverser une cour très province, très jolie. L'appartement est exigu et fatigué. Documentaliste au CNRS*[2]. *Sa femme prépare le concours de bibliothécaire à la Nationale. » Pour chaque auteur, le questionnaire est suivi d'un «résumé critique du livre» —* Les Choses: *«Un couple a tout pour être heureux. Tout... peut-être trop. Trop de biens de consommation à désirer. À ces héros quotidiens, la convoitise des choses tient lieu d'ambition. Quand ils voudront s'arracher à cet engrenage infernal de l'achat à crédit et du confort roi, il sera trop tard. À force de posséder, on est possédé. Presque un document. »*

*

1. Georges et Paulette Perec résident alors au 5, rue de Quatrefages (Paris, V^e).
2. D'octobre 1961 à septembre 1978, Perec est documentaliste au Laboratoire Associé 38 du CNRS, unité spécialisée en neurophysiologie.

Quels sont vos auteurs préférés ?

Flaubert. Surtout : *L'Éducation sentimentale*[3]. Thomas Mann[4], Proust (découvert cet été[5]), Malcolm Lowry : *Au-dessous du volcan*[6].

Aimez-vous votre époque ?

J'aime notre époque. La possibilité de pouvoir faire le tour du monde. Mais je vis comme un intellectuel petit-bourgeois : bureau le matin, travail chez moi l'après-midi, cinéma le soir.

Êtes-vous intéressé par la politique ?

Je suis concerné par la politique. Je suis de gauche[7]. Mais je n'ai jamais vraiment milité.

Que pensez-vous du mariage ?

Je suis marié depuis cinq ans. Je me suis marié pour avoir droit à un voyage gratuit pour accompagner Paulette en Tunisie où elle était institutrice[8]. Je n'y attache aucune importance.

3. Rappelons que le roman de Flaubert est le principal « modèle » des *Choses*. Dans une lettre à Jacques Lederer datée du 5 septembre 1958, Perec mentionne sa cinquième lecture de *L'Éducation sentimentale* (*CJL*, p. 376). On notera par ailleurs que Gustave Flaubert, Thomas Mann, Marcel Proust et Malcolm Lowry mentionnés dans ce premier entretien sont parmi les auteurs les plus souvent cités implicitement dans les romans de Perec — on retrouve notamment ces quatre noms dans le Post-scriptum de *La Vie mode d'emploi*.

4. Selon David Bellos (*Georges Perec*, p. 165), Perec découvre l'œuvre de Thomas Mann dans les années 1955-1956 avec la lecture du *Docteur Faustus*. Dans une lettre à Jacques Lederer datée du 22 janvier 1961, Perec dit finir *La Montagne magique*, « qu'est un big book » (*CJL*, p. 600). On trouve plusieurs allusions aux romans de Thomas Mann dans « Wozzeck ou la méthode de l'apocalypse » (*Clarté*, 1964, repris dans *LG*), article de Perec écrit avec la participation de Jacques Lederer. Harry Mathews quant à lui se souvient « de l'admiration sans borne que Georges Perec portait aux romans fondés sur une vision dominante du monde et de la vie : *La Montagne magique, Doktor Faustus, Au-dessous du volcan* » (*Le Verger*, 1986, p. 19).

5. En août 1965, à Tropea (sud de la Calabre), où Georges et Paulette Perec sont en villégiature en compagnie de Pierre et Denise Getzler.

6. Selon Jacques Lederer (*CJL*, p. 12-13), Perec a lu *Au-dessous du volcan* aux alentours de 1952 ; il ne cessera de le relire par la suite. Un extrait de la correspondance avec Lederer témoigne tout particulièrement de l'importance de ce roman dans la formation intellectuelle de Perec : « Si tu n'achètes pas *Under the Volcano* à ta Ière perm, je te cause plus. On n'a pas le droit d'être écrivain si on a pas lu ce livre » (lettre du 5 juillet 1958, *CJL*, p. 294). *Gaspard pas mort* (1959, perdu) et *Le Condottiere* (1960, inédit) comprennent de nombreuses allusions à la personnalité de Malcolm Lowry et à son œuvre (*CJL*, p. 317 et *passim*; FPGP 48,9,3,5,5). L'épigraphe des *Choses* est empruntée à la version originale du roman de Lowry, et le même extrait, issu de la traduction française cette fois-ci, est mis en exergue à deux articles de Perec parus à dix ans d'intervalle : « L'univers de la science-fiction » (*Partisans*, 1963, repris dans *LG*) et « Chalands et nonchalants » (*Cause commune*, 1973).

7. Parmi les marques de cette appartenance, signalons *La Ligne générale*, projet de revue mis et remis en chantier par Perec et quelques-uns de ses amis entre 1959 et 1963, avec lequel il s'agissait de refonder l'esthétique marxiste ; pour plus de détails, voir Henri Lefebvre, *Introduction à la modernité* (*infra*, n° XVII, Complément, p. 110), et surtout la préface que donne Claude Burgelin au volume *L.G. Une aventure des années soixante*, lequel regroupe plusieurs articles de Perec issus des discussions du collectif et parus principalement dans la revue *Partisans* de François Maspero en 1962 et 1963. On notera que c'est dans le cadre de cette revue que Perec projette, en 1959, d'écrire un essai sur Malcolm Lowry (lettre du 3 décembre, *CJL*, p. 547).

8. D'octobre 1960 à juin 1961, Georges et Paulette Perec résident à Sfax (Tunisie) où Paulette Perec enseigne le français comme professeur adjoint dans un collège technique.

Que pensez-vous du Nouveau Roman ?

J'étais contre le Nouveau Roman. Mais je déteste Robbe-Grillet[9] et j'aime Butor[10]. Ces querelles ne m'intéressent plus. C'est trop compliqué.

Que pensez-vous de votre livre ?

Je l'ai écrit il y a deux ans[11], c'était un règlement de comptes envers la société. J'étais un jeune homme en colère. Maintenant, c'est fini. Mais je suis content de l'avoir écrit. J'ai touché quelque chose de juste. Des gens se sont reconnus. J'ai bien aimé le début. Il m'a amusé.

9. Comme l'atteste une lettre à Jacques Lederer datée de juillet 1958, l'opposition à l'œuvre d'Alain Robbe-Grillet est antérieure aux discussions théoriques de *La Ligne générale*: « Mais je maintiens que R[obbe]-[Grillet] n'est qu'un technicien qui confond la création et le travail de laboratoire » (*CJL*, p. 318). Sur l'opposition à Robbe-Grillet et au Nouveau Roman en général, on consultera les articles suivants de Perec : « Le Nouveau Roman et le refus du réel », écrit avec Claude Burgelin (*Partisans*, 1962, repris dans *LG*) ; « Pour une littérature réaliste » (*Partisans*, 1962, repris dans *LG*) ; « Engagement ou crise du langage » (*Partisans*, 1962, repris dans *LG*), et « Le mystère Robbe-Grillet » (*Partisans*, 1963). Le FPGP conserve en outre un tapuscrit daté du 18 janvier 1961 et intitulé « Situation du roman français contemporain » (FPGP 119,13,1-7d) dans lequel Perec dénonce la validité du postulat de Claude Simon selon lequel « l'art n'[aurait] pas d'autre fin que lui-même ». Sur les rapports de Perec avec le Nouveau Roman dans les années 1960-1965, voir Manet van Montfrans, *Georges Perec. La contrainte du réel*, chapitre I.

10. Dès 1960, l'intérêt que manifeste Perec pour un article tel que « Le roman comme recherche » (1956, 1960) permet de mesurer tout ce qui l'attire dans l'esthétique de Butor et ce qu'il rejette dans celle de Robbe-Grillet (voir *CJL* p. 570). On constatera de plus au fil des entretiens que l'intérêt de Perec pour l'œuvre de Butor ne se démentira pas.

11. Pas tout à fait, voir à ce propos *infra*, n° IV note 9, p. 34.

II

« Paris en parle… »

Titre complet: « Paris en parle… À la veille des prix littéraires
les jeunes romanciers se présentent et s'expliquent »,
propos recueillis par Jean-François Josselin,
Les Nouvelles littéraires, n° 1993, 11-17 novembre 1965.

Il s'agit de la deuxième série d'une enquête sur les « nouveaux romanciers » de la ren-
trée littéraire; une brève présentation précise: « Il est remarquable que si audacieux, licen-
cieux, provocants que soient leurs romans, les petits romanciers de 1965 se distinguent
par leur application au travail: avant tout ils exercent la profession d'écrivain. »
Répondent également dans cette livraison: Claude Néron (La Grande Marrade,
Grasset), *Jean Ristat* (Le Lit de Nicolas Boileau et de Jules Verne, U.G.E.),
Christiane Singer (Vie et mort du beau Frou, *Albin Michel*), *François Sonkin*
(Admirable, *Denoël*) *et Jean-Loup Trassard* (L'Érosion intérieure, *Gallimard*).

*

Fiche d'état civil littéraire:
Né le 7 mars 1936, à Paris. Quelques études de sociologie[1]. Actuellement
documentaliste au CNRS.

---

1. Études très sporadiques, en fait. En 1961, durant son séjour à Sfax, Perec prépare et obtient un certificat de sociologie sous la direction de Jean Duvignaud, alors en poste à l'université de Tunis. En 1963, il
suit les cours de « sociologie de la littérature » dispensés par Lucien Goldmann à l'École pratique des
hautes études. Le mémoire qu'il se propose de présenter pour son Diplôme d'études supérieures (DES)
a pour titre: « Le choix du roman aux alentours des années cinquante. Essai sur les modèles romanesques
de la critique française contemporaine » (FPGP 119,10,1-4d) — ce mémoire ne sera jamais achevé, on
peut avoir une idée de ce qu'en aurait été la teneur en consultant les articles publiés par Perec dans la
revue *Partisans*.

Collaboration très épisodique jadis aux *Lettres nouvelles* et à *La NRF.* Quelques articles dans la revue *Partisans*[2].

Qui êtes-vous ?

?

Depuis quand écrivez-vous ?

Depuis longtemps. Dix ans à peu près. J'ai commencé par des notes critiques, des ébauches. Ce n'est devenu sérieux que trois ans plus tard[3].

Vous souvenez-vous du premier livre que vous avez lu ?

Vingt ans après, d'Alexandre Dumas[4].

Et du dernier ?

Les derniers (j'en lis toujours trois ou quatre en même temps) : *La Défense Loujine*, de Nabokov[5] ; *L'Histoire de la folie à l'âge classique*, de Foucault[6] ; les *Essais critiques*, de Roland Barthes[7] ; *Benito Cereno*, de Melville[8] ; *Mots croisés*, de Tristan Bernard[9].

---

2. De 1955 à 1964, Perec livre vingt-deux contributions critiques (du compte rendu de quelques lignes à l'essai de plusieurs pages) : neuf dans *La Nouvelle NRF* (1955, 1961), trois dans *Les Lettres nouvelles* de Maurice Nadeau (1957, 1959), une dans le mensuel communiste *La Nouvelle Critique* (1960), huit dans *Partisans* (1962, 1963) et une dans *Clarté*, revue de l'Union des étudiants communistes (1964).

3. Soit, si l'on s'en tient à ces vagues indications chronologiques, en 1957, avec *L'Attentat de Sarajevo*, second roman achevé, refusé par les éditions du Seuil malgré l'intérêt qu'il suscite, auprès de Jean Paris notamment.

4. Dans *W ou le Souvenir d'enfance* (1975, ch. XXXI, p. 194-195), évoquant « les premières lectures dont [il se] souvienne », que l'on peut dater des années 1944-1945, Perec livre trois titres, dont *Vingt ans après* — « le seul de ces trois livres que j'ai relu depuis et qu'il m'arrive encore aujourd'hui de relire : il me semble que je connaissais ce livre par cœur », et de citer entre autres maints détails, « source d'une mémoire inépuisable, d'un ressassement, d'une certitude », les « coins de vermeil de la table de Mazarin » (voir l'incipit du roman de Dumas) que l'on retrouve dans *La Vie mode d'emploi* (1978, ch. LV, p. 312).

5. Il s'agit de la seconde traduction française du roman, parue en 1964.

6. *Folie et déraison. Histoire de la folie à l'âge classique* paraît en 1961 — début 1964, une édition abrégée est publiée en format de poche (coll. « 10/18 »).

7. Ce recueil, paru en 1964, comprend entre autres les quatre textes majeurs de Roland Barthes sur Robbe-Grillet : « Littérature objective » (1954), « Littérature littérale » (1955), « Il n'y a pas d'école Robbe-Grillet » (1958) et « Le point sur Robbe-Grillet » (1962) — textes que Perec avait lus avant leur reprise en volume comme l'attestent ses articles sur Robbe-Grillet et le Nouveau Roman parus dans *Partisans*.

8. *Benito Cereno et autres contes de la Véranda* (soit : *La Véranda, Bartleby l'écrivain, Les Îles enchantées, Le Marchand de paratonnerres, Benito Cereno* et *Le Campanile*) paraît en traduction française en 1951. Pour *Bartleby* au moins, publié dans la traduction de Pierre Leyris dès 1945, il s'agit d'une relecture, comme en témoigne la lettre à Denise Getzler — « Lettre inédite » (pub. posth. 1983), « vraisemblablement écrite entre 1962 et 1964 » selon les éditeurs — où Perec analyse longuement la nouvelle d'Herman Melville en citant la traduction de Leyris. On verra tout au long des entretiens que Bartleby est un élément clé de la « bibliothèque perecquienne ».

9. Il s'agit selon toute vraisemblance du volume *Mots croisés. 101 grilles*, paru en 1965 (Livre de Poche). Perec fabrique déjà à Sfax des mots croisés pour son plaisir (lettre du 14 janvier 1961, *CJL*, p. 593) ; il publie ses premières grilles en janvier 1971 dans *Politique Hebdo*.

Pouvez-vous résumer votre livre ?

On pourrait dire : l'histoire d'un couple à mi-chemin de la vie d'étudiant et de la vie professionnelle, qui essaie en vain, dans la France d'aujourd'hui, de concilier la liberté, le travail et le confort, ou plutôt les images (publicitaires, sociales, littéraires) de la liberté (la grasse matinée), du travail (les heures de bureau), du confort (les meubles, les vêtements, *les choses*)..

III

« Georges Perec en face des choses »

Propos recueillis par Jacques Jaubert, *Le Figaro*, 23 novembre 1965.

Jacques Jaubert note en introduction : « Georges Perec a affronté sans cravate les assauts de la célébrité. Il avait gardé sous sa veste un chandail et un tricot à col montant, comme pour prouver que le prix Théophraste-Renaudot ne modifiait pas son attitude en face des "choses". » Suit un court résumé du roman.

*

J'ai écrit avec colère, avec hargne, cette histoire qui est un peu la mienne, *m'a dit le lauréat, assiégé par vingt personnes dans un minuscule bureau chez Julliard.* Les jeunes gens d'aujourd'hui, stimulés par la publicité, hantés par les objets de luxe qu'ils voient dans les vitrines sans pouvoir les saisir, confèrent à ces « choses » une valeur morale.

Et, maintenant, qu'allez-vous faire ?
Ne croyez pas que je vais me jeter sur « les choses ». En écrivant, je m'en suis peu à peu détaché, je suis arrivé à une sorte de « désensibilisation » ou, si l'on veut, d'indifférence. Ce sera le sujet de mon prochain roman, dont le titre provisoire est *L'Homme qui dort*[1].

1. Du point de vue de l'écrivain, *Un homme qui dort* (publié en 1967) est bien le prochain roman puisque *Quel petit vélo à guidon chromé au fond de la cour ?* (publié en février 1966), d'abord intitulé *Kara*, est terminé au moment où paraît *Les Choses.* Déjà bien entamé en décembre 1964 (11 décembre 1964 : « écrit la moitié de Kara » — FPGP 4,66,86, v°), *Quel petit vélo…* ? fait l'objet d'un travail quotidien lors d'un séjour à Druye-les-Belles-Fontaines au mois d'avril 1965 (FPGP 4,61,1/4-7) et est achevé durant l'été 1965.

Né en 1936, à Paris, donc âgé de vingt-neuf ans, Georges Perec n'a pas l'intention d'abandonner son travail de documentaliste au Centre national de la recherche scientifique:

Je réunis actuellement une bibliographie sur l'écorce cérébrale et le thalamus.

C'est sans doute comme la meilleure façon pour trouver dans son propre crâne la bosse de l'écriture.

IV

« Prix Renaudot : Georges Perec,
l'homme sans qui "les choses" ne seraient pas ce qu'elles sont »
Propos recueillis par Jean Chalon,
Le Figaro littéraire, 25 novembre-1ᵉʳ décembre 1965.

*

Georges Perec, c'est le lauréat exemplaire. Il vient de recevoir le prix Renaudot pour Les Choses *sans avoir pris soin de s'endimancher. Sans cravate et sans émotion. Était-il vêtu de probité candide et de lin blanc, comme a dit le poète ? Presque. Du velours côtelé marron (les pantalons), du tweed brun (la veste) et un chandail kaki à col roulé. Son premier mot quand il apprit son succès ?*

Ma femme. Il faut attendre ma femme.

Mme Perec, qui travaille à la Bibliothèque nationale, ne se fit point attendre. Les époux (à peine soixante ans à eux deux) s'embrassèrent sous nos yeux attendris. Puis Georges Perec redevint le lauréat exemplaire, affronta journalistes et photographes sans perdre son sourire ni sa respiration et, ce qui est encore plus précieux, son don de répondre à brûle-pourpoint. En pleine place Gaillon[1], en plein froid, malgré les avertissements solennels, les « Ces messieurs du jury vous attendent », l'auteur des Choses, *un pied sur le trottoir, un autre dans le ruisseau, improvisa une conférence de presse et des aveux que l'on pouvait croire complets.*

Qu'est-ce que vous ressentez ? clamait le chœur des journalistes.

C'est encore difficile à préciser, *répondit avec prudence Georges Perec.* J'espère simplement que, grâce à ce prix, mon livre ne tombera pas dans l'oubli, pas immédiatement.

---

1. Devant le restaurant Drouant (Paris, IIᵉ) où se réunit le jury du Renaudot.

Les Choses, *qu'est-ce que c'est ? cria avec un bel ensemble le chœur.*

Cela raconte l'histoire d'un couple dans les années soixante. C'est l'appel publicitaire pour des tas de choses qui empêchent de vivre d'une manière simple.

Êtes-vous contre la richesse ? demanda une intellectuelle aux longs cils.

Non, j'aime les autos, les maisons de campagne, les choses quoi !

Est-ce un fétichisme électroménager ? chuchota un imprudent.

Si vous voulez. Une mythologie de la mode. Un mécanisme de la fascination des choses.

Qu'est-ce qu'il cause bien ! admira une ménagère qui passait par là et crut que le lauréat Renaudot était un nouveau candidat à la présidence. On la fit taire, pour demander avec simplicité : et le bonheur, pour vous, qu'est-ce que c'est ?

C'est l'utilisation des choses sans problèmes, *dit Georges Perec, heureux de reprendre complètement pied sur le trottoir.* Vivre dans des conditions meilleures sans que ces conditions soient un idéal.

Harcelé, bousculé, présenté aux membres du jury Renaudot, Georges Perec fut enfin entraîné vers un taxi et un restaurant de la rive gauche, où l'attendait le Tout-Julliard au complet, M. du Closel en tête, suivi de Nicolas Genka[2] et Michel Bernard, et de ceux qui avaient «fait confiance» au livre dès sa «sortie»[3] : Christian Bourgois et Monique Villechenoux[4].

---

2. Auteur publié par Julliard, Nicolas Genka défraye alors la chronique : son premier roman *L'Épi monstre* (1962), histoire d'un double inceste, est interdit à la vente aux mineurs, à l'affichage, à la publicité et à la traduction en juillet 1962. Censuré à son tour, le second roman de Genka, *Jeanne la pudeur* (1964, prix Félix-Fénéon), sera défendu entre autres par Louis Aragon, Jean Cocteau, Marcel Jouhandeau, Vladimir Nabokov, Jean Paulhan. Michel Bernard, mentionné à la suite, est également un auteur Julliard qui fut un temps «esclave» à l'Oulipo (voir Jacques Bens, *Oulipo 1960-1963*, p. 261).

3. En juin 1965, suite au groupement des éditions Julliard et des Presses de la Cité, décision est prise d'arrêter la collection «Les Lettres nouvelles», jugée trop peu rentable, que dirigeait Maurice Nadeau (voir par exemple Jacqueline Piatier, «Coupes sombres chez Julliard», *Le Monde*, 12 juin 1965) ; *Les Choses*, accepté par Nadeau en 1964, sera le dernier volume de cette collection. Nadeau ne pouvant emmener ses auteurs chez Denoël qui accueille désormais «Les Lettres nouvelles», c'est Christian Bourgois, directeur littéraire chez Julliard, qui est chargé du lancement du roman de Perec. L'attribution du prix Renaudot à Perec est généralement interprétée comme une manière de reproche adressé aux éditions Julliard pour leur attitude envers Nadeau. L'auteur anonyme d'un compte rendu des prix Goncourt et Renaudot paru dans *L'Express* du 29 novembre 1965 (avec l'entretien n° VI), pour qui *Les Choses* est un livre «bâclé», commente ainsi le licenciement de Nadeau : «L'affaire fit alors grand bruit dans les milieux littéraires, justement émus. / Et puis, crac, voilà que les jurés du Renaudot — parmi lesquels siège précisément Maurice Nadeau — récompensent en quelque sorte Julliard de ses bonnes manières : le Renaudot rapporte automatiquement de 300 000 à 400 000 francs à son éditeur» (à ce propos, voir par exemple Maurice Nadeau, «Les débuts difficiles d'un jeune homme de lettres», p. 60-61).

4. Monique Villechenoux travaille alors au Service de presse de Julliard. Plus tard, elle sera productrice à l'INA, et c'est à ce titre qu'elle est mentionnée dans les remerciements de *Récits d'Ellis Island* (1980, p. 143).

Me voilà enfin face à face avec l'heureux lauréat et Madame. Ils ont choisi des huîtres
et un carré d'agneau persillé. Ils partageront le tout conjugalement. Ils m'oublient. J'en
profite pour apprendre que Georges Perec travaille au CNRS. Il ne quittera pas son office
de documentaliste au service de neurophysiologie parce qu'«un écrivain doit vivre en
dehors de la littérature, c'est essentiel».

Lucide, un brin cynique, Georges Perec, c'est un parfait produit de notre époque,
comme son livre.

Non, non, nous ne vivons pas comme le couple des *Choses, protestent ensemble*
M. *et* Mme *Perec.*

À votre sujet, Robert Kanters évoque Flaubert[5]...

C'est très juste, *répond tout seul* M. Perec. J'ai construit mon livre sur le modèle
de *L'Éducation sentimentale.* Il y a toutes les choses nécessaires: le voyage en
bateau, l'hôtel des ventes, le séjour en Tunisie[6].

Un pastiche ?

Un art de la citation, *dit-il modestement.* J'ai mis trente ou quarante phrases de
L'Éducation[7] et tout le livre est construit sur le rythme ternaire cher à Flaubert.
Cela ne m'a pas empêché de commencer *Les Choses,* en mai 1962, sous forme

5. Dans un article intitulé « Les choses et les mots » de ce même numéro du *Figaro littéraire,* Robert
Kanters commente ainsi l'influence de Flaubert sur *Les Choses:* « À la première page de l'œuvre de
M. Georges Perec passe l'image d'un navire à aubes, *La Ville-de-Montereau,* celui-là même sur lequel, aux
premières pages de *L'Éducation sentimentale,* le 15 septembre 1840, M. Frédéric Moreau rencontre Mme
Arnoux, et quand bien même il n'y aurait pas d'autres allusions et un voyage au pays de Salammbô, cela
suffirait pour nous faire comprendre que cette histoire est intérieurement dédiée à Flaubert. »; « [...] on
en arrive à se demander, toujours en hommage à Flaubert, si ces deux jeunes imbéciles ne réincarnent pas
à leur manière un couple à la Bouvard et Pécuchet. »; la « neutralité flaubertienne est constamment illu-
minée par l'intelligence la plus aiguë, si bien que nous lisons en reconnaissant ironiquement des tenta-
tions bien répandues et qui sont peut-être parfois les nôtres ». Plusieurs comptes rendus des *Choses* parus
avant l'attribution du Renaudot évoquent l'influence de Flaubert en des termes fort proches, voir notamment Jean-Claude Brisville, « Un couple dans le vent » (*Le Nouvel Observateur,* 1er-7 septembre 1965), et
Raymond Jean, « Une histoire des années soixante » (*Le Monde,* 16 octobre 1965).
6. Le « séjour en Tunisie » n'est pas mentionné dans *L'Éducation sentimentale,* où la relation des « voyages »
de Frédéric Moreau se borne à ces deux célèbres paragraphes: « Il voyagea. / Il connut la mélancolie des
paquebots, les froids réveils sous la tente, l'étourdissement des paysages et des ruines, l'amertume des
sympathies interrompues. » (IIIe partie, début du ch. IV) — à quoi répond l'incipit du premier chapitre
de la seconde partie des *Choses:* « Ils tentèrent de fuir. »
7. En mai 1967, à Paris, Perec affirme avoir copié « littéralement » une « quarantaine de phrases » dans le
roman de Flaubert (*infra,* n° XIII, p. 74); quelques jours plus tard à Warwick (n° XIV, p. 83), il dit avoir
emprunté au roman de Flaubert une « trentaine de phrases sans mettre de guillemets »; même indication,
sans plus de précisions, dans l'entretien du 2 décembre 1965 (n° VIII, p. 44) et en 1981 dans deux conférences données en Australie (vol. II, n° LXXIX, p. 270, et n° LXXX, p. 279). Dans « Emprunts à Flaubert »
(*L'Arc,* 1980), subsistent dans le « souvenir » de Perec « seulement trois citations à peu près strictes » dont
il donne le détail (p. 49). Le document le plus précis en la matière est une liste autographe inédite
envoyée à Eugen Helmlé en janvier 1966 pour la traduction des *Choses* en allemand et qui livre le repérage
de treize citations plus ou moins strictes (FPGP, hors inventaire). Sur les citations implicites de Flaubert
dans *Les Choses,* voir Claude Burgelin, « Perec lecteur de Flaubert », et Dominique Bertelli, « Le frayage de
l'inter-dit dans *Les Choses* ».

d'un scénario[8]. Cela racontait l'histoire d'un hold-up. Deux jeunes gens qui essayaient d'avoir l'argent et les choses d'un seul coup… C'est là troisième version que vous avez lue[9]. Il n'y a plus de hold-up !

Mes besoins de connaître la genèse des Choses *satisfaits, je demande, entre la poire et le fromage, « un peu de biographie ».*

Je suis né à Paris en 1936, *dit Georges Perec.* J'ai fait mes études au lycée Claude-Bernard[10] : très mauvais élève, pas bon à grand-chose. J'étais en classe avec Jean-René Huguenin, qui n'était pour moi qu'un lointain camarade[11]. Puis j'ai été « locataire[12] » à la bibliothèque de l'Arsenal. Je m'occupais du fonds Rondel.

Qu'est-ce que c'est ?

Un fonds spécialisé dans la critique théâtrale. Je découpais des articles[13]. Puis j'ai traduit de l'américain certains horoscopes. Ou plutôt, je les adaptais[14]. J'ai une grande faculté d'adaptation : je suis né sous le signe des Poissons. Puis je suis parti en Algérie, à l'armée, dans les « paras[15] ». Drôles de choses !

« Tu n'oublies rien ? » s'inquiète sa moitié.

Longs chuchotements. J'ai beau tendre l'oreille, je n'entends rien qu'un révélateur :

8. Intitulé *La Bande magnétique*, ce *synopsis*, évoqué à plusieurs reprises par Perec dans la suite de ces entretiens et conférences, est achevé *avant* mai 1962 (pour plus de précisions, voir note suivante). Il est conçu en collaboration avec Michel Martens, membre du collectif de *La Ligne générale*, alors responsable de la rubrique cinéma.

9. Les états successifs du roman, établis par David Bellos (*Georges Perec*, p. 323), sont plus précisément les suivants : *a) La Bande magnétique*, 1961-1962, synopsis ; *b) La Grande Aventure*, mai 1962-juillet 1963, manuscrit incomplet ; *c) La Grande Aventure*, terminé en octobre 1963, tapuscrit, 117 f ; *d) La Grande Aventure. Une histoire des années soixante*, janvier-mars 1964, tapuscrit, 139 f ; *e) Les Choses. Une histoire des années soixante*, terminé en novembre 1964, tapuscrit, 159 f.

10. Perec effectue ses études secondaires au lycée Claude-Bernard à Paris (6e, 5e, 4e et première) et au collège Geoffroy-Saint-Hilaire à Étampes (redoublement de la 4e, 3e, seconde, et terminale en 1953-1954).

11. Né en mars 1936 comme Perec, Jean-René Huguenin poursuit effectivement ses études secondaires au lycée Claude-Bernard. En 1960, il est l'un des cinq fondateurs de la revue *Tel Quel* et publie *La Côte sauvage* qui connaît un succès considérable. En 1965 paraît *Une autre jeunesse*, recueil posthume d'articles publiés de 1955 à 1962 dans lesquels Huguenin défend des positions théoriques et idéologiques fort éloignées de celles de Perec.

12. *Sic* — lire *vacataire* selon toute vraisemblance.

13. En 1957 — l'épisode est transposé dans le chapitre LII de *La Vie mode d'emploi* (p. 287-290). Évoquant sa première rencontre avec Perec en 1968, Michel Rybalka, coauteur d'une monumentale bibliographie commentée de Sartre (que Perec mentionne au chapitre XCII de *La Vie mode d'emploi*, p. 539), se souvient : « lorsque je dis à Perec que j'avais consulté d'excellents dossiers de presse sur Sartre à la bibliothèque de l'Arsenal, il m'apprit non sans plaisir que c'est lui qui les avait constitués » (« Du marché aux timbres à la guerre du Viêtnam », p. 44).

14. En 1957 également — cette activité est évoquée dans le chapitre XLII de *La Vie mode d'emploi* (p. 231).

15. Perec a bien effectué, du 7 janvier 1958 au 10 décembre 1959, son service militaire dans les « paras » (voir à ce propos « 1959 : une réunion d'*Arguments* », en annexe de ce volume) mais il ne part pas en Algérie. Dans la lettre à Jacques Lederer datée du 25 février 1958, il annonce son exemption en ces termes : « Ye souis désespéré — Mon exemption d'Algérie prononcée officiellement à midi — Je suis le bourreau — L'adjudant qui la signifiait annonçait à voix haute devant toute la compagnie réunie (300 hommes) : En vertu de la loi du… l'exemption d'Algérie est accordée à Georges Perec, Père mort pour la France » (*CJL*, p. 110).

« Aujourd'hui, il faudra essayer de s'amuser un peu. On laissera tomber le cock-tail ce soir, et puis on ira boire quelque chose dans un bar du quartier. » *Car tout Georges Perec et son livre sont peut-être là, dans cette phrase et dans son intention : le bon-heur de vivre à notre époque.*

Vous aimez danser sur le volcan ?

Non, je suis né pour danser sur le bonheur. Ou pour être happé par l'indif-férence. J'ai eu une époque de ma vie tournée vers le vide [16], celle que je vais essayer de dépeindre dans mon prochain livre, *Un homme qui dort.* Ce sera un antidote des *Choses.* Le besoin de se retirer. De décrocher son téléphone et de dire : « Laissez-moi tranquille. »

---

16. Perec évoque ici la période dépressive qu'il traverse au milieu des années cinquante.

V

« Le Goncourt à l'heure du satellite »

Propos recueillis par Jean Gaugeard,
Les Lettres françaises, n° 1107, 25 novembre-1ᵉʳ décembre 1965.

Les propos de Perec, rapportés dans le cadre d'un reportage sur les prix Goncourt et Renaudot, sont ainsi présentés : « Chez Julliard, où l'on fête le Renaudot de Georges Perec, le dispositif est assez différent. Le buffet est dès l'entrée. On pourrait approcher. C'est l'audace, cette fois, qui manque. Il n'y a personne. Comme les buffets ont horreur du vide, cette abstinence est demeurée, je suppose, transitoire. Mais il faut tout de même le dire, la situation éditoriale et littéraire est, ici, assez étrange, vaguement en porte-à-faux. Dans le remue-ménage qui a, récemment, touché les plus vénérables maisons, Maurice Nadeau qui dirigeait, chez Julliard, la collection "Les Lettres nouvelles", s'est retrouvé sans feu ni lieu, jusqu'au jour où Denoël l'a accueilli lui et sa collection. Mais le livre de Perec — le dernier donc de la série Lettres nouvelles-Julliard — était déjà en cours de publication et son auteur se trouve appartenir à la rue de l'Université. »

*

Georges Perec reçoit dans un bureau si petit que la presse est aussi forte que chez Gallimard. Il est né en 1936. Sa femme travaille à la Bibliothèque nationale, et lui-même au CNRS où il est documentaliste et sociologue (bien qu'il « ne se revendique pas comme sociologue », m'affirme-t-il).

Il répond à tout le monde (y compris le téléphone) à la fois.

Pourquoi *Les Choses*?... J'ai été très sensibilisé à cette pression publicitaire qui s'exerce sur chacun de nous en faveur des biens de consommation dont nous pouvons alors rêver, que nous pouvons également voir dans les vitrines, mais que nous ne pouvons acquérir et posséder que par un nouvel esclavage.

Mon livre est parti d'une colère, puis la colère a cédé la place à la réflexion. Mon roman, enfin, est une tentative de description critique.

Mais vous allez pouvoir en acheter des choses, *avec l'argent du Renaudot, lui fait-on remarquer.*

Il sourit et réplique que précisément son appétit pour les choses a fortement diminué. Son livre lui aura aussi servi à cela.

Quant à lui, Georges Perec ne refuse aucune précision sur son prochain roman qui s'intitulera Un homme qui dort. *Et ce ne sera plus le roman de l'aliénation par les* choses, *mais par le vide, ce vide que l'on place souvent entre soi-même et le monde quand on le refuse. Perec, qui se réclamait de Flaubert pour son premier roman, pense devoir se réclamer de Kafka pour le second.*

Je lui demande si le sociologue, en lui, ne gêne pas le romancier ?

Il y a, *répond-il,* une tension entre la poussée lyrique et la volonté d'analyse, mais je crois que cette tension est créatrice.

*

Complément

Dans le cadre d'un autre reportage consacré à l'attribution des prix Goncourt et Renaudot (Les Nouvelles littéraires, *n° 1995, 25 novembre-1ᵉʳ décembre 1965), on trouve quelques propos de Perec rapportés en style indirect (sous le titre « Les châteaux en Écosse de Georges Perec », reportage de Serge Chauvel et Jean-François Josselin) : « [Perec] n'a pas lu* L'Adoration, *non, mais il est d'accord avec nous pour en admirer l'épaisseur (il a dit cela avec une pointe de dépit : son livre à côté fait plutôt maigrelet). [...] il va, nous avouera-t-il, acheter des vêtements, des disques, des* choses *quoi ! Et puis aussi, il pense visiter l'Écosse. C'est bien l'Écosse, non ? [...] »*

VI

« Les moquettes de Georges Perec »

Entretien non signé, *L'Express*, n° 754, 29 novembre-5 décembre 1965.

*

[…] Petit, le visage aigu, une ébauche de sourire qui ne dit, qui ne veut dire que l'ironie, Georges Perec essaie de se souvenir pourquoi il a commencé à écrire, pourquoi il a écrit ce petit livre où se reconnaît, aujourd'hui, une génération meurtrie par la guerre d'Algérie, déçue par la gauche, et possédée par les choses, toutes les choses à profusion qui lui sont jetées à la face, possédée par le luxe qu'elle rêve de posséder.

J'ai réglé mes comptes avec moi. J'ai regardé d'un œil un peu méchant ma propre existence. J'ai passé ma jeunesse dans le XVIᵉ arrondissement. Jamais je ne portais attention aux meubles de mes parents[1]... Et puis, un jour, en pleine guerre d'Algérie, j'ai eu un appartement à moi, et me suis mis à rêver à celui de mes parents...

Vous avez voulu dire tout cela ?

Non, pas au début. Au début, je voulais raconter l'histoire d'un hold-up. Des jeunes gens, qui ressemblaient à Sinatra et à sa bande[2], menaient une enquête auprès des banquiers. Ils les interviewaient au magnétophone et finissaient par

---

1. Il s'agit bien évidemment des parents adoptifs de Perec, David et Esther Bienenfeld, demeurant au 18, rue de l'Assomption.
2. Perec fait sans doute ici allusion au film de Lewis Milestone, *Ocean's Eleven* (USA, 1960, sorti à Paris en septembre 1961 sous le titre *L'Inconnu de Las Vegas*), interprété, entre autres, par Frank Sinatra, Dean Martin, Sammy Davis Jr et Akim Tamiroff. Le film, dont le scénario est signé Charles Lederer et Harry Brown, met en scène onze anciens parachutistes d'un même commando qui décident de dévaliser dans la nuit de la Saint-Sylvestre les cinq plus importants night-clubs de Las Vegas. Ils réussissent grâce au sabotage d'un pylône électrique qui plonge Las Vegas dans l'obscurité. Au cours de l'opération, l'un des onze meurt d'un arrêt du cœur. Les liasses de billets subtilisées sont alors dissimulées dans son cercueil... qui sera incinéré et tout l'argent partira en fumée.

tout savoir sur la vie de ces gens. Aussi ont-ils rêvé de les voler. Pourquoi ai-je eu l'envie de commettre un hold-up, ou de gagner à la Loterie nationale, pourquoi voulais-je m'enrichir d'un seul coup ?

Et il répète encore, avec son mince sourire, le même mot : « Riche, riche… Pourquoi ? »
C'est de cette question qu'est parti mon livre. J'ai cherché à démonter le mécanisme de cette fascination. J'ai pris un jeune couple et j'ai raconté sa vie, et c'est devenu une histoire exemplaire. Ils ne sont rien, mes deux personnages, ils n'existent pas. Ils sont pris avant l'existence. Seul compte, seul s'impose le *milieu* qui envahit toute la vie, le milieu qui nous cerne de choses, qui nous étouffe de choses, de millions de choses que l'on voit et que l'on n'a pas le droit de toucher, de choses que l'on désire et qui nous échappent et nous obsèdent et qui, toutes, sont des symboles.

Par exemple ?
Eh bien, les moquettes. Oh ! oui, surtout les moquettes.

Et vous trouvez que c'est terrifiant… les choses ?
Oui. L'impression qu'elles se multiplient sans répit, sans fin. L'impression que jamais cela ne s'arrêtera. L'impression de ne jamais en avoir assez… La fin de la guerre d'Algérie a produit un vide, un creux politique et nous avons été livrés, d'un coup, à une société de consommation, des loisirs, de l'abondance, une société où pullulent les images du bonheur, où traîne partout le même rêve, le rêve du luxe… Mais, vous savez, la vie parfaite, ce serait impossible, atroce. Imaginez un appartement avec toutes les richesses…

Vous avez écrit : « Ils aimaient la richesse avant d'aimer la vie[3]. » Cette belle phrase résume votre livre. Est-ce qu'elle vous définit, vous aussi ?
Non, j'ai perdu, à écrire ce roman, beaucoup de hargne et d'envie.

Vous vous êtes libéré des choses ?
Disons que j'en suis revenu. Et puis, la convoitise du luxe n'était qu'un aspect de moi. Mon prochain livre, c'est l'inverse des *Choses*. L'histoire d'un type insensible, indifférent aux choses et qui se promène dans Paris et se laisse tomber, couler, un type qui se replie sur lui-même, parce que le monde ne lui *parle* plus.

Alors, que vous apporte ce prix ?
Eh bien, tout ce à quoi je rêvais, *dit-il, mi-sourire mi-grimace*. Me voilà riche d'un seul coup. Je vais pouvoir enfin aménager mon appartement.

---

3. *Les Choses*, Iʳᵉ partie, chapitre II, p. 23.

VII

« Les artistes devant la politique »

Réponse à un questionnaire, *Arts*, n° 10, 1ᵉʳ-7 décembre 1965.

Ce questionnaire est publié à l'occasion des premières élections présidentielles au suf-
frage universel: le 5 décembre, le général de Gaulle est mis en ballottage; il sera élu au
second tour, le 19 décembre, contre François Mitterrand.

Sont interrogés: Roland Barthes, le sculpteur Henri-Georges Adam, les architectes
Jean Balladur, Claude Parent et André Wogensky, les cinéastes Serge Bourguignon, Yves
Ciampi et André Cayatte, les peintres Charles Lapicque, Robert Lapoujade et Jean Lurçat,
les metteurs en scène Antoine Bourseiller et Jean Vilar.

Retombée directe du prix Renaudot, dans Arts et loisirs, *qui fait suite à l'hebdoma-*
daire Arts *évoqué dans le «je me souviens» n° 151, Perec publiera d'octobre 1966 à mars*
1967, sous le titre générique «L'esprit des choses», seize «billets d'humeur» sur les modes
et les objets contemporains inspirés des Mythologies *de Barthes — sur cette chronique,*
voir Andrea Borsari, «Entre oubli et mémoire (Georges Perec et les choses)».

*

Les élections présidentielles auront lieu dans quelques jours. À l'heure du choix, tous
les Français, quelle que soit leur situation sociale, se trouvent concernés par la politique.
Ils le sont en tant que citoyens, mais aussi, étant donné le retentissement sur l'économie
générale comme sur la vie sociale des grandes options politiques, en tant qu'hommes ou
femmes exerçant une activité au sein de la communauté nationale. À la limite, celui-là
même qui refuse de s'intéresser à la politique, la politique vient le chercher malgré lui, l'in-
vite à choisir ou à subir. L'activité artistique elle-même, malgré le vieux mythe de la tour
d'ivoire, n'est-elle pas, directement ou indirectement, tributaire de la politique ? L'artiste,
comme tout citoyen, ne peut éviter d'être un jour ou l'autre confronté à la politique. Mais
comment envisage-t-il ses rapports avec celle-ci ? Tel est le sujet de notre enquête. Aussi

avons-nous posé à des écrivains, à des peintres, à des architectes, à des metteurs en scène de théâtre et de cinéma les questions suivantes :

1) La politique vous concerne-t-elle seulement comme citoyen ou également en tant qu'artiste ?

2) En tant qu'artiste, vous concerne-t-elle plutôt comme créateur ou comme producteur (c'est-à-dire pour la diffusion de vos œuvres) ?

Je ne sais si la question est pertinente : y a-t-il encore des citoyens ? Y a-t-il encore des artistes ? Voulez-vous que je choisisse entre le sans-culotte et la La Vallière, entre la Fête de la Fédération et les *Scènes de la vie de bohème* ? La vraie question — j'imagine — est de savoir si l'on peut réellement tenir à l'écart la politique de la vic de l'artiste qui est aussi celle du citoyen. À vrai dire, on ne demande pas son avis à la politique : elle est à la fois manifeste et voilée à toutes les instances de notre combat de créateur-producteur-artiste-citoyen.

VIII

« Georges Perec, lauréat du "Renaudot" »

Titre complet : « Rencontres parisiennes. Jacques Borel et Georges Perec,
lauréats du "Goncourt" et du "Renaudot" »,
propos recueillis par Adrien Jans, *Le Soir* (Bruxelles), 2 décembre 1965.

*Texte de présentation : « Non loin de la place Monge… J'y suis monté, depuis Cluny,
par le boulevard Saint-Michel. Et le contraste s'impose alors, entre le trafic de la grande
ville et cette rue de Quatrefages, aimablement provinciale. À côté d'un restaurant qui
pourrait être un vieux relais — menu à 600 F — une porte, un couloir, une cour ornée
d'arbres et de broussailles, au bout de laquelle le "bâtiment du fond"… La cage d'escalier
en vieux chêne est plutôt sombre : il y a quatre étages à franchir, quatre allumettes à frot-
ter pour reconnaître les noms marqués sur les portes. Et puis, c'est la découverte du petit
appartement et de la bonne table sur laquelle on travaille. La renommée y a fait une entrée
inattendue. Car ici vivent Georges Perec, prix Théophraste-Renaudot, et sa femme. Il a
vingt-neuf ans, il travaille dans un laboratoire. Sa femme est bibliothécaire à la
Nationale. Son roman,* Les Choses, *est un petit livre : cent trente pages, dont Albert
Guislain a parlé dans* Le Soir [1]. *C'est une histoire des années 1960. »*

1. Albert Guislain, « Poésie et vérité de "l'objet" », *Le Soir*, 14-15 novembre 1965 — dans son compte
rendu, Albert Guislain cite les propos suivants, extraits d'une lettre à lui adressée par Perec : « Si je suis parvenu à une certaine rigueur, à une certaine simplicité, c'est en limitant de plus en plus mon propos, en
l'acceptant comme tel : une sorte d'inventaire de notre sensibilité, un tour d'horizon du langage par
lequel les choses nous parlent, une recherche sur l'image du bonheur dans la France contemporaine. /
C'est pour cette raison que je ne crois pas que l'on puisse ramener mon livre à la seule sociologie ; s'il est
vrai que je ne me suis pas préoccupé de problèmes romanesques, j'ai eu tout de même affaire à des problèmes littéraires et même seulement à ceux-ci : mon livre, d'un certain point de vue, n'est rien d'autre
qu'un travail sur les adjectifs et les qualificatifs. / Ce serait d'ailleurs ce qui m'unit et me sépare du
"Nouveau Roman", car alors que Robbe-Grillet propose (ou plutôt proposait) un langage de surface, ce
que Roland Barthes appelait un langage "dénoté", j'ai fait porter tout mon effort sur les résonances, les
constatations [*sic* — lire *connotations* selon toute vraisemblance], j'ai cherché à décrire le plein des signes,
la densité avec laquelle le monde nous parle… »

*

Vous êtes le plus jeune des prix Renaudot ?

Et Le Clézio ! Il était moins âgé que moi[2]. Disons que je compte parmi les plus jeunes. *Les Choses*, mon premier roman édité…

Vous en avez donc écrit d'autres.

Quatre[3], plus des ébauches.

Et vous n'avez pas pensé à les publier ?

Oh ! vous le pensez bien. Je les ai proposés à des éditeurs. Le troisième a été accepté, sous réserve de le recommencer. Je n'ai pas pu[4].

Alors sont venues Les Choses…

… Que j'ai repris quatre fois. Je m'en tenais auparavant à une sorte d'auto-psychologie, très emporté par un lyrisme qui, sans doute, tenait à mon âge. J'ai franchi cette étape.

Votre roman, cependant, éveille aussi le sentiment d'une expérience personnelle.

Oui, mais c'est une expérience réfléchie et qui, de cette façon, s'est déta-chée de moi.

Vous avez ainsi écrit le roman d'un certain bonheur.

Je n'affirme pas le bonheur. J'en pose la question. Aujourd'hui, dans les cir-constances de nos années. Je m'interroge donc sur un bonheur conçu comme lié, *conditionné* par le confort moderne. Notez bien ceci : je ne critique pas ce bonheur ni ne le condamne. Oui, je m'interroge, constatant comment on est sensible à la publicité du bonheur qui conduit vers un idéal de consommation. «Voulez-vous être heureux : achetez un frigidaire, une voiture…» Et je me demande alors où sont les autres valeurs. La publicité du bonheur et la confu-

---

2. En 1963, J. M. G. Le Clézio obtient le prix Renaudot à vingt-trois ans pour *Le Procès-verbal.*

3. Il s'agit de : *Les Errants* (1955-1956, perdu), *L'Attentat de Sarajevo* (1957, inédit), *Gaspard pas mort* (1959, perdu) qui, retravaillé, donne *Le Condottiere* (1960, inédit), et *J'avance masqué* (1961, perdu).

4. Après un refus de publication des éditions du Seuil, Perec confie le manuscrit de *Gaspard pas mort* à Jean Duvignaud qui le recommande chaleureusement autour de lui. Au mois d'avril 1959, Georges Lambrichs, qui lance la collection «Le Chemin» chez Gallimard, demande à lire le texte. Suite à cette lec-ture, un contrat est signé en mai avec versement d'une avance. Il s'agit néanmoins d'un contrat condi-tionnel qui stipule que Perec doit retravailler son livre. Avant le départ en Tunisie en octobre 1960, le manuscrit retravaillé et réintitulé *Le Condottiere* est envoyé à Lambrichs. Mais en novembre, Gallimard revient sur sa décision et le roman ne sera pas publié. Perec renonce alors au *Condottiere* et passe à la conception de *J'avance masqué*, lui aussi refusé par Gallimard en novembre 1961 (voir Paulette Perec, «Chronique de la vie de Georges Perec», p. 52 *sqq.*).

sion entre ce bonheur et la liberté : n'y a-t-il pas là une contradiction ? On unit les termes de bonheur et de richesse.

On a parlé de Flaubert à propos de votre style.

Ce n'est pas étonnant. Des critiques ont senti cela, mais ce qu'ils n'ont pas remarqué, c'est que j'ai reproduit dans mon livre une trentaine de phrases des *Destinées sentimentales* [*sic*]. J'avais besoin d'un modèle et ne refuse pas les influences. À mes yeux, le style de Flaubert est le plus glacial qui soit et cette froideur m'était nécessaire. Pour le reste, j'ai voulu être très rigoureux envers moi-même et intéresser le lecteur.

Resterez-vous fidèle à Flaubert ?

J'aurai encore des modèles, mais ce seront Kafka et Melville[5], parce que mon intention est de prendre l'envers de ce que j'ai écrit : *La Face sombre*[6], un roman de l'indifférence et un monde qui ne parle pas, un monde muet.

Pourquoi écrivez-vous ?

J'étais probablement poussé par un besoin d'écrire, de traduire mes impressions : j'y répondais, mais je manquais de discipline. Maintenant, je veux simplement décrire le monde dans lequel je vis.

Et vous avez le temps d'écrire, ou bien devez-vous vous battre pour l'arracher aux exigences quotidiennes ?

Je n'écris pas tous les jours, sinon dans mes carnets de notes. J'écris trois ou quatre fois par an. Ailleurs, pas à Paris[7]. Le manuscrit achevé, je le reprends. Plusieurs fois. Mais c'est du travail plus rapide. *Les Choses* ont été recommencées quatre fois en quinze jours [*sic*].

Je regarde autour de moi, la simplicité des choses, et respire un air de bonheur tranquille fait d'un autre désir que celui des objets. Je vois des taches de couleurs : « Mes jeux d'artiste », dit en souriant Georges Perec… La grisaille des cinq heures de novembre se glisse dans la cour. Le visiteur est heureux dans ce coin silencieux de Paris…

---

5. « *Un homme qui dort* est un livre qui s'est tendu en quelque sorte entre une phrase de Kafka et une nouvelle — très célèbre maintenant — de Melville qui s'appelle *Bartleby* » (Georges Perec, « Dialogue avec Bernard Noël », 1977, pub. posth. 1997, p. 29). La phrase de Kafka est selon toute vraisemblance le fragment des *Méditations sur le péché, la souffrance, l'espoir et le vrai chemin* mis en exergue à *Un homme qui dort*.
6. On notera que la formule n'est pas interprétée dans l'entretien suivant (p. 51) comme le titre éventuel de l'ouvrage.
7. Sûrement pas, comme l'affirme David Bellos commentant cette réponse (*Georges Perec*, p. 354), au Moulin d'Andé que Perec ne connaîtra qu'après l'attribution du prix Renaudot et par l'intermédiaire de Maurice Pons. Dans les années 1960-1965, comme l'attestent divers documents du FPGP, Perec écrit un peu partout, y compris à Paris.

IX

«Le bonheur est un processus...
on ne peut pas s'arrêter d'être heureux »

Titre complet : « Georges Perec s'explique :
"Le bonheur est un processus...
on ne peut pas s'arrêter d'être heureux"»,
propos recueillis par Marcel Bénabou et Bruno Marcenac,
Les Lettres françaises, n° 1108, 2-8 décembre 1965.

Depuis la fin des années cinquante, Marcel Bénabou et Bruno Marcenac font partie du cercle des intimes de Perec réunis notamment autour du projet de La Ligne générale.

*

Les Choses ? C'est un titre qui intrigue, qui alimente les malentendus. Plutôt qu'un livre sur les choses, au fond n'avez-vous pas écrit un livre sur le bonheur ?

C'est qu'il y a, je pense, entre les choses du monde moderne et le bonheur, un rapport obligé. Une certaine richesse de notre civilisation rend un type de bonheur possible : on peut parler, en ce sens, comme d'un bonheur d'Orly[1], des moquettes profondes, d'une figure actuelle du bonheur qui fait, je crois, que pour être heureux, il faut être absolument moderne. Ceux qui se sont imaginé que je condamnais la société de consommation n'ont vraiment rien com-

---

1. Inauguré en 1961, l'aérogare d'Orly sera le monument le plus visité en France pendant les années soixante — on se souvient du succès de la chanson de Gilbert Bécaud, *Dimanche à Orly* (1963).

pris à mon livre [2]. Mais ce bonheur demeure un possible ; car, dans notre société capitaliste, c'est : choses promises ne sont pas choses dues. On nous promet tout, enfin, la publicité nous engage à tout, à tout avoir, à tout posséder, à jouir de tout ; et nous n'avons rien, ou nous avons de toutes petites choses, nous avons des tout petits bonheurs.

Oui, mais vos personnages n'ont-ils pas tort de se contenter de ces petits bonheurs ?

Ce qui les sauve de l'odieux, c'est qu'ils ont au moins cet aspect positif : ils sont, disons, doués pour le bonheur, il y a en eux comme une gourmandise du bonheur, ils l'attendent, ils le guettent. Partout où ils peuvent le trouver, ils le trouvent.

Mais ce bonheur est un bonheur bien empirique...

Le bonheur contemporain n'est pas une valeur intérieure. En tout cas, je n'ai pas voulu le voir comme une valeur intérieure. C'est plutôt un rapport presque technique avec le milieu, avec le monde...

Pas avec le monde, plutôt avec les objets...

C'est un bonheur très cénesthésique finalement. Et c'est très important la cénesthésie [3] ! Volontairement, j'ai limité mes personnages à cette quête quotidienne, je ne leur ai pas donné la conscience que le bonheur était une idée neuve, et une idée neuve à imposer. À partir du moment où ils veulent être heu-

2. Les auteurs des recensions des *Choses* qui paraissent avant l'obtention du prix Renaudot évoquent tous peu ou prou cette condamnation. L'article le plus révélateur est celui de François Nourissier : « Ne vous semble-t-elle pas suspecte, cette dénonciation sans menaces de la "société de consommation" ? [...] Étrange lucidité, non ? qui déifie les choses sous le prétexte qu'elles risquent de "réifier" l'homme... Étrange humanisme qui refuse à l'homme le naturel et la commodité du confort [...] au nom d'un archaïsme que je trouve bien réactionnaire ! [...] Peut-être notre société d'incitation à l'achat, de provocation à l'assouvissement, de concurrence, d'usure accélérée des produits et des plaisirs paraît-elle dure, inhumaine. Mais *elle est*, elle existe, ainsi et pas autrement, et elle est forte, en plein mouvement. Et c'est passionnant. Si vous posez mal le problème [...] vous ferez finalement le jeu de l'immobilisme. Je ne sache pas que le bain quotidien pourrisse la peau ni que la chaîne haute-fidélité étouffe les appétits culturels. Je flaire là-dessous un vague relent d'anti-américanisme [...], de la pusillanimité, tout un côté Pinay, provincial, rapetissant, dont je ne veux pas croire que la sensibilité progressiste y succombe » (« Les habitants d'hier », *Le Nouvel Observateur*, 6-12 octobre 1965). Dans *Les Temps modernes* (n° 235, décembre 1965), Annie Leclerc condamne en revanche vivement un ouvrage auquel le lecteur participe « comme on participe à la lecture d'un ouvrage pornographique », tant Perec fait preuve « d'une complaisance savamment entretenue » envers la fascination des choses et la société de consommation (« *Les Choses* : un combat malheureux »). Ce compte rendu est suivi dans la même livraison de la réplique d'Henri Peretz, ancien de *La Ligne générale*, pour qui le roman n'est ni l'œuvre d'un moraliste ni celle d'un partisan mais ressortit, dans son ambiguïté axiologique même, au « domaine de la pratique politique ».

3. Il faut sûrement lire dans cette réponse un clin d'œil critique à cette analyse de Barthes : « [...] la "cénesthésie" de la matière est au fond de toute sensibilité romantique (au sens large du mot). Jean-Pierre Richard l'a montré à propos de Flaubert [...]. Chez l'écrivain romantique, il est possible d'établir une thématique de la substance, dans la mesure où, pour lui, l'objet n'est pas optique, mais tactile, entraînant ainsi son lecteur dans une expérience viscérale de la matière (appétit ou nausée). Chez Robbe-Grillet au contraire, la promotion du visuel [...] supprime tout engagement humoral vis-à-vis de l'objet » (« Littérature objective », 1954, repris dans *Essais critiques*, 1964, p. 32 — on notera qu'en avril 1955, Perec donne dans *La Nouvelle NRF* un compte rendu laudateur de *Littérature et sensation* de Jean-Pierre Richard).

reux, ils sont pris, presque malgré eux, dans une sorte d'enchaînement. Le bonheur est un processus qui est, en fin de compte, la même chose que l'accumulation : on ne peut pas s'arrêter d'être heureux. Mes personnages seraient prêts à se contenter de leur sort si on leur en laissait le loisir, si « l'information » reçue du monde extérieur était différente. Le point central, c'est la relation entre bonheur, travail et confort. Du travail, la société nous propose des images toujours négatives, toujours liées à des obligations. Tout ce qui touche le confort, du plus simple, c'est-à-dire le confort électroménager, au plus élaboré, c'est-à-dire le luxe grand-bourgeois, est lié à des images hautement positives. Il y a même un moment où une mutation se produit, où le confort devient art de vivre, idéal de vie, où l'*avoir* devient modèle d'*être*, où l'accumulation devient un genre de vie exemplaire [4].

Mais de quelle accumulation s'agit-il ?

Tout se passe comme s'il y avait de vraies valeurs bourgeoises qui dépassent le capitalisme, qui ne sont pas l'épargne, mais le contraire de l'épargne, comme si le fait de collectionner des bibelots, des choses lourdes, en or, en argent, en étain, en cuivre, n'avait à voir qu'avec l'esthétique et l'art de vivre — et pas du tout avec l'accumulation. Ce qui empoisonne la vie de Jérôme et de Sylvie, c'est la tension entre ces petits bonheurs réels et cet art de vivre rêvé. Ils ne se sauvent, partiellement, que lorsqu'ils ont maté ce genre de rêves ; mon livre, c'est l'histoire de ce passage du conditionnel au futur — et au présent... En somme, un processus de la maîtrise des rêves.

Votre conclusion est donc optimiste ?

La fin n'est ni positive ni négative ; on débouche sur l'ambiguïté : c'est à la fois, dans mon esprit, un *happy end* et la fin la plus triste que l'on puisse imaginer, c'est une fin logique... Quoi de plus naturel que de travailler pour gagner sa vie ? Pour un jeune intellectuel, il n'y a que deux issues, désespérées l'une comme l'autre : devenir un grand bourgeois ou ne pas le devenir...

Ce n'est pas seulement la fin qui est ambiguë, c'est l'ensemble du livre.

C'est vrai. Je ne renie pas cette ambiguïté. C'est pour moi une manière de poser une question dont je ne connais pas la réponse. Je souhaite seulement

---

4. On confrontera avec profit les idées développées ici et dans la suite de l'entretien sur la « société de consommation » avec les thèses présentées dans le numéro spécial d'*Arguments*, « Les difficultés du bien-être » (n° 22, 2ᵉ trimestre 1961), thèses qui définissent, selon Jacques Leenhardt (« Postface » à la réédition des *Choses*, 1981), la « version théorique du discours romanesque de Perec » (p. 161). On peut notamment, à la suite de Leenhardt, citer cet extrait de la contribution de Norman Mailer : « Il est vraisemblable que la survie du capitalisme n'est plus possible sans la création, chez le consommateur, d'une série de besoins psychologiques destructeurs, tournant autour du désir d'une sécurité excessive, du soulagement de la culpabilité, du désir effréné de confort et de nouvelles commodités [...] » (« De la plus-value aux mass-media », p. 60).

d'avoir posé la *bonne* question. Et puis, je dois dire qu'à l'origine de ce livre, il y avait un projet double : d'abord un exercice sur les *Mythologies* de Barthes, c'est-à-dire sur le reflet en nous du langage publicitaire[5] ; ensuite, la description aux traits à peine appuyés d'un certain milieu, qui d'ailleurs est le mien[6]. C'est peut-être pour cela que j'ai mis trois ans, non pas à écrire, mais à *isoler* parmi toutes celles que j'avais écrites les cent vingt pages définitives de mon livre. Car tout faisait problème : fallait-il donner aux personnages une vie spécifique, individualisée, fallait-il les faire dialoguer et sur quoi ? Par rapport à ses personnages, un auteur a peu de liberté : il peut être au-dessus d'eux, ou bien en eux, à l'intérieur d'eux ; moi, j'ai choisi d'être à leurs côtés. On me le reprochera peut-être comme une facilité : mais je tiens à préserver cette possibilité qui m'est donnée de m'éloigner ou de m'approcher, à volonté, d'eux.

Mais cette distance n'implique-t-elle pas une nécessaire froideur ?

À coup sûr. C'est là sans doute ma plus grande dette envers Flaubert. Tout Flaubert est fait de cette tension entre un lyrisme presque épileptique et une discipline rigoureuse. C'est cette froideur passionnée que j'ai voulu adopter, sans toujours y réussir d'ailleurs.

C'est votre principale dette, dites-vous, mais ce n'est pas la seule. En plus de l'attitude flaubertienne à l'égard des personnages, en plus d'un rythme et d'un style qui rappellent avec constance L'Éducation sentimentale, *il y a dans* Les Choses *des phrases entières de Flaubert, de véritables « collages ».*

C'est parfaitement exact et j'y tiens beaucoup. Mon utilisation de Flaubert se fait à trois niveaux : d'abord le rythme ternaire, qui était devenu chez moi une sorte de tic ; ensuite, j'ai emprunté à Flaubert certaines figures exemplaires, certains éléments tout organisés, un peu comme des cartes de tarot : le voyage en bateau, la manifestation de rues, la vente aux enchères... Enfin, des phrases recopiées, retranscrites purement et simplement.

À quoi cela correspond-il donc ?

Je ne sais pas très bien, mais il me semble que depuis un certain temps déjà, depuis les Surréalistes en fait, on s'achemine vers un art qu'on pourrait dire

---

5. *Mythologies* (1957) réunit les billets parus le plus souvent dans *Les Lettres nouvelles* entre 1952 et 1956 (sur l'influence de ce recueil sur *Les Choses*, voir Andrew Leak, « Phago-citations : Barthes, Perec and the Transformation of Literature »). En 1963-1964, Perec suit les cours de Barthes à l'École pratique des hautes études consacrés à l'« Inventaire des systèmes de signification contemporains » ; évoquant les « modèles » des *Choses* en 1980, Perec note que « le plus important reste le séminaire de Barthes sur le langage publicitaire » (« Emprunts à Flaubert », p. 49).

6. À l'instar des protagonistes des *Choses*, Perec conduit deux « études de marché » pour l'IFOP durant quelques mois en 1960 (et peut-être au cours de l'été 1961) : une enquête en milieu ouvrier en Normandie et une enquête en milieu rural dans l'Oise (Paulette Perec, « Chronique... », p. 57).

« citationnel », et qui permet un certain progrès puisqu'on prend comme point de départ ce qui était un aboutissement chez les prédécesseurs[7]. C'est un procédé qui me séduit beaucoup, avec lequel j'ai envie de jouer. En tout cas, cela m'a beaucoup aidé ; à un certain moment, j'étais complètement perdu et le fait de choisir un modèle de cette sorte, d'introduire dans mon sujet comme des greffons, m'a permis de m'en sortir. Le collage, pour moi, c'est comme un schème, une promesse et une condition de la découverte. Bien sûr, mon ambition n'est pas de réécrire le *Quichotte*, comme le Pierre Ménard de Borges[8], mais je voulais par exemple refaire la nouvelle de Melville que je préfère, *Bartleby the Scrivener*. C'est un texte que j'avais envie d'écrire : mais comme il est impossible d'écrire un texte qui existe déjà, j'avais envie de le réécrire, pas de le pasticher, mais de faire un autre, enfin le même *Bartleby*, mais un peu plus... comme si c'était moi qui l'avais fait. C'est une idée qui me semble précieuse sur le plan de la création littéraire, beaucoup plus prometteuse que ce simple fait du bien-écrire qu'on défend à *Tel Quel*[9] ou dans ce genre de revues. C'est la volonté de se situer dans une ligne qui prend en compte toute la littérature du passé. On anime ainsi son musée personnel, on réactive ses réserves littéraires. D'ailleurs, Flaubert n'est pas mon seul modèle, mon seul collage. Il y a des modèles moins manifestes : Nizan et *La Conspiration*[10], Antelme et *L'Espèce humaine*[11].

7. Depuis la fameuse formulation de Lautréamont, cette idée est devenue presque un lieu commun des études littéraires, mais il est possible que Perec se souvienne ici plus précisément de ces propos d'Aragon, parus dans les premiers mois de 1965 : « [...] si je préfère l'appellation de collage à celle de citation, c'est que l'introduction de la pensée d'un autre, d'une pensée déjà formulée, dans ce que j'écris, prend ici, non plus valeur de reflet, mais d'acte conscient, de démarche décidée, pour aller au-delà de ce point d'où je pars, qui était le point d'arrivée d'un autre » (*Les Collages*, p. 123-124).
8. *Pierre Ménard, auteur du Quichotte* (repris dans *Fictions*) sera cité implicitement par Perec aux chapitres XII et LVI de *La Vie mode d'emploi*.
9. Si le mot « bien-écrire » caractérise parfaitement les toutes premières publications des tel-quelliens (dès les années 1957-1960 dans la revue *Écrire*, dirigée par Jean Cayrol, et en 1960-1961 dans les premières livraisons de la revue *Tel Quel*), il peut difficilement s'appliquer aux productions suivantes, particulièrement à celles des années 1964-1965. Après le départ de Jean-Edern Hallier et l'arrivée de Jean Ricardou, Jean-Louis Baudry et Denis Roche notamment (1962), le groupe *Tel Quel* est en pleine période structuraliste (1963-1965) et élabore déjà les bases théoriques de ce que l'on nommera « écriture textuelle ». Témoigne par exemple de cette évolution la parution de *Drame*, de Philippe Sollers, en mars 1965. Pour plus de précisions, voir Philippe Forest, *Histoire de Tel Quel*. On notera qu'en 1967, dans « Du terrorisme des modes » (*Arts et loisirs*), Perec range *Tel Quel* parmi les « quelques groupuscules » qui se posent encore après la disparition du surréalisme en « détenteurs de la vraie vérité » (pub. posth. 1994, p. 55).
10. Paru en 1938, ce roman est réédité en 1965. Un temps occultée par l'anathème de ses anciens amis communistes, l'œuvre de Paul Nizan est redécouverte dans les années soixante grâce à la retentissante préface de Sartre à *Aden Arabie* (1931, rééd. 1960). Roman fragmentaire et polyphonique, *La Conspiration* est une réflexion acerbe — parfaite application du principe de l'ironie lukácsienne — sur la jeunesse, les limites de l'engagement et la trahison. Perec a lu le roman pour la première fois en août 1963 (FPGP, 31,3,6) et a projeté alors d'écrire un article sur Paul Nizan pour *La Ligne générale*.
11. Paru en 1947, cet ouvrage est réédité en 1957. Robert Antelme, qui s'engage dans la Résistance en 1943 avec son épouse Marguerite Duras, est arrêté en juin 1944 par la Gestapo et déporté à Buchenwald puis à Dachau. Témoignage de son expérience de l'univers des camps, *L'Espèce humaine* est son seul livre (pour plus de précisions, voir *Lignes*, n° 21 : « Robert Antelme. Présence de *L'Espèce humaine* », 1994). En 1963, Perec publie un article décisif sur *L'Espèce humaine* et la littérature concentrationnaire (« Robert Antelme ou la vérité de la littérature », *Partisans*, repris dans *LG*) dans lequel il précise sa conception de la littérature réaliste en définissant notamment après Lukács le concept de « médiation » (voir à ce propos l'analyse de Perec donnée dans l'entretien suivant, p. 54).

Cette façon d'envisager la littérature n'a finalement rien de commun avec Robbe-Grillet, quoi qu'on en ait pu dire ?

Peu importe. Robbe-Grillet s'en tient à une description en surface ; il utilise des mots très neutres, ce que Barthes appelle un « langage transitif[12] », ou bien alors des mots chargés psychanalytiquement, qui reviennent dans ses livres comme des thèmes obsessionnels[13]. J'ai voulu au contraire que mes mots soient « injectés » de sens, chargés de résonances. « Moquette », par exemple : pour moi, c'est un mot qui véhicule tout un système de valeurs. Et c'est précisément le système de valeurs qu'impose la publicité. Si bien qu'on peut dire que mon texte, parfois, s'identifie à un texte publicitaire ; mais, évidemment, avec le recul et la contestation que cela peut entraîner. Les mots que j'emploie ne désignent ni des objets ni des choses, mais des signes. Ce sont des images. *Les Choses* sont l'histoire de la pauvreté inextricablement liée à l'image de la richesse, comme me l'a écrit Roland Barthes[14].

Ce qui a frappé aussi, c'est cette sorte de désengagement de vos personnages. Vous les désignez pourtant, à plusieurs reprises, comme des « gens de gauche ». Pourquoi cela ?

Eh bien, il y a tout de même la guerre d'Algérie. Ils se trouvent, en tant qu'étudiants, naturellement, spontanément engagés dans la lutte contre cette guerre. À une époque où le Quartier Latin était quotidiennement quadrillé, assiégé, on ne pouvait pas oublier la guerre. Mais quand ils cessent d'être étudiants, la guerre, qui continue, reste à peu près le dernier élément d'une conscience politique forte. Elle épuise pour eux l'action politique ; et quand elle se termine, ou même dès qu'ils comprennent qu'elle va se terminer, leur conscience d'être à gauche devient une conscience vide. Avec la guerre d'Algérie, ils ont perdu leur signe de reconnaissance. Ils ne trouvent pas de nouveaux terrains de contestation.

12. Ou « écriture blanche », purement dénotative, « parole transparente inaugurée par *L'Étranger* de Camus » qui, pour Barthes, rachète l'inauthenticité du « langage littéraire » bourgeois, et dont les premiers romans de Robbe-Grillet seront la parfaite illustration (*Le Degré zéro de l'écriture*, 1953, p. 54-57).

13. Voir à ce propos « Le mystère Robbe-Grillet » (*Partisans*, 1963), compte rendu de l'essai de Bruce Morissette, *Les Romans de Robbe-Grillet*, où Perec affirme entre autres : « [...] ces descriptions neutres ne sont là que pour masquer, pour étouffer un autre regard, une autre voix, angoissée, obsédée, malade » (p. 168) ; « [...] paradoxalement cette étude souvent universitaire qui était sans doute censée assurer le sérieux d'un écrivain encore jeune, aura peut-être un effet contraire : réintégrant Robbe-Grillet dans le circuit classique de la littérature traditionnelle (forme et contenu, significations et psychologie, etc.), elle détruit l'illusion avant-gardiste (romans abstraits, forme vide, structure pure, etc.) qui fonde toute sa réputation... » (p. 170) ; « [... Robbe-Grillet] rêvait de surfaces nettes ; nous n'y avons vu que profondeurs glauques. [...] Robbe-Grillet s'est d'abord trompé, mais bel et bien au niveau du langage : il avait oublié qu'il en était responsable » (p. 170).

14. Les termes de Barthes sont les suivants : « Je crois voir tout ce que vous pouvez [...] attendre de nouveau [de votre roman], un réalisme non du détail mais, selon la meilleure tradition brechtienne, de la situation ; un roman, ou une histoire, sur la pauvreté inextricablement mêlée à *l'image* de la richesse, c'est très beau, très rare aujourd'hui » — lettre de fin 1963 (extrait cité par David Bellos, *Georges Perec*, p. 317), en réponse à l'envoi de la troisième version des *Choses* (*La Grande Aventure*).

En somme, ce sont des militants en demi-solde ? Et c'est pour cela que certains se sont reconnus en eux.

Oui, si vous voulez. Je crois que le lecteur se sent mis en cause pour une autre raison : c'est que le livre décrit non des êtres, mais une relation. Et comme nous entretenons presque tous avec les objets une relation analogue...

Mais alors, ce livre de tout le monde ne devient-il pas le livre de personne ?

Peut-être. De toute façon, un livre qui marche bien est forcément suspect. C'est toujours un livre «récupéré». L'auteur n'y peut rien : l'idéologie dominante trouvera toujours des raisons de l'annexer. Surtout lorsque, comme dans mon cas, le livre est déjà ambigu.

Et votre prochain livre, lèvera-t-il cette ambiguïté ?

Pas vraiment. Parce qu'*Un homme qui dort* se situe sur un autre plan. Dans le projet actuel, il décrit la face sombre de la réalité, dont *Les Choses* figuraient uniquement la face brillante. Ce n'est plus la fascination... Je suis beaucoup plus tourné vers des mots comme «indifférence», «solitude», «refus», «abandon». Et paradoxalement, alors que dans *Les Choses*, les éléments étaient autobiographiques, sans que l'ensemble du livre le fût, ici je tente de retrouver, à partir d'éléments qui ne sont pas autobiographiques ou très peu, certaines années de ma vie.

La mode est à Proust cette année[15]...

Le titre, en tout cas, vient de Proust[16]. Mais ne m'en faites pas dire plus. J'ai l'impression de bouger l'appareil avec lequel je suis en train de prendre des photos.

---

15. En juin 1965, la Bibliothèque nationale expose pour la première fois depuis leur acquisition en 1962, et après plusieurs années de travaux de restauration, les cahiers du manuscrit de la *Recherche* (dont certains avaient déjà été exposés en 1955 à Londres). C'est à partir de cette date que les manuscrits deviennent «officiellement» accessibles au public, ou tout au moins aux chercheurs. Parallèlement à cette exposition, l'activité éditoriale autour de Proust est intense : début de la publication de la *Recherche* dans Le Livre de Poche (éd. Pierre Clarac et André Ferré), parution de l'*Album Proust* dans la Bibliothèque de la Pléiade, du second tome de la biographie de Proust par George D. Painter (Londres, prix Duff-Cooper)...

16. Il est en effet emprunté à la première phrase du cinquième paragraphe de *Du côté de chez Swann* : «Un homme qui dort, tient en cercle autour de lui le fil des heures, l'ordre des années et des mondes. »

X

« Perec et le mythe du bonheur immédiat »
Propos recueillis par Jean Liberman,
Presse nouvelle hebdomadaire. Magazine de la vie juive, n° 31, 3-9 décembre 1965.

Presse nouvelle hebdomadaire, dont le premier numéro paraît en mai de cette année 1965, est le supplément du quotidien La Presse nouvelle-Naïe presse, *qui depuis 1934 donne des articles en français et en yiddish.*

Texte de présentation : « Voici que par une étrange filiation, [Georges Perec] se trouve être, selon toute probabilité, l'arrière-petit-neveu du grand I.-L. Peretz, l'un des pères de la littérature yiddish. / Nul lien spirituel apparent cependant entre le jeune lauréat, qui se rattache entièrement à notre époque, et son illustre ancêtre. Douloureusement marqué par les persécutions, Perec, dont le livre est pourtant en partie autobiographique, ne se sent pas enfermé non plus dans cet univers et a exprimé un tout autre ordre de préoccupations. / "Comment la société mate les gens" ou "Comment elle en fait des gagneurs de fric", telle pourrait être selon l'auteur l'amère morale de la satire à laquelle il se livre avec Les Choses. *En s'attaquant à ce mythe du bonheur immédiat, soi-disant procuré par les "choses", ces biens que la publicité semble mettre à notre portée, le descendant de Peretz fait œuvre de sociologue lucide, de moraliste, de poète et apparaît comme un sûr espoir des lettres. / Outre qu'on peut s'attendre à ce que Georges Perec prenne un jour pour sujet une autre part de son expérience, le moindre intérêt de notre interview n'aura pas été de découvrir quel apport essentiel il a su puiser dans le meilleur de la littérature sur les camps. »*

*

Est-il exact, M. Georges Perec, que vous seriez l'un des descendants du grand Peretz, ce classique de la littérature yiddish[1] ?

---

1. Né en 1852 dans la région de Lublin dont est originaire la famille paternelle de Perec, Itzhok Leybush

Bien que les preuves absolues manquent, il est probable que j'en sois l'arrière-petit-neveu. En tout cas, la croyance en est bien ancrée dans notre famille[2]. Les témoignages restent cependant vagues : il ne me reste à cet égard qu'une tante ayant quelques souvenirs.

En tout cas, si Perec est mon vrai nom actuel, mon nom d'origine est bien Peretz comme celui de l'écrivain. Notre famille est originaire de Lubartów, à côté de Lublin. C'est à l'inscription du nom de mon père à l'état civil — russe à l'époque — que Peretz devint Perec. Mais j'ai un cousin, également arrière-petit-neveu de Peretz, qui, lui, s'appelle toujours du même nom[3].

Connaissez-vous bien les œuvres de Peretz ?

Je n'ai lu de lui que quelques contes et nouvelles en anglais, que j'ai beaucoup aimés d'ailleurs, mais un peu à la manière de Tourgueniev, et comme une littérature sur la vie paysanne d'Europe centrale. Je le connais en vérité surtout de réputation.

Quelle a été votre vie et celle de votre famille ?

Mon père, tourneur, engagé dans les régiments étrangers, est mort à la guerre en 1940. Ma mère, coiffeuse, a été déportée à Ravensbrück avec sa sœur et son père et n'en est pas revenue[4].

J'avais alors sept ans, j'en ai vingt-neuf aujourd'hui, et j'ai été adopté par la sœur de mon père qui m'a placé pendant la guerre dans un collège catholique de Villard-de-Lans.

Mes parents n'étaient pas croyants, et ne parlaient yiddish qu'avec la grand-mère. Je n'ai jamais éprouvé en ce qui me concerne la « tentation juive » : une participation pendant six mois, vers seize ans, à une petite organisation de scoutisme juif, puis un séjour de trois mois en Israël. Quinze jours dans un kibboutz[5]. J'y ai de la famille : des cousins sabras, de grands gaillards blonds et

Peretz est, avec Mendele Moicher Sefarim et Cholem Aleichem, l'un des fondateurs de la littérature yiddish moderne. Introduisant notamment le thème de l'amour et la question sociale dans la littérature traditionnelle yiddish, son œuvre multiforme exercera une profonde influence sur les générations suivantes et contribuera à faire du yiddish une langue littéraire à part entière. Les premières traductions françaises des œuvre de Peretz paraissent à partir de 1914 (*Bontché le silencieux, Contes et récits hassidiques...*).

2. Voir *W ou le Souvenir d'enfance* (1975) : « L'une des figures centrales de la famille est l'écrivain yiddish polonais Isak Leibuch Peretz, auquel tout Peretz qui se respecte se rattache au prix d'une recherche généalogique parfois acrobatique. Je serais, quant à moi, l'arrière-petit-neveu d'Isak Leibuch Peretz. Il aurait été l'oncle de mon grand-père » (ch. VIII, p. 56).

3. On retrouvera ces deux paragraphes développés dans la longue note huit du chapitre VIII de *W ou le Souvenir d'enfance* qui glose sur l'origine, l'instabilité et la dissimulation du nom juif (p. 55-57).

4. En janvier 1943, Cyrla Perec, sa sœur Fanny et leur père Aron Szulewicz sont arrêtés par des policiers français et internés au camp de Drancy. Ils ne sont pas déportés à Ravensbrück, mais en direction d'Auschwitz le 11 février 1943. Les renseignements relatifs à la déportation de Cyrla Perec sont consignés sur l'« Acte de disparition » dressé le 19 août 1947 par le ministère des Anciens combattants et victimes de guerre (FPGP 48,5,1,56, document reproduit dans le *Georges Perec Images* de Hans Hartje et Jacques Neefs, p. 41).

5. À propos de ce séjour en Israël effectué durant l'été 1952, Paulette Perec remarque : « Georges Perec a très peu parlé de ce voyage, au point que ses amis les plus proches se sont longtemps demandé s'il avait jamais mis les pieds en Israël » (« Chronique... », p. 33).

forts. Cela n'a pas été la « révélation » et ça a été la fin de mes relations directes avec le judaïsme.

En somme, vous ne vous sentez guère juif malgré vos origines et la tragédie familiale et sociale que vous avez vécue. Comment vous définissez-vous à cet égard ?

Je ne me ressens pas juif, en effet, même si cela gêne certains. D'ailleurs, mon livre n'a pas de relation avec ces problèmes. Certes, l'antisémitisme m'est sensible et je réponds à toute attaque sur ce plan, mais plutôt en tant qu'intellectuel de gauche et non, par exemple, comme un Memmi ou un Misrahi qui se sentent directement impliqués[6]. Je pense que ceux de ma génération se définissent beaucoup plus par rapport au communisme, par exemple, que par le fait qu'ils sont juifs ou pas[7].

Il existe cependant — et c'est l'objet de l'enquête que nous menons dans ce journal — toute une littérature de premier plan sur les camps, le génocide, le sens du martyre et de la résistance juives. Vous en désintéressez-vous ?

Au contraire : j'ai lu à une époque toute la littérature sur les camps et un livre m'a profondément marqué dans mon travail d'écrivain. Il s'agit de *L'Espèce humaine*, de Robert Antelme (qui n'est pas juif d'ailleurs). J'ai fait paraître au moment où j'écrivais mon roman un article à son sujet chez Maspero intitulé « Comment rendre crédible une expérience incommensurable[8] ? » Il peut paraître saugrenu à première vue de comparer un travail sur les déportés à mon ouvrage sur des petits-bourgeois, mais Antelme m'a montré comment réfléchir sur ce qu'on a vécu. J'ai puisé dans sa dialectique entre les souvenirs et la réflexion, le détail et sa généralisation, sa distanciation, une démarche essentielle.

6. Albert Memmi et Robert Misrahi ont tous deux collaboré à la revue *Arguments* (pour plus de détails, voir *infra*, Annexe I : « 1959 : une réunion d'*Arguments* », p. 286). Memmi a écrit entre autres : *La Statue de sel* (1953), *Portrait du colonisé, précédé du Portrait du colonisateur* (1957, rééd. 1966 avec une préface de Sartre), *Portrait d'un Juif. 1. L'impasse* (1962) ; en 1965, avec Jean-Francis Held et Paul Hassan Maucorps, il publie avec la collaboration du MRAP *Les Français et le Racisme*, et préface *Nous les Nègres*, de James Baldwin, Malcolm X et Martin Luther King. Misrahi, qui donnera une contribution pour le numéro de *L'Arc* consacré à Perec en 1979 (« *W*, un roman réflexif »), a publié notamment *De la question juive à l'existence d'Israël* (1956) et *La Condition réflexive de l'homme juif* (1963).

7. Dans « Perec et la judéité », Marcel Bénabou remarque d'une part que « Perec ne sait presque rien du judaïsme, ni comme religion ni comme culture », et que d'autre part « ce fléchissement de l'attention, cette absence de curiosité véritable pour tout ce qui touche au passé juif s'accompagnent d'une indifférence ostentatoire pour tout ce qui ressemble de près ou de loin à une activité juive communautaire » (p. 18-19). Ce n'est qu'avec *W ou le Souvenir d'enfance* que Perec sortira d'une « longue période d'"occultation" de l'enfance, de "refus du passé" », alors que les années de *La Ligne générale* sont surtout marquées « par la fascination pour le marxisme et la révolution, par la recherche de la justice en actes, par le goût de l'universel », et « que se développe une sorte d'allergie aux manifestations du judaïsme, dont Perec ne peut accepter ni l'héritage religieux (qui contredit expressément son idéal de laïcité) ni la part nationaliste représentée par le sionisme (qui apparaît comme une impasse au regard des rêves internationalistes) » (p. 21).

8. Le titre est en fait « Robert Antelme ou la vérité de la littérature » (voir *supra*, n° IX, note 11, p. 49).

Les Choses *est, je crois, votre premier livre. Quand et comment l'avez-vous écrit et quelle est la part autobiographique ?*

J'écris en fait depuis dix ans, mais c'est le premier livre que je publie. Je l'ai commencé en 1962, mais je l'ai écrit quatre fois, ce qui m'a pris trois ans. Je voulais dès la première version parler de questions touchant profondément les hommes de mon âge : l'argent, son rôle, sa place… Mon livre n'est autobiographique que dans la mesure où il comporte maints détails de ma vie : appartement, métiers que j'ai pratiqués, voyage en Tunisie ; il s'en écarte en ce que mes personnages ne sont décrits que par rapport à l'argent.

Qu'est-ce qui vous a poussé à écrire ce roman ?

Mon souci premier est de trouver comment décrire notre monde moderne. Il ne correspond pas à l'image classique d'une société capitaliste se dévorant elle-même ou de la paupérisation absolue. Il existe dans l'organisation actuelle un certain bonheur de vivre quotidien dont les contradictions n'ont pas été décrites. Rien en particulier sur l'argent, la publicité. Or si l'on fait le compte — énorme — des informations publicitaires auxquelles nous sommes soumis dans la rue, dans le journal et nous poussant à acheter, on comprend qu'il en résulte un idéal de vie…

Le cinéaste Godard fait également le procès de la publicité…

Oui, mais il s'en sort en la méprisant[9], moi je me sens pris dans ce monde et j'essaie d'y réfléchir et d'en donner une image assez claire. De sorte qu'une possibilité de contestation apparaisse.

S'agit-il d'une contestation politique ? Car votre livre n'ouvre pas de perspectives à l'enlisement de ce couple.

Mes personnages n'ont pas à porter cette contestation, à prendre la carte du Parti, par exemple. Ce ne sont que des moyens, ils sont inexorablement soumis, sans secours, et je les décris avec les armes de l'ironie et de la distanciation. Leur destin suit sa propre logique : avec leur tenace volonté de vivre et de bonheur, il les conduit à finir dans la peau de « gagneurs de fric ». Ce n'est pas à ces personnages d'avoir d'autres perspectives.

L'originalité de votre récit consiste à être une sorte d'étude sociologique romancée. Pourquoi ne jamais nous faire voir et vivre vos « héros » qui paraissent imaginaires ?

C'est dans le but de donner une efficacité plus grande à ce livre que j'ai

---

9. En 1967, dans la conférence de Warwick, Perec avoue « détester » les films de Jean-Luc Godard (voir *infra*, n° XIV, p. 87) — le jugement est le même douze ans plus tard dans « J'aime, je n'aime pas » (1979). On notera qu'en 1966 paraît dans *Partisans* une notule critique qui éreinte *Quel petit vélo… ?* et salue en Perec… « le Godard du roman ».

voulu, en effet, supprimer intrigue et psychologie. En fait, les personnages ne sont que des miroirs tendus à certains mythes de notre époque.

Certes, je pourrais utiliser une autre forme. Il est cependant difficile de faire vivre un ou des individus. Cela suppose, comme dit Sartre, « l'œil de Dieu[10] » : voir ses personnages de l'intérieur. Or, je ne me mets pas en eux mais à côté, je veux les regarder.

Vous décrivez et démystifiez la psychologie d'un milieu qui repose sur certains mythes : goût de l'argent rapide, de l'acquisition des biens, des « choses », du confort, chez des gens qui rêvent au bonheur. Où mène ce constat ?

Nulle part dans mon livre. Je ne cherche qu'à donner une version critique. Notre monde nous propose dans les « choses » des biens, non seulement des articles de consommation mais des valeurs. La publicité nous dit en somme : « Plus vous consommerez, plus vous serez beau et libre. » Je m'interroge seulement sur ces valeurs. La réponse appartient à la pratique du lecteur — l'action politique en est une — qui, après avoir lu ce livre, réagira selon sa propre expérience.

Certains pourront penser de Jérôme et Sylvie qu'ils refusent de jouer la règle du jeu, que ce sont des inadaptés, des rêveurs…

La règle du jeu, ils finissent par la jouer : c'est ma conclusion, mais non pour la « morale » de l'ensemble qui serait plutôt : « Comment on mate les gens. »

Effectivement, mon couple rêve au bonheur, ce qui ne le mène à rien, et ils semblent y atteindre en « travaillant ».

Mais ne trouvez-vous pas tout à fait normal aussi qu'au XIXe [*sic*] siècle, on puisse rêver de ne pas faire ses huit heures par jour ou encore de voyage à New York.

Mon livre se situe entre les deux citations qui l'encadrent. La première de Malcolm Lowry, qui peut se ramener à ceci : « La civilisation technique moderne permet un bonheur réel qui n'appartient pourtant pas encore à l'homme. » La seconde, de Karl Marx : « Le moyen fait partie de la vérité, aussi bien que le résultat[11]… », et que j'aime pour sa valeur poétique autant que pour

---

10. Allusion au célèbre essai intitulé « M. François Mauriac et la liberté » (1939, repris en 1947 dans *Situations, I*) où Sartre analyse la question de la focalisation narrative dans *La Fin de la nuit* : « [Mauriac] a écrit un jour que le romancier était pour ses créatures comme Dieu pour les siennes, et toutes les bizarreries de sa technique s'expliquent par ce qu'il prend le point de vue de Dieu sur ses personnages : Dieu voit le dedans et le dehors, le fond des âmes et les corps, tout l'univers à la fois. De la même façon, M. Mauriac a l'omniscience pour tout ce qui touche à son petit monde […] » (p. 41-42) ; « Ainsi M. Mauriac, en ciselant sa Thérèse *sub specie æternitatis*, en fait d'abord une chose. Après quoi il rajoute, par en dessous, toute une épaisseur de conscience, mais en vain : les êtres romanesques ont leurs lois, dont voici la plus rigoureuse : le romancier peut être leur témoin ou leur complice, mais jamais les deux à la fois. Dehors ou dedans » (p. 44).

11. La citation est extraite d'un article de jeunesse de Marx : « Bemerkungen über die neuste preussische Zensurinstruktion » (1842) — pour plus de détails, voir David Bellos, « "Le moyen fait partie de la vérité…" The Language of Georges Perec's *Les Choses* ».

sa profondeur, peut sembler sans rapport direct; mais Karl Marx apporte une idée essentielle : l'humanité ne se pose que des questions qu'elle peut résoudre.

Je pense que la question du bonheur est posée mais que c'est aujourd'hui une question piégée. Je n'ai essayé que de décrire l'envers du piège, mais peut-être faut-il d'abord transformer la société pour poser vraiment la question du bonheur.

XI

« Le bonheur de la modernité »
Propos recueillis par Jean Duvignaud,
Le Nouvel Observateur, n° 57, 15-21 décembre 1965.

En 1953-1954, Jean Duvignaud a été le professeur de philosophie de Perec au collège Geoffroy-Saint-Hilaire d'Étampes. Après l'attribution du prix Renaudot, il donne le témoignage suivant sur son ancien élève : « Voilà près de dix ans, je vis entrer dans la classe de philosophie dont j'avais alors la responsabilité un jeune homme au sourire crispé et au regard traqué de jeune loup. Un pâle surveillant me dit qu'il s'agissait d'un "rebelle" qu'il fallait "saquer"... / Rien ne pouvait m'intéresser davantage que ce rebelle qui avait voyagé dans pas mal d'établissements, subi d'incroyables tests de "réadaptation" avant d'émerger là : père et mère massacrés comme juifs durant la guerre, enfance de fugitif, Georges Perec ne montrait alors qu'un besoin confus, encore mal exprimé, d'écrire. / [...] Nous nous étions beaucoup vus après son bac; nous avions beaucoup parlé. J'avais lu certains de ses textes. On l'avait entraîné dans le cercle infernal de l'intelligentsia — La NRF, Les Lettres nouvelles, Arguments. *Mais une seule chose l'intéressait, lui : écrire, parce que l'écriture était le moyen de se maintenir au-dessus de la ligne de flottaison. / Il est dommage qu'un de ses récits,* Le Condottiere, *n'ait pas été édité. [...] » (« Prévisions confirmées. Georges Perec prix Renaudot 1965 »,* Le Nouvel Observateur, *n° 54, 24-30 novembre 1965). On notera que bien qu'il s'en défende ici, Duvignaud a effectivement joué le rôle du mentor de Perec dans les milieux littéraires : il l'a introduit à* La Nouvelle NRF *en 1955; deux ans plus tard, il l'a présenté à Maurice Nadeau ainsi qu'aux membres du comité de rédaction d'*Arguments.

Outre divers autres témoignages et hommages posthumes, Duvignaud a publié en 1993 Perec ou la Cicatrice. *Sur l'importance pour Perec de la rencontre avec Duvignaud, on consultera, dans le second volume du présent ouvrage, le début des deux conférences australiennes sur* Les Choses *(n°s LXXIX et LXXX).*

*

Vous avez laissé dire de votre livre, Les Choses, *qu'il était une* Éducation sentimentale. *Ce n'est pas vrai : le livre se place bien plus au niveau d'une analyse de situation.*

En fait, on a pensé à une *Éducation sentimentale* — et j'y ai pensé moi-même
— parce que j'ai pris Flaubert comme modèle. On peut appeler cela une
espèce de « roman de formation »...

*Un livre de formation, d'éclatement ; mais pas un livre de « formation » au vieux sens
du mot, en ce sens qu'on n'y trouve pas un devenir où le personnage apparaît différent à
la fin de ce qu'il était au début.*

Exactement. Ce « devenir » n'existe pas dans mon livre. Si vous voulez, je me
suis posé une question : nous ne savons plus très bien comment s'appelle la
société dans laquelle nous vivons aujourd'hui. « Société capitaliste » ? Elle est
tout à fait différente de ce qu'on avait autrefois coutume d'appeler « société
capitaliste ». « Civilisation   des   loisirs » ?   « Civilisation   de   l'abondance » ?
« Civilisation de surproduction » ? « De consommation » ? Finalement, on ne sait
pas encore ce qu'elle est. Toute une sociologie américaine et française a commencé d'évoquer les problèmes de l'homme solitaire dans le monde de production [1]... Mais cela n'avait pas encore été un thème littéraire. Il n'y a pas
encore eu de roman, de récit qui présente des personnages vivant à l'intérieur
de cette société, soumis à la pression du marché. C'est cela, mon livre.

Mais ici l'ambiguïté devient fondamentale et finit par faire partie du livre,
au point qu'on ne peut pas en dégager une morale. On ne peut pas dire « c'est
bien » ou « ce n'est pas bien ». Les « choses » que je décris sont des choses objec-
tivement belles, douées d'une espèce de pouvoir, ce sont des choses riches,
potentiellement riches. Vous voyez ce que je veux dire ? Il y a, aujourd'hui, une
espèce de bonheur possible à l'intérieur du monde de la consommation : bonheur d'un restaurant, bonheur d'une moquette, bonheur d'un fauteuil, d'un
Chesterfield... Ce sont des choses concrètes, pas imaginaires...

L'ennui, c'est qu'on est bien assis et que tout se passe comme si on retirait
continuellement la chaise. On a le droit de toucher, on a le droit d'admirer, on
n'a pas le droit de prendre. On nous donne énormément de choses à désirer,
mais finalement on ne possède rien, et on se sent ligotés par le fait qu'on a
envie de posséder.

---

1. Voir par exemple *La Foule solitaire. Anatomie de la société moderne* (trad. fr. 1964, préface d'Edgar Morin),
de David Riesman, ouvrage le plus marquant de cette tendance auquel Perec semble ici faire allusion.

Vous définissez, en somme, une nouvelle forme de ce que les philosophes appelaient « aliénation » ?

On a tant employé ce mot que, finalement, je ne sais plus ce qu'il veut dire. Il me semble qu'en écrivant, j'ai fait, disons, une espèce de description critique pour essayer de comprendre comment le monde nous parle.

Votre livre propose un « réalisme » mais ce réalisme est très différent de celui des « romanciers du regard [2] ». Vous ne vous placez pas au niveau de la perception, mais au milieu des choses.

Il y a une distinction très simple entre le Nouveau Roman et ce que j'ai essayé de faire. Robbe-Grillet est tout entier du côté du langage « dénoté » (comme dit Roland Barthes) et moi, je serais tout entier du côté du langage qui entoure les choses, de ce qu'il y a en dessous, de tout ce qui les nourrit, de tout ce qu'on leur injecte [3]… L'impression principale que j'ai ressentie en écrivant ce livre, c'était de me trouver sur un terrain extraordinairement vaseux, une espèce de bourbier, où j'ai pataugé. C'est ce qui m'a obligé, par exemple, à enlever complètement les personnages, à ne faire, si vous voulez, qu'une sorte d'inventaire. Mon projet, c'était d'écrire [*sic*] la société de mon temps, d'essayer, tout au moins. Mais avant, il fallait que je décrive le milieu, le cadre. J'ai conçu cela un peu comme une préface à un autre livre où des personnages vont paraître.

Vous représentez une nouvelle génération et actuellement vous êtes dans un monde de « vieux ». Qu'allez-vous faire, maintenant ? Sur quoi allez-vous faire porter la contestation ?

Par une sorte de réflexe instantané, après avoir fini ce livre, où j'ai essayé de décrire la fascination des choses, la pression qu'elles exercent, je suis revenu en arrière dans ma vie personnelle. J'écris un livre sur une période de ma vie où, au contraire, j'étais absolument indifférent. Ce n'est plus la fascination, mais le « refus » des choses, le refus du monde. De même que le premier s'appelait *Les Choses*, celui-là pourrait s'appeler *Les Autres [4]*. Ce n'est pas du tout l'impossi-

---

2. C'est Émile Henriot qui utilise l'expression pour la première fois dans un compte rendu de *La Modification* (*Le Monde*, 13 novembre 1957) : « M. Robbe-Grillet […] avec *Le Voyeur* et *La Jalousie* a démontré la précision et la netteté de sa méthode, et comme c'est lui le moniteur de ce qu'on pourrait appeler, faute encore de mieux, l'École du Regard, c'est de lui que nous attendons aussi le dépassement de ses préoccupations techniques pour un franc retour à l'humain. »

3. Perec reprendra plusieurs fois dans la suite des entretiens et conférences la fameuse opposition de Barthes entre dénotation et connotation. On notera toutefois que, s'il se positionne toujours en praticien d'une connotation mythologique critique, Perec simplifie la théorie barthésienne, en ne tenant pas compte notamment de l'évolution conceptuelle qui affecte le couple dénoté/connoté des premiers textes sur Robbe-Grillet (1954-1955, repris dans *Essais critiques*) jusqu'au *Système de la mode* (1967) en passant par la deuxième partie de *Mythologies* (1957).

4. Ce titre avait été envisagé par Jean-Paul Sartre pour *Huis-Clos* (voir Simone de Beauvoir, *La Force de l'âge*, 1960, p. 569).

bilité de communiquer; ce n'est pas du tout métaphysique. C'est vraiment l'histoire de quelqu'un qui, un jour, a envie de dire: «Foutez-moi la paix! Laissez-moi tranquille!», qui ne passe pas un examen, et qui traîne pendant deux ans…

Dans *Les Choses*, je décris Paris comme une ville assez fascinante, assez belle. Et là, maintenant, je voudrais décrire une sorte de Paris absolument impossible, très noir, c'est-à-dire le vide, le contraire de la chaleur… Ce livre s'organise autour d'images exactement de la même manière que l'autre. Il me semble que c'est un volet tout aussi nécessaire, je veux essayer de décrire le monde qui nous entoure et le comprendre un peu mieux.

Autour de vous, parmi les gens de votre génération, est-ce qu'on se pose des problèmes semblables aux vôtres? Comment perçoit-on cet univers des choses?

Personne ne le vit d'une manière aussi pleine que mes personnages, pour la simple raison que mes personnages vivent d'une manière tellement exacerbée que ce n'est pas possible de vivre comme ça, mais il est évident que j'ai pris modèle sur eux et sur moi. Je ne sais pas très bien comment parler des gens de ma génération. Je crois qu'on sort d'une espèce de trou créé par Sartre. L'opposition du «roman engagé» et du «roman dégagé», il me semble que cela a bouché l'horizon littéraire, ça l'a encombré pendant longtemps[5]. Tout cela a été un peu déblayé par différents types d'expériences et il me semble que, maintenant, on commence à voir apparaître une autre attitude: la nécessité de moraliser un livre n'apparaît plus.

Une chose me frappe, en tout cas: il y a quelques années, très peu d'écrivains à votre âge auraient parlé de leurs livres avec cette bonne conscience que vous avez.

Je le pense aussi. Il y a une spécificité du travail de l'écrivain qui est tout à fait différente de ce que l'on a appelé, d'une manière assez méprisante, la «forme». Je pense que des gens comme Roland Barthes ont joué un rôle positif pour notre génération, parce que cette espèce de conflit «forme et fond» tournait à vide depuis des années et des années. Une chose, je dois le dire, m'a beaucoup aidé: la reconnaissance, sans mauvaise conscience, du rôle des «modernes[6]» et de la «modernité» dans la littérature…

Butor a dit une chose qui m'a toujours beaucoup frappé. Il décrit son univers d'écrivain comme une espèce de puzzle avec des pièces qui manquent, et

5. Voir notamment à ce propos «Pour une littérature réaliste» (*Partisans*, 1962, repris dans *LG*), où Perec, après avoir dressé le constat de l'échec de la littérature «engagée» d'une part, et du Nouveau Roman d'autre part, définit une troisième voie inspirée en droite ligne du réalisme critique lukácsien.

6. Rappelons qu'en 1964, Michel Butor a repris sous le titre *Essais sur les modernes* une dizaine d'articles recueillis auparavant dans *Répertoire* (1960) — sur Baudelaire, Dostoïevski, Faulkner, Joyce, Leiris, Pound, Proust, Roussel, Verne, la science-fiction.

les pièces qui manquent, ce sont ses propres œuvres[7]. Moi aussi, je suis entouré d'un certain nombre d'œuvres et d'écrivains. Et je ne les relie pas par une pensée critique homogène, ou tout au moins cohérente, pas du tout; c'est au niveau de ma sensibilité. Il y a des œuvres qui, là-dedans, sont contiguës. Et moi, ce que je veux dire, c'est qu'il y a une espèce de *bonheur de la modernité*, même dans l'impossibilité ou la déception. Oui, c'est cela «le bonheur dans la modernité».

---

7. Nous n'avons pas retrouvé dans les textes de Butor publiés avant 1965 cette image du puzzle que Perec réutilisera plusieurs fois en se l'appropriant — voir notamment «Entretien avec Bernard Noël» (1977, pub. posth. 1997) : «Il y a encore une autre image du puzzle... elle est de Butor. Mais je l'ai tellement utilisée que j'ai fini par croire que c'était de moi» (p. 34). C'est vraisemblablement à partir de la déclaration suivante de Butor que Perec extrapole un «puzzle» de son fait : «[...] le romancier est en général quelqu'un qui a lu des romans, et aussi qui a vu des choses, et qui a eu l'impression, au cours de ses lectures, que quelque chose manque, n'est pas fait. À un endroit, il y a comme un trou, une lacune. Si vous êtes romancier, vous avez envie de combler peu à peu ce trou. [...] On sent qu'un roman est possible à partir de la lecture d'autres romans, mais la lecture, c'est toujours la confrontation d'une œuvre avec la réalité. [...] Écrire un roman, c'est écrire un roman qui n'existait pas encore» — entretien paru dans *L'Express* (14-20 janvier 1960) à l'occasion de la sortie de *Degrés*, repris la même année dans *Les Écrivains en personne*, de Madeleine Chapsal (p. 81-82).

1966

Fin février 1966, trois mois à peine après l'obtention du Renaudot, paraît Quel petit vélo à guidon chromé au fond de la cour ?. *Avec ce « Récit épique en prose agrémenté d'ornements versifiés tirés des meilleurs auteurs », Perec s'éloigne délibérément du style et des préoccupations des* Choses. *De la part d'un romancier dont la critique a arrêté le portrait en sociologue, ce second livre aux allures de canular déconcerte et suscite peu de comptes rendus —* Le Monde, Le Nouvel Observateur *et* L'Express *l'ignorent.*

S'il concède que « Perec est doué pour le maniement des mots » — soulignant comme la plupart des critiques la filiation nouvelle à Raymond Queneau —, Robert Kanters a été néanmoins déçu par le roman, mais « le prix Renaudot est trop proche pour qu'on laisse passer cette plaquette sous silence ». Le jugement est sévère : la « verve gouailleuse » de l'écrivain fait parfois mouche, il y a cependant dans la manière « quelque chose d'un peu scolaire, pour ne pas dire d'un peu cuistre » (Le Figaro littéraire, *17-23 février 1966). À cette exception près, l'accueil est cependant plutôt favorable. Un compte rendu anonyme paru dans* Les Échos *(25 février) regrette que l'« épopée » soit « en fait plus divertissante que corrosive », mais c'est la seule restriction à propos d'un roman dont la lecture procure « autant de plaisir que l'auteur en a visiblement eu à l'écrire ». Yvan Audouard quant à lui ne marchande pas son enthousiasme et avoue sa « faiblesse de considérer [ce roman] tout aussi bon que le premier » — en un mot, « ce Monsieur Perec est doué » (« Roule petit vélo »,* Le Canard enchaîné, *16-22 février 1966).* Les Lettres françaises *datées du 24 février donnent pour saluer la parution du récit l'intégralité de son premier chapitre, suivi d'un compte rendu signé Anne Villelaur dont le titre (« ... c'est pas tout c'que tu sais faire ») fait allusion à* Zazie dans le métro. *La critique trouve le récit « drôle, percutant, et Georges Perec tient bien la distance ». Après avoir donné maints exemples de la réjouissante invention verbale dont fait preuve l'auteur, elle retrouve sous la farce le « regard critique » du romancier des* Choses *ici posé sur les intellectuels qui, à propos de la guerre d'Algérie, « parlent, parlent, sans trop savoir où ils vont ». En définitive, nous dit-elle, « ce qui ne semblait qu'un aimable canular laisse tout de même des traces en nous, nous suggère quelques points de réflexion pas tellement gratuits ». G. Ch., quant à lui, a apprécié « de la première à la dernière ligne » le « divertissement narquois », et termine sur une interrogation qui traverse l'ensemble des comptes* rendus : « *Mais ce n'est pas sans curiosité qu'on attend maintenant le livre qui nous révélera si Georges Perec est un sociologue pince-sans-rire, un savoureux vaudevilliste ou un romancier de grand fond* » (Les Nouvelles littéraires, *24-30 mars 1966*).

Le public, lui, ne suit pas, et le livre ne remporte pas le succès escompté.

XII

« Georges Perec : pas sociologue mais documentaliste »
Propos recueillis par Claudine Jardin, *Le Figaro*, 28 février 1966.

*

« Pour se détendre », *Georges Perec a écrit en un mois* Quel petit vélo à guidon chromé au fond de la cour ? *qui paraît ces jours-ci chez Denoël, dans la collection « Les Lettres nouvelles ». C'est un petit roman où il a caché un peu de son expérience du service militaire — il l'a fait au moment de la guerre d'Algérie.*

Perec, vêtu de velours côtelé jaune et de cotonnade à zébrures, ne me paraît pas tellement détendu. Dans le café où nous nous sommes retrouvés, il est d'abord agressif.

Le *Petit Vélo*, c'est ce qu'on appelle un exercice de style.

Ça ressemble à du Queneau.
J'ai accumulé les jeux de mots pour m'amuser.

Karawo ? Karawasch ? Karacouvé ? Enfin bref, Karatruc, pour un sociologue évidemment…
Je ne suis pas sociologue, mais documentaliste chargé par le CNRS de faire un fichier sur le système nerveux.

Peu à peu, je comprends pourquoi Perec se méfie de moi. Il a cru que j'étais critique. Or les critiques, en parlant des Choses, *prix Renaudot 1965, se sont mépris sur lui.*
C'était un livre assez austère : j'essayais de décrire un phénomène de civilisation plutôt que de faire une œuvre littéraire. On a tellement parlé de mon écriture limpide, classique, gelée, glacée… On a dit qu'il n'y avait aucune audace de langage. Je ne crois pas à la spontanéité de l'écrivain. Moi, j'ai tra-

vaillé sur Flaubert, et plus précisément sur *L'Éducation sentimentale*. Mon premier livre est un « À la manière de Flaubert ».

Voilà pourquoi vous avez radicalement changé de genre.
Oui, je me suis laissé aller à ma pente naturelle [1].

Cette histoire de régiment, de copains qui tentent d'aider un des leurs à échapper à la corvée du service militaire en lui écrasant un pied, vous a un petit côté « Série noire » !
Oui, je dirais plutôt San-Antonio !

Drôle de jeune homme ! Il aime Barthes, Queneau, Leiris et Frédéric Dard. Il travaille la nuit, tous les deux jours [sic], mais il ne veut pas devenir ce qu'il appelle un homme de « lettriat », c'est-à-dire une espèce de fonctionnaire des lettres.
Pour l'instant, il se passionne pour le scénario des Choses *qu'il est en train d'écrire pour Jean-Louis Trintignant et Marie Laforêt [2], quand la mise en fiche du système nerveux lui en laisse le temps.*

---

1. « Pourquoi j'ai écrit le petit vélo ? / — by-product d'une "somme en chantier" que je n'écrirai sans doute pas / — mon écriture la plus "naturelle" : ma "pente" / ce qui est le plus contraire à l'idée que je me fais de la littérature / — je vis (à ma façon) le conflit flaubertien entre romantisme et réalisme : le petit vélo a un peu pour moi la m[ême] fonction que pouvait avoir pour F[laubert] la Tentation ou Novembre ou la plupart des lettres : ne plus chercher à se martyriser : écrire me passionne et m'ennuie ; je préfère dessiner ou écrire n'importe quoi n'importe comment / — je me suis senti un peu ligoté par Les Choses : on m'a un peu trop dit que j'avais une facture classique, un style tenu (alors que je pense que j'écris comme un cochon) je n'ai jamais fait vraiment attention aux formes : je ne me suis jamais demandé pourquoi j'écrivais comme ça et pas autrement / — la seule chose dont je sois à peu près sûr, c'est qu'il est impossible de dire la vérité ; elle ne passe pas : j'appelle vérité l'ensemble des choses que je voudrais exprimer, signifier, dire : mettons : mieux me comprendre, dénoncer certaines erreurs, faire réfléchir : une littérature on ne peut plus fonctionnelle en somme. C'est ici que mes malheurs commencent » — Georges Perec, « Pourquoi j'ai écrit le petit vélo », c. 1965, tapuscrit, cité dans le *Georges Perec Images* (p. 91-92) de Jacques Neefs et Hans Hartje.
2. Il existe trois versions de ce scénario rédigé en 1966 (première version : février 1966) et signé Georges Perec, Raymond Bellour et Jean Mailland : *Les Choses. Un film en couleurs d'après le livre de Georges Perec*. Le film devait être coproduit par la SATPEC, société tunisienne qui produira quelques années plus tard *Un homme qui dort* (voir *infra*, p. 145) et les repérages à Sfax eurent lieu en mars 1966 (voir Hans Hartje et Jacques Neefs, *Georges Perec Images*, p. 93). Le réalisateur Jean Mailland nous a confirmé que Marie Laforêt et Jean-Louis Trintignant avaient accepté de participer au film. Le projet fut refusé par la commission d'avance sur recettes du Centre national de la cinématographie ; ce refus entrava définitivement la réalisation du film.

1967

Malgré la parution de Quel petit vélo à guidon chromé au fond de la cour?
*en 1966 et celle d'*Un homme qui dort *en ce printemps 1967 (voir n° XV), Perec reste
avant tout, du moins pour les universitaires français et étrangers, l'auteur des* Choses,
*roman dont le rayonnement international a été immédiat et d'ampleur. Du vivant de
l'auteur ne paraîtront pas moins d'une quinzaine de traductions — dans les pays de
l'Est notamment, où le roman est considéré comme une cinglante dénonciation des
méfaits de la société de consommation (voir ce qu'en dit Perec, infra, n° XVII, p. 107);
les deux éditions présentées et annotées du texte français des* Choses *qui paraissent aux
États-Unis et en URSS en 1969 deviennent rapidement des « classiques » des études
françaises. En cette année 1967, Perec intervient à plusieurs reprises à l'étranger dans
un cadre universitaire: en mai, il est en Angleterre, à l'université de Warwick
(n° XIV); en juillet aux États-Unis, où vient de paraître une traduction des* Choses *et
où il donne deux conférences à l'invitation de la Michigan State University d'East
Lansing; à l'automne, il prononce une communication à un colloque en Italie
(n° XVI).*

*L'année 1967 marque par ailleurs le début d'une collaboration fructueuse avec la
radio allemande dont Eugen Helmlé, traducteur attitré et ami, est l'initiateur. De 1968
à 1972, l'écrivain va ainsi élaborer plusieurs* Hörspiele, *pièces radiophoniques utilisant toutes les possibilités techniques du médium. En novembre 1968, la
Saarländischer Rundfunk diffusera la première de ces pièces traduite et adaptée par
Eugen Helmlé,* Die Maschine, *« dans laquelle un computer analyse, décortique et
manipule un poème de Goethe » (lettre à Jean Leblon, 21 décembre 1968, citée par
Paulette Perec, « Chronique... », p. 72). À ce sujet, un texte manuscrit inédit de 1968
permet d'apprécier le changement de cap: « L'art du* Hörspiel *est pratiquement
inconnu en France. Je le découvris au moment où s'imposa pour moi le besoin de nouvelles techniques et de nouveaux cadres d'écriture. Très vite je m'aperçus qu'une partie
de mes préoccupations formelles, de mes interrogations sur la valeur, le pouvoir, les
fonctions de l'écriture pouvaient y trouver des réponses, des solutions que je ne parve-
nais pas encore à trouver dans le cadre de mes recherches purement romanesques.
L'espace privilégié du* Hörspiel *— l'échange des voix, le temps mesuré, le déroulement
logique d'une situation élémentaire, la réalité de cette relation fragile et vitale que le*

langage peut entretenir avec la parole — sont ainsi devenus pour moi des axes primordiaux de mon travail d'écrivain » (cité par David Bellos, Georges Perec, *p. 407*).

Enfin, événement capital pour son évolution littéraire, Perec est coopté par l'Oulipo en mars 1967. C'est un projet mené depuis le printemps 1966 avec Marcel Bénabou, le P.A.L.F., *ou* Production automatique de littérature française, *qui lui vaut de rejoindre le groupe réuni depuis 1960 autour de Raymond Queneau et François Le Lionnais (pour plus de détails, voir* Presbytère et Prolétaires. Le dossier P.A.L.F., *volume établi et présenté par Marcel Bénabou en 1989).*

XIII

«Entretien Georges Perec / Patricia Prunier»
Propos recueillis par Patricia Prunier le 2 mai 1967, à Paris.

Patricia Prunier a interviewé Perec dans le cadre de ses recherches: l'entretien est donné en annexe de son mémoire de civilisation française soutenu cette année 1967 à la Sorbonne, «Les Choses de Georges Perec: Une histoire des années soixante» — premier travail universitaire consacré à l'écrivain.

*

Bien que ce soit assez personnel, pourriez-vous me dire quelles sont les raisons qui vous ont poussé à écrire Les Choses *? Et pouvez-vous dire que dans une certaine mesure, vous avez vécu l'expérience de Jérôme et Sylvie?*

Pourquoi j'ai écrit ce livre particulièrement, je ne le sais pas très bien. Enfin, je sais comment j'ai commencé: j'ai commencé par écrire un autre livre. C'était un roman d'aventures, peut-être pas un roman traditionnel, mais enfin un roman avec des personnages et des actions; c'était l'histoire d'un hold-up. Et puis il y avait deux projets très, très vagues: l'un était un livre de science-fiction sur le bonheur[1]. Je lis beaucoup de science-fiction et j'ai remarqué que les livres de science-fiction ne décrivent jamais des sociétés heureuses; celui qui parle n'est jamais d'accord avec la société qu'il décrit. La science-fiction soviétique a essayé d'écrire un livre qui s'appelle *La Nébuleuse d'Andromède* et qui décrit une société heureuse, c'est-à-dire une société où il n'y a plus de lutte des classes, la société communiste parfaite telle que notre imagination peut se la représenter: le résultat est tout à fait consternant parce que les relations des hommes avec

---

1. À notre connaissance, aucune trace ne subsiste de ce projet.

les autres hommes sont tout à fait calquées sur les relations actuelles[2]. L'autre projet était donc celui d'une histoire décrivant un hold-up parfait[3]. Ce hold-up, je le concevais fait pas du tout par des gangsters, mais par des gens très jeunes qui veulent faire fortune et qui, en utilisant la méthode de l'interview non directionnelle avec des banquiers, apprennent comment pénétrer dans la banque, comment déjouer les systèmes d'alarme, etc. Au bout d'un certain temps, je me suis posé la question : pourquoi est-ce que ces jeunes gens veulent faire un hold-up, pourquoi est-ce que moi, personnellement, je passe mon temps à rêver que je vais avoir beaucoup d'argent, comme ça, sans rien faire ? Pourquoi passe-t-on son temps à rêver que l'on va faire fortune, alors qu'en fin de compte on entre dans la vie d'un cadre, on devient sous-directeur de société ou quelque chose comme ça ? Alors, c'est là que le projet a pris forme, mais il a mis beaucoup de temps à se tendre, à prendre sa structure. Il m'a fallu pas mal de temps pour l'articuler autour d'un axe, c'est-à-dire la France d'un côté, le pays de l'abondance, et puis la Tunisie de l'autre, c'est-à-dire le pays de la non-abondance, et ensuite pour le polariser autour du futur et du conditionnel. Puis aussi, pendant longtemps, cette idée du hold-up a gardé une place beaucoup trop importante, elle mangeait le reste du livre qui, à partir d'un certain moment, devenait un simple livre d'aventures. Après l'avoir réduit à un simple paragraphe[4], il y a eu ensuite le choix du conditionnel, le choix du futur n'est venu que plus tard. La dernière chose que j'ai trouvée, c'est le titre : ce livre s'appelle *Les Choses* et les gens qui le lisent lisent *Les Choses*. C'est très important. Pendant très longtemps, ce livre s'est appelé *La Grande Aventure*, et si je n'ai pas choisi ce titre, c'est simplement parce qu'il y avait d'autres livres qui le portaient déjà[5].

Vous auriez préféré ce titre ?

Oui, quand j'écrivais le livre, mais j'avais tort ; maintenant, je sais que le titre *Les Choses* est un titre beaucoup plus efficace.

---

2. Ce roman d'Ivan Antonovitch Efrémov (trad. fr. 1959) est mentionné par Perec à la fin de « L'univers de la science-fiction » (*Partisans*, 1963, repris dans *LG*) comme l'exemple type des romans et nouvelles soviétiques qui, même s'ils échappent au pessimisme « réactionnaire » qui caractérise les productions récentes du genre, « ne sont pas encore arrivés à faire coïncider les colossales transformations des conditions de vie aisément supposables dans un avenir proche ou lointain, et l'évolution parallèle, que nous n'entrevoyons qu'à peine, de la vie quotidienne » (p. 136-137).

3. Ce qui suit reprend le synopsis de *La Bande magnétique*.

4. Dans *Les Choses*, il n'est plus question de hold-up proprement dit mais du cambriolage fantasmé d'un appartement (Ire partie, ch. IX, p. 90-91).

5. Outre plusieurs collections, et sans compter les nombreux essais ou ouvrages techniques dont le titre commence par *La grande aventure...*, plusieurs romans portent en effet ce titre, dont : Michel Zévaco, *La Grande Aventure* (1926), et Pearl Buck, *La Grande Aventure* (1955, 1959). Le FPGP conserve une liste intitulée « Titres pour GA » et composée comme suit : « La petite aventure », « Une h*[istoire]* des a*[nnées] s[oixante]* », « La monnaie », « [Une autre vie] », « [Une vraie vie] », « La mésaventure », « Les choses », « Un oiseau en plein ciel », « La fortune du pot », « Ils auraient aimé », « Le monde leur appartient », « Les charmes de l'existence » (4,66,81r°), « LA FAIM DES LENDEMAINS », « Une histoire des années 60 », « Le bonheur du jour » (4,66,80).

Ce qui a surtout été un coup de génie, c'est l'utilisation du futur dans la dernière partie.

Oui, alors tout devient Destin, on ne peut plus rien changer.

Une autre question que vous me posiez tout à l'heure, c'était la place de mon expérience personnelle dans ce roman : j'ai fait des enquêtes, mais moins que mes personnages.

Vous êtes sociologue ?

Non, et mes personnages non plus, d'ailleurs ! Je n'ai pas fait plus d'études que les personnages dont je parle ; j'ai vécu en Tunisie pendant un an...

Comme professeur ?

Ma femme était professeur. La seule différence qu'il y a entre Jérôme et Sylvie et ma femme et moi, c'est que j'écrivais. La différence, c'est que mon oisiveté — ma non-intégration sociale, ma vie d'étudiant prolongé qui n'étudie pas — était dérivée par un projet d'écrire qui existait depuis toujours. Les problèmes qui se sont posés à moi ont toujours été beaucoup moins graves que les problèmes qui se posent à Jérôme et Sylvie parce que j'avais le dérivatif de l'écriture.

Autre question ?

J'avais pensé aussi vous demander votre opinion sur le Nouveau Roman. Comment vous situez-vous dans l'ensemble romanesque contemporain ?

Aujourd'hui, je ne peux plus répondre à cette question parce que le Nouveau Roman ne constitue pas un objet par rapport auquel on puisse se placer : il y a d'un côté le roman traditionnel et puis, de l'autre, diverses recherches très différentes.

Je peux peut-être alors reprendre ma question et vous demander comment vous situez votre œuvre par rapport, par exemple, à Robbe-Grillet.

Il n'y a pas de psychologie dans mes livres, pas de psychologie personnelle. Enfin, je crois peut-être pouvoir me définir par rapport à Robbe-Grillet, par rapport à la première œuvre de Robbe-Grillet, c'est-à-dire avant *La Maison de rendez-vous*[6]. Si vous voulez, il y a la définition du langage selon Roland Barthes : il y a un axe, et d'un côté de cet axe, il y a le dénoté, c'est-à-dire essayer de déli-

6. Robbe-Grillet lui-même commente en ces termes son évolution : « *La Maison de rendez-vous* [1965] ne correspond pas à ce que certains attendent de moi. Ceux qui se sont intéressés au côté fantastique de mes livres n'auront pas de surprise. Mais ceux qui ont voulu m'enfermer dans un réalisme objectif, pour ne pas dire "objectal", seront décontenancés. Ils ne retrouveront pas les longues, les minutieuses descriptions d'objets auxquelles ils étaient habitués. Les actions en mouvement les remplacent. En outre [...] je joue avec des archétypes » (entretien avec Jacqueline Piatier, *Le Monde*, 9 octobre 1965). Pour plus de précisions, voir par exemple : *Robbe-Grillet : analyse, théorie*, 1976, vol. 1, p. 30 et 367.

vrer le plus possible les mots de leur signification, et de l'autre, le connoté, c'est-à-dire de rendre aux mots leur pleine valeur significative. De plus, je suis complètement incapable de décrire un personnage. Remarquez, ce n'est pas un hasard si la plupart des romanciers contemporains sont également incapables de le faire.

La meilleure description que j'ai eue des *Choses*, c'est une phrase que Roland Barthes m'a écrite dans une lettre ; il m'a dit : « *Les Choses*, c'est la description de la pauvreté dans une société riche[7]. » La société est peut-être riche d'une manière globale, mais les gens que je décris sont pauvres, relativement. Ils sont pauvres, non pas comme on l'était au XIXe siècle, mais par rapport à l'image de la richesse qu'on leur propose. Ils essayent de vivre comme des gens riches sans en avoir les moyens, ils sont en déséquilibre, ils jouent avec le système, ils sont en train de se faufiler dans les mailles, ils sont en train d'essayer de prolonger cette espèce d'image de la liberté qu'ils avaient, jusqu'au jour où ils finiront par devoir assumer leur condition. Ce livre n'est pas tellement une image de la désintégration dans la société contemporaine qu'un petit manuel sur la meilleure manière de s'intégrer. Il y a un temps pour la liberté et la jeunesse, avant trente ans et après si vous voulez : avant, c'est la liberté, l'irresponsabilité ; après, c'est le travail, l'argent et les complets croisés. Le moment du passage, même tout doré qu'il puisse être, même s'il se fait dans un wagon de première classe avec des vêtements neufs et deux verres de whisky, c'est quand même quelque chose qui meurt. C'est là ce que je considère comme le plus ambigu du livre et par là comme le plus réussi : on ne peut pas savoir s'il se termine d'une façon heureuse ou d'une façon malheureuse. Pour Jérôme et Sylvie, c'est peut-être une fin heureuse.

Oui, ils auront leur divan Chesterfield !
Non, ce n'est pas cela, c'est une fin heureuse parce qu'ils passent de l'utopie à la réalité. Si un jour Jérôme et Sylvie sont capables d'agir sur eux-mêmes ou sur le monde, c'est parce qu'ils auront abandonné cette sorte de vie d'étudiant protégé par la société. Jérôme et Sylvie deviennent adultes lorsqu'ils acceptent ce qu'ils ont essayé de retarder pendant tout le début du livre.

Pourtant, Sartre dirait qu'ils n'existent pas, qu'ils se cachent derrière leur rôle de cadres.
Peut-être bien, mais ils n'existent pas davantage lorsqu'ils se cachent derrière leur rôle d'étudiants refusant de devenir cadres. Jérôme et Sylvie ont plus de chance de définition dans le monde des cadres que dans celui des étudiants. Ce qu'il y a de curieux, c'est qu'aujourd'hui, en France, un étudiant n'existe pas : c'est un état larvaire sans responsabilité, sans aucun pouvoir de décision ni rela-

---

7. Voir *supra*, n° IX, note 14, p. 50.

tion réelle vis-à-vis de l'argent; un étudiant qui ne fait pas d'études, ça existe encore moins. Donc, si on se demande ce que c'est que la richesse, ce que c'est que le bonheur, ce que c'est que la liberté aujourd'hui, la solution sera du côté de ceux qui réalisent ces valeurs même si ces valeurs sont pourries; elles n'est pas du côté de ceux qui réalisent ces valeurs tout en disant qu'ils ne les réalisent pas. Comment peut-on espérer atteindre la vérité si les moyens que l'on utilise pour y parvenir sont faux? C'est là le sens de la citation de Marx à la fin du livre.

Est-ce que l'ironie que vous avez utilisée dans Les Choses *est importante ?*

Elle est tout à fait essentielle. Au moment où j'ai commencé à écrire, j'étais tout à fait partisan d'une littérature engagée. Or, les différents auteurs qui illustraient cette littérature étaient tous plus mauvais les uns que les autres.

Par exemple ?

André Stil[8], Jean-Paul Sartre, Pierre Courtade[9]. Or, aucun écrivain n'écrit dans le vide, il est nécessaire d'avoir un certain nombre de guides pour rassurer un peu le chemin que l'on parcourt. Ce qui m'a été du plus grand secours, c'est Brecht. Chez Brecht, j'ai trouvé cette idée développée sous une forme théorique par Lukács qui est la notion de distance[10]. La meilleure manière de convaincre en littérature, c'est de laisser une certaine liberté au lecteur. Cette notion de Brecht développée par Lukács m'a conduit à une tradition, c'est-à-dire non pas au réalisme socialiste, mais au réalisme critique[11]. À la suite de

8. André Stil est rédacteur en chef de *L'Humanité* de 1950 à 1959 et membre du comité central du Parti communiste de 1950 à 1970. Peintre réaliste de la vie ouvrière, il publie notamment une trilogie sur les docks de Dunkerque intitulée *Le Premier Choc* (1951-1953, prix Staline 1951). On notera qu'en 1959, Perec forme le projet de consacrer un numéro spécial de *La Ligne générale* au réalisme socialiste (*CJL*, p. 536).

9. Après la Résistance, Pierre Courtade entre à *L'Humanité* en 1946. Il publie notamment *Jimmy* (1951) sur l'américanisation de la société, *La Rivière noire* (1953), sur la guerre au Viêtnam, et *La Place rouge* (1961), autobiographie.

10. Perec découvre l'œuvre de Bertolt Brecht et le concept de *Verfremdungseffekt* vers 1954, grâce à Jean Duvignaud qui collabore à la revue *Théâtre populaire* où sont alors publiés, à l'occasion des premières représentations du Berliner Ensemble à Paris (*Mère courage*, 1954; *Le Cercle de craie caucasien*, 1955), de nombreux articles sur l'esthétique brechtienne — voir par exemple *Théâtre populaire*, n° 11, janvier-février 1955 (contributions d'Henri Lefebvre, Bernard Dort, Claude Roy...) et les articles de Roland Barthes publiés en 1955 et repris dans *Essais critiques* (1964).

11. Au début des années soixante paraissent les traductions de deux ouvrages de György Lukács qui vont profondément marquer les études littéraires françaises: *La Signification présente du réalisme critique* (1960) et *La Théorie du roman* (1963). Pour Lukács, le réalisme critique, héritier direct de la grande tradition réaliste du XIX° siècle, doit refuser à la fois le «formalisme bourgeois» caractérisé par une vision solipsiste et angoissée du monde (Proust, Joyce ou Kafka) et les simplifications du réalisme socialiste. Pour le philosophe marxiste, Thomas Mann, romancier de la totalité et maître en ironie, représente un des derniers archétypes du réalisme critique (voir *La Signification présente*, ch. 2: «Franz Kafka ou Thomas Mann?», et les essais recueillis dans *Thomas Mann*, trad. fr. 1966). *La Signification présente* est cité dans deux articles de Perec parus dans *Partisans* en 1962: «Le Nouveau Roman et le refus du réel» (repris dans *LG*, p. 39) et «Pour une littérature réaliste» (repris dans *LG*, p. 58 et 60: «[...] en fait le réalisme est d'abord un problème de création: "Aucune théorie, aucun savoir n'a jamais d'autre fonction que d'aider l'écrivain à découvrir une manière plus profonde de refléter le réel, sur le plan même de l'art; il s'agit là d'un rapport indirect, d'ordre dialectique, où l'élément décisif est toujours, finalement, la valeur propre de la représentation artistique"»). À propos de l'influence déterminante de Lukács sur la formation de l'esthétique perecquienne, voir Manet van Montfrans, *Georges Perec. La contrainte du réel*, p. 35-48.

Thomas Mann, j'ai découvert Sterne, Fielding, Diderot, etc. *Les Choses* est un livre entouré par une nécessité de montrer quelque chose tout en réservant notre jugement, cette réserve se traduit par deux phénomènes : le premier est l'ironie [12], le deuxième est la froideur. La froideur, c'est une espèce de manière, au niveau de chaque phrase, de créer une espèce de gel. Pour geler le langage, il y a en France une recette tout à fait éprouvée qui est l'imparfait tel que l'utilise Flaubert. Mon livre a la même ossature que *L'Éducation sentimentale*, il y a les mêmes événements que dans *L'Éducation sentimentale*, il y a aussi des phrases qui sont les mêmes, des phrases qui sont copiées littéralement de *L'Éducation sentimentale*, une quarantaine environ. J'ai également emprunté à Flaubert le rythme ternaire.

Est-ce que vous considérez que Les Choses *ont une portée morale ?*
Le plus simple est de dire ceci : mon plus grand plaisir est de mettre un mot à côté d'un autre. Une fois qu'on a mis un mot à côté d'un autre, on a dit quelque chose. De préférence, il vaut mieux dire quelque chose qui ait un sens. On a à peu près autant de chance d'agir sur le monde avec un livre que d'arriver à devenir millionnaire.

Même si je voulais avoir une portée morale élevée, ça ne me servirait à rien de vouloir. Le seul problème est de mettre un mot à côté de l'autre. Toutes les idées qui me passent par la tête demeurent absolument fausses tant qu'elles n'ont pas été passées à travers la petite moulinette littéraire. Ce que je pense est une chose, ce que je mets sur le papier est une autre chose — mais ce qui est important, c'est ce que je mets sur le papier. Je ne suis pas sociologue : quand j'ai écrit *Les Choses*, mon projet n'était pas de décrire la civilisation de l'abondance, il était de décrire l'image que, moi, je me faisais du bonheur et la contradiction que cela impliquait. Je ne savais pas que 250 000 Français allaient immédiatement me mettre le grappin dessus. Je n'avais pas l'intention de délivrer une vérité, j'avais simplement l'intention de décrire une étape de ce que je ressentais.

Est-ce que cela vous a gêné que l'on vous ait attribué une étiquette de sociologue ?
Oui, cela m'a gêné beaucoup et me gêne encore aujourd'hui. Les quelques sociologues que je connais se sont beaucoup amusés que l'on appelle ce livre

---

12. Dans *La Théorie du roman*, Lukács définit ainsi le concept : « L'ironie de l'écrivain est la mystique néga-tive des époques sans Dieu ; par rapport au sens, une docte ignorance, une manifestation de la malfaisante et bienfaisante activité des démons, le renoncement à saisir de cette activité plus que sa simple réalité de fait, et la profonde certitude, inexprimable par d'autres moyens que ceux de la création artistique, d'avoir réellement atteint, aperçu et saisi, dans cette renonciation et cette impuissance à savoir, l'ultime réel, la vraie substance, le Dieu présent et inexistant. C'est à ce titre que l'ironie constitue bien l'objectivité du roman » (p. 86-87). Ainsi, « en tant qu'auto déferrement de la subjectivité arrivée à ses dernières limites, l'ironie est, dans un monde sans Dieu, la plus haute liberté possible » (p. 89 ; voir également p. 70).

un livre de sociologie*. Je peux me rendre compte de mes propres contradictions, mais pas des conditions inhérentes à la société de l'abondance : je ne suis
pas philosophe ni théoricien. Vous avez le droit de vous saisir de ce livre comme
d'un symptôme, mais je ne me reconnais pas, moi, le droit de déclarer que ce
livre représente une certaine vérité de notre temps, parce que je n'en sais rien.
On a retenu de ce livre une espèce d'image qui a été formée, petit à petit, par
un certain besoin que les gens avaient de lire ce livre.

Les Choses est un roman qui veut dire plusieurs choses, ces choses seront différentes suivant ce qu'apporte le lecteur, c'est-à-dire [que] le livre n'a pas de
signification en soi.

* *« Ce livre néanmoins fait partie du programme de lecture pour le Certificat de sociologie générale à la faculté de Nanterre »* [Note de Patricia Prunier].

XIV

« Pouvoirs et limites du romancier français contemporain »
Conférence prononcée le 5 mai 1967 à l'université de Warwick
(Coventry, Angleterre), transcription de Leslie Hill.

Le texte de cette conférence a paru pour la première fois dans Parcours Perec *(1990),*
volume qui réunit les actes du colloque de Londres organisé en 1988 par Mireille Ribière.

Perec est invité à l'université de Warwick par Richard Coe, enseignant à la Section
d'études françaises, qui a inscrit Les Choses *au programme de son cours de première*
année consacré à la littérature et la civilisation françaises. Dans l'analyse détaillée qu'il
livre de cette conférence, Leslie Hill situe en ces termes la position occupée alors par l'écri-
vain : « en 1967, Perec entrait dans une phase importante pour le développement de son
œuvre et cette conférence présente, entre autres, un intérêt documentaire : elle témoigne de
la conscience qu'avait Perec de sa propre évolution et indique son recours de plus en plus
fréquent à des structures ludiques intertextuelles. On sait [...] que l'entrée de Perec à
l'Oulipo date de mars 1967 ; aussi les déclarations de Perec à Warwick coïncident-elles de
près avec ce tournant décisif de sa carrière d'écrivain. Au cours de son exposé, Perec prend
soin de souligner qu'il existe un lien étroit entre le développement de son projet d'écriture
personnelle et, sur un plan plus large, ce qui se préparait à l'époque en France, dans le
champ de la théorie littéraire et de la production romanesque en général. En effet, s'il est
vrai qu'en 1967, alors qu'il vient d'achever Un homme qui dort, *Perec se trouve, dans*
son itinéraire personnel, disons, à peu près à mi-chemin entre Les Choses *et*
La Disparition, *on pourrait peut-être en dire autant de l'écriture romanesque en France,*
à la fin des années soixante. À travers tout l'ensemble du roman français contemporain
ainsi qu'à l'intérieur de son propre travail se dessine, Perec nous le dit, une nouvelle
image de ce qu'est l'écriture de fiction et de ses possibilités » (« Perec à Warwick », p. 26).

On notera enfin avec Leslie Hill, et la remarque vaut pour toutes les interventions rap-
portées dans cet ouvrage, que pour Perec, « c'est la pratique qui se charge de la théorie », et que
« le rôle attribué à la théorie est de décrire des règles, non de prescrire des normes » (p. 26). Ce
qui n'est pas pour rien dans le fait qu'aujourd'hui encore, cette parole nous semble si proche.

*

Je vais d'abord vous dire une chose tout à fait évidente, c'est que je suis écrivain et je ne suis pas orateur. J'écris et je ne parle pas, et non seulement je ne parle pas, mais je ne parle pas de ce que j'écris, moi, je déteste ça. Et pourtant, je suis ici pour transformer en réflexion ma production littéraire. Je produis des livres et, d'une certaine manière, vous me demandez, disons, des comptes, et je suis bien obligé de vous les donner. Néanmoins, ceci m'amène à trois remarques préliminaires ; disons que tout ce que je dis doit être corrigé par trois choses.

La première, c'est que je ne suis pas critique, par conséquent je ne suis pas spécialiste de mon œuvre. Le fait que je l'ai écrite ne m'autorise pas à pontifier dessus, ou bien…

Deuxièmement, je suis plongé dans le milieu dont je vais parler, puisque je vais parler de la littérature française contemporaine. Je suis moi-même un représentant de la littérature française contemporaine, et c'est tout à fait regrettable, parce qu'il vaut mieux, pour parler d'un sujet, en être légèrement éloigné ou avoir une certaine distance vis-à-vis de lui, et évidemment ce n'est pas mon cas.

Et troisièmement, tout ce que je dis de la situation esthétique des écrivains français contemporains — puisque c'est en gros ce dont je vais parler — doit être rattaché à quelque chose dont je ne parlerai pas parce que je ne sais pas en parler, qui est la situation sociale et économique des écrivains, une situation plus globale, leur statut dans la société française contemporaine. J'en dirai seulement un mot à la fin, si j'y pense.

Bien. Voilà. Je vais vous parler de ma propre expérience d'écrivain, je vais essayer de vous raconter comment, pas du tout pourquoi, mais comment je suis devenu écrivain, comment ça s'est passé, par quel chemin je suis passé. Je vais essayer de… vous faire… comprendre que je pense que ce chemin a été partagé par beaucoup d'autres écrivains que je ne connais pas mais qui sont actuellement vivants en France, et qu'il y a une nouvelle image de la littérature française, du roman français contemporain, qui est en train de se dessiner et qui est tout à fait différente de ce que l'on a connu jusqu'à il y a, disons, quatre, cinq ans, et quelles sont les perspectives, intéressantes ou inintéressantes, ouvertes par cette nouvelle couche d'écrivains français. Bien.

Je vais donc commencer par parler de mon propre… de ma propre expérience d'écrivain, et je pourrais appeler ça « Comment je suis devenu écrivain après avoir été romancier », ou, si vous préférez, « Comment je suis passé du roman à l'écriture ». À l'époque où j'ai commencé à écrire, c'était en 1953, j'avais dix-sept ans, c'est-à-dire il y a quatorze ans, et j'ai dit, j'ai commencé… je veux dire : c'est ce jour-là que j'ai commencé à écrire un roman que je n'ai jamais fini, que j'ai repris plus tard et que j'ai finalement fini en 1958[1], et qui n'est jamais paru, Dieu merci !

À l'époque où j'ai commencé à écrire, le mot « écriture » n'existait pas dans la langue française. Il y avait des romanciers, il n'y avait pas d'écriture. Le problème de l'écriture ne se posait pas. Le problème qui se posait était un problème de contenu, un problème idéologique ; on était en plein dans ce qu'on appelait, ce qu'on appelle, ce qu'on appelait, la « littérature engagée ». Autrement dit, ou, pour dire autre chose… la littérature sartrienne. Cette littérature sartrienne était une littérature qui essayait de faire passer un certain nombre de sentiments à ses lecteurs. Ces sentiments étaient généralement portés par un personnage qui avait généralement une très grande conscience de tout ce qu'il faisait, c'est-à-dire, enfin, il y a un autre exemple si vous voulez de littérature de ce genre, non, il y en a beaucoup d'autres… et puis ça n'a pas d'importance. La littérature engagée était à peu près la seule existante vers 1953, du moins c'était la seule qui était très diffusée. Bon, il y avait, bien sûr, Blanchot qui écrivait déjà, il y avait déjà Leiris qui écrivait depuis même très longtemps, il y avait eu le surréalisme, il y avait eu Proust, il y avait eu Joyce[2], il y avait eu beaucoup de choses, mais en 1953, depuis 19… c'est-à-dire entre 1945 et environ 1955[3], il y avait deux types de littérature : l'une qui était engagée et qui était défendue par Sartre et par les écrivains communistes, et l'autre qui était dite dégagée, c'est-à-dire qui était le contraire : au lieu qu'il y ait de beaux sentiments, il y avait de vilains sentiments, au lieu qu'il y ait des histoires intéressant la société française sous ses aspects politiques et économiques, il y avait des histoires qui intéressaient les rapports entre un jeune homme riche et une jeune fille pauvre, enfin, c'étaient des choses de ce genre-là. Alors mon projet, à l'époque, était — et est toujours resté — proche de la littérature engagée en ce sens que je désirais, je voulais être un écrivain réaliste. J'appelle écrivain réaliste un écrivain qui établit une certaine relation avec le réel. Le réel, je ne savais pas ce que c'était, plutôt je le savais mais ça ne m'était pas d'un très grand secours pour écrire, et cette relation que doit établir l'écriture avec le réel, eh bien je ne savais pas en quoi elle consistait. C'est-à-dire que j'avais beau lire

1. Il s'agit de *Gaspard pas mort*, terminé en fait début 1959.
2. Si les œuvres de Leiris, Proust et Joyce ont à des titres divers fortement influencé l'esthétique perecquienne, on notera en revanche que dans ses premiers essais, Perec est très critique vis-à-vis des positions de Maurice Blanchot sur la « littérature du silence » ou l'incommunicabilité de l'œuvre — voir notamment « Le Nouveau Roman et le refus du réel » (*Partisans*, 1962, repris dans *LG*) et « Engagement ou crise du langage » (*Partisans*, 1962, repris dans *LG*).
3. De 1959 à 1963, le temps de l'aventure de *La Ligne générale*, Perec entreprend une manière de « tentative d'épuisement » du champ romanesque contemporain ; témoigne entre autres de ses lectures systématiques cet extrait d'une lettre à Jacques Lederer écrite à Sfax le 4 décembre 1960 : « Ici, le plus important, pour moi, c'est encore la culture française et romanesque depuis la Libération. Mon fichier est gros comme ça. [...] Des fiches, des fiches, des fiches [...] » (*CJL*, p. 569).

Sartre, par exemple, ou bien tous ses épigones, je ne trouvais pas de chemin qui pouvait m'être, disons, spécifique, ou pouvait m'être particulier. Il fallait que je trouve... si vous voulez, ça a été... il y a toute une série de mutations par lesquelles je suis passé et par lesquelles, je pense, beaucoup d'écrivains sont passés, et qui, en dix ans, m'ont permis de prendre, de conquérir un certain contrôle de ce que je fais quand j'écris. Il est évident qu'on peut toujours se mettre devant une feuille de papier et essayer de dire, disons, ce qu'on a dans la tête. Maintenant, en général, dans la tête, on n'a pas grand-chose. On a des beaux sentiments, on a des idées généreuses, on a des impressions intelligentes, on a des bouts de phrase, et toutes ces choses-là ne servent à rien. Il faut quelque chose, une espèce de modèle littéraire, quelque chose qui vous permette d'avancer d'une manière un peu plus sûre.

Mon premier modèle a été Brecht. Comme par hasard, je suis allé chercher au théâtre ce que je ne trouvais pas dans le roman, et Brecht m'a appris une chose très importante qui est la notion de distanciation, c'est-à-dire ce fait que ce qui est représenté sur le théâtre de Brecht, ce n'est pas un événement ou un sentiment auquel le spectateur peut s'accrocher, c'est au contraire un sentiment ou un événement que le spectateur est obligé de comprendre. C'est un théâtre qui fait entièrement appel à l'intelligence à travers la sensibilité, et pas du tout un théâtre qui fait appel à l'adhésion pure et simple, selon les... enfin, comme le théâtre bourgeois normal. Cette notion de distanciation, je l'ai trouvée reprise par Lukács, qui est un philosophe marxiste hongrois, dans un livre qu'il a publié vers 1957-1958 qui s'appelle *Signification présente du réalisme critique*[4] et où, pour la première fois, j'ai eu... disons... eh bien, je dois m'excuser, mais dans tous ces... dans tous ces... dans tous ces... événements, j'étais relativement retardé. J'étais un peu... j'étais un enfant retardé si vous voulez, c'est-à-dire que j'ai mis beaucoup de temps à comprendre ce que des gens ont compris beaucoup plus vite que moi, ou avaient compris bien avant que je le comprenne. Et j'ai donc découvert à travers Lukács la notion absolument indispensable d'ironie, c'est-à-dire le fait qu'un personnage peut faire une action ou éprouver un sentiment dans un livre alors que l'auteur n'est pas du tout d'accord avec ce personnage et montre comment ce personnage est en train de se tromper. C'est très important parce que c'est ce qui gouverne, c'est ce qui a gouverné toute ma compréhension de Thomas Mann, toute ma compréhension de Fielding, de Sterne, de Diderot, de Stendhal, et finalement de tous les écrivains que j'aimais. Ça a été fondamental en ce sens que pour la première fois, j'ai pu écrire une œuvre que j'ai terminée et que je n'ai pas publiée où j'ai réussi — enfin, je pense avoir réussi — à décrire de cette manière un person-

---

4. L'ouvrage paraît à Hambourg en 1958; la traduction française, on l'a vu, est de 1960.

nage en ayant un certain recul vis-à-vis de ce personnage[5]. J'avais découvert, il me semble, pour ma propre gouverne, pour mon propre devenir littéraire, j'avais découvert, disons, ce qu'on peut appeler la liberté à l'intérieur de l'écriture. Comment est-ce que l'on peut laisser le lecteur libre de comprendre, de choisir, comment est-ce qu'on peut l'influencer par des moyens détournés, comment est-ce qu'on peut enfin... comment est-ce qu'on peut le convaincre si vous voulez. D'une certaine manière, je peux dire que tous les... toutes les idées que j'ai quand je suis en train d'écrire un livre sont inutiles si je ne parviens pas à les transformer en mots, en phrases, qui vont frapper le lecteur et qui vont produire sur lui une impression que je ne peux pas décider à l'avance mais que je peux essayer, disons, de dessiner. Et ceci est possible si j'essaie de ne jamais affirmer quelque chose, si je laisse toujours la possibilité — enfin, c'est là que Thomas Mann est le plus grand écrivain que j'aie jamais rencontré, à peu près —, si je laisse toujours au lecteur la possibilité de décider entre un certain nombre d'interprétations possibles d'un événement ou d'un sentiment.

Alors, cette notion d'ironie m'a amené beaucoup plus tard — quatre ans plus tard — à la découverte d'un ensemble conceptuel qui s'appelle la rhétorique[6]. La rhétorique, c'est l'ensemble des moyens qui permettent de convaincre. La rhétorique s'utilisait d'abord... sur les... a d'abord été utilisée... a été... découverte dans la Grèce antique, à Syracuse, pour des histoires de procès où il s'agissait, ayant à décider si quelque chose était vrai ou faux, de le présenter de la manière la plus convaincante. Ensuite, c'est devenu une manière d'exposer un problème, toujours dans la parole, et ensuite c'est passé dans la littérature, c'est devenu une certaine manière de maîtriser le langage. La rhétorique était très célèbre en France, elle a été enseignée en classe jusqu'au milieu du XIXe siècle, ensuite on a cessé de l'enseigner, il n'y a plus un seul livre de rhétorique actuellement disponible en France mais on est de nouveau en train d'en écrire, ce qui prouve que ça a quand même une certaine importance[7].

Alors, si vous voulez, pour résumer ces passages, je... peux dire... je peux essayer de simplifier comme ça : tout ce que je dis, enfin, tout ce que j'écris,

5. Il s'agit du *Condottiere* (1960, inédit), résultat du remaniement de *Gaspard pas mort* plus haut évoqué.
6. En 1964-1965, Perec suit le séminaire de Barthes consacré aux « recherches sur la rhétorique » (École pratique des hautes études), qui lui inspirera entre autres l'« Index des fleurs et ornements rhétoriques » de *Quel petit vélo... ?* On notera que le compte rendu du séminaire rédigé par Barthes stipule que pour cette année universitaire, Perec et Jacques Lederer sont « proposés comme élèves titulaires » (*Œuvres complètes. Tome 1*, p. 1562).
7. Le renouveau des études rhétoriques qu'évoque Perec est flagrant dans les années qui suivent cette conférence — paraîtront notamment : en 1968, la réédition du traité de Pierre Fontanier, *Les Figures du discours*, présenté par Gérard Genette ; en 1970, la *Rhétorique générale* du Groupe μ et la seizième livraison de *Communications* consacrée aux « Recherches rhétoriques » (ce numéro comprend la transcription partielle du séminaire de Barthes).

passe nécessairement par l'écriture, c'est-à-dire par un ensemble de moyens qui me permettent, à partir d'une sensation, d'une impression, d'un refus, d'un acquiescement, de grouper ensemble des mots, des phrases, des chapitres, en un mot de produire un livre. Si vous voulez, entre le réel que je vise — puisque dans tout ceci la seule chose que je cherchais à décrire, ce que j'avais devant moi, c'était le réel, mais je vous dis un réel que je ne savais pas comment maîtriser —, entre le réel que je vise et le livre que je produis, il y a, il n'y a… il y a seulement l'écriture. Le projet d'écrire, c'est-à-dire ce que je décide avant d'écrire, ce que j'ai envie d'écrire, est vraisemblablement, comme on me l'a fait remarquer un peu partout, une affaire de morale [8], c'est-à-dire que, effectivement, je peux figurer à vos programmes comme moraliste contemporain parce que la question que je me suis posée au départ de mon livre *Les Choses* est peut-être une question morale. Mais la vision du monde, ce qu'on appelle la *Weltanschauung*, ce n'est pas un ensemble de concepts, c'est seulement un langage, un style, des mots. C'est-à-dire qu'en somme, il n'y a pas d'écriture naturelle, il n'y a pas d'inspiration, il n'y a rien qui m'aide, qui se trouve au-dessus de ma tête et qui m'aide à produire du langage. L'écriture est un acte culturel et uniquement culturel. Il y a uniquement une recherche sur le pouvoir du langage. Entre le monde et le livre, il y a la culture. Alors, si vous voulez, c'est à ce moment-là que j'ai fait pratiquement une sorte de découverte. Si entre le langage et le monde il y a la culture, c'est que pour parler, enfin, pour écrire, il faut passer par quelque chose qui est culturel. Et par une espèce de métaphore, j'en arrive à ceci, que tout ce que les écrivains ont produit fait partie du réel, de la même manière que le réel. Si vous voulez, quand on dit « le réel », on appelle « réels » les objets qui nous entourent. On n'appelle pas « réel » un livre : un livre, on l'appelle « culture ». Mais néanmoins, lorsque j'écris, tous les sentiments que j'éprouve, toutes les idées que j'ai ont déjà été broyés, ont déjà été passés, ont déjà été traversés par des expressions, par des formes qui, elles, viennent de la culture du passé. Alors, cette idée en amène encore une autre, à savoir que tout écrivain se forme en répétant les autres écrivains. C'est une idée tout à fait banale. On sait, si vous voulez, que Flaubert a commencé à écrire en pastichant Balzac, que tous les textes de jeunesse de Flaubert sont des reprises, des espèces de trucs qu'il avait cherchés chez Balzac. On sait aussi que Stendhal, paraît-il, a appris à écrire avec un nommé De Tracy, c'est-à-dire avec

---

8. Rappelons que pour Barthes, entre la langue, qui « fonctionne comme une négativité », et le style, pensé comme une « nécessité qui noue l'humeur de l'écrivain à son langage », se situe l'écriture, « acte de solidarité historique » qui définit « l'identité formelle de l'écrivain ». « Langue et style sont des objets ; l'écriture est une fonction : elle est le rapport entre la création et la société, elle est le langage littéraire transformé par sa destination sociale » : « l'écriture est donc essentiellement la morale de la forme » (*Le Degré zéro de l'écriture*, 1953, p. 14-15). De façon plus générale, on notera que les propos sur l'écriture que Perec expose dans cette conférence gagnent à être mis en regard avec l'ensemble des réflexions théoriques développées dans le *Degré zéro*.

un… physiocrate[9], etc. C'est une idée que Malraux a beaucoup défendue à propos de la peinture, que tout peintre commence par pasticher celui qui l'a précédé[10]. Seulement, c'est une idée qui était cachée, qui était… C'était une idée un peu tabou. On disait d'un écrivain, tel écrivain s'inspire de… il n'a pas encore trouvé sa vraie voix, v-o-i-x, il n'a pas encore trouvé sa vraie parole, il n'a pas encore trouvé cette espèce d'oiseau au-dessus de sa tête qui va lui dicter ce qu'il a à dire, ni sa Muse qui vient chanter pendant qu'il dort. Bon. Maintenant, si vous voulez, ce qu'il y a de fondamentalement différent, c'est que c'est une idée que l'on peut revendiquer. Non seulement on peut, mais je pense qu'on doit. Alors, je vais par exemple vous montrer au tableau que, quand j'ai écrit *Les Choses*, je me suis servi de quatre écrivains :

FLAUBERT   NIZAN
            Les Choses
ANTELME   BARTHES

Ce n'est pas du tout au hasard que je les ai placés de cette manière. C'est parce que… Nizan, Paul Nizan, était un ami d'enfance, un ami de jeunesse de Sartre, qui était ensuite communiste, et puis qui a été tué à la guerre, au début de la guerre… en 1939[11]. Antelme est un écrivain qui a écrit un seul livre qui s'appelle *L'Espèce humaine*, qu'il a écrit au retour d'un camp de concentration, et ces deux livres ne m'ont pas servi au niveau des phrases. Le livre de Nizan m'a servi au niveau de l'esprit simplement. Le livre de Nizan raconte… le livre de Nizan s'appelle *La Conspiration*, il raconte l'histoire de jeunes gens qui ont le même âge que les personnages des *Choses* et qui essaient de faire la révolution et qui, évidemment, n'y arrivent pas. Dans mon livre, les personnages ne font pas la révolution mais l'espèce d'esprit critique que Nizan a vis-à-vis de ses personnages m'a été d'un très grand secours. Antelme a écrit *L'Espèce humaine* et m'a servi… là, je veux dire : c'est vraiment le secours le plus inconscient qui puisse exister parce que, finalement, je sais qu'il y a une relation entre *Les Choses* et *L'Espèce humaine* d'Antelme, mais j'ai beaucoup de mal à la spécifier.

9. Antoine-Louis-Claude Destutt de Tracy, auteur des *Éléments d'idéologie* (1800-1815), que Stendhal étudie avec attention à partir de 1804, n'est pas un physiocrate mais un « idéologue » matérialiste (pour plus de détails, voir par exemple Vittorio del Litto, *La Vie intellectuelle de Stendhal*, p. 164 *sqq.*).

10. Cette thèse est longuement développée par André Malraux dans *La Création artistique* (1949) : « À Chartres comme en Égypte, à Florence comme à Babylone, la matière première d'un art qui va naître n'est pas la vie, c'est l'art antérieur » (p. 129) ; « […] toute destinée d'artiste commence par le pastiche. […] L'imitation passionnée est une opération banalement magique, et il suffit à un peintre de se souvenir de ses premiers tableaux, à un poète de ses premiers poèmes, pour savoir qu'ils trouvaient en eux une participation, non au monde, *mais au monde de l'art*; qu'ils n'y cherchaient ni une possession des choses ni une évasion, à peine une expression — mais bien une possession des artistes et une confusion en eux. Le pastiche est une fraternité. […] C'est sur ce pastiche que tout artiste se conquiert d'abord ; le peintre passe d'un monde de formes à un autre monde de formes, l'écrivain d'un monde de mots à un autre monde de mots, de la même façon que le musicien passe de la musique à la musique » (p. 141).

11. Paul Nizan est tué au combat, près de Dunkerque, le 23 mai 1940.

Barthes — j'aurais dû ajouter *Madame Express* en dessous — m'a servi réellement à titre de corpus, c'est-à-dire que j'ai écrit *Les Choses* avec une pile de *Madame Express*, et, pour me laver les dents après avoir lu un peu trop de *Madame Express*, je lisais du Barthes, ce qui me reposait un peu, et qui, en plus, me donnait, bien…

Quant à Flaubert, il m'a servi de trois manières. Premièrement, j'ai repris des images, enfin, des images… des scènes que Flaubert utilise dans *L'Éducation sentimentale*. En particulier, il y a une vente aux enchères dans *L'Éducation sentimentale*, il y en a une dans *Les Choses*; il y a un voyage en bateau dans *L'Éducation sentimentale*, il y a un voyage en bateau dans *Les Choses*; il y a une manifestation politique dans *L'Éducation sentimentale* et dans *Les Choses*. Ça, c'est le premier emprunt que j'ai fait à Flaubert. Le deuxième, je l'ai fait en piquant une trentaine de phrases sans mettre de guillemets et… il n'empêche que personne ne le voit, et, de toute façon, même si on le voyait… Et la troisième chose, c'est que j'ai construit mes phrases exactement comme Flaubert construit les siennes, c'est-à-dire avec un rythme ternaire. Bon.

Pour mon dernier livre, qui s'appelle *Un homme qui dort*, j'ai fait la même chose en me servant principalement de deux auteurs, l'un est Kafka, l'autre est Herman Melville. Alors, si vous voulez, il y a, en ce qui me concerne, une image de la littérature qui se dessine et qui serait l'image d'un puzzle. Ça, c'est une… Butor a très bien expliqué cela. Butor a expliqué que tout écrivain était entouré par une masse d'autres… enfin, il est là et il y a tout autour de lui, plus ou moins près, plus ou moins loin, d'autres, d'autres écrivains qui existent ou qui n'existent pas, qu'il a lus, qu'il n'a pas lus, qu'il a envie de lire, et, si vous voulez, ce puzzle qui est la littérature, dans l'esprit de cet écrivain, a toujours une place vacante, et cette place vacante, c'est évidemment celle que l'œuvre qu'il est en train d'écrire va venir remplir. Si vous voulez, quand j'ai écrit *Les Choses*, enfin, je ne veux pas dire que ça a été aussi facile, mais au bout de deux ans, mettons, que j'étais en train d'écrire *Les Choses*, que j'ai recommencé plusieurs fois, il y a vraiment eu une relation nécessaire entre Flaubert, Barthes, Nizan et Antelme. Au centre de ce groupement, il y avait ce livre qui s'appelle *Les Choses*, qui n'existait pas encore, mais qui s'est mis à exister à partir du moment où il a été décrit par les quatre autres. De la même manière, pour *Un homme qui dort*, la lecture à outrance, enfin, pendant des semaines et des semaines, d'une nouvelle de Melville qui s'appelle *Bartleby the Scrivener* et des *Méditations sur le péché, la souffrance et le vrai chemin* de Kafka, enfin du journal intime de Kafka[12], m'a conduit presque nécessairement, comme à travers une espèce de voie à la fois

---

12. La traduction intégrale du *Journal* de Kafka par Marthe Robert paraît en 1954 — Perec citera implicitement des extraits de cet ouvrage aux chapitres XXXIX, LI et LVII de *La Vie mode d'emploi*.

royale et tout à fait étroite, m'a conduit au livre que j'ai produit. Si vous voulez, je peux définir mon écriture comme une espèce de parcours — il y a une très, très belle phrase de Michaux qui dit: «J'écris pour me parcourir[13]» —, comme une espèce de parcours, une espèce d'itinéraire que j'essaie de décrire à partir, disons, d'une idée vague, d'un sentiment, d'une irritation, d'un refus, d'une exaltation, en me servant, non pas de tout ce qui me tombe sous la main, mais de tout un acquis culturel qui existe déjà. À partir de là, j'essaie, si vous voulez, de dire tout ce que l'on peut dire sur le thème d'où je suis parti. C'est ce que les rhétoriciens appelaient des lieux rhétoriques. *Les Choses* sont les lieux rhétoriques de la fascination, c'est tout ce que l'on peut dire à propos de la fascination qu'exercent sur nous les objets. *Un Homme qui dort*, c'est les lieux rhétoriques de l'indifférence, c'est tout ce que l'on peut dire à propos de l'indifférence.

Alors, vous voyez, j'espère que vous voyez, qu'il y a quand même entre mes points de départ d'écrivain se voulant réaliste à l'époque de la littérature engagée et le point d'arrivée, il y a un certain chemin qui est parcouru. Alors, maintenant, ce chemin me semble significatif: il me semble que, pendant très longtemps, la littérature française a été écartelée entre une fausse… enfin, dans une fausse… a été prise dans une fausse contradiction, entre ce qu'on appelle la forme et le contenu. Il y avait d'un côté le contenu, c'est-à-dire l'idéologie, ce que le livre raconte, et de l'autre côté la forme, c'est-à-dire non pas l'écriture, mais le style. Dans le roman engagé, il n'y a pas d'écriture, c'est quelque chose qui est parfaitement tabou, on ne parle pas de bien écrire ou de mal écrire, l'écriture est un… est quelque chose qui reste spontané, qui reste secret, qui reste privilégié; l'écriture est le privilège de l'écrivain, on ne demande à l'écrivain de comptes que sur ce qu'il exprime, c'est-à-dire sur son idéologie, sur son contenu[14]. Ceci correspond tout à fait au statut social de l'écrivain qui est dans la société un individu privilégié, et qui est d'une certaine manière irresponsable de ce qu'il produit: il produit de la littérature, mais ce n'est pas de sa

---

13. «J'écris pour me parcourir. Peindre, composer, écrire: me parcourir. Là est l'aventure d'être en vie» — extrait d'«Observations», texte publié en 1963 dans le recueil *Passages* (p. 93). Cette même phrase d'Henri Michaux est donnée dans «Les gnocchis de l'automne» alors que Perec tente de cerner les difficultés inhérentes à un exercice sincère de l'autoportrait: «[…] il m'est devenu de plus en plus difficile de croire que je m'en sortirai à coup de devises, de citations, de slogans ou d'aphorismes: j'en ai consommé tout un stock: "Larvatus prodeo", "J'écris pour me parcourir", "Open the door and see all the people", etc, etc. Certaines arrivent encore parfois à m'enchanter, à m'émouvoir, elles ont toujours l'air d'être riches d'enseignements, mais on en fait ce que l'on veut, on les abandonne, on les reprend, elles ont toute la docilité que l'on exige d'elles» (*Cause commune*, 1972, repris dans *JSN*, p. 70). On la retrouve mise en exergue au premier chapitre d'*Espèces d'espaces* (1974). La citation de Michaux est également donnée dans l'entretien accordé à Bernard Milluy en 1981 à Melbourne (voir vol. II, n°LXXXII, p. 305).

14. On relira notamment à ce propos les fameuses analyses de Sartre données dans «Qu'est-ce qu'écrire?» (*Situations II*, 1948 — de larges extraits de ce recueil sont cités par Perec dans «Pour une littérature réaliste», *Partisans*, 1962, repris dans *LG*, p. 81-82).

faute, il la produit parce qu'il y a l'inspiration derrière lui, parce qu'il y a une force qui le pousse à écrire, parce qu'il est une espèce de mage inspiré comme l'était Victor Hugo, mais finalement totalement irresponsable.

Dans le Nouveau Roman même, l'écriture reste encore quelque chose d'absolument privilégié. Et il faut attendre, il a fallu attendre très longtemps pour que la littérature se revendique elle-même en tant qu'écriture. Il a fallu attendre d'abord les travaux de Roland Barthes, ensuite un livre de Marthe Robert sur Kafka [15] qui a éclairé de manière vraiment très, très définitive comment ce qu'on appelle la vision du monde de Kafka était absolument inséparable de la technique littéraire utilisée par Kafka, ce qui fait que, finalement, il est possible que la « kafkaïté », ça soit Kafka, mais la « kafkaïté », c'est d'abord un ensemble de phrases, un ensemble de mots, une certaine technique d'écriture mise au point spécifiquement par Kafka à partir, d'ailleurs, d'autres éléments. Et enfin, il a fallu attendre le groupe *Tel Quel*... Les perspectives ouvertes sont nombreuses. La limite, évidemment, c'est qu'on tombe, on abandonne, si vous voulez, le projet réaliste qu'il y a au départ et que l'on tombe véritablement, uniquement, dans une exploration du langage par le langage, ce que *Tel Quel* est en train de faire, en confiant à la psychanalyse ou à une exploration psychanalytique le soin de... enfin, d'extraire le signifié, la signification de ce texte. C'est un peu la crise, ou le danger, que connaît en ce moment *Tel Quel*. Mais pour tout le reste, il me semble que jamais la littérature française n'a connu une telle ouverture et que, aujourd'hui, sont possibles des recherches tout à fait nouvelles sur le langage — il y en a un très bon exemple dans un livre de Maurice Roche qui s'appelle *Compact* [16] —, sur le montage — en particulier tout ce qu'écrit Butor —, sur le relais du réel, c'est-à-dire sur ce choix ou bien d'un écrivain qui sert de relais entre le monde et le livre. Il y en a plusieurs exemples en France, enfin, indépendamment du mien. Il y a un livre de Jean Ristat qui s'appelle *Le Lit de Nicolas Boileau et de Jules Verne* [17], qui, comme son nom l'indique, est fait de Nicolas Boileau et de Jules Verne. Ou bien le livre peut être

15. Marthe Robert publie une *Introduction à la lecture de Kafka* en 1946. Selon toute vraisemblance, Perec évoque ici le *Kafka*, inventorié dans sa bibliothèque, paru en 1960 dans la collection « Pour une bibliothèque idéale », dans lequel Marthe Robert définit sa méthode en ces termes : « Grâce à une technique absolument appropriée à l'inspiration qui la rend nécessaire, l'art non seulement ne s'oppose pas aux idées, mais on ne peut le comprendre que comme le sens lui-même. / Notre propos est de faire apparaître la signification des récits et des romans de Kafka *uniquement* à travers la technique par quoi ils gagnent leur caractère spécifique » (p. 59-60).

16. Ce premier roman de Maurice Roche, inventorié dans la bibliothèque de Perec, paraît en 1966 au Seuil dans la collection « Tel Quel ». *Compact*, qui fait appel à toutes les ressources de la typographie, de la mise en pages (en insérant de plus schémas, dessins, partitions musicales ou alphabets étrangers) et de la polyphonie reçoit alors un accueil critique élogieux.

17. *Le Lit de Nicolas Boileau et de Jules Verne. Roman critique*, premier ouvrage de Jean Ristat paru en octobre 1965 dans la collection « 10/18 », fait notamment l'objet d'un compte rendu enthousiaste d'Aragon publié dans *Les Lettres françaises*. Cette « *Autobiographie onirique* » (quatrième de couverture), dont de nombreux passages confinent au centon, emprunte beaucoup à l'œuvre de Boileau et à celle de ses exégètes ainsi qu'aux *Méditations métaphysiques* de Descartes, fort peu au total à Jules Verne.

relayé par un matériel qui n'est pas à proprement parler littéraire. L'exemple est *Stalingrad, description d'une bataille,* c'est un livre allemand d'Alexander Kluge[18], qui est un livre fait, qui est un montage fait à partir de lettres de soldats, de comptes rendus, qui est tout à fait… enfin, qui est très intéressant. Il y a un autre exemple, mais alors dans un autre domaine, qui est ou bien *Les Enfants de Sanchez,* d'Oscar Lewis[19], qui est fait à partir d'interrogations au magnétophone de paysans mexicains, ou bien même *In Cold Blood* (*De sang-froid*) de Truman Capote, où tout le travail d'écriture a d'abord… a été fait sur un matériel n'appartenant pas réellement, enfin, n'appartenant pas à la réalité ou à l'imagination mais appartenant à quelque chose de déjà élaboré[20]. Bon. Donc, on peut arriver à une espèce de littérature qu'on peut appeler expérimentale, qu'on peut appeler… citationnelle, par exemple. Et je peux même… Enfin, ce qu'il y a d'intéressant, c'est les relations de cette nouvelle littérature avec d'autres formes esthétiques. Je pense que ce type de littérature ressemble, enfin, a, ou entretient des rapports avec le pop art, avec une certaine forme du pop art, où il n'est jamais question que de peindre quelque chose qui a déjà été peint, en le détournant de sa fonction[21], avec le free jazz[22], qui est une forme tout à fait récente de jazz qui se caractérise par l'abandon de toute contrainte rythmique

18. La traduction française paraît en 1966. La quatrième de couverture présente le roman en ces termes : « L'auteur a créé un nouveau genre romanesque : le roman document, où le réel et l'imaginaire se chevauchent et sont si étroitement mêlés que le lecteur finit par les confondre. / Alexander Kluge s'est servi des communiqués officiels, des articles de journaux, des slogans de la propagande nazie pour montrer les faits. Il a fait le récit des événements au jour le jour, parfois heure par heure, du 10 novembre 1942 au 2 février 1943. » Kluge est avant tout un cinéaste, rédacteur parmi d'autres en 1962 du manifeste d'Oberhausen qui annonce le renouveau du cinéma allemand. Il tourne son premier long métrage en 1965-1966, *Anita G.,* adapté d'une de ses nouvelles et récompensé au Festival de Venise (1966). On notera que les constantes de son style présentes dès son premier opus cinématographique sont loin d'être étrangères aux préoccupations de Perec : « importance du montage, procédés de distanciation, refus de tout esthétisme, recours à la voix off et au découpage en chapitres, insertion de séquences quasi documentaires, ironie dans la narration, critique sociale fondée sur une analyse des contradictions des personnages » (Jean-Loup Passek, *Dictionnaire du cinéma,* p. 1234).

19. *Les Enfants de Sanchez. Autobiographie d'une famille mexicaine* (1961) de l'ethnologue américain Oscar Lewis est traduit en français en 1963. Quelques années auparavant, dans *Five Families : Mexican Case Studies in the Culture of Poverty* (1959), Oscar Lewis a élaboré le concept de « culture de pauvreté » ou, plus précisément, de « subculture » — culture caractérisée notamment par le déficit d'intégration et d'organisation sociales des populations pauvres — à partir d'enquêtes qui établissent un jeu de similitudes entre les structures familiales et les systèmes de valeurs de familles pauvres. Ce concept est éprouvé sur le terrain dans deux enquêtes célèbres qui s'élaborent à partir des récits de vie de familles pauvres enregistrés au magnétophone : famille d'Indiens émigrée à Mexico (*Les Enfants de Sanchez*) et famille portoricaine des taudis de New York (*La Vida,* 1966).

20. Paru en traduction française en 1966, ce roman de Truman Capote qui connut un très grand succès public est sous-titré *Récit véridique d'un meurtre multiple et de ses conséquences.* Le récit est précédé de « Remerciements » qui commencent par ces mots : « Tous les éléments de ce livre qui ne sont pas le fruit de ma propre observation ont été tirés de documents officiels ou bien résultent d'entretiens avec les personnes directement concernées […] »

21. Depuis 1962, date de son apparition aux États-Unis, le pop art rencontre un succès public et critique sans précédent dans le monde des avant-gardes artistiques. Représenté notamment par les œuvres de Roy Lichtenstein, Claes Oldenburg, George Segal, Andy Warhol ou Tom Wesselmann, il emprunte ses thèmes et ses techniques à la publicité, aux bandes dessinées, aux programmes télévisuels et aux magazines populaires. À propos de l'aspect citationnel du pop art mentionné par Perec, le critique d'art Irving Sandler note que les œuvres pop se définissent comme « des "re-mades", des répliques ou restitutions », des « images d'images » (*Le Triomphe de l'art américain,* tome 2, p. 168 et 225).

et mélodique et part uniquement, enfin, uniquement — si l'on peut dire — de l'inspiration, puisque les joueurs jouent ensemble sans thème, sans tempo et sans harmonie. Seulement, ce qui est très intéressant, c'est que, étant obligés comme ça de se jeter perpétuellement à l'eau, ils ont recours pour se sauver à toutes les formes traditionnelles que le jazz a utilisées avant eux. C'est une forme de jazz qui utilise énormément la citation, c'est pour ça que j'en parle [23]. Ça a des rapports évidemment aussi avec les films de Godard, que je déteste, mais ça c'est une autre chose… Voilà. Alors, je voudrais dire en fin de compte, ça c'est une conclusion tout à fait provisoire, tout à fait hypothétique et hasardeuse, que… J'ai dit tout à l'heure que le statut social de l'écrivain était d'être un mage inspiré, irresponsable; je pense que, enfin, ce statut social dans la bourgeoisie… je pense qu'à partir du moment où l'écrivain cesse de se revendiquer comme créateur, c'est-à-dire comme un monsieur siégeant dans les cieux et faisant descendre son inspiration jusqu'à terre, sans ce… enfin, en revendiquant seulement sa spontanéité, enfin, le privilège de l'écriture, quand il abandonne ce privilège et qu'il revendique le contrôle et la connaissance de ses moyens de production, je pense qu'il accomplit une certaine forme sociale de contestation. C'est à peu près tout ce que j'avais à vous dire.

[Applaudissements.]

Richard Coe — *M. Perec, quand je vous ai parlé la première fois de l'idée que j'avais de vous mettre sur le programme des moralistes contemporains, vous avez dit, sévèrement :* «Monsieur, je ne suis pas un moraliste, je suis un écrivain.» *Et pourtant, quand j'ai maintenant lu, relu et relu encore une fois* Les Choses, *je reviens à ma première conclusion que vous étiez en somme un moraliste. Vous avez parlé ce soir de la question de l'ironie, c'est-à-dire que vous créez des personnages, vous observez des personnages et puis vous, écrivain, vous vous mettez à part, vous vous distancez en laissant voir, n'est-ce pas, que vous n'êtes pas nécessairement d'accord avec les décisions de vos personnages ou avec leurs réactions. […] Est-ce que vous continuez à dire: «Je ne suis pas un moraliste» ou êtes-vous revenu sur cette conclusion ?*

---

22. *Free Jazz* est le titre d'un disque qu'Ornette Coleman enregistre à la tête d'un double quartette en 1960. Conçue selon le principe de l'improvisation absolue, l'œuvre fait aussitôt «figure de manifeste d'une nouvelle révolution stylistique dans le jazz» (Philippe Carles et Jean-Louis Comolli, «Free jazz», *Dictionnaire du jazz*, p. 410). Violemment rejeté par de nombreux critiques, le free jazz ne s'impose pas moins dans les années soixante, indissociable des luttes menées alors par la communauté noire aux États-Unis dont il devient un des emblèmes. L'année de cette conférence, Perec rédige «La chose», long essai inachevé dans lequel il tente «d'éclairer à la lumière du free jazz des questions qui appartiennent davantage aux problèmes de l'écriture» (pub. posth. 1993, p. 58).

23. Voir à ce propos les derniers mots de «La chose»: «[la citation] constitue la figure privilégiée de la connivence; la citation provient d'une réserve commune à tous les musiciens; c'est là et là seul, qu'en l'absence de tout cadre harmonique, les musiciens peuvent puiser; la citation est donc le lieu (au sens plus rhétorique que spatial) élémentaire de l'improvisation, le chemin ou, au moins, le relais nécessaire de toute invention» (pub. posth. 1993, p. 63).

Non, je ne suis pas un moraliste, je suis un écrivain. Cela dit, mon projet de départ est un projet réaliste, un projet critique, donc un projet moral. Mais il n'y a pas... Si j'avais été un moraliste, par exemple, je pense que j'aurais ou bien trouvé une solution pour ces personnages, ou bien condamné fermement leur attitude. Or, je ne sais pas si vous vous êtes posé la question, mais je ne suis jamais parvenu à savoir si mon livre se termine d'une manière heureuse ou malheureuse. En général, quand on me dit: « Il se termine d'une manière malheureuse », je dis: « Non, il se termine d'une manière heureuse ». Et quand on me dit: « Il se termine d'une manière heureuse », je dis: « Non, il se termine d'une manière malheureuse. » Si vous voulez avoir l'exemple d'un livre moraliste sur un sujet proche du mien, je vous conseille de lire *Les Belles Images*, de Simone de Beauvoir[24].

24. La conclusion de ce roman, paru en 1966, est en effet sans ambiguïté aucune: après avoir vu toutes les « belles images » rassurantes du bonheur s'effondrer une à une, l'héroïne s'enfonce dans la dépression; elle n'échappera pas à l'aliénation de son milieu, mais dans un sursaut salvateur, elle reporte tous ses espoirs de révolte et de libération sur sa fille Catherine: « Sur Catherine, je ne céderai pas. Moi, c'est foutu, j'ai été eue, j'y suis j'y reste. Mais elle, on ne la mutilera pas » (p. 181).

XV

« L'asservissement aux choses et la fascination de l'indifférence, cela fait partie d'un même mouvement »

Propos recueillis par Gilles Dutreix, *Nice-Matin*, 28 juillet 1967.

Un homme qui dort *paraît en avril 1967 — la revue de Jean-Paul Sartre* Les Temps modernes *en a publié les premiers chapitres dans sa livraison de mars. Le 3 mai, Perec est l'invité, pour la deuxième fois, de l'émission télévisée* Lectures pour tous.

*Une vingtaine de comptes rendus saluent la parution du roman — selon David Bellos (*Georges Perec, *p. 419), le livre obtient aussi une presse abondante en Suisse, en Belgique et en Allemagne. Pour les critiques de* La Croix *(15 juin 1967) et de* L'Aurore *(23 mai 1967), le livre est une impasse. Dans* Le Monde *(31 mai 1967), plus curieusement, Pierre-Henri Simon opère un éreintage en règle : le regard de Perec «relève d'une pure technique de l'abrutissement»; la fin seule, «qui esquisse une conversion à l'humain», obtient la grâce du critique, «mais fallait-il cette embardée brillamment fastidieuse dans les poncifs du nihilisme actuel pour retrouver in fine une évidence de bon sens?» Dans* Les Échos *(28 avril 1967), A. C. est plus nuancé, mais pas conquis pour autant. Le roman «tient, dans l'observation, le ton simple et presque clinique, la lucidité sans grandiloquence, les promesses des* Choses *», mais «sur un thème curieusement proche des obsessions de Le Clézio» — l'observation est commune à bon nombre des comptes rendus —, cette sécheresse «laisse le lecteur sur sa faim». Matthieu Galey a trouvé l'itinéraire de l'homme qui dort «navrant, poignant, dérisoire», «un peu lassant aussi». Si selon lui «on admire la virtuosité, l'élégance des descriptions, leur justesse, leur brio», «on voudrait pouvoir les oublier, pour y croire tout à fait, parfois» («La révolte en chambre»,* Arts et loisirs, *3-9 mai 1967). La plupart des recensions sont toutefois favorables, certaines enthousiastes. Pour Robert Sabatier, il n'y a pas «plus violente diatribe, plus éclatant pamphlet des erremens, des absurdités de notre condition» que ce roman, et la «maîtrise» de Perec obtient une «adhésion sans réserve» («Les choses et les hommes»,* Le Figaro littéraire, *22-28 mai 1967). Jean Gaugeard relève «une écriture qui semble mordre à même une chair vive et frémissante et qui allie la précision un peu sèche du moraliste au lyrisme du solitaire» («Une cure bien singulière»,*

Les Lettres françaises, *8-14 juin 1967*). *Étienne Lalou est d'un avis similaire: la séduction exercée par le récit «tient, comme dans* Les Choses, *à l'alliance d'une pensée un peu sèche, un peu théorique, et d'une expression très concrète» («Un déserteur de l'histoire»,* L'Express, *8-14 mai 1967). Dans* Le Nouvel Observateur, *Roger Grenier avoue connaître «peu de jeunes écrivains [...] aussi doués» que Perec, et applaudit son entrée «dans le club Bartleby» — sans s'étonner pour autant: «Perec n'est-il pas le petit-neveu du grand écrivain yiddish Peretz, créateur de cet autre personnage qui, dans toute l'histoire universelle, soit le seul à pouvoir en remontrer à Bartleby, sur le plan du mutisme: Bontché le silencieux» («Le club des silencieux», 31 mai-6 juin 1967). Mais c'est Bernard Pingaud qui donne la lecture la plus stimulante du roman. Pour le critique, il ne faut en rien croire que le projet de Perec «était d'écrire l'histoire d'un indifférent. En réalité, l'entreprise est tout autre. Il s'agit de faire parler l'indifférence et non pas d'en parler». Si la distinction est mince, elle est essentielle car «elle met en jeu toute une conception de la littérature, aussi éloignée du témoignage ou de la démonstration que du pur exercice verbal» («L'indifférence, passion méconnue»,* La Quinzaine littéraire, *1ᵉʳ-15 mai 1967). Signalons enfin, dans la livraison de juillet des* Lettres nouvelles, *une lecture en forme d'essai par Roger Kléman, ancien de* La Ligne générale.

On notera que la plupart des critiques commentent le choix d'une narration à la deuxième personne. Selon Matthieu Galey, Perec «a repris le vieux truc de Michel Butor dans La Modification», *«pour vous intéresser à l'entreprise, il vous donne une petite participation, et vous tutoie», alors que Robert Sabatier y voit plus simplement une «interpellation amicale» au lecteur. À R.-M. Albérès aussi, «le procédé rappelle* La Modification *de Butor», Perec s'adressant «à son ombre, à son double» («La solitude fait la force»,* Les Nouvelles littéraires, *18-24 mai 1967). Pour H.-C. T., le tutoiement confère au récit «une allure d'interpellation, une vivacité à travers quoi peut aussi transparaître la dimension de l'ironie» (* La Gazette de Lausanne, *10 juin 1967). La lecture de Bernard Pingaud, toujours aussi pertinente, précise que l'emploi de la deuxième personne «ne doit pas être pris pour une concession à la mode», il «est requis par le projet même de l'écrivain. Ce "tu" auquel s'adresse le narrateur, c'est évidemment lui-même. Mais un lui-même décalé, un lui-même autre, celui qu'il découvre quand commence l'étrange aventure de l'indifférence».*

*

[...] Georges Perec a écrit son livre à la deuxième personne, d'un bout à l'autre [...], ainsi son personnage n'a même pas de nom. C'est un fantôme, mais un fantôme qui pénètre dans l'esprit et reste dans la mémoire. Ne serait-ce pas une transposition de l'auteur lui-même? A-t-il tenté cette expérience? «Non [1]. *» Et Georges Perec est visiblement sincère et modeste. Avec une belle sincérité, il affirme:*

---

1. Cette réponse est surprenante alors qu'on sait, de l'aveu même de Perec (voir par exemple *supra*, n° IV, p. 35, et n° IX, p. 51), qu'il a vécu une expérience similaire.

Beaucoup de gens réfléchissent sur des problèmes de ce genre. C'est un thème fréquent dans la littérature, et qui me hante depuis longtemps. Seulement, je ne savais pas comment le raconter. Le fait d'avoir eu un prix m'a donné confiance. Au fond, l'idée m'est venue après la lecture d'un livre américain des années 1948-1949 qui m'a beaucoup fait rire quand je l'ai traduit pour Julliard : *Le Cerveau à sornettes*, de Roger Price [2]. Pour fuir l'enfer du conditionnement, l'auteur préconise « l'évitisme [3] ». J'avais d'ailleurs esquissé cela dans *Les Choses*, à la fin, quand Jérôme et Sylvie vont à Sfax pour fuir la pression de ce monde qui leur promet tant et ne leur donne rien. L'évitisme, c'est cela même qu'ils allaient chercher en Tunisie. *Un homme qui dort* tient encore à un autre fil, à la notion d'« innocence » de Roland Barthes : comment faire pour se couvrir, pour manger uniquement pour subsister, en dehors de tout autre réflexe [4].

Vers la fin de son livre, Georges Perec a résumé en quelques lignes l'histoire d'un homme (le héros d'une nouvelle de Melville) parvenu à cette espèce de zone abstraite où il se sent protégé : un personnage qui refuse de faire quoi que ce soit ; qui, à tout ce qu'on lui demande, répond poliment : « Je préfère ne pas le faire. » On le chasse, on finit par le faire enfermer : il se laisse mourir de faim [5].
C'est en quelque sorte la mentalité du clochard ?

2. La traduction de l'ouvrage (*In One Head and Out the Other*, 1951), parue au Club Français du Livre en 1952, est due en fait à Jacques Papy. Perec, qui a lu l'ouvrage de Price avant 1959 (*CJL*, p. 485), écrira la préface à la réédition de 1967. Price est mentionné par Perec dans l'« Anthologie des citations plus ou moins exprimées » qui clôt *Le Condottiere ou le dernier des gestes*, manière de métadiscours humoristique au roman inédit (1960, pub. posth. 1990, p. 21), et dans « L'univers de la science-fiction » (*Partisans*, 1963, repris dans *LG*, p. 126). On le retrouve dans le « Post-scriptum » de *La Vie mode d'emploi* : avec Hans Bellmer, René Belletto et Unica Zürn, il fait partie des auteurs auxquels Perec n'emprunte — jusqu'à plus ample informé — qu'une seule citation implicite (*Le Cerveau à sornettes* est cité au chapitre LVIII).
3. « L'Évitisme est une philosophie nouvelle et optimiste qui a pour but de sauver l'homme moderne de lui-même. Le principe de l'Évitisme est simple : un Évitiste est celui qui évite les choses, ni plus ni moins. / Il évite, parce que ne pas éviter conduit fatalement à l'Implication qui est la source de tous nos maux. / Descartes disait : "Je pense, donc je suis." / L'Évitiste dit : "J'veux pas, donc j'marche pas." » (*Le Cerveau à sornettes*, p. 66).
4. La notion d'innocence apparaît très clairement dans le chapitre du *Degré zéro de l'écriture* intitulé « L'écriture et le silence ». Barthes y analyse ainsi l'écriture de Mallarmé : « Le vocable, dissocié de la gangue des clichés habituels, des réflexes techniques de l'écrivain, est alors pleinement irresponsable de tous les contextes possibles ; il s'approche d'un acte bref, singulier, dont la matité affirme une solitude, donc une innocence » (p. 55). Après quoi il définit les caractères de la « nouvelle écriture neutre », « inaugurée par *L'Étranger* de Camus » : une écriture qui « n'implique aucun refuge, aucun secret » et dont « on ne peut pas dire que c'est une écriture impassible », mais « plutôt une écriture innocente » (p. 56) — et, en dernière analyse, impossible. Ce sont là autant de mots et de notions qui reviennent dans les propos de Perec lorsqu'il parle d'*Un homme qui dort*, qu'il s'agisse du roman ou du film. Tout porte à croire que les termes qui décrivent avant tout une écriture sont repris et adaptés par Perec afin de décrire une thématique : « Il s'habille, il marche, il dort, il lit un journal, ce sont pour lui des actions neutres, dégagées de toute valeur » (n° XXIII, p. 153). Il convient de noter par ailleurs qu'en avril 1967, trois mois avant cet entretien, paraît *Le Système de la mode*, dans lequel Barthes montre qu'il n'y a pas « d'objet normalisé (standardisé) qui soit entièrement épuisé par une praxis pure : tout objet est aussi un signe » (p. 294-295).
5. *Bartleby l'écrivain*, dont le résumé constitue le dernier paragraphe de l'avant-dernier chapitre d'*Un homme qui dort* (p. 136).

Exactement. Dans son esprit, le clochard remporte une victoire sur la société en devenant comme transparent. On ne le voit plus, on ne le définit plus par des gestes. Il n'existe plus.

Votre homme qui dort peut mener cette vie ultra-ralentie, mais qui reste décente, parce qu'il dispose d'un budget, modeste certes, mais régulier : cinq cents francs par mois, et que sa chambre, lépreuse et minuscule il est vrai, il ne la paie que cinquante francs par mois. En somme, son expérience est une sorte de luxe qu'il peut s'offrir.

Georges Perec en convient de très bonne grâce. D'ailleurs, il a voulu que son héros revienne tout naturellement à la vie normale.

J'ai hésité entre deux fins : une fin qui s'effilocherait, comme celle de ce psychanalyste qui s'installe, en Suisse, dans des villes de plus en plus petites, pour finir dans un hameau où il n'y a pratiquement personne, donc aucun client [6], ou une fin par le suicide. Mais ni l'une ni l'autre ne me satisfaisaient. J'ai réfléchi que les gens deviennent fous relativement rarement et que les suicides sont peu fréquents. J'ai trouvé plus intéressant de noter que la solution à ce voyage au bout de l'indifférence n'était pas dans une sortie qui témoignerait d'une espèce de martyre, mais dans une simple reprise, banale, de sa vie normale.

Pensez-vous que ces positions de repli, chez des êtres jeunes et sains, soient fréquentes ?

Croyez-le : ces « positions de repli », où l'on a seulement envie de subsister, et pas de se battre, sont plus nombreuses qu'on pourrait l'imaginer.

Peut-être des gens qui se disent, comme Cesare Pavese : « La force de l'indifférence ! — c'est celle qui a permis aux pierres de durer sans changer pendant des millions d'années [7]. »

Peut-être... mais l'on finit par s'apercevoir que l'indifférence ne rend pas différent.

Avez-vous des projets ?

J'ai commencé voici six mois un gros livre que je mettrai probablement trois ans à écrire. C'est une histoire de ma famille, une sorte de livre généalogique.

---

6. Il s'agit sans doute ici d'une allusion quelque peu confuse à la fin de *Tendre est la nuit* de Francis Scott Fitzgerald : après l'effondrement de son couple, le héros, médecin psychiatre en Suisse, quitte l'Europe pour les États-Unis où il exerce dans des villes de plus en plus petites, dont Genève, dans l'état de New York. Ces imprécisions s'expliqueraient par le fait que Perec n'a pas lu le roman de Fitzgerald, comme en témoigne ce passage de la « Lettre inédite » (c. 1963, pub. posth. 1983) à Denise Getzler : « Ou la fin de *Tendre est la nuit*: (que je n'ai pas lu) le type qui va de ville en ville... des métropoles, des petits centres, des bourgades, des villages, et puis c'est tout. On a perdu sa trace. Il n'est pas mort, oh non ; il vit toujours : il pense toujours, il n'a rien oublié ; mais il est vidé, il a raté, il a échoué, il a fait naufrage. Il vivra ainsi cent sept ans, l'éternité... » (p. 62).

7. *Le Métier de vivre* (trad. fr. 1958), p. 250.

Les quelques personnes qui restent me racontent leurs souvenirs[8]. J'écrirai peut-être un autre récit, court, entre temps, qui se placera entre *Les Choses* et *Un homme qui dort*[9].

---

8. C'est la première allusion dans ces entretiens et conférences au projet autobiographique de *L'Arbre*, mené essentiellement en 1967, «description, la plus précise possible, de l'arbre généalogique de [ses] familles paternelle, maternelle, et adoptive(s)» que Perec présente à Maurice Nadeau dans la lettre programme du 7 juillet 1969 («Lettre à Maurice Nadeau», reprise dans *JSN*, p. 53-54). Pour une description et une analyse de ce projet que Perec n'abandonnera jamais tout à fait, voir Régine Robin, «Un projet autobiographique inédit de Georges Perec: *L'Arbre*».

9. Selon toute vraisemblance, Perec évoque ici le projet de *L'Âge*, en chantier de 1966 à 1968, dans lequel il tente «de saisir, de décrire, de saturer ces sentiments confus de passage, d'usure, de lassitude, de plénitude liés à la trentaine (le premier titre était *Les Lieux de la trentaine*)» — projet longuement décrit dans la «Lettre à Maurice Nadeau» (reprise dans *JSN*, p. 54-58). Pour plus de précisions, voir Philippe Lejeune, *La Mémoire et l'Oblique*, p. 23-26.

XVI

« Écriture et mass-media »
Preuves, n° 202, décembre 1967.

Communication donnée au colloque « Mass-media et création imaginaire » qui se tient à la Fondation Cini de Venise du 15 au 20 octobre 1967. Le colloque, réuni à l'initiative de Jean Duvignaud, alors directeur du nouvel Institut de sociologie de l'art de la faculté des lettres de Tours, est organisé sous le double patronage dudit Institut et de l'Association internationale pour la liberté de la culture, éditrice de la revue Preuves.

Les intervenants, parmi lesquels on notera la présence de plusieurs familiers de Perec, sont les suivants : les universitaires Gérald Antoine, Henri Lefebvre, Jean Duvignaud, Edgar Morin, Georges Lapassade, tous trois anciens d'Arguments, et Raymonde Moulin ; Pierre Guyotat — qui vient de publier Tombeau pour cinq cent mille soldats —, l'artiste et théoricien du happening Jean-Jacques Lebel, Enrico Fulchignoni (UNESCO), Pierre Schaeffer, les réalisateurs J.-Émile Janneson et Gérard Patris (Centre de la recherche de l'ORTF), le cinéaste expérimental Bud Wirtschafter, l'historien Jean Bloch-Michel, l'écrivain yougoslave Joze Javorsek Brejc, et Rajat Neogy, directeur de la revue ougandaise Transition.

Outre la communication de Perec, Preuves publie une mise au point de Pierre Schaeffer sur « Le triangle de la communication » et un compte rendu du colloque par K. A. Jelenski dont les larges extraits reproduits ci-dessous permettent de replacer les propos de Perec en contexte :

« Henri Lefebvre et Edgar Morin ouvrirent les travaux en rappelant la polémique désormais dépassée à laquelle donnèrent lieu les mass-media et la culture de masse en général. Au cœur de cette polémique se trouvait en effet une question implicite directement liée au thème du colloque : celle du pouvoir des mass-media sur l'imaginaire. Les mass-media étaient-ils voués à dessécher l'imaginaire, à le rendre aride, comme le suggérait déjà, voilà plus d'un quart de siècle, T. S. Eliot dans The Waste Land, ou au contraire ouvraient-ils une voie nouvelle ?

« *Les mass-media ont longtemps été considérés comme de simples "moyens" de trans-mission (sans prise sur les arts, sauf dans un sens négatif), un filtre empêchant l'œuvre d'art de passer cette "rampe" nouvelle: les ondes, l'écran du téléviseur. Il y a quelques années encore, le thème d'un colloque comme celui-ci aurait été "Mass-media et diffusion culturelle"; or, c'est "Mass-media et création imaginaire" que l'on a discuté à Venise. On croyait alors que le "médium" était un obstacle au "message" — faux problème si "le médium* est le message" (l'ombre de Marshall McLuhan, qui n'a malheureusement pu venir à ce colloque, planait sur ces travaux). Aujourd'hui, même si l'on ne prend pas au pied de la lettre le slogan de McLuhan, du moins sa dernière mutation, "The medium is the massage", paraît-elle incontestable: tous les arts — sinon tous les artistes — tien-nent compte du défi lancé par les mass-media.*

« *Au-delà de la création inhérente aux mass-media, au-delà du problème soulevé par Edgar Morin — celui de l'artiste utilisant les mass-media, ou au contraire utilisé par eux —, il y a la question posée par Jean Duvignaud et Georges Perec: l'influence des mass-media sur la création imaginaire, même en dehors de leur circuit fermé. Il s'agit là, en somme, d'un problème nouveau, qui concerne la relation directe entre mass-media et "haute culture" (sinon de cette "troisième culture" dégagée de jugements de valeur que Morin appelait de ses vœux). Tout récemment encore, cette relation semblait inconcevable. [...] il y a quinze ans à peine, la culture de masse semblait avoir un caractère parasitaire, sans relation directe avec la "haute culture". [...] Or, un rapport nouveau s'est établi entre les mass-media et la création imaginaire, rapport qui se constituait sans doute depuis fort longtemps, mais dont on a pris conscience seulement au cours de ces dernières années. Ce rapport pose deux problèmes inextricablement liés en apparence, mais pour-tant distincts. Le premier concerne la création imaginaire dans le circuit même des mass-media. Edgar Morin a suggéré que la vieille question, posée par Harold Laswell, les deux "qui" (qui émet, qui reçoit) et le "quoi" (contenu du message), soit réintroduite dans la perspective de McLuhan, qui renverse ces relations en découvrant que le "quoi" est le "qui", parce que le "qui" est le "quoi". [...]*

« *L'autre problème, celui du défi que posent aux arts les mass-media, a été évoqué par Jean Duvignaud, Jean-Jacques Lebel, Georges Perec. La relation entre mass-media et tout un secteur des arts contemporains semble plus profonde que ne le suggérait de prime abord la question telle qu'elle était posée à Venise — "l'utilisation des mass-media par les créa-teurs" — comme en témoignent les notions du simultané, du discontinu, de l'aléatoire, une nouvelle mystique de participation (qu'expriment les termes d'*involvement, *de* put on, *communs aux artistes du "pop", à John Cage, aux théoriciens du* happening, *aux Beatles), la théorie de "l'œuvre ouverte" d'Umberto Eco...*

« *Ce n'est pas par hasard que le colloque de Venise a été animé par Jean Duvignaud, et qu'Edgar Morin en fut l'un des principaux rapporteurs. L'un et l'autre se trouvèrent parmi les premiers à pressentir que les mass-media portent en eux — bien au-delà d'une "démocratisation" de la culture — la promesse de ranimer chez l'homme moderne les sources de l'imaginaire, de le rendre à la spontanéité et à l'authenticité.* Pour entrer dans le XXe siècle *[1960], de Jean Duvignaud, et* L'Esprit du temps. Essai sur la culture de masse *[1962], d'Edgar Morin, contiennent des passages annonçant cette totalisation de l'individu, son union avec le monde, que McLuhan attend du "circuit électrique ".*»

*

Je pourrais dire, presque sans paradoxe, que l'un des premiers effets des mass-media sur l'écriture tient précisément dans le fait que je suis tenu de m'expliquer publiquement sur la question. Que le problème existe et que je le rencontre, c'est une chose ; qu'il fasse l'objet d'un colloque international, c'en est une autre ; mais que je sois invité à participer aux travaux de cette rencontre en est une troisième, tout à fait différente. Jusqu'il n'y a pas très longtemps, l'écrivain vivait dans le silence de son cabinet, parfois tapissé de liège[1], et dans l'intimité de ses petits cénacles ; tout au plus lui arrivait-il d'échanger une correspondance (qu'il savait devoir être publiée après sa mort, et qu'il fignolait en conséquence) avec quelques-uns de ses maîtres, de ses critiques, de ses collègues, de ses émules ou de ses disciples ; ou de se déplacer, mais guère plus loin que Cerisy[2], pour rencontrer quelque sommité d'une littérature à peu près exclusivement européenne.

Les tours d'ivoire n'offrent plus qu'une protection symbolique : confronté aujourd'hui aux salles de conférences, aux échanges internationaux, aux studios d'enregistrement et aux colonnes des hebdomadaires, l'écrivain peut tout de suite mesurer, en même temps que la formidable puissance des moyens de communication mis en œuvre pour recueillir, amplifier et diffuser sa pensée, les failles de son propre système et l'insécurité de sa vocation ; car la fonction de l'écrivain est d'écrire et non de penser ; et même si l'on peut accorder quelques crédits aux réflexions qu'il lui arrive d'émettre sur sa production, elles ne sauraient en aucun cas constituer une théorie.

Ces évidences premières, outre qu'elle viennent de me fournir l'occasion d'une introduction pas plus inefficace qu'une autre (il faut bien commencer par quelque chose, et pourquoi pas précisément par des précautions oratoires ?), suffisent à justifier que les notes qui suivent soient seulement des notes, c'est-à-dire un ensemble à peine organisé de propositions et d'opinions, partielles et partiales, et cherchant moins à répondre à la question posée qu'à saisir le prétexte de cette question pour en poser d'autres.

1. Allusion à la célébrissime chambre capitonnée de liège de Proust, au 102, boulevard Haussmann (VIIIe arr.).
2. Succédant aux décades de l'abbaye de Pontigny, les premiers colloques du Centre culturel de Cerisy-la-Salle réunissant écrivains, savants et universitaires sont organisés en 1952. En septembre 1966 se tient une décade qui fera date consacrée aux « Tendances actuelles de la critique ».

Snoopy, qui est l'un de mes héros favoris, remarque avec un contentement non dissimulé, que l'on dit toujours « les chiens *et* les chats », et jamais « les chats *et* les chiens[3] » ; je suppose que c'est pour une raison du même genre que j'ai intitulé ces notes « écriture *et* mass-media ». Hélas ! il est vraisemblable que Snoopy a raison (Snoopy a toujours raison) ; il n'empêche que moi j'ai tort : il vaut mieux parler de « mass-media *et* écriture » car le problème, s'il existe, concerne bien entendu la transformation de l'écriture sous l'effet des mass-media, et non pas la transformation des mass-media sous l'effet de l'écriture. On remarquera à ce propos que les mass-media (télévision, radiodiffusion, bandes dessinées, cinéma, « art publicitaire », etc.) n'ont pour ainsi dire pas de comptes à rendre ; leurs ambitions, leurs perspectives, leurs pouvoirs sont à peu près illimités, alors que les arts disons classiques (les six premiers), les beaux-arts, les belles-lettres, le théâtre, etc. ne cessent guère d'être remis en question. Il n'y a pas forcément relation de cause à effet entre les deux phénomènes ; il n'empêche que les uns sont menacés et les autres triomphants, et que la recherche de solutions nouvelles pour l'écriture (comme pour la peinture, le théâtre, etc.) a de fortes chance de passer nécessairement par la connaissance, la maîtrise et l'adaptation des formes élaborées à l'intérieur des arts de masse. En tout cas, cette attitude vaut évidemment mieux que le mépris systématique qui était encore de règle il y a quelques années. Elle a, je pense, largement contribué à quelques progrès récents en peinture et au théâtre (j'y reviendrai) ; il n'y a aucune raison, en principe, qu'il n'en soit pas de même pour l'écriture.

La relation mass-media-écriture est évidente à plusieurs niveaux. Je ne m'intéresse pas à ceux qui concernent ce que l'on appelle la sociologie de la lecture. Bien qu'abondamment traité, le problème reste mal connu. On a confié à des entreprises, plus ou moins bien équipées pour recueillir et traiter ce genre d'informations, le soin d'étudier les habitudes de lecture des Français, la fréquentation des bibliothèques municipales ou d'entreprise, etc., et on en a tiré des statistiques que l'on a jugées déprimantes ; dans la majorité des cas, ces études reposent sur les préjugés d'instituteurs humanistes qui persistent à opposer une élite détentrice des vraies valeurs (eux-mêmes) au peuple qu'il s'agit d'amener à la culture.

Je n'ai pas davantage l'intention de parler des effets des mass-media sur l'institution littéraire. Le monde des mass-media tend à laisser croire que l'écrivain peut parler à la place de son œuvre (on lui demande le sens de ce qu'il écrit, on substitue l'interview à la critique) ou qu'il peut parler au nom de son œuvre (on lui demande de signer des manifestes). Ces conclusions me semblent dangereuses pour l'écriture, mais je doute que l'écrivain ait quelque pou-

---

3. Harry Mathews : « Je me souviens que Georges Perec aimait beaucoup *Peanuts* et que ce fut là qu'il apprit le peu d'anglais dont il disposait en abordant la traduction des *Verts Champs de moutarde de l'Afghanistan* » (*Le Verger*, p. 30).

voir sur elles : le silence de l'écriture n'est pas le silence de l'écrivain, mais les mass-media ne semblent pas aptes à respecter ce genre de distinction.

La question qui m'intéresse peut se formuler de cette manière : en quoi les mass-media ont-ils modifié les pouvoirs et les limites de l'écrivain ? Ou encore : qu'y a-t-il de changé (ou de changeable) dans l'écriture à partir des mass-media ?

On peut faire deux remarques liminaires.

a) Ce problème est un problème de forme et non de contenu (pour employer une opposition qui, bien qu'ayant perdu toute efficacité, persiste à demeurer parlante dans l'esprit de la plupart d'entre nous) ; on pourrait peut-être dire, pour rester dans la seule perspective de l'auteur, que ce qui est en cause ici, c'est l'écriture (l'acte d'écrire) et non l'œuvre émise ; la question et non la réponse.

b) Ce problème ne se pose pas en terme de choix. De la page blanche à l'œuvre diffusée, l'écrivain participe (qu'il le veuille ou non, ou même qu'il le sache ou non) aux techniques et aux fonctions des mass-media. On peut décrire de plusieurs manières cette participation ; par exemple : l'écriture n'a plus le monopole de la narration ; ou bien : il n'y a aucune raison pour que la machine à dicter ne bouleverse pas les techniques de l'écriture, comme le fit jadis la machine à écrire (Barthes, à ce sujet, remarquait que l'on ne dispose d'aucune étude ou enquête sur le travail de l'écrivain : on en est encore à parler d'inspiration, de muse et de génie [4]) ; ou encore : ce n'est évidemment pas un hasard si la science des messages et des codes (je veux dire cette branche de la théorie de l'information qui s'appelle la linguistique) constitue aujourd'hui la base théorique de toute l'écriture.

On ne saurait pourtant parler de concurrence ; elle existe peut-être au niveau de la consommation culturelle (encore que je n'en croie rien), mais certainement pas au niveau de la production : les mass-media ne signifient pas la mort de l'écriture, et rien n'est plus sot que de croire que la solution consiste pour l'écrivain à écrire des chansons ou à faire des films, qui ont toutes les chances d'être mauvais. Je pense plutôt que les mass-media agissent comme un défi, c'est-à-dire en fin de compte comme une chance : que les problèmes de l'écriture ont une chance de s'éclairer (d'éclater) à la lumière des mass-media.

La situation est ici un peu différente de ce qu'elle est pour les autres domaines esthétiques. Ne parlons même pas de l'architecture — qui a à peu près disparu, laissant place à un urbanisme, du reste encore à naître — mais, par exemple, les arts du spectacle : théâtre, peinture ; il me semble qu'une rela-

---

4. Nous n'avons pas retrouvé dans les textes de Barthes publiés à la date de cette communication un passage correspondant exactement à ce que dit Perec ; on peut néanmoins citer, plus ou moins proche : « [...] si paradoxal que cela paraisse, nous ne possédons à peu près rien sur la technique littéraire. [...] Se demander pourquoi on écrit, c'est déjà un progrès sur la bienheureuse "inconscience" des inspirés ; mais c'est un progrès désespéré, il n'y a pas de réponse » (« La réponse de Kafka », 1960, repris dans *Essais critiques*, p. 139).

tion assez évidente s'établit entre les techniques venues des mass-media et des phénomènes tels que le happening[5] ou certaines formes du pop art.

Il s'agit principalement d'un changement de fonction : le théâtre n'est plus un spectacle unilatéral ; les « peintures » (ou plutôt « œuvres mixtes ») d'« artistes » (il n'y a rien de péjoratif dans ces guillemets : c'est que le mot a de moins en moins le même sens) comme Warhol, Segal, Oldenburg ou Wesselmann (pour choisir quelques exemples significatifs) ne sont pas faites pour être accrochées ; et si elles dépendent encore du regard, ce n'est plus au sens où on l'entendait pour des Corot, des Boudin ou des Klee. La spécificité, la singularité, le caractère sacré des œuvres, le respect intangible du « créateur » sont, à la suite des mass-media, contestés au profit d'un échange plus réel entre l'œuvre et le spectateur. Le langage et la structure des œuvres s'en trouvent singulièrement transformés ; le fossé s'élargit entre le happening et le théâtre, entre le pop art et la peinture ; à partir des techniques des mass-media, s'élaborent des formes esthétiques nouvelles, à tel point, me semble-t-il, que l'on ne peut déjà plus rendre compte du happening ou du pop art en les considérant comme un théâtre ou une peinture informés (et non transformés) par les mass-media : les mass-media ont hâté leur éclatement, leur ont fourni certains des éléments nécessaires à leur renouvellement ; au-delà se constitue peut-être une nouvelle esthétique (c'est là, peut-être, plus un vœu qu'un pronostic, en France tout au moins, où pop art et happening ne semblent pas parfaitement maîtriser les principes élémentaires qui assurent leur existence, et tendent à se complaire dans d'ultimes resucées d'un surréalisme abâtardi, aussi sénile qu'inefficace[6]…)

5. Au moment où Perec rédige cette communication, le happening, qui est loin d'être un phénomène nouveau, a trouvé une nouvelle actualité. La première manifestation qui relève de ce type de démarche est organisée en 1952 au Black Mountain College par John Cage, qui réunit entre autres la danse de Merce Cunningham et les peintures de Robert Rauschenberg ; à l'automne 1959, Allan Kaprow, à qui l'on doit le terme « happening » et sa définition, présente *18 Happenings in 6 Parts* à la Reuben Gallery de New York. À partir de là, les manifestations collectives sollicitant le public, et dans lesquelles le processus a autant, sinon plus, d'intérêt que le résultat, se multiplient. Elles atteignent une dimension nouvelle en octobre 1966, avec *9 Evenings : Theatre and Engineering*, organisé par Robert Rauschenberg et l'ingénieur Billy Kluver, par les moyens mis en œuvre et le nombre de participants (une trentaine de techniciens et dix artistes, dont John Cage). La même année, Andy Warhol devient le manager du groupe The Velvet Underground dont les happenings multimédias extrêmement provocants, intitulés *The Exploding Plastic Inevitable*, sont présentés en tournée sur les campus universitaires, notamment aux printemps 1966 et 1967 à l'université d'East Lansing où Perec donne deux conférences en juillet 1967.

6. On ne peut pas à proprement parler affirmer l'existence d'un pop art français, mais comme le constate en 1966 Lucy R. Lippard, « depuis 1962, les critiques et les musées du monde entier se sont obstinés à mettre dans le même panier les divers Nouveaux Réalismes et le Pop Art » (*Le Pop Art*, p. 174) — ce qui semble bien être ici le cas de Perec. Le groupe des Nouveaux Réalistes — dont Arman, César, Christo, Yves Klein, Martial Raysse, Niki de Saint-Phalle, Daniel Spoerri, Jean Tinguely — est créé en 1960. Si les deux mouvement sont au premier chef « concernés par les objets de production courante caractéristiques de la civilisation industrielle et de la société de consommation », le représentant du nouveau réalisme, « moins agressif que son homologue américain dans le domaine du style et de la forme », est en revanche « volontiers porté à des manifestes » (*ibid.*). En 1962, à propos de la participation de Christo, Klein et Tinguely à l'exposition *The New Realists* à la Janis Gallery de New York qui réunit pour la première fois les principaux représentants du pop art américain, Lucy R. Lippard note par ailleurs que « la participation des Européens, comparée à celles des Américains, paraissait laborieuse et fortement surréalisante » (p. 173 — voir également à ce propos Gérald Gassiot-Talabot, « L'influence du pop art en Europe »).

L'écriture, en principe, n'a pas à faire face à de tels problèmes ; sa fonction disons sociale (la lecture) n'est que faiblement modifiée par les mass-media. Mais ses pouvoirs le sont fondamentalement : les formes mises en œuvre dans les mass-media nous obligent à reconsidérer la nature du discours littéraire[7]. Je ne pense pas d'ailleurs que la littérature ait attendu les mass-media pour se poser le problème ; admettons qu'il soit aujourd'hui plus aigu, c'est-à-dire plus soluble.

Quoi qu'il en soit, à la page 126 de l'un de ses plus récents ouvrages[8], sous une photographie représentant des chefs d'état accompagnant le président Kennedy à sa demeure dernière, et parmi lesquels l'œil le moins exercé peut reconnaître Hailé Sélassié, le roi Baudouin et le général de Gaulle, président de la République française, Marshall McLuhan (qui songerait, qui oserait aujourd'hui écrire quelque chose où apparaît le mot « mass-media » sans faire au moins une citation de Marshall McLuhan ?), Marshall McLuhan, donc, écrit ceci : « *There simply is no time for the narrative form, borrowed from earlier print technology. The story line must be abandoned*[9]. »

Cette heureuse rencontre d'un besoin (l'écriture à la recherche de nouveaux pouvoirs) et d'une occasion (les mass-media sont là pour ruiner la survie des narrations linéaires) constitue la chance actuelle de l'écriture. Les mass-media inaugurent une nouvelle structure de l'imaginaire. L'écriture peut-elle y trouver de nouveaux matériaux ? Les mass-media nous imposent ou nous proposent une nouvelle sensibilité, une nouvelle « implication » (je traduis ainsi ce

---

7. Les enjeux de cette nouvelle donne culturelle sont également appréhendés par Perec, en des termes souvent fort proches, dans « La chose », texte rédigé l'année de cette conférence : « Sans doute, les techniques issues des mass-media peuvent-elles permettre à l'écriture de retrouver les principes de la discontinuité et de la simultanéité (tels qu'ils apparaissent, par exemple, dans les bandes dessinées) qui étaient abondamment employés au XVIIIe siècle (chez Diderot, chez Sterne, dans les romans par lettres, dans les "récits à tiroirs") et dont l'actuelle structure du récit a un besoin évident » (pub. posth. 1993, p. 62-63).

8. *The Medium is the Massage. An Inventory of Effects*, 1967, p. 126. Dans sa correspondance, Perec qualifie l'ouvrage de « bel exercice de narration discontinue et simultanée » ; cette même année, il forme par ailleurs le projet — non abouti — de « réaliser, avec Frank Horvat et Fouli Elia, un roman-photo où photographie et typographie tiendraient une place prépondérante et qui serait comme la maquette de *The Medium is the Massage* » (lettre du 8 août 1967, citée par Paulette Perec, « Chronique… », p. 72).

9. Évoquant avec enthousiasme les conséquences personnelles, politiques, économiques, esthétiques, morales et sociales de la technologie électrique et de l'essor des mass-media, *The Medium is the Massage* souligne l'originalité de ceux-ci par rapport à l'écriture et à l'imprimerie, qui ont façonné en profondeur les modes de pensée et l'art occidentaux. Face à la domination du visuel, à savoir du linéaire et du continu, McLuhan voit dans les nouveaux médias un retour salutaire à l'acoustique, soit au non-linéaire, au discontinu et au simultané — réflexions entreprises dès les premiers ouvrages de McLuhan et qui s'appuient explicitement sur les travaux du musicien John Cage. La photographie que Perec mentionne dans sa communication illustre le « pouvoir de la télévision », laquelle permet à la population entière de participer à distance à un rituel collectif, aspect sur lequel McLuhan insiste dans la page précédente. Dans le passage dont Perec extrait sa citation, McLuhan parle plus précisément des spots publicitaires qui ponctuent les émissions et reflètent, à son avis, une véritable compréhension des possibilités offertes par la télévision. Le temps imparti exclut les formes narratives issues de la technologie de l'imprimé, menant ainsi à l'abandon de la narration linéaire. McLuhan ajoute que le spot publicitaire, considéré naguère comme une forme bâtarde, influence désormais la littérature (*In Cold Blood*, de Truman Capote, est mentionné comme exemple) ainsi que le cinéma.

que Warhol, Cage et autres appellent *involvement*[10]; il est beaucoup trop tôt pour ressortir le terme « engagement ») : l'écriture saura-t-elle s'en servir ?

L'implication[11], qu'elle soit participation active (c'est-à-dire intervention) comme dans le happening, ou contrôle, comme dans, par exemple, *Votre Faust* de Pousseur et Butor[12], ou « appel à l'existence », comme dans, par exemple, le « rotozaza » de Tinguely, que l'on ne peut guère décrire que comme « des gens qui lancent des ballons à une machine qui les leur renvoie sous l'œil amusé des badauds qui finissent par se décider[13] », ou participation passive (c'est-à-dire connivence, connaissance simultanée des mêmes messages et des mêmes codes), l'implication, donc, la simultanéité et la discontinuité forment, me semble-t-il, les trois axes de la sensibilité contemporaine telle que les mass-media l'ont forgée. Leur adaptation à l'écriture nous permet peut-être d'esquisser une structure ouverte de l'œuvre littéraire[14], y compris du roman.

On a encore peu d'éléments sur ce qui serait l'implication du lecteur dans l'œuvre. Sa participation active semble exclue (le lecteur consomme ce que

10. Si le terme *involvement* — à la fois « participation » et « implication » — est fréquent dans les textes de McLuhan — lequel définit la culture de masse comme « *a world of total involvement* » —, il apparaît peu, à notre connaissance, en tant que tel chez Cage et Warhol.

11. À l'automne 1966, la galerie Illeana Sonnabend organise la première exposition parisienne sur les happenings. Dans *Les Lettres nouvelles* (juillet-septembre 1966), Jean-Jacques Lebel, qui a publié la même année dans la collection « Dossiers des Lettres nouvelles » un essai décisif intitulé *Le Happening*, présente cette exposition sous le titre « Lettre ouverte au regardeur ». Plusieurs extraits de ce texte cernent précisément la notion d'implication : « Nous sommes maintenant en droit d'attendre de toute œuvre plus qu'un unique "point de vue" : une structure réellement ouverte à la collaboration (faute de quoi il n'y a pas jouissance mais frustration), un champ illimité d'interprétations et d'interventions. Autrement dit, notre vision de l'œuvre comme coopération du "créateur" et du "spectateur" s'inscrit en faux contre une culture fondée précisément sur la non-participation, la passivité et la répression des instincts » (p. 36) ; « Il n'y a aucun doute : l'œuvre, c'est ce qui se passe en vous. Sa "valeur" est déterminée par votre degré de participation » (p. 38) ; « Donc, la question n'est plus « Est-ce que c'est beau ? " ou "Qu'est-ce que ça représente ? ", mais pourrait être "Qu'est-ce qui pilote le pilote ? " ou "Comment vais-je participer ? "» (p. 41). Par ailleurs, dans *Perec ou la Cicatrice*, évoquant le colloque de Venise, Jean Duvignaud se souvient que les participants ont suivi Jean-Jacques Lebel qui les « entraîn[a] tous afin de "passer à l'action" et de faire un grand happening dans l'île de Torcello » (p. 49).

12. Le projet de réalisation de l'opéra « ouvert » qui deviendra *Votre Faust* date de 1960. Sa création est plusieurs fois annoncée dans la presse, en 1967 notamment dans *Le Figaro littéraire* (9-15 mars), mais la première ne sera donnée qu'en janvier 1969 à la Piccola Scala de Milan. Des extraits du livret ont paru en 1962 (*La Nouvelle NRF*, n°s 109 à 112 ; *L'VII*, n° 10 ; *Profils*, n° 2) et en 1963 (*Médiations*, n° 6 ; *Cahiers Renaud-Barrault*, n°s 42 et 43). En 1971, Butor définissait ainsi l'opéra : « Il s'agissait de préparer un spectacle qui poserait le problème du hasard, et de l'intervention du public, à partir du thème de *Faust* » (*Musique en jeu*, n° 4, p. 83). Pour plus de précisions, voir par exemple Jean-Yves Bosseur, « Critique, invention et découverte dans *Votre Faust* ».

13. En 1967, Jean Tinguely construit ses premiers *Rotozazas*, machines qui requièrent la participation des spectateurs en les invitant à jouer avec elles. Perec décrit ici le fonctionnement de *Rotozaza I*, exposé début 1967 à Paris à la galerie Alexandre Iolas.

14. Rappelons qu'en 1965 paraît en traduction française *L'Œuvre ouverte*, d'Umberto Eco, ouvrage qui connaîtra un succès critique considérable et dont Perec se souvient de toute évidence ici. Dans le premier chapitre de l'essai, Eco établit précisément le départ entre l'« œuvre ouverte » et l'« œuvre en mouvement ». Pour la première, « il s'agit d'une "ouverture" basée sur une collaboration *théorique*, *mentale*, du lecteur qui doit interpréter librement un fait esthétique *déjà organisé* et doué d'une structure donnée (même si cette structure doit permettre une infinité d'interprétations) » (p. 25). L'œuvre en mouvement quant à elle, illustrée entre autres par les créations d'Henri Pousseur, « rend possible une multiplicité d'interventions personnelles, mais non pas de façon amorphe et vers n'importe quelle intervention. Elle est une invitation, non pas nécessitante ni univoque mais orientée, à une insertion relativement libre dans un monde qui reste celui voulu par l'auteur » (p. 35).

l'écrivain produit; ses chances d'intervention sont minces; il peut, par l'accueil qu'il leur réserve, modifier le devenir des «suites» et faire, par exemple, qu'un comparse y prenne peu à peu la place du héros, mais c'est à peu près tout). La connivence peut apparaître dans l'usage des citations que quelques auteurs intègrent dans leurs productions (en particulier Michel Butor, mais aussi Jean Ristat, Yann Gaillard[15], etc.). Je force un peu la notion de connivence et j'élargis sans doute la fonction des citations: leur emploi repose sur le besoin actuel d'un système rhétorique plus sûr et plus souple, plutôt que sur celui de la rhétorique classique: la citation constitue aujourd'hui l'un des modes les plus commodes (et les plus subtils) de la connotation, c'est-à-dire de la littérature, permettant l'écriture à partir de l'écriture, c'est-à-dire, entre le monde et l'œuvre, le relais d'un langage déjà littéraire.

Un autre aspect de l'implication, forme de participation mi-active, mi-passive, peut s'appeler, traitant de l'écriture, la «liberté» du lecteur. Sa forme classique en était l'ironie: soignant ses distances vis-à-vis de ses héros, le narrateur laisse au lecteur le soin de conclure. On en trouvera de très beaux exemples dans Thomas Mann. La liberté, plus récemment, a plutôt pris l'alibi du hasard; voici quelques années, un auteur proposait un roman dont les pages se battaient comme un paquet de cartes, donnant naissance à un nombre relativement important de romans; il ne s'agissait que d'un gadget: chaque page se suffisait à elle-même[16] (du moins en ce qui concerne la grammaire). Plus rigoureux, Raymond Queneau propose cent mille milliards de sonnets[17], auxquels on ne peut reprocher que deux choses: leur régularité, fâcheuse sur un si grand nombre, et leur convergence. Plus récemment encore, Julio Cortázar, dans La Marelle [sic], suggère deux lectures d'un même récit, l'une linéaire, l'autre discontinue, mais c'est un discontinu orienté une fois pour toutes, et non un véritable choix[18].

On peut franchir un pas important dans ce domaine en pensant aux structures déjà employées dans l'enseignement programmé, qui permettent de corréler le développement de l'enseignement et le savoir peu à peu maîtrisé de l'élève, et en imaginant un récit qui obéirait à de telles structures; partiellement postulée à l'Oulipo par François le Lionnais, une structure de

15. À la date de cette conférence, Yann Gaillard a publié deux ouvrages: *Le Pingouin aux olives. Quatre-vingt-six nouvelles* (Julliard, 1964), et *Collection particulière* (Julliard, 1966), composé de cent courtes descriptions de tableaux (réels pour la plupart) en forme de poèmes en prose. Les deux ouvrages comportent effectivement de nombreux emprunts implicites de tous ordres.

16. Il s'agit de *Composition n° 1*, de Marc Saporta, paru au Seuil en 1962.

17. *Cent mille milliards de poèmes* paraît en 1961 avec une postface de François Le Lionnais intitulée «À propos de la littérature expérimentale».

18. La traduction française de *Marelle* paraît en 1966. Le roman est précédé d'un «Mode d'emploi» qui donne «deux possibilités de lecture»: une lecture linéaire jusqu'au chapitre 56 («Après quoi, le lecteur peut laisser tomber sans remords ce qui suit»), une lecture commençant au chapitre 73 et se poursuivant «dans l'ordre indiqué à la fin de chaque chapitre» (73, 1, 2, 116, 3, 84…). Notons que Cortázar participera au numéro de *L'Arc* consacré à Perec en 1979.

ce type, dite « en arbre », a servi de base à un trop court texte de Queneau [19].

On voit que par un artifice que je ne chercherai pas à masquer plus long-temps, je suis maintenant au cœur de mon sujet : le simultané et le discontinu ont fait irruption dans l'écriture. À l'image, certes altière, mais plus assez tumul-tueuse, qui gouvernait depuis trop longtemps la structure de la narration, c'est-à-dire l'image du fleuve, vont succéder celles de l'arbre, de l'épi, des tiroirs.

Les modèles du discontinu multiplient les pouvoirs de l'écriture ; on aurait tort d'oublier qu'ils en multiplient également les contraintes : la stéréographie, les inventions typographiques, les variations de mise en pages, les choix rendus possibles par la présence concurrente et simultanée de plusieurs niveaux de lecture n'ont de chance d'être efficaces que s'ils se constituent en système. Le problème est au fond d'élaborer à partir de ces éléments une rhétorique, c'est-à-dire un code des contraintes et des subversions permettant de définir les limites de l'œuvre entre le trop aléatoire et le trop déterminé. L'impression, non pas d'arbitraire, mais d'insuffisamment significatif, d'imparfaitement sys-tématique, ou parfois même de naïf, qui se dégage fréquemment de la lecture des œuvres inspirées par ces modèles (les œuvres récentes de Butor [20], ou, pour citer l'une des plus récentes et des plus intéressantes, *Compact*, de Maurice Roche), montre bien qu'une telle rhétorique est en formation, mais qu'elle est encore balbutiante ; elle suffit pourtant à assurer à ces œuvres ce pouvoir de liberté et de jeu (au meilleur sens du terme) que l'on croyait depuis longtemps perdu pour l'écriture.

Car — ce n'est pas un dernier paradoxe — le vrai modèle de ces œuvres n'appartient ni au montage cinématographique, ni à la mise en pages des magazines, ni même aux bandes dessinées, mais bel et bien aux romans du XVIIIe siècle, à *Melmoth*, aux *Liaisons dangereuses*, à *Jacques le Fataliste*, à *Tristram Shandy* [21] enfin et surtout ; nous n'avons pas à nous en étonner : de ces œuvres sont sortis les feuilletons, et des feuilletons les bandes dessinées. Qu'à travers les mass-media, l'écriture redécouvre (et peut-être récupère) ses pouvoirs, voilà une conclusion à la fois optimiste et méfiante : optimiste parce que, sans doute, elle accorde une confiance peut-être exagérée à l'écriture ; méfiante parce qu'elle s'interroge au fond, ingénument, et certes sacrilègement, sur ce que les mass-media ont exactement découvert…

---

19. « Un conte à votre façon », soumis à la 83e réunion de travail de l'Oulipo et publié en juillet 1967 dans *Les Lettres nouvelles*. Perec déclarera deux ans plus tard avoir fait dans *L'Augmentation* — paru d'abord sous forme d'une longue phrase monologuée accompagnée d'un organigramme dans le numéro de décembre 1968 de *L'Enseignement programmé* — « exactement le contraire de ce qu'avait fait Queneau dans "Un conte à votre façon" » (« Lettre à Maurice Nadeau » du 7 juillet 1969, reprise dans *JSN*, p. 51-52) ; à propos de *L'Augmentation*, voir *infra* n° XIX, p. 117.

20. On peut penser à *Mobile* (1962), *Réseau aérien* (1962), *Description de San Marco* (1963) et *6 810 000 litres d'eau par secondes* (1966), œuvres qui jouent effectivement sur la typographie, la mise en pages et la dis-continuité des niveaux de lecture.

21. On notera que Perec cite implicitement cet ouvrage de Sterne aux chapitres XL, LX, LXXV, LXXVII, LXXIX, LXXXVII et XCVII de *La Vie mode d'emploi*.

1969

Perec est, on s'en souvient, membre de l'Oulipo depuis mars 1967. Les activités de l'écrivain ont rapidement témoigné de ses liens avec l'Ouvroir : il a réalisé une interview de Jacques Roubaud à l'occasion de la parution de ε, premier recueil du poète, dans La Quinzaine littéraire (1ᵉʳ-15 janvier 1968) ; il a conçu une première version de L'Augmentation pour le mensuel L'Enseignement programmé, mais surtout, c'est en 1968 qu'il a composé La Disparition, dont les deux premiers chapitres ont été publiés en novembre dans Les Lettres nouvelles.

La Disparition paraît en avril 1969 dans la collection « Les Lettres nouvelles » des éditions Denoël, suivi de peu en juin par la publication en revue de son corrélat théorique, l'« Histoire du lipogramme ». Le roman reçoit un accueil critique plutôt mitigé : si la prouesse lipogrammatique suscite un étonnement souvent admiratif, les enjeux de l'entreprise en revanche sont plus mal perçus et l'ouvrage classé un peu vite au rayon des « exercices de style », toujours un peu vains comme chacun sait.

Dans Le Figaro littéraire (9-15 juin 1969), le titre du compte rendu annonce la couleur : « La Disparition de Georges Perec n'a pas plu à Mauric(e) Chap(e)lan », lequel pour l'occasion s'essaie au compte rendu lipogrammatique. Anne Villelaur avait aimé Quel petit vélo… ?, elle est plus réservée à propos du lipogramme. Elle avoue avoir été amusée « pendant une petite centaine de pages », mais « l'insolite à haute dose devient monotone ». En conclusion d'un résumé circonstancié de ce « roman populaire d'aventures totalement farfelu », la critique de l'hebdomadaire communiste regrette qu'avec cet « exercice », Perec s'éloigne « de son genre habituel où, à partir de son moi, il abordait les problèmes des gens de sa génération » (« Une histoire d'amour et une histoire d'e », Les Lettres françaises, 4-10 juin 1969). R.-M. Albérès donne quant à lui un compte rendu mémorable. Déplorant que Perec « n'ait un peu trop forcé son inspiration, son talent et surtout sa spontanéité et sa sincérité » pour retrouver le succès des Choses, le critique découvre dans La Disparition une transposition à peine voilée de l'affaire Ben Barka. De toute évidence, la contrainte lui a échappé (« Drôles de drames », Les Nouvelles littéraires, 22-28 mai 1969). Dans Les Échos (9 mai 1969), A. C. est admiratif devant « la richesse d'invention et d'imagination verbale », mais regimbe devant une histoire policière « à la longue indigeste et lassante ». Étienne Lalou est plus nuancé : La Disparition de Perec, écrivain « franc-tireur » et expérimentateur, est « un

XVII

« Georges Perec : "J'utilise mon malaise pour inquiéter mes lecteurs" »
Propos recueillis par Anne Redon, *Coopérateur de France*, 1ᵉʳ-15 décembre 1969.

Le magazine Coopérateur de France *est édité par la Fédération nationale des coopératives de consommation — on ne s'étonnera donc point, alors que* La Disparition *vient de paraître, de voir l'entretien centré sur* Les Choses *et la problématique de la « société de consommation ».*

*

J'ai été élevé à l'école de Brecht, je suis pour la froideur, le recul. Je ne crois pas à la spontanéité, je crois au travail.

Il n'ajoute pas à l'intelligence. Je le suggère. Il sourit.
Georges Perec est très intimidant. Et s'il affirme douter de lui-même, n'avoir confiance qu'en ce qu'il écrit, il vous fait d'abord douter de vous-même.
J'étais prévenue :
Ça ne m'amuse pas du tout de parler de la société de consommation, nous pourrions parler de quelque chose de plus actuel.

Et on s'engage dans la conversation comme dans un labyrinthe.
Pourtant, il n'y a pas de doute : en ce qui concerne la dénonciation de la société de consommation, Perec fut un précurseur [...]. [Il] en convient :
Les Choses ne sont pas un roman, mais un récit, une étude. Mes matériaux de base ont été non seulement le monde qui m'entourait, mais l'examen attentif de certains journaux : *L'Express, Elle, Votre maison* et bien d'autres, dont la principale fonction est d'être des stimulants à la consommation.

livre à lire », qui « ne se contente pas de divertir mais conduit à remettre
les idées reçues en matière de romans ». La conclusion cependant est plu
« ouvre des perspectives », il « n'aboutit nulle part », en ne procurant « a
plaisir, et non cette jubilation inhérente aux grandes œuvres » (« 320 pag
e », L'Express, *28 avril-4 mai 1969). Deux comptes rendus au moins sont j*
réserve. Dans son feuilleton littéraire, Pascal Pia dit son plaisir à la lecture
dans lequel Perec a réussi à « amalgamer des éléments disparates et à en "faire
pâte ». Le lipogramme est alors prétexte à un de ces assauts d'érudition dont l
par ailleurs pataphysicien est coutumier, mais c'est pour mieux différencier
« autre chose est d'aligner des vers réguliers sans R ou sans O, autre chose de mettr
tion, fût-ce en s'amusant, le fait littéraire lui-même » (« Un roman lipogramm
Carrefour, *21 mai 1969). C'est Marcel Bénabou qui, en témoin direct de la rédac*
Moulin d'Andé et collaborateur occasionnel, propose la lecture la plus éclairan
roman, « une des rares œuvres peut-être qui réussisse à réaliser le rêve de tout écrivain :
solue adéquation de l'écriture à son objet ». En éprouvant « la fécondité de la contraint
littérature », Perec permet de « découvrir dans la langue une foule de ressources inc
nues », « un monde totalement hanté par la nécessité qui le fonde ». « Édifice bâti auto
d'une absence », La Disparition *« ne fait littéralement que mimer […] le rapport que l*
littérature entretient avec ce grand absent de tous livres, le réel ». La conclusion pointe les
enjeux publics d'un tel ouvrage : « le renversement que [Perec] opère lui permet de
dépouiller enfin l'encombrante défroque de sociologue qui lui collait à la peau depuis
Les Choses *» (« Autour d'une absence »,* La Quinzaine littéraire, *1ᵉʳ-15 mai 1969).*

   Autre parution, en mai, chez Christian Bourgois cette fois : le Petit traité invitant à
la découverte de l'art subtil du go, *signé Pierre Lusson, Georges Perec et Jacques
Roubaud. Pour la circonstance, André Bercoff fait le voyage au Moulin d'Andé et réalise
un reportage publié dans* L'Express *(« Les nouveaux mordus du morpion japonais »,
25-31 août 1969).*

   *En juillet, Perec expose son programme à venir dans une lettre à Maurice Nadeau qui
montre ses projets « se développant dans le temps, se métamorphosant, se greffant les uns
sur les autres, se redistribuant » (Philippe Lejeune, « La genèse de* W ou le Souvenir
d'enfance *», p. 120). Vaste « entreprise autobiographique », la production annoncée
s'articule autour de quatre titres :* L'Arbre. Histoire d'Esther et de sa famille, *auquel
Perec a travaillé en 1967 et qu'il avoue avoir quelque mal à réellement entreprendre ;*
Les Lieux, *projet de longue haleine, dont le premier texte (« Jussieu-souvenir ») a été
rédigé le 27 janvier 1969 et qui doit le mener jusqu'en décembre 1980 ; les* Lieux où j'ai
dormi, *« projet très ancien » qu'il se promet de reprendre bientôt, et un « roman d'aven-
tures » « né d'un souvenir d'enfance »,* W, *dont il espère la parution en feuilleton dans*
La Quinzaine littéraire *(« Lettre à Maurice Nadeau » du 7 juillet 1969, reprise dans*
JSN, *p. 53 sqq.). Ce sera chose faite en octobre, avec la publication du premier épisode de*
W *dans la revue de Nadeau.*

livre à lire », qui « *ne se contente pas de divertir mais conduit à remettre en question toutes les idées reçues en matière de romans* ». *La conclusion cependant est plus tiède : si le livre* « *ouvre des perspectives* », *il* « *n'aboutit nulle part* », *en ne procurant* « *au lecteur que du plaisir, et non cette jubilation inhérente aux grandes œuvres* » (« *320 pages sans la lettre e* », L'Express, *28 avril-4 mai 1969*). *Deux comptes rendus au moins sont favorables sans réserve. Dans son feuilleton littéraire, Pascal Pia dit son plaisir à la lecture d'un roman dans lequel Perec a réussi à* « *amalgamer des éléments disparates et à en "faire prendre" la pâte* ». *Le lipogramme est alors prétexte à un de ces assauts d'érudition dont le critique et par ailleurs pataphysicien est coutumier, mais c'est pour mieux différencier Perec tant* « *autre chose est d'aligner des vers réguliers sans R ou sans O, autre chose de mettre en question, fût-ce en s'amusant, le fait littéraire lui-même* » (« *Un roman lipogrammatique* », Carrefour, *21 mai 1969*). *C'est Marcel Bénabou qui, en témoin direct de la rédaction au Moulin d'Andé et collaborateur occasionnel, propose la lecture la plus éclairante du roman,* « *une des rares œuvres peut-être qui réussisse à réaliser le rêve de tout écrivain : l'absolue adéquation de l'écriture à son objet* ». *En éprouvant* « *la fécondité de la contrainte en littérature* », *Perec permet de* « *découvrir dans la langue une foule de ressources inconnues* », « *un monde totalement hanté par la nécessité qui le fonde* ». « *Édifice bâti autour d'une absence* », La Disparition « *ne fait littéralement que mimer [...] le rapport que la littérature entretient avec ce grand absent de tous livres, le réel* ». *La conclusion pointe les enjeux publics d'un tel ouvrage :* « *le renversement que [Perec] opère lui permet de dépouiller enfin l'encombrante défroque de sociologue qui lui collait à la peau depuis* Les Choses » (« *Autour d'une absence* », La Quinzaine littéraire, *1ᵉʳ-15 mai 1969*).

Autre parution, en mai, chez Christian Bourgois cette fois : le Petit traité invitant à la découverte de l'art subtil du go, *signé Pierre Lusson, Georges Perec et Jacques Roubaud. Pour la circonstance, André Bercoff fait le voyage au Moulin d'Andé et réalise un reportage publié dans* L'Express (« *Les nouveaux mordus du morpion japonais* », *25-31 août 1969*).

En juillet, Perec expose son programme à venir dans une lettre à Maurice Nadeau qui montre ses projets « *se développant dans le temps, se métamorphosant, se greffant les uns sur les autres, se redistribuant* » (*Philippe Lejeune,* « *La genèse de* W ou le Souvenir d'enfance », *p. 120*). *Vaste* « *entreprise autobiographique* », *la production annoncée s'articule autour de quatre titres :* L'Arbre. Histoire d'Esther et de sa famille, *auquel Perec a travaillé en 1967 et qu'il avoue avoir quelque mal à réellement entreprendre ;* Les Lieux, *projet de longue haleine, dont le premier texte (« Jussieu-souvenir ») a été rédigé le 27 janvier 1969 et qui doit le mener jusqu'en décembre 1980 ; les* Lieux où j'ai dormi, « *projet très ancien* » *qu'il se promet de reprendre bientôt, et un* « *roman d'aventures* » « *né d'un souvenir d'enfance* », W, *dont il espère la parution en feuilleton dans* La Quinzaine littéraire (« *Lettre à Maurice Nadeau* » *du 7 juillet 1969, reprise dans* JSN, *p. 53 sqq.*). *Ce sera chose faite en octobre, avec la publication du premier épisode de* W *dans la revue de Nadeau.*

XVII

« Georges Perec : "J'utilise mon malaise pour inquiéter mes lecteurs" »
Propos recueillis par Anne Redon, *Coopérateur de France*, 1ᵉʳ-15 décembre 1969.

Le magazine Coopérateur de France *est édité par la Fédération nationale des coopératives de consommation — on ne s'étonnera donc point, alors que* La Disparition *vient de paraître, de voir l'entretien centré sur* Les Choses *et la problématique de la « société de consommation ».*

*

J'ai été élevé à l'école de Brecht, je suis pour la froideur, le recul. Je ne crois pas à la spontanéité, je crois au travail.

Il n'ajoute pas à l'intelligence. Je le suggère. Il sourit.
Georges Perec est très intimidant. Et s'il affirme douter de lui-même, n'avoir confiance qu'en ce qu'il écrit, il vous fait d'abord douter de vous-même.
J'étais prévenue :
Ça ne m'amuse pas du tout de parler de la société de consommation, nous pourrions parler de quelque chose de plus actuel.

Et on s'engage dans la conversation comme dans un labyrinthe.
Pourtant, il n'y a pas de doute : en ce qui concerne la dénonciation de la société de consommation, Perec fut un précurseur [...]. [Il] en convient :
Les Choses ne sont pas un roman, mais un récit, une étude. Mes matériaux de base ont été non seulement le monde qui m'entourait, mais l'examen attentif de certains journaux : *L'Express, Elle, Votre maison* et bien d'autres, dont la principale fonction est d'être des stimulants à la consommation.

Un tel titre ne peut être un hasard : Les Choses *!*

Ce n'est pas un hasard, c'est une trouvaille. Pendant tout le temps où j'écrivais, je pensais à un titre comme *La Grande Aventure*, ou à un autre pastichant Flaubert, mon romancier favori : *Histoire d'un couple*. Mais c'était mauvais. Alors j'ai pensé aux *Objets*, puis aux *Choses*.

Et le titre a beaucoup fait pour le succès du roman ?

Sans doute : il lui donnait une signification immédiate. C'est, de tout ce que j'ai écrit, ce qui a eu, et de loin, le plus de succès. Le pays où il « marche » le mieux, c'est la RDA[1]. Cela se comprend : de tels pays en sont à la phase de « pré-consommation ». Chez eux, la consommation est dénoncée comme une idéologie néfaste avant même d'exister[2]. En même temps, elle fascine, par l'idée de richesse, de facilité qu'elle suggère. Les ouvrages, les films qui posent de tels problèmes ont donc, toujours, un nombreux public. En France, c'est devenu presque un lieu commun. Enfin, disons que les livres ou les films qui en parlent se multiplient[3].

Bien souvent, de telles œuvres contiennent les germes d'une solution. Mais vous semblez vous interdire d'en proposer une.

Ce n'est pas mon propos. L'écrivain ne détient pas de vérité supérieure. C'est déjà un acte très orgueilleux d'écrire. Prétendre en plus apporter la solution, ce serait de la mégalomanie !

Mais quel regard portez-vous sur vos personnages et leurs actes ?

Ce sont à peine des personnages, ce sont des créations abstraites. Je ne les juge pas. Je n'ai pas à les juger. Je crois être assez doué pour le démontage, l'analyse, je « montre ».

Et vous ne sentez pas ensuite le besoin d'un engagement ?

Pas à ce niveau. Pour moi, comme pour Roland Barthes, un livre ne donne pas de réponse, il pose des questions[4]. Mon engagement consiste à utiliser mon malaise pour inquiéter les lecteurs.

---

1. La traduction allemande des *Choses* paraît en République démocratique allemande en 1967.
2. À ce sujet, voir Yvonne Goga, « *Les Choses* — histoire d'une réception », et Krisztina Horvath, « La réception de Georges Perec dans les républiques populaires d'Europe de l'Est ».
3. On peut notamment mentionner deux importants ouvrages de Jean Baudrillard : *Le Système des objets*, paru en 1968, et *La Société de consommation* qui sera publié en avril 1970.
4. En des termes plus ou moins proches, cette affirmation revient souvent sous la plume de Roland Barthes ; on peut citer, entre autres : « Qu'est-ce que les choses signifient, qu'est-ce que le monde signifie ? Toute littérature est cette question, mais il faut tout de suite ajouter, car c'est ce qui fait sa spécialité : *c'est cette question moins sa réponse.* Aucune littérature au monde n'a jamais répondu à la question qu'elle posait […] » — « Le point sur Robbe-Grillet » (1962), repris dans *Essais critiques*, p. 203. Perec évoque également cette idée de Barthes dans l'entretien accordé à Patrice Fardeau en 1979 (voir vol. II, n° LII, p. 59) et dans celui accordé à Gabriel Simony en 1981 (voir vol. II, n° LXXV, p. 221).

Et vous souciez-vous de savoir de quelle sorte est cette inquiétude que vous communiquez aux lecteurs ?

Non. Cependant, je la connais parfois. Après la parution des *Choses,* il y a eu toutes sortes de réactions. Les unes étaient des tentatives directes de « récupération » par la société, d'autres plus inattendues. Ainsi, trois mois après la sortie du livre, un grand magasin s'est servi d'une page entière comme texte publicitaire. J'ai failli faire un procès, et puis... Et un mois plus tard, une boutique d'antiquités s'est ouverte au Quartier Latin : elle s'appelait *Choses.*

Et vous n'avez même plus songé à un procès ?

Oh ! non, c'était presque flatteur.

Il y a des réactions plus bizarres. Une dame m'affirma avoir cassé toute sa collection de bouteilles anciennes qu'elle constituait à grand soin après avoir été effrayée par la dénonciation de ce genre d'aliénation. Un de mes amis m'emmena un jour dans son appartement qui était, disait-il, l'« anti-chose » ; c'était plutôt de l'« hyper » ! On n'échappe pas aux objets. Il y a eu aussi un séminaire de sociologie sur mon bouquin. C'était flatteur aussi.

Mais vous, pourquoi n'avez-vous guère envie d'aborder le problème ? Si pour vous Les Choses *furent d'abord une étude, qu'en avez-vous retiré ?*

Mais un livre ! Je vous l'ai dit : je crois que ma fonction est de montrer. J'ai essayé de dire tout ce que je pouvais sur cette question. Sur un plan personnel, je suis arrivé à certains refus : je ne mets plus les pieds au marché aux puces, les grands magasins me sont indifférents...

Mais vos personnages, eux, en définitive, n'atteignent pas ce refus. Ils sont complètement aliénés par les objets.

Oui. Ce qui est grave dans une telle société, c'est que les relations avec autrui sont rabaissées. Jeune, mes relations avec mes amis étaient faites d'idées, de militantisme ; ensuite, elles ont failli s'enliser dans la consommation. Ce n'était pas tout à fait de notre faute, c'était un état social, un fait de génération.

Vous étiez conditionné ?

Mais nous le sommes tous. Dans ce conditionnement, nous avons évoqué tout à l'heure le rôle d'une certaine presse ; il n'y a pas qu'elle. Certains chiffres sont effrayants : la consommation de papier d'emballage aux USA représente un chiffre d'affaires égal au budget total de certains pays d'Amérique latine.

Mais si vous vous interdisez de proposer des solutions, au moins pensez-vous qu'il en existe ? Êtes-vous désespéré ?

C'est un mot que je ne connais pas. Je pense qu'il y a des solutions. Mes personnages ne « s'en tirent pas » en tant que modèles, mais dans une vie, on s'en sort à l'échelon individuel par « autre chose » : l'amour, la passion par exemple. Je crois aussi à une société future meilleure. Je suis sûr qu'elle existera.

Et ne pensez-vous pas que la littérature engagée pourrait accélérer, dans une certaine mesure, la venue de cette société ?

Non, pas exactement, plus tout à fait. Plus jeune, je faisais partie du groupe « Romantisme révolutionnaire », avec des gens comme Lefebvre[5]. Je pensais que la fonction majeure de l'écriture était de préparer à la révolution. Je pensais même que la fonction majeure de l'homme était de préparer cette révolution, de refuser l'inacceptable. J'ai collaboré aussi à la revue *Partisans* à propos du réalisme critique. Mais je ne suis pas persuadé de l'utilité de la littérature engagée, comme ont pu l'être, il y a vingt ans, Sartre ou Camus.

Il y a eu Mai 68. Certaines idées étaient bien descendues dans la rue...

Oui, je suis de nouveau flatté que vous me preniez pour un précurseur. Mais il n'y a pas de rapport direct de cause à effet. Bien sûr, il se passe des choses. Je vous ai dit que je n'étais pas pessimiste.

Vous ne parlerez pas de Mai comme vous avez parlé par exemple de la guerre d'Algérie dans Quel petit vélo à guidon chromé au fond de la cour *?*

Non. Ou alors dans très longtemps. Pour Mai, il faudrait un peu de pudeur. On a écrit tellement de choses dans le but de vendre. J'ai parlé de la guerre d'Algérie d'une façon autobiographique et pudique. Que peut faire un écrivain, sinon être dans le monde et parler du monde où il est ? Le monde où j'étais en Mai 68 était très incohérent, très insatisfaisant. Ce refus radical du monde avait un côté regrettablement naïf, à un moment où justement l'action politique aurait pu être possible. Il y a eu aussi un côté « fête de l'anti-consommation » assez extraordinaire, on a fait comme si tout était résolu.

---

5. Alors qu'il effectue son service militaire à Pau, Perec rencontre en août 1958, par l'intermédiaire de Jean Duvignaud, le philosophe marxiste critique Henri Lefebvre dans sa maison de Navarrenx — cette même année, le premier tome de *Critique de la vie quotidienne*, un des essais majeurs de Lefebvre, est réédité (é. o. : 1947). Par la suite, comme en témoigne la correspondance avec Jacques Lederer, les deux hommes auront souvent de longues conversations (*CJL*, p. 319 et *passim*). La pensée de Lefebvre, qui définit le marxisme comme une « connaissance critique de la vie quotidienne », est déterminante dans la formation intellectuelle de Perec, tout particulièrement pour l'écriture des *Choses* et l'approche de l'infra-ordinaire (à ce propos, voir Matthieu Rémy, « Georges Perec et Henri Lefebvre, critiques de la vie quotidienne »). À proprement parler, le « romantisme révolutionnaire » mentionné ici par Perec n'est pas un groupe constitué mais un concept élaboré par Lefebvre dans son *Introduction à la modernité* paru en 1962 dans la collection « Arguments ». Dans la dernière partie de cet ouvrage intitulée « Vers un nouveau romantisme » (p. 235-373), Lefebvre, après avoir constaté la dégénérescence de l'esprit révolutionnaire en un « néo-classicisme moralisant », en appelle au retour du « romantisme de la Révolution » (p. 267) dont il (re)définit les caractéristiques ; deux groupes qu'il a connus et influencés sont pour le philosophe les fers de lance de ce renouveau révolutionnaire : les situationnistes de Guy Debord, qui « cherchent le *style de vie* plutôt que l'œuvre » (p. 355), et *La Ligne générale*, constituée autour de Perec en 1959 (pour plus de détails, voir le Complément donné à la suite de cet entretien).

Dans le même genre de refus catégorique de la société, il y a aussi les « hippies ». Vous intéressent-ils ?

Ils me passionnent. À plus d'un titre. Même si certains côtés me gênent, la drogue par exemple. Mais c'est un phénomène curieux : un mouvement de refus complètement intégré par la société même qui est mise en cause. Par ailleurs, je me demande surtout ce que deviendra la seconde génération. Mais je n'ai aucune idée précise, je cherche, je réfléchis, j'attends.

Cependant, vous pensez que vous avez dit tout ce que vous aviez à dire personnellement. Vous n'aborderez donc plus le sujet ? D'ailleurs, vos ouvrages vont dans le sens d'une abstraction de plus en plus grande.

C'est vrai. J'ai pourtant écrit trois pièces pour la radio allemande dont une, *L'Augmentation*, qui sera jouée à la Gaîté-Montparnasse en février, reprend un peu le même thème[6].

Dans mes quatre livres, il y a, effectivement, une progression. *Les Choses*, c'était la description de ma société. Le *Petit Vélo*, un appendice à cette société de la guerre. L'*Homme qui dort* est autobiographique et plus « centré » sur ma réflexion. Dans *La Disparition*, je m'intéresse à des problèmes d'écriture — au matériel de l'écriture.

Et ne craignez-vous pas que dans cette escalade à l'abstraction, les problèmes actuels ne s'estompent à vos yeux ?

Non. Je continue à décrire le monde où je vis et celui où j'écris, et moi écrivant.

J'ai une fois failli écrire un roman de science-fiction se proposant de décrire la société idéale. Je me suis aperçu que je la pensais en fonction de la société actuelle. J'ai renoncé à la science-fiction. Je continue à décrire ce qui m'entoure, à essayer d'être, comme le demandait Marx, un homme lucide à l'homme.

*

Complément — Henri Lefebvre, Introduction à la modernité,
Paris, Éditions de Minuit, coll. « Arguments », 1962, p. 337-338.

Un autre groupe, qui ne publie rien et se tait en attendant son heure, groupe changeant, peu organisé, mais nombreux[7], garde une confiance intégrale dans l'avenir du socialisme et de l'URSS. [...] Ces jeunes gens veulent seulement déduire les conséquences

---

6. Rappelons qu'à la date de cet entretien, seules deux pièces radiophoniques ont été diffusées par la Saarländischer Rundfunk : *Die Maschine* en 1968, et *Wucherungen* (*L'Augmentation*) le 12 novembre 1969. Conçu en 1970 et au début de 1971, le *Hörspiel Tagstimmen* sera diffusé le 28 avril 1971. La première de *L'Augmentation* aura lieu le 26 février 1970 (voir *infra*, n° XIX, p. 117).

7. Qui s'intitule « La ligne générale » (en 1960) [note d'Henri Lefebvre].

d'une nécessité historique; d'après eux, l'URSS rattrapera inévitablement son retard culturel par rapport à sa croissance économique; elle reprendra la révolution culturelle arrêtée dans la période stalinienne et réduite à la « liquidation de l'analphabétisme », à la culture technique. Ils attendent de l'URSS la Renaissance au XXe siècle. Cette Renaissance serait caractérisée — et d'abord annoncée — par la reprise du romantisme révolutionnaire. Par conséquent, ils tentent d'établir à partir de cette possibilité une tactique, une stratégie et finalement un programme […]. Ce qui les mène à une critique encore plus radicale et virulente de la pensée et de la culture bourgeoises, part la plus claire de leur doctrine. […] « Tout cela se déroule dans un tourbillon et une effroyable confusion, *écrit ingénument l'un de ces jeunes gens dans une lettre personnelle.* Après M. Un Tel, c'est M. Un Tel qui devient important, et après M. X c'est M. Y et ensuite c'est la dernière œuvre de M. X, alors qu'on ne parle plus de la précédente, qui devient importante. Et tout n'est que jeu de concessions mutuelles, chacun connaît tout le monde, et tous vivent, gens de droite et gens de gauche, d'après les mêmes stéréotypes, et s'agitent de la même façon, et répondent aux interviews de la même manière, lisent les mêmes livres, voient les mêmes films, profèrent les mêmes jugements contradictoires avec la même assurance et la même absence d'exigences, le même conformisme, la même gentillesse pour les copains qui vous rendent la pareille demain… Et ça marche! Tout se passe comme si ça avançait. On explore l'univers sensible! On bouleverse chaque mois le monde filmique! On chamboule le monde scénique! On construit, détruit, reconstruit périodiquement le monde romanesque! Il y a des tas et des tas d'œuvres marquantes dont on ne parle plus au bout d'un mois ou d'un an. À celui-ci l'estime, à celui-là le fric. On change à tour de rôle et chacun grimpe dans la hiérarchie. Ça cache le vraiment important: il n'y a même plus en France de culture bourgeoise, mais la forme, la coquille vide, la pure écriture; il y a la liberté, encore, mais pas de ligne, pas de chemin pour cette liberté, dans notre ploutocratie à tendance libérale, à traditions révolutionnaires, à capitalisations culturelles, hautement rentables… Que se passerait-il si davantage de gens lisaient Marc Bloch au lieu de l'Histoire de France racontée à Juliette, s'ils voyaient *Come back Africa*, au lieu des *Tricheurs*, s'ils aimaient Malcolm Lowry au lieu de Robbe-Grillet et Uccello à la place de Hartung?… Mais les gens sont bien installés dans leurs fromages, qu'ils bouffent. Une ou deux petites guerres. On assimile, on rejette… Aucun livre qui se donne pour tâche simplement de décrire avec précision le monde, d'en donner une image complète et décomplexée (ayant traversé la complexité). Psychologie, psychologie. Aucun effort du particulier au général… »

Arrêtons cette citation, fragment d'un réquisitoire naïf.

1970

Passé le triomphe des Choses et la curiosité suscitée par La Disparition, *l'image publique de l'écrivain s'estompe. S'il publie peu, et sans guère rencontrer d'échos, le début des années soixante-dix est cependant une période de foisonnantes recherches pour Perec, qui explore simultanément de multiples domaines : il entreprend l'écriture de plusieurs scénarios* — *avec Jean-Pierre Prévost, Jean-François Adam et Jean-Paul Rappeneau* — ; *il écrit pour la scène ; il poursuit sa collaboration avec la radio sarroise ; il participe à la création d'une nouvelle revue ; il mène avec régularité (au début tout au moins) le projet des* Lieux ; *il commence à traduire Harry Mathews ; il trace les premiers linéaments de* La Vie mode d'emploi ; *il recueille ses rêves ; il participe activement aux travaux et recherches de l'Oulipo...*

En février 1970, L'Augmentation *est représentée à Paris (n° XIX). Du 15 avril au 31 octobre, la radio de Côte d'Ivoire diffuse tous les jours sauf le dimanche* Les Extraordinaires Aventures de M. Eveready, *feuilleton publicitaire pour les piles électriques Eveready dans lequel Perec donne libre cours à son goût du burlesque et de l'invention verbale (voir Hans Hartje, «Les extraordinaires aventures de Perec en Oulipie»).*

Au mois d'août, la parution du feuilleton W *dans* La Quinzaine littéraire *est interrompue ; dans une note finale, Perec estime la tentative «suffisamment avancée pour que sa publication bimensuelle ne soit plus nécessaire» et annonce la publication de* W ou le Souvenir d'enfance, *«développement de ces textes», pour l'année 1971. On sait que le peu d'enthousiasme des lecteurs de* La Quinzaine littéraire *pour le feuilleton a hâté la fin de sa publication : présenté en 1969 dans la revue comme promettant «Du suspense, du rêve, de l'humour»* (La Quinzaine littéraire, *1ᵉʳ-15 octobre 1969), le récit composé à mesure par Perec s'est engagé sur une voie tout autre qui a déconcerté ses lecteurs.*

En septembre paraît «9691 Edna D'Nilu Ô, mû, acéré, Pseg Roeg» («le grand palindrome») dans le numéro de la revue Change *composé par Jacques Roubaud («La poétique, la mémoire»), parution suivie quelques mois plus tard (en février 1971) et à l'invitation du Centre de poétique comparée qu'animent depuis 1969 Léon Robel, Jacques Roubaud et Pierre Lusson, d'une conférence au Cercle Polivanov intitulée «Théorie et pratique du palindrome».*

XVIII

« Qui est-ce ? »

Propos recueillis par Pierre Bourgeade,
La Quinzaine littéraire, n° 88, 1ᵉʳ-14 février 1970.

L'entretien est repris l'année suivante dans Violoncelle qui résiste, *recueil de Pierre Bourgeade qui réunit entre autres les treize entretiens de cette série « Qui est-ce ? » — par ordre chronologique: François Mauriac, André Pieyre de Mandiargues, J. M. G. Le Clézio, Nathalie Sarraute, Eugène Ionesco, Pierre Klossowski, Raymond Queneau, Marguerite Duras, Claude Roy, Joyce Mansour, Georges Perec, Jacques Borel et Michel Butor.*

À la suite de Pierre Bourgeade, qui ne propose aucun éclaircissement sur le fonctionnement de ce texte, ni dans La Quinzaine littéraire *ni dans* Violoncelle qui résiste, *nous nous abstenons de tout commentaire explicatif et laissons aux lecteurs le soin de déchiffrer les réponses de Perec. Seuls figurent en note quelques compléments d'information.*

*

Pierre Bourgeade a rencontré un certain nombre d'écrivains à qui il a posé des questions inusitées. Elles ne se rapportent ni à leur vie ni à leur œuvre, mais à ce qu'ils ont en eux de caché, de secret, d'imaginaire, ce qu'en somme ils ont fait passer dans leurs ouvrages, sans toujours en être conscients, et qu'ils n'auraient pas toujours envie de révéler.

Il y avait là, pour La Quinzaine littéraire, *la possibilité d'un jeu. Qui est l'écrivain rencontré par Pierre Bourgeade ? […]*

1. Quel est ce jeu ?

X. D'abord une forme, ici particulièrement dégénérée, de poème, qu'on pourrait sans doute un peu mieux identifier en dénombrant les questions et les réponses et en s'interrogeant sur leur répartition ; mais on ne serait pas vraiment plus avancé après. Ensuite, c'est aussi une sorte de centon, ou un dérivé lointain du cadavre exquis.

Vous avez eu des visions ?

X. Il y a quelques années, oui, dans une grotte du Valais (Suisse), le grand saint Bernard m'est apparu dans toute sa splendeur. Rien ne saurait exprimer l'émotion qu'alors je ressentis.

Vous sentez-vous dans votre état normal ?

2. *Qu'est-ce que le monde si ce n'est cette chose que nous portons dans le cœur ?*

X. Ce sont (entre autres, mais cet entre autres finit par devenir primordial) des encyclopédies et des dictionnaires, tout un réseau de livres, quelque chose comme un gigantesque puzzle que l'on passe son temps à faire et à défaire ; c'est-à-dire encore une fois un jeu, mais un jeu terrible : on a beau essayer d'en comprendre les règles, on sait d'avance que toute stratégie nous conduira inévitablement à la défaite. (Il existe quelque chose pourtant qui ressemble à une parade : c'est une phrase de Kafka (je cite de mémoire) : « Dans le combat entre le monde et toi, seconde le monde[1]. » Mais je pense qu'elle est d'une application difficile.)

Pourquoi pleurez-vous ?

X. Je ne pleure plus guère désormais.

Pourquoi le sourire de Mona Lisa était-il la plus mystérieuse de toutes les expressions humaines ?

X. L'était-il vraiment ? Ce qui me plaît surtout dans la Joconde, c'est d'abord qu'on ait pu donner quelques centaines d'explications sur son sourire, dont un nombre non négligeable de thèses de médecine (la Joconde avait une crise de foie, la Joconde était enceinte, la Joconde avait été récemment opérée d'un bec-de-lièvre, la Joconde était un homme, la Joconde était muette, la Joconde était édentée, etc.), ensuite et surtout, que, depuis plusieurs années, les travaux

---

1. Le texte exact est : « Dans le combat entre toi et le monde, seconde le monde », extrait des *Méditations sur le péché, la souffrance, l'espoir et le vrai chemin* (n° 52). Dans une lettre adressée en 1969 à sa nièce Sylvia Lamblin, Perec commente ainsi cet aphorisme : « Il n'y a qu'une seule chose importante dans la vie, c'est l'énergie, c'est-à-dire la quantité de force et d'effort soutenu que l'on est capable de donner à quelqu'un ou à quelque chose, c'est-à-dire la faculté de transformer non pas le monde (c'est un objectif qu'aucune conscience individuelle ne peut se fixer que comme horizon historique, cadre de pensée), mais son rapport au monde. "Dans le combat entre le monde et toi, seconde le monde" a écrit Kafka. C'est une phrase que j'ai mis des années à comprendre, mais dont je suis sûr aujourd'hui qu'elle est fondamentale » (cité par David Bellos, *Georges Perec*, p. 438). Cet aphorisme, que l'on retrouve par ailleurs mis en exergue à un article de Barthes repris dans *Essais critiques* (« La réponse de Kafka », 1960), est cité par Perec dans deux entretiens accordés en 1974 à propos du film *Un homme qui dort* (voir *infra*, n° XXV, p. 170, et n° XXVII, p. 181).

de jocondologie et de jocondoclastie[2] aient fait des progrès suffisamment fou-
droyants pour rendre inutile toute contemplation de l'original : la Joconde
tient maintenant dans la peinture à peu près le rôle que la vache Io tient dans
les mots croisés[3], ce qui n'est vraiment que justice si l'on considère la cécité à
peu près totale à laquelle on est condamné en face du tableau.

Si on éteignait le plafonnier ? D'accord ?

3. Qui, vous connaissant, croirait que vous aimez la foule ?
X. Un de mes héros favoris (un personnage, bien sûr, de fiction) a dit fort
justement (en anglais, mais je peux traduire) : « J'aime l'humanité ; ce sont les
gens que je ne peux pas blairer[4]. » Pendant très longtemps, une de mes ambitions les plus tenaces a été de devenir parfaitement asocial. J'avais des disposi-
tions. Mais ça me demandait tout de même des efforts considérables et finalement j'y ai à peu près renoncé.

Mais comment diable avez-vous pu gaspiller ainsi des mouches ?
X. C'est le métier qui veut ça. Il y a beau y avoir six pattes par mouche, c'est
par milliers que nous devons les amputer si nous voulons arriver à écrire
quelque chose qui se tienne.

Avez-vous quelque chose à ajouter ?

*4. Ulysse n'est-il pas, avec ses plans, ses horaires et ses précisions, la splendide agonie
d'un genre ?*
X. Voilà une question comme je les aime. Elle est si belle que ce n'est même
pas la peine d'y répondre. Elle est même un peu trop belle. En fait, elle ne veut
pas dire grand-chose. S'il s'agit d'Homère, les plans, les horaires et les précisions
d'Ulysse ne me semblent pas y avoir une telle importance (s'il s'était fié à l'inspiration du moment, ça n'aurait rien changé : tout était prévu, même la météo) ; s'il
s'agit de Joyce, parler d'agonie et de splendeur me paraît d'une banalité futile.

2. On notera à ce propos qu'en 1954, Raymond Queneau mentionne dans son journal sa rencontre chez
Paul Braffort avec « un ingénieur hydrologue nommé Margat » qui « a composé un traité, avec documents
joints, de Jocondologie (théorie et pratique), de Jocondographie et de Jocondoclastie (moustaches, poin-
çonnage, lacérations, ponçage, etc, jusqu'aux semelles)... Excellent » (*Journaux 1914-1965*, p. 857). Les
travaux de Jean Margat ont été publiés en 1959 dans un numéro spécial de la revue *Bizarre* (n°ˢ XI-XII :
« La Joconde »).
3. « C'est ainsi qu'un auteur a pu écrire que nul ne saurait se déclarer mot-croisiste s'il n'était prêt à définir de 100 manières différentes la vache IO. Je n'en suis pour ma part qu'à 28 mais je ne désespère pas d'y
arriver un jour prochain [...] » écrit Perec en 1979 dans l'avant-propos du volume *Les Mots croisés*. Dans
« Le croisé des mots » (1983), Robert Scipion se souvient de Perec lui affirmant avoir défini quarante-sept
fois le terme et « posséder encore une dizaine de définitions en réserve » (p. 37).
4. Ce célèbre aphorisme, extrait de *Peanuts* de Charles Schultz, est souvent attribué à tort à Charlie
Brown. Il émane en fait de Linus dans l'échange que voici : « *You can't be a doctor, you don't love mankind. /
Linus — Of course I love mankind ; it's people I can't stand.* »

Pourquoi Achille dépasse-t-il la tortue ?

X. C'est un simple problème d'arithmétique : Achille mesure 1,80 m et la tortue seulement 40 cm (ce qui est déjà pas mal pour une tortue) : Achille dépasse donc la tortue de : 1,80 − 0,40 = 1,40 m.

L'histoire de Bouvard et Pécuchet est-elle d'une simplicité trompeuse ?

X. Trompeuse, en effet, c'est bien le mot qui convient. Je n'en donnerai comme exemple que le premier paragraphe du livre (je cite encore de mémoire et il y a un adverbe dont je ne suis pas très sûr) : « Comme il faisait une chaleur de 33 degrés, le Bouvard, bourdon, était complètement désert[5]. » On en déduit immédiatement que voilà là un Monsieur qui, vu la température ambiante, a le cafard et se sent vide. Or ce n'est pas aussi simple et même la suite du livre prouve que c'est exactement le contraire.

La vie est-elle une maladie de l'esprit ?

5. Quels crimes le conduisirent au bagne maritime et quelle foi lui permit de soulever la montagne ?

X. Un ange, un nom, un rêve lu qu'il osa estimer, un Ulysse, une Ophélie, un émir, un Pyrame, un gabelou, une hérésie, une noce, un semis ?

Pourrais-je, dans vingt ans, découvrir au bord de la mer un promeneur couvert d'un grand manteau, lui parler de l'Allemagne et de Hitler, être brusquement saisi de panique, soulever les pans de son manteau, voir à sa boutonnière la croix gammée, et bégayer : « Alors, Hitler, c'est vous ? »

X. Non. Hitler, s'il existe, est devenu chauve et borgne, et vous l'auriez tout de suite reconnu.

J'ai adoré des amants dont l'un avait des oreilles coupées, un autre un léger bégaiement, un autre trois doigts coupés. Dois-je voir là l'origine de mes perversités amoureuses ?

X. Est-il vrai que j'aime les monstres ? Un, peut-être. Mais je ne crois pas que ce soit un monstre. Il faudrait chercher ailleurs l'origine de mon goût (prononcé) pour les tératologies littéraires.

Qui êtes-vous ?

---

5. Le début du roman est le suivant : « Comme il faisait une chaleur de 33 degrés, le boulevard Bourdon se trouvait absolument désert. » On comparera l'incipit remanié que donne ici Perec avec le passage du premier chapitre de *La Disparition* conçu comme une réécriture des premiers mots de *Bouvard et Pécuchet* (p. 17).

XIX

« Comment fonctionne la machine ?… »
Propos recueillis par Colette Godart,
Les Lettres françaises, n° 1323, 25 février-3 mars 1970.

Ces quelques propos de Perec et ceux de Marcel Cuvelier sont rapportés dans un compte rendu de la générale de L'Augmentation, *donnée au théâtre de la Gaîté-Montparnasse dans une mise en scène de Marcel Cuvelier. La première a lieu le 26 février, à dix-huit heures, en «spectacle d'avant-dîner»; elle sera suivie d'à peine vingt-cinq représentations. Les 8 et 23 mars, Perec est invité à présenter la pièce sur France Culture.*

À l'origine, le texte n'est pas écrit pour le théâtre. En fait, la première version est une longue phrase monologuée accompagnée d'un organigramme, qui a été publiée à l'invitation de Jacques Perriault, chargé de recherche au Centre de calcul de la Maison des sciences de l'homme, dans la revue L'Enseignement programmé *en décembre 1968 sous le titre « L'art et la manière d'aborder son chef de service pour lui demander une augmentation » (le brouillon du schéma d'origine est reproduit par Paulette Perec dans sa «Chronique… », p. 77). Le projet a été ensuite repris et modifié: «Alors que la situation donnée (demander une augmentation à son chef de service) tient, avec toutes ses hypothèses, alternatives et décisions, sur un schéma d'une page, il m'en a fallu 22 à doubles colonnes et pas gros caractères pour explorer successivement toutes les éventualités; cet exercice fondé sur la redondance s'est avéré suffisamment intéressant, et amusant, pour que j'en tire, quelques mois après, une pièce radiophonique (*Hörspiel*) à l'intention de la radio allemande» («Lettre à Maurice Nadeau» du 7 juillet 1969, p. 52). Celle-ci est diffusée par la radio de Sarrebruck sous le titre* Wucherungen *en novembre 1969 dans une traduction d'Eugen Helmlé.*

C'est vers 1967 que Perec a rencontré Marcel Cuvelier au Moulin d'Andé et lui a donné son texte à lire. Trente ans plus tard, le metteur en scène évoque ainsi sa décision de monter la pièce: «Dès la première lecture, en tout cas, je vis L'Augmentation, *je la vécus comme une pièce de théâtre. Des personnages s'imposaient pour moi à la place des "propositions". Je suivais comme une intrigue le fil de cette conversation avec un ordi-*

nateur. Cela m'amusait, m'excitait même, cette contrainte imposée aux acteurs : ne pas dialoguer entre eux, mais directement avec le public » (« L'ami théâtre », p. 152).

    Marcel Cuvelier se souvient également de l'accueil de L'Augmentation *: « J'aurais mauvaise grâce à rendre les critiques responsables de cet échec. D'abord, ils vinrent presque tous. Presque. Et puis ils se montrèrent plutôt indulgents et compréhensifs. Pierre Marcabru (* Le Figaro*) et Bertrand Poirot-Delpech (* Le Monde*) furent d'accord pour trouver la création intéressante, mais ne dissimulèrent pas un certain agacement. C'était le ton général. Le seul éreintement vint de Monsieur Jean Dutourd, alors chroniqueur de* France-Soir… *Perec, d'après lui, n'avait jamais travaillé dans un bureau, il ignorait tout, manifestement, de ce qui pouvait s'y passer. Or Perec, qui ne pouvait encore vivre de sa plume, travaillait justement à ce moment-là dans un bureau… » (p. 153). Et de la réaction de Perec : « Au lieu de rendre responsables acteurs et metteur en scène de sa déconvenue, comme cela se fait le plus souvent, Georges sourit tendrement et nous déclara qu'il allait écrire une pièce, une vraie, destinée à être jouée. […] Quelques mois plus tard, il m'apportait le manuscrit de* La Poche Parmentier *» (p. 155).*

    L'Augmentation *sera reprise en janvier 1981 à Saint-Étienne (voir vol. II, n° LXX) et en février 1982 à Paris*

*

    On pourrait penser à un petit guide illustré et parodique, mais non, Georges Perec est fasciné par les organigrammes. Dans une revue, il en a vu plusieurs publiés sur des thèmes insolites : la notion de patrie, les méthodes à employer pour séduire une oursonne et comment un ingénieur peut obtenir une augmentation. Il s'est arrêté sur cette proposition, parce qu'elle était motivée par un problème réel, et a transformé le cadre en employé afin que le cas devienne plus vaste et plus cruel.

    Marcel Cuvelier — Il y a six personnes sur scène. Six personnages-fonctions, six éléments d'une machine dont chacun a sa fonction propre. Ainsi le numéro 1 déclenche la proposition : supposons que… vous allez voir votre chef de service pour lui demander une augmentation. Le numéro 2 expose l'alternative, mais pose en principe que la chose ne se fait pas d'elle-même : ou votre chef est dans son bureau, ou il n'y est pas. Le numéro 3 représente la tendance optimiste : si votre chef était dans son bureau, vous frapperiez et vous attendriez sa réponse. Le numéro 4 envisage la solution contraire : si votre chef n'était pas dans son bureau, vous guetteriez son retour dans le couloir. Le numéro 5 enclenche alors la proposition découlant de cette proposition : supposons que votre chef ne soit pas dans son bureau ; et le numéro 6 pose alors la situation : en ce cas, vous guettez dans le couloir. Ce qui amène une nouvelle hypothèse du numéro 1, et ainsi de suite jusqu'à ce que toute solution devienne inutile parce qu'elle arrive trop tard, parce que l'employé est déjà trop vieux, trop fatigué.

Les personnages n'ont aucune relation entre eux. Le chef de service et l'employé, on ne les voit jamais. Sa lassitude, sa colère sont évoquées par le texte, par les changements de ton. Disons que l'ensemble des six comédiens représente la machine, et que le public représente l'employé. Il a posé une question, et la machine lui présente tous les possibles, elle s'adresse directement à lui.

On pourrait penser à Insulte au public, *de Peter Handke*[1] *; dans les deux pièces, les comédiens, face au public, en costume de ville, sans maquillage, sans masque d'aucune sorte, parlent aux spectateurs tout aussi directement, effaçant les barrières traditionnelles. Cependant, le propos de Perec n'est pas agressif:*

Georges Perec — Le «vous» des comédiens au public est celui de Butor au lecteur dans *La Modification*. Les six comédiens représentent la machine, mais l'efficacité de la machine est de formuler en les décomposant toutes les pensées qui se mêlent dans la tête d'un homme; ici, un homme qui va demander une augmentation. La pièce peut représenter le temps d'une vie ou le temps d'une pensée, celle d'un homme prisonnier d'une bureaucratie, d'une hiérarchie, et qui sait qu'il ne peut rien contre cette force abstraite qui nie son existence. L'élément humain : désespoir ou résignation, finit par déglinguer la machine. À partir de l'organigramme, c'est la démarche d'une pensée humaine que j'ai voulu démonter.

En somme, l'homme ne pourra jamais être transformé totalement en machine; le danger n'est pas dans l'existence des robots. Il n'y en a pas plus sur scène que dans la salle.

Marcel Cuvelier — Ce qu'il fallait éviter, c'est la diction mécanique, le ton dédramatisé, qui auraient été faux par rapport à la pièce et seraient devenus rapidement insupportables. D'autre part, bien que le texte se présente comme une sorte de jeu intellectuel, il ne fallait pas non plus tomber dans le piège de l'exercice de style. Après tout, il y a des situations et elles sont jouées. Je suis le numéro 1 et j'ai pris des comédiens qui possèdent une grande présence physique : Olivier Lebeaut, Monique Saintey, Frédérique Villedent, Thérèse Quentin, Yves Peneau. Ils doivent faire vivre la sécheresse mathématique, et d'ailleurs voulue, du texte. Bien entendu, lorsqu'on parle d'un homme seul en conflit avec l'Organisation majuscule, on pense à Kafka. Lorsqu'on parle de propositions mathématiques absurdes, on pense à Lewis Carroll. Mais ici, toutes les propositions, toutes les solutions sont possibles dans la réalité. Personnellement, j'ai plutôt pensé à Tchekhov; peut-être à cause de l'aspect velléitaire d'une action jamais engagée. En tout cas, le ton à trouver est celui de l'humour impitoyable propre à Georges Perec.

---

1. Peter Handke, *Outrage au public et autres pièces parlées* (trad. fr. 1968).

1972

Perec ne publie aucun livre entre 1969, année de La Disparition, et la fin de l'année 1972, date de parution des Revenentes, roman monovocalique d'abord intitulé Les Lettres d'Ève qui passe pratiquement inaperçu.

En revanche, il est présent à la radio. Le 5 mars, sur France Culture, l'Atelier de création radiophonique n° 101 produit par Alain Trutat propose un AudioPerec (170 mn) qui diffuse plusieurs travaux récents de l'écrivain : L'Augmentation, créée à Paris en février 1970 ; le Petit Abécédaire illustré, pièce de « théâtre musical » de Philippe Drogoz conçue à partir d'un texte de Perec de 1970 et créée à la Biennale de Paris à l'automne 1971 ; Diminuendo, opéra de Bruno Gillet également créé un an plus tôt à la Biennale de Paris et dont Perec a écrit le livret ; Souvenir d'un voyage à Thouars, musique aléatoire exécutée à partir d'une partition graphique signée Perec, et Tagstimmen, Hörspiel élaboré à Sarrebruck en mars 1971 avec Philippe Drogoz et Eugen Helmlé (diffusé le 28 avril 1971 avec le plus grand succès par la Saarländischer Rundfunk, Tagstimmen a été sélectionné la même année pour représenter l'Allemagne au prix Italia). En juin 1972 enfin, la Westdeutscher Rundfunk diffuse Der Mechanismus des Nervensystems im Kopf (« Fonctionnement du système nerveux dans la tête »).

Dans le domaine des publications, l'événement important de ce printemps 1972 est la sortie, en mai, du premier numéro de Cause commune, dont Perec est l'un des fondateurs ; trois de ses textes seront publiés par la revue avant la fin de l'année.

XX

« Le grabuge »
Discussion, *Cause commune*, n° 4, novembre 1972.

Après la tentative avortée de La Ligne générale *(et après avoir été un compagnon de route d'*Arguments)*, Perec se lance à nouveau dans l'aventure d'une revue. «En 1973 [sic], nous avons publié une revue:* Cause commune. *À trois: Virilio, Perec et moi. Nous n'entendons point diriger ni réglementer, simplement élargir à des cercles de plus en plus grands, enfin à la mesure de nos complices» — c'est en ces termes que Jean Duvignaud, qui occupera les fonctions de rédacteur en chef, évoque l'esprit de la revue (* Perec ou la Cicatrice, *p. 50). Le comité de rédaction comprend Alain Bourdin, Christine Brunet, Jean Duvignaud, Pascal Lainé, Françoise Maillet, Georges Perec et Paul Virilio (s'adjoindront par la suite Jean-Pierre Corbeau et Jean-Michel Palmier). Un simple aperçu des contributeurs, parmi lesquels figurent nombre des «complices» de Perec, suffit à témoigner de la volonté de faire de* Cause commune *une «tribune ouverte»: au fil des livraisons, seront publiés des textes d'Antonin Artaud, Georges Balandier, Roger Bastide, Claude Bonnefoy, Jacques Borel, Dominique Desanti, Jean T. Desanti, Philippe Drogoz, Jean-Paul Enthoven, Jean-Louis Ferrier, Fred Forest, Armand Gatti, Lucien Goldmann, André Green, Bernard Groethuysen, Robert Jaulin, Henri Lefebvre, Pierre Mariétan, Marshall McLuhan, Paulette Perec, Jean-Pierre Prévost, Boris Rybak, Gonzague de Saint-Bris, Pierre Schaeffer, Stefano Varese…*

Ainsi, dix ans après Arguments, *avec la création de* Cause commune, *il s'agissait, toujours selon Duvignaud, de retrouver «cet esprit insolite d'une interrogation qu'on appelle subversive» en adoptant «le regard de l'homme sur l'homme au ras de terre». Pour désigner ce «labyrinthe de sens et de familiarité dont ne se préoccupent guère ni les pouvoirs ni les acteurs de l'histoire», Paul Virilio forge le nom d'infra-ordinaire, dont la fortune, on le sait, sera grande (* Perec et la Cicatrice, *p. 51 et 54). De ces préoccupations témoigne l'éditorial en forme de manifeste du premier numéro (voir* infra, *texte reproduit en complément, p. 133).*

De mai 1972 à février 1974, Cause commune *publie neuf numéros (la parution mensuelle ne sera tenue que sur les deux premiers). Perec y donnera six contributions,* dont « *Les gnocchis de l'automne ou Réponse à quelques questions me concernant* », auto-portrait en écrivain, et « *Approches de quoi ?* », texte programme pour une ethnosociologie du quotidien.

En mai 1974, Albert Blanchard, directeur général des éditions Denoël, décide de mettre fin à la publication de la revue. Le Monde *daté du 31 mai 1974 publie une lettre de protestation, signée «Jean Duvignaud, Georges Perec, Paul Virilio et la rédaction de* Cause commune » *(voir* infra, *texte reproduit en complément, p. 134). La revue repa-raîtra en 1975, sous forme de volume thématique cette fois-ci, dans la collection « 10/18 » de Christian Bourgois. Six volumes seront publiés, deux seulement comprennent des textes inédits de Perec.*

En 1982, dans un texte hommage à Perec récemment disparu, Jean Duvignaud pré-cisait ceci, à propos de la première série de Cause commune *: «Faut-il dire qu'aucun commentaire, aucune information n'a jamais été publiée dans la presse sur cette revue, avant sa disparition ?» («On continue, Georges», p. 75, n. 1 — sur la revue* Cause commune, *on consultera, outre* Perec ou la Cicatrice *de Jean Duvignaud, l'article d'Andrea Borsari, « Le cause comuni», suivi d'entretiens avec Duvignaud et Virilio).*

Nous donnons ici des extraits d'une discussion publiée dans la quatrième livraison de la revue[1], qui réunit Georges Balandier[2], Jean Duvignaud, Georges Perec et Paul Virilio[3]. La discussion, portant sur l'actualité récente et notamment la violence relayée par les mass-media, vise, nous dit-on, à esquisser «une approche de la situation même, non des idéologies qu'elle suscite. Il s'agit de se maintenir, tant bien que mal, à ce niveau où la vie réelle n'est pas encore transformée en idée... » On notera que dans le numéro précédent de la revue, Perec avait amorcé, à partir du film Orange mécanique *de Stanley Kubrick, une réflexion sur la violence, « seule vérité du capital, son unique recours » («* L'orange est proche»). Les interventions de Perec, relativement courtes et peu nombreuses, sont repro-duites dans leur intégralité ; des propos de ses interlocuteurs nous avons conservé uni-quement ceux qui permettaient de suivre le mouvement général de la discussion. Nous avons respecté l'orthographe de l'original lorsqu'elle reflète l'état des connaissances et la langue du début des années soixante-dix.

*

1. On notera que Le Grabuge *est le titre d'un film d'Édouard Luntz sorti en 1968 dont Duvignaud a écrit le scénario (pour plus de détails, voir Yvette Romi, *Soixante-dix interviews du* Nouvel Observateur, 1969, p. 186).

2. Africaniste engagé, partisan et acteur d'une «décolonisation progressive et concertée», Georges Balandier est à la date de cette discussion l'auteur de plus d'une quinzaine d'ouvrages — dont *Sociologie actuelle de l'Afrique noire* (1955), *Afrique ambiguë* (1957) et *Anthropologie politique* (1967). En 1971, en réac-tion au structuralisme dominant, il publie *Sens et puissance, les dynamiques sociales.*

3. Paul Virilio a créé en 1963 le groupe Architecture principe qui propose l'abandon de l'angle droit pour retrouver la «fonction oblique» de l'architecture. Philosophe de la vitesse et de la désintégration des territoires, il dirige de 1972 à 1975 l'École spéciale d'architecture qu'il présidera par la suite. Son premier ouvrage, *Bunker archéologie*, paraît en 1975 — Perec en cite des extraits dans le texte collage «Fragments de déserts et de culture » (1980).

[Paul Virilio et Jean Duvignaud énumèrent les « faits de violence » de l'été 1972.]

Georges Perec — Mon problème serait plutôt que je n'ai pas d'événements : j'ai passé tout l'été dans une niche [4] – en lisant à peine les journaux, dans une sorte de stase schizophrénique. Mais j'ai un certain nombre de sujets d'étonnement. Ce qui m'a le plus frappé, c'est évidemment Munich [5]. L'attentat contre Hassan II au moment où il revenait de vacances est aussi quelque chose que j'ai trouvé intéressant, surtout parce que c'était un « retour de vacances [6] ». Et puis, il y a une chose que j'ai vue aujourd'hui, en dépouillant une revue de physiologie ; j'ai lu un article qui aurait pu être écrit par n'importe quel chercheur de n'importe quelle université, mais qui était écrit par un physiologiste à Dacca, au Bengla-Desh. C'est la première fois que je vois apparaître le nom d'un physiologiste bengalais. Ce qui est étonnant, c'est que je m'en sois étonné : je ne m'attendais pas à ce qu'un Bengalais soit physiologiste ; ensuite, je me suis dit qu'il avait fait ses études à Oxford et qu'il devait jouer au cricket comme un parfait Anglais ; j'en suis arrivé à la conclusion que, comme le sport, la science était uniquement occidentale.

C'est un peu maigre, je veux dire que ce ne sont pas tellement des événements. Je pense que je peux davantage intervenir en m'étonnant des événements que vous allez m'apprendre maintenant, en me demandant où se réfugie le politique actuellement, et d'une manière générale où se trouve le réel. Qu'est-ce qui est réel dans la vie des gens, qu'est-ce qui est réel dans la conscience des gens, qu'est-ce qui leur appartient encore comme réel ?

Paul Virilio — Ce que je puis dire à la suite de ça, c'est qu'il y a peut-être encore un racisme entre les nations riches et pauvres mais que, pour la pre-

4. Perec consacre l'été 1972 à l'écriture des *Revenentes* et de *La Boutique obscure* (1973), et à la traduction de *Tlooth* (*Les Verts Champs de moutarde de l'Afghanistan*, 1974), de Harry Mathews (Agenda 1972, FPGP 11,1) — des extraits de cette traduction en cours paraissent dans la livraison de septembre-octobre 1972 des *Lettres nouvelles*.

5. Le 5 septembre 1972, plusieurs membres de la délégation israélienne aux Jeux de Munich sont pris en otage dans le village olympique par un commando de Palestiniens appartenant à l'organisation clandestine Septembre noir — deux Israéliens sont abattus. Après une journée de tractations, la police bavaroise donne l'assaut sur la base militaire de Fürstenfeldbruck ; dans la fusillade, neuf Israéliens, cinq fedayin et deux policiers sont tués. Cette prise d'otages est considérée comme le premier acte de terrorisme international. Dans un entretien accordé à Andrea Borsari en 1991, Paul Virilio précise que les événements de Munich ont été le point de départ de la réflexion sur « le grabuge » développée dans ce numéro de *Cause commune* (« Le cause comuni », p. 266).

6. Après avoir durant les années soixante violemment combattu toute forme d'opposition, le roi Hassan II est confronté à la résistance d'une partie de l'armée dont il avait favorisé l'importance croissante. Il sera la cible de deux tentatives d'attentats militaires : le premier en juillet 1971, et le second, que mentionne ici Perec, le 16 août 1972, à son retour d'un séjour privé en France — on apprendra le lendemain le « suicide » de son instigateur, le général Mohamed Oufkir, ministre de la Défense.

mière fois, après l'attentat de Munich, on ressent concrètement la mondialisation. Pour une fois, c'est l'espace global qui est concerné. [...]

[...]

Jean Duvignaud — On a appris que la Chine, en achetant un certain nombre de Boeing à l'Amérique, empêchait que l'usine de Boeing connaisse le chômage[7]. Intervention directe de la Chine sur les États-Unis. Sans parler de l'intervention de la Chine sur les « Concorde[8] » qui aide et a relancé l'usine de Toulouse ! Ils viennent d'acheter des Boeing 707 qui n'étaient plus produits. Les ouvriers américains qui vont continuer à travailler pourront tresser des couronnes de laurier pour les Chinois. Et de la même manière, les Chinois vont permettre au Japon de sauver leur économie[9]. On est en présence d'une rupture des frontières. Phénomènes qui apparaissent comme une destruction totale de l'esprit de Yalta, de sinistre mémoire.

Paul Virilio — Et c'est pour ça que, tout d'un coup, l'O.T.A.N., par le truchement de son « Comité sur les défis de la société moderne », propose un projet pilote de transport universel. Je rappelle que l'O.T.A.N. est bien sûr un organisme militaire et qu'il ne s'agit pas de l'O.C.D.E. Le mot est révélateur. « Transport universel », cela veut dire que la dimension de déplacement des populations civiles est devenue stratégique.

Georges Perec — J'essaie très souvent, quand je veux réfléchir à ce genre de problème, de confronter ce que je ressens actuellement à ce que j'ai lu, il y a quelques années, dans des romans de science-fiction, comme si, effectivement, on était en train de vivre quelque chose qui ressemble à de la science-fiction. Je me souviens d'un thème de science-fiction qui m'a beaucoup intéressé. C'est dans un roman assez mauvais qui s'appelle *La Nébuleuse d'Andromède*: la paix règne, il n'y a pratiquement plus de conflits sur la terre, et les grandes occasions de réunion, de rassemblement des gens sont les Jeux olympiques, les festivals de musique, les matches d'échecs, etc. Je me suis rendu compte que l'on vivait un peu là-dedans. Par ailleurs, à l'heure actuelle, si l'on écrivait un roman de science-fiction dans lequel il y aurait une lutte entre les habitants de Sirius et les habitants d'une autre étoile, on ne se sentirait pas concernés. Pendant des siècles et des siècles, les sociétés occidentales et les autres n'étaient pas concer-

---

7. Pour plus de précisions, voir *Le Monde* daté du 7 juillet 1972.

8. «Tandis que les négociations continuent avec les compagnies occidentales, les Chinois s'engagent à acheter deux Concorde» (*Le Monde*, 26 juillet 1972).

9. Le mois de septembre 1972 voit la normalisation des relations entre Tokyo et Pékin : la fin de l'état de guerre et l'établissement de relations diplomatiques sont décidés.

nées par ce qui se passait chez les autres. Je veux dire : il y a eu, par exemple, des luttes entre des peuples de Nouvelle-Guinée, des luttes avec leur propre histoire, leur propre développement, etc. On ne le savait pas, ça ne faisait pas partie de notre histoire. Aujourd'hui, tout conflit qui surgit dans le monde, que ce soit sur la côte des Somalies, que ce soit en Iran, que ce soit en Irak, que ce soient les Palestiniens, que ce soit en Irlande, tout est immédiatement répercuté sur nous. Cet événement rentre dans le jeu de ce qui s'appelle désormais politique, et c'est quelque chose qui nous échappe considérablement parce qu'il est bien évident que les millions de morts du Biafra [10] ou du Bengla-Desh [11] ne nous ont pas empêchés de continuer à vivre notre quotidienneté. On en arrive à un stade où les choses se passent comme si nous vivions une sorte de paix universelle ; il n'y a plus de guerre. Rien ne m'a plus étonné que la guerre du Bengla-Desh avec ses opérations, les correspondants de guerre, etc.

Jean Duvignaud — Il y a l'Indochine [12]...

Georges Perec — Oui, mais ce n'est pas une guerre comme au Bengla-Desh où il y a eu un front, une pénétration. Effectivement il y a l'Indochine, mais il me semble que je suis né au moment où elle a commencé [13]. La guerre d'Indochine ne cesse pas de commencer, de finir, de recommencer...

Jean Duvignaud — Ce que tu veux dire, c'est qu'il y a une guerre avec crise, déclenchement des hostilités, théâtre des opérations, dramatisation, offensives, contre-offensives, victoire. Une guerre classique. N'est-ce pas la marque que la guerre du Bengla-Desh a été une guerre reconstituée, une sorte de musée de la guerre ?

10. En mai 1967, la province orientale du Nigeria qui possède les principaux gisements miniers et pétrolifères du pays proclame son indépendance et prend le nom de République du Biafra. La sécession entraîne une guerre civile de trente mois qui fera près d'un million de morts (dont de nombreuses victimes de la famine) jusqu'en janvier 1970, date de la défaite de l'armée séparatiste.
11. En mars 1971, la forte majorité musulmane du Bengale oriental, qui depuis 1947 forme le Pakistan oriental, se révolte contre la domination pakistanaise et proclame l'indépendance de la région. L'armée réprime très violemment la sécession et dix millions de réfugiés sont accueillis en Inde. Suite à des incidents frontaliers, l'armée indienne lance en décembre 1971 une offensive victorieuse et reconnaît l'indépendance du Bangladesh. Le conflit indo-pakistanais est officiellement clos en juillet 1972. Rappelons que les « je me souviens » n°s 175 et 176 mentionnent respectivement « le Biafra » et « la guerre entre l'Inde et le Pakistan » (Je me souviens, 1978).
12. L'été 1972 marque un tournant dans le conflit vietnamien : sept ans et demi après leur arrivée, les « marines » quittent le Viêtnam Sud et la présence militaire américaine est désormais limitée à l'aviation, qui multiplie les raids sur l'ensemble du territoire, et aux navires de la VIIe flotte. Les plans de paix se succèdent, mais il faudra attendre la conférence de Paris de janvier 1973 pour un cessez-le-feu théorique.
13. En 1940, l'Indochine française est occupée par les forces japonaises. L'année suivante, Hô Chí Minh constitue le Front du Viêt-minh afin d'exiger de la France l'indépendance du Viêtnam et de libérer le pays de l'occupation japonaise. En septembre 1945, le leader communiste fonde la République démocratique du Viêtnam. Confronté à l'intransigeance de la France qui refuse de reconnaître la pleine indépendance du nouvel état, le Viêt-minh entre en guerre ouverte fin 1946 — Perec a dix ans. En juillet 1954, les accords de Genève mettent fin à la guerre d'Indochine.

Paul Virilio — Nous sommes en présence d'un événement reconstitué, alors que nous vivons un autre événement, moderne celui-là, qui est la paix totale, c'est-à-dire une paix guerrière, une paix assurée mais agressive ; tout d'un coup, on reconstitue un monument historique, la guerre du Bengla-Desh, qui apparaît comme le garant que la guerre de type classique peut encore exister.

Georges Perec — Oui, d'un style classique. Alors qu'en fait, ce qui se passe réellement se passe dans des circonstances tout à fait différentes ; le grand événement politique international, c'est la tentative des feddayin de Munich et son déroulement qui, lui, n'entre pas du tout dans ce qui est prévu. Les relations internationales deviennent complètement parasitées.

Paul Virilio — Parce qu'il n'y a plus que cette possibilité d'action ; à partir du moment où le *statu quo* mondial est garanti par un parapluie atomique, il est évident que l'action populaire n'est plus possible. Elle est encore possible au Vietnam parce que l'arme nucléaire est interdite par les grandes puissances. Résultat : la guerre populaire subsiste, alors que dans tout autre dimension de conflit, elle est interdite. Le parapluie nucléaire interdit toute action, sauf le parasitage terroristique, tel celui des feddayin.

[...]

Jean Duvignaud — Je me demande si ces forces de coercition ne sont pas elles-mêmes entraînées dans un mouvement de destruction et d'auto-destruction. De nihilisme. Je crois que l'on a tous admis que les sociétés se conservaient. Il faudrait peut-être aujourd'hui faire l'option que les sociétés peuvent se détruire. Les sociétés industrielles entraînent une lente mais sûre dégradation de l'homme vivant, une émasculation croissante de l'espèce[14]...

Georges Balandier — Cela, c'est peut-être la seule chose à laquelle, en tant que sociologue, je suis maintenant attaché. Pour moi, une société ne s'est jamais faite, donc elle ne peut pas se conserver. Une société se fait tout le temps. Or les chances que nous avons d'avoir prise sur la fabrication continue, si je puis dire, de cette société deviennent de moins en moins nombreuses, pour qui n'est pas du côté des appareils du pouvoir.

Georges Perec — Vous n'avez pas l'impression que ce renversement, ce renforcement de la coercition, ces appareils qui semblent de plus en plus forts, et

---

14. Analyse reprise et développée par Jean Duvignaud dans « Comment les sociétés se détruisent », publié dans le volume *Le Pourrissement des sociétés. Cause commune*, 1975/1.

qui semblent de plus en plus ligués entre eux sur le plan international ne font que révéler une fragilité de plus en plus gigantesque qui, elle, apparaît à des niveaux qui n'ont plus du tout de relations avec la politique mais simplement avec la possibilité que les gens de ce pays, de cette ville, de ce quartier, de cette rue vont avoir simplement de vivre leur propre vie.

Paul Virilio — Le défaut de la révolution, c'est qu'elle n'a jamais pris en considération le nouveau statut de l'espace. Le nouveau statut de l'espace, c'est la globalité; l'impérialisme l'a pris en compte. Quand on parle d'un espace dominant des pouvoirs, c'est vrai. Quand on parle d'un espace impérial gérant la totalité du monde, c'est vrai. On ne peut pas en dire autant de la révolution. [...]

[...]

Georges Perec — J'ai commis l'erreur aujourd'hui de prendre un taxi. J'ai commis une erreur, parce que j'ai passé une heure dans le taxi, alors qu'à pied j'aurais mis une demi-heure! Le chauffeur était un homme gentil qui a commencé par égrener des souvenirs d'enfance tout à fait charmants et qui en est arrivé à la conclusion que Paris n'était plus «valable», parce qu'«on ne peut plus travailler», qu'«on ne peut plus s'y loger», qu'«on ne peut plus circuler»; et il a essayé de dire que c'est l'exploitation de l'homme par l'homme, mais il a dit: «C'est l'exploitation de la masse.» Et puis, il s'est mis à parler de la violence, de tout ce qui se passait, à New York par exemple où les chauffeurs de taxi ne baissent plus leurs vitres. Et il en est arrivé à ce qui se passait en banlieue: des assassinats de chauffeurs de taxi; c'est un truc qui l'a marqué. Lui travaille dans la journée, mais il se rend compte qu'être chauffeur de taxi, c'est être un otage possible. Et là, il m'a dit: «Voilà, le gus, moi, je le prendrais, je te le fous sur l'autoroute avec quatre Sénégalais qui ne savent ni lire ni écrire, s'il essaie de s'échapper, je le descends. Et le type, il a rien à bouffer et s'il veut bouffer, il faut qu'il travaille douze heures par jour. Alors là, pardon! je le nourris. Je ne fais pas comme dans les prisons: il y a des gens qui sortent de prison qui m'ont raconté qu'ils n'avaient rien à bouffer. La vie au grand air, pas du tout confiné, mais douze heures de travail par jour jusqu'à ce qu'il comprenne qu'il est complètement con. Et s'il n'est pas d'accord, quand on construit une autoroute – là, il a eu une image poétique –, on creuse des fondations, on lui dit de creuser cinquante centimètres plus loin et on le fout dedans, on lui met de la chaux vive par-dessus et on continue l'autoroute.» Et le délire continue: société fasciste, concentrationnaire, qui explose d'un seul coup; tout cela s'adressant à des délinquants, aux gens qui agressent les vieilles femmes, aux types qui attaquent les chauffeurs de taxi pour leur prendre quinze mille balles, les minuscules crapules dont effectivement on ne sait pas quoi faire, sauf les mettre en prison pour en faire des récidivistes. Il réinvente les camps de concentration…

Paul Virilio — … Mais un camp de concentration linéaire qui produit son objet: la route, un peu comme l'escalier de Mauthausen qu'on construit pour aller nulle part[15], mais là on va quelque part. Je voudrais donner une indication: un chauffeur de taxi m'a dit, une fois, une phrase que je n'oublierai jamais: «Monsieur, si la circulation ne marche pas, c'est parce qu'on construit des routes plus longues que larges.»

Jean Duvignaud — Revenons aux sociétés folles. Balandier, comment définis-tu la société folle?

Georges Balandier — Folle, et peut-être arbitraire par rapport au sens que nous avions de ce que doit être une société. Une mécanique lancée dans un progrès qui, par contestations successives, réalise une sorte de libération. Quand on dit ça, on partage l'idée qu'une société est une chose collective, qui suit un destin commun et qui réalise une idée. On est resté hégélien.

Paul Virilio — Les sociétés, est-ce qu'on les a vraiment touchées par l'ethnologie, par la sociologie? Tout le monde sait bien que non. On s'est fait une figure de la société primitive, une figure de la société avancée. Mais est-ce qu'à travers cette image culturelle de la société, on ne passe pas d'une époque classique, disons de l'époque qui prépare la perspective sociale, qui prépare un ordre classique, à des sociétés expressionnistes, à des sociétés informelles? Est-ce qu'il n'y aurait pas des styles en sociologie comparables aux styles dans les arts plastiques? Est-ce que notre image de la société ne serait pas une image culturelle qui subirait les variations esthétiques qu'a subies notre perception de la réalité à travers la peinture, à travers la sculpture?

Georges Perec — Notre perception de la réalité à travers la peinture correspond à des choses qui sont réellement arrivées dans les modes de conscience, la perception, le mode d'expression des gens; c'étaient des correspondants exacts de certains degrés d'intégration, de cohérence ou de destruction de la société. Ce qui me semble évident, c'est qu'on arrive à un moment où, à la fois, on a le plus grand nombre d'informations provenant de l'ensemble de la pla-

---

15. À la fois camp de travail et camp d'extermination pour «personnes non rééducables», Mauthausen est en activité d'août 1938 à mai 1945. Le camp se déploie autour d'une forteresse érigée au-dessus de la carrière de Wienergraben, forteresse construite par les prisonniers avec des pierres montées à dos d'homme de la carrière par l'«escalier de la mort» haut de 186 marches inégales.

nète tout en étant en même temps dans la plus grande disparité. Il n'y a pas *une* société, il y en a des millions.

Paul Virilio — Mais la façon de percevoir est la même. C'est le même ethnologue qui perçoit les Indiens, les aborigènes d'Australie, les Hottentots, ou bien les Vendéens. C'est toujours le même regard...

[...]

Georges Balandier — [...] Pour la première fois, nous sommes confrontés à une multitude (c'est presque cela, bien qu'on puisse en faire l'inventaire) par rapport à l'ancien point de vue, à une multitude de solutions possibles pour l'aménagement d'une collectivité. C'est une cause de désarroi parce que, tout d'un coup, nous nous demandons où est le vrai ? Qu'est-ce qui est possible ? Qu'est-ce qui est préférable ? Qu'est-ce qui est souhaitable ? Qu'est-ce qui est conforme à l'histoire ? Qu'est-ce qui est conforme au progrès ? Quel choix faire ?

Georges Perec — Je crois que l'on peut aller encore plus loin. Cette situation se retourne contre l'Occident, et même à l'intérieur de lui-même. Si on entre une seconde dans la politique française, on s'aperçoit que le problème des petits commerçants, par exemple, est quelque chose de spécifique, qui a son organisation interne, sa thématique particulière, qui est capable de susciter des problèmes, des contradictions profondes pour l'ensemble du pays. D'un autre côté, il y a les ouvriers, d'un autre encore, il y a une catégorie particulière d'ouvriers qui sont les ouvriers immigrés ; il y a les problèmes qui se posent chez les militaires, les problèmes qui se posent à l'intérieur de la justice et de toutes les institutions, etc. Pour chacun de ces problèmes, on se trouve en face, non d'une véritable collectivité, mais d'une totalité réelle qui vit, qui se définit d'une manière contradictoire par rapport aux intérêts du «quelque chose» qui est *quand même* en train de nous diriger. Si bien que finalement, on ne sait plus ; c'est la question à laquelle je voudrais arriver : on a un tableau disparate de la vie politique française, et puis il y a un gouvernement – des gens qui prennent un certain nombre de décisions, en matière de circulation, d'habitat, de développement des régions. Toutes ces décisions sont étrangères aux mouvements réels qui n'arrivent ni à communiquer entre eux ni à communiquer vraiment avec le reste du pays. L'idée d'un gouvernement général qui serait l'expression de quelque chose qui s'appellerait la France est quelque chose qui échappe de plus en plus à la conscience des gens.

Georges Balandier — Cela me semble être une des grandes questions : l'éclatement des grandes unités politiques dont le XIXe siècle et le début du

XXᵉ siècle se sont nourris, à savoir les États-nations. Et d'une certaine manière, l'image de ces États-nations, sécrétée par l'Europe, a engendré les nationalismes du Tiers-Monde, qui vivent un peu de cette image. Qui en ont vécu et puis sont en train d'en mourir. [...]

[...]

Jean Duvignaud — [...] Si vous voulez, j'opposerai ici le modèle culturel et traditionnel d'un groupe qui est transmissible de génération en génération, au modèle présent, à l'abbaye de Thélème, à la décision présente de constituer une communauté qui n'existera qu'aussi longtemps que la volonté commune subsistera. On va assister à des choses curieuses : vont disparaître les nations, vont disparaître toutes les formes que l'Occident a projetées sur le monde. Des regroupements inédits vont s'opérer qui ne se constitueront pas autour d'une culture constituée mais à partir des relations humaines actuelles. McLuhan pense qu'on voit apparaître le village universel[16]. C'est vrai pour la télévision, mais on assiste aussi à un morcellement en villages partiels, villages qui seront très différents de ce qu'ils étaient autrefois. Nous sommes les contemporains d'un *new deal* du monde, d'une redistribution des formes sociales. Au lieu de les distribuer sur la parenté, le mariage, l'économie, on va les voir se reconstituer sur les rapports humains immédiats, sur les choix que les gens feront dans le présent.

Georges Perec — Freud a écrit *Totem et tabou* où il a essayé d'universaliser la formation de l'Œdipe. C'est un problème dont on a beaucoup débattu[17], mais il est évident que dans quelques années, on va pouvoir faire des voyages organisés dans des lieux où l'Œdipe n'existe pas. « Un charter vers le non-Œdipe »...

[...]

Paul Virilio — Si nous revenions à l'actualité qui nous a servi de point de départ. On a parlé tout à l'heure des problèmes de déplacement de population, de l'exode des populations. Est-ce que ça vous interroge, ce personnage,

---

16. La vision optimiste et déterministe du monde comme « village global » ou « village planétaire », déjà évoquée par McLuhan dans *The Medium is the Massage* (voir *supra*, n° XVI, note 8, p. 100) est développée dans *Guerre et paix dans le village planétaire* (*War in the Global Village*, 1968, trad. fr. 1970). À partir de l'expérience que constitue la guerre du Viêtnam, première « guerre de télévision », McLuhan postule que l'instantanéité télévisuelle permet au public de devenir acteur et producteur plutôt que simple consommateur : le médium technologique de l'« ère électronique », transparent et universel, impose sa loi émancipatrice et reconstitue la famille humaine en une seule tribu mondiale. On notera que dans ce même numéro de *Cause commune* est reproduit le texte d'une conférence de McLuhan donnée à l'université de Tours à l'invitation de Duvignaud.

17. Rappelons pour mémoire que *Capitalisme et schizophrénie. L'anti-Œdipe*, de Gilles Deleuze et Félix Guattari, paraît en mars 1972.

ce Michel Siffre[18] qui, tout d'un coup, dit: «Voilà, moi j'ai pas envie d'aller ailleurs dans l'espace, j'ai envie d'aller ailleurs dans le temps. J'ai envie de me dissiper, non plus dans la dissipation de l'étendue mais dans la dissipation de la durée. J'ai envie d'être autre dans le temps.» Moi, ça m'a beaucoup interrogé. Ce type qui, tout d'un coup, dit: «On ne peut plus fuir dans l'espace, on va fuir dans le temps. On va essayer de vivre autrement et on va essayer de se dépayser temporellement.»

Jean Duvignaud — Il y a des gens qui ont fait ça depuis un certain temps en littérature, par exemple. Je crois que le problème du temps et du devenir est une idéologie, une croyance parmi d'autres. Je ne crois pas en la vertu de la durée. Je pense que c'est en plongeant dans le puits du présent infini qu'on découvre quelque chose d'autre. C'est une conquête à faire. L'extrême plaisir amoureux donne une idée de cette plongée dans un présent. Miller l'a compris. La violence, elle aussi, est un moyen de pénétrer le présent, l'actualité, en détruisant la flottante image que le reflet de la violence ou le «scandale de l'horreur» tisse autour de nous.

Paul Virilio — Est-ce que derrière l'expérience de Siffre qui dit: «Voilà, vous tous vous vivez vingt-quatre heures, rythme circadien, moi je vis quarante-huit heures, je dors toutes les quarante-huit heures», est-ce qu'il n'y a pas là un autre type de peuplement?

Georges Perec — Dans l'expérience, ce n'est pas tellement qu'il s'est privé du temps, mais qu'il s'est privé des autres[19]. On a déjà fait des expériences sur le temps en truquant les horloges, avec des semaines de huit jours ou de six jours en éclairage artificiel. Les gens en groupe s'adaptaient et vivaient leur vie normale avec des jours de vingt-deux heures, ou de vingt-six heures, sans grand problème au bout de trois semaines. Ce qui a prouvé que les rythmes circadiens étaient des rythmes acquis, des rythmes sociaux. Le problème de Siffre, c'est qu'il se met dans des conditions particulières, sans montre, sans aucun rappel social de ce qu'est le monde. Je pense qu'il y a une chose qui est sûre, c'est qu'on ne peut pas échapper à l'espace ni au temps, on ne peut échapper qu'artificiel-

18. Michel Siffre a séjourné dans une grotte du Texas du 14 février au 5 septembre 1972. «Le but de l'expérience, comme celui de ses précédents séjours dans des grottes, à l'abri de toute lumière naturelle et soustrait à tout ce qui pourrait lui rappeler le cycle jour-nuit de vingt-quatre heures, sans montre ni radio, est de déterminer si certaines fonctions physiologiques [...] sont réglées ou non sur une horloge interne» (*Le Monde*, 7 septembre 1972). Les résultats de l'expérience de Michel Siffre sont plus complexes que ne le suggère plus bas Paul Virilio: «On a constaté que le cycle veille-sommeil passait en quelques semaines de vingt-quatre heures à quarante huit heures environ [...]. Puis ce cycle bicircadien disparaît.» (*ibid.*)
19. En 1981, dans «Quelques-unes des choses qu'il faudrait tout de même que je fasse avant de mourir» (repris dans *JSN*), Perec mentionne plusieurs «choses [...] liées à des rêves de temps ou d'espace», dont «vivre une expérience "hors du temps" (comme Siffre)» (p. 107).

lement à la vie en société. Il y a dans cette perspective des tas d'expériences qui sont beaucoup plus douloureuses, par exemple des expériences de privations sensorielles et sociales. On met un homme dans une piscine avec un masque. Il a un revêtement de caoutchouc gonflé qui l'empêche de sentir ses propres membres, son propre corps. Il ne reçoit plus d'information de son corps. Il a les oreilles bouchées. Il est aveugle. Il est plongé dans l'eau à une température de 37°. C'est-à-dire qu'il ne reçoit d'information ni des yeux, ni des oreilles, ni du toucher. Il n'a plus aucune information venant du monde extérieur. Il reste très peu de temps mais c'est absolument insupportable.

Ce qui me paraît caractéristique de l'époque actuelle, c'est que l'on soit, d'une certaine façon, très peu plongé dans quelque chose de familier. Lorsque McLuhan dit qu'on vit dans un village, cela me semble faux, parce qu'on peut très bien ne pas parler à son boucher. Chaque individu se trouve à la fois dans une très grande solitude vis-à-vis de lui-même et vis-à-vis des autres, et, en même temps, plongé dans un monde d'informations, qu'il ne peut pas éviter et qui, elles, viennent du monde entier. C'est-à-dire que le sort des Palestiniens, des Biafrais, des Irlandais sont des choses qui nous concernent au premier chef parce que ce sont des informations qui nous bombardent sans cesse, mais nous ne sommes pas capables d'agir dessus.

Georges Balandier — C'est une connaissance indirecte, une connaissance médiatisée, abstraite, d'une certaine manière. C'est dans ce sens que l'image de McLuhan est très fausse. Car le village implique ce que les Américains appellent la « connaissance directe ». Et ce que Perec disait est juste. On connaît son boucher, on ne peut pas éviter de le connaître, on ne peut pas éviter de lui parler dans un vrai village. C'est bien là qu'est la grande contradiction pour les individus. Chacun d'entre nous se sent lié d'une manière très indirecte, très médiatisée, à toute une série de relations d'autres personnes, à tout un ensemble d'événements qui sont mondiaux, mais en fait, dans le cadre de sa vie quotidienne, il peut très bien se comporter comme un individu parfaitement solitaire. C'est d'ailleurs le thème de Riesman dans *La Foule solitaire*. L'individu seul dans la cohue. Et je crois que c'est, ça, une des données les plus importantes pour ce qui nous concerne.

Georges Perec — Nous sommes tous des Michel Siffre…

Georges Balandier — À la limite, oui. Je peux être un Michel Siffre dans Paris.

Jean Duvignaud — Nous sommes partis des gens qui essayaient de manifester leur désir d'enracinement par l'utilisation de cette mondialité que sont les

Jeux olympiques, ou de cette mondialité sans frontières du monde de l'avion, nous sommes arrivés à l'idée qu'après tout, nous ne pouvons comprendre ce monde que par l'image de la violence. Quelque chose fuira toujours, c'est le principe même que représente cette violence qui prétend agir sur la trame sécurisante des habitudes, des institutions, des idéologies politiques et ramène l'homme à la réalité, etc., qui voile la représentation de la violence.

Dans la violence, il y a un élément magique.

Georges Balandier — Soljenitsyne a dit, dans le discours refoulé qu'il n'a pas prononcé pour le prix Nobel, « que la violence est une certaine forme du mensonge[20] ».

*

Complément I — Cause commune : *éditorial du premier numéro (mai 1972).*

Pourquoi faisons-nous ce que nous faisons — plutôt qu'autre chose — plutôt que rien ? Cette interrogation permanente devrait conduire notre démarche.

Cause commune *n'est pas une revue : c'est une tribune ouverte à tous ceux qui veulent participer à son effort, un lieu de recherches et de discussions où ne s'imposera aucune idéologie particulière, aucune doctrine en quête d'un introuvable absolu...*
Cette publication se propose plusieurs buts :
Prendre à leur racine et remettre en question les idées et les croyances sur lesquelles repose le fonctionnement de notre civilisation, de notre culture, entreprendre autant que faire se peut une anthropologie de l'homme contemporain,
chercher les éléments d'une critique nouvelle capable de constituer une politique moderne que n'étouffent plus les préjugés du siècle dernier et de l'humanisme traditionnel,
entreprendre une investigation de la vie quotidienne à tous ses niveaux, dans ses replis ou ses cavernes généralement dédaignés ou refoulés,
analyser les objets offerts à la satisfaction de nos désirs — œuvres d'art, œuvres de culture, produits de consommation — dans leur rapport avec notre vie et les réalités de notre expérience commune,
restaurer, au-delà des dogmatismes, des idéologies et des discours d'école, une libre discussion des attitudes et des théories.
Aux thèmes de débats, aux dossiers se joindront des documents enregistrés, des informations diverses recueillies dans tous les secteurs de la réalité économique et sociale. La

20. « La violence [...] est intimement associée, par le plus étroit des liens naturels, au mensonge [...] », extrait de la traduction du discours d'Alexandre Soljenitsyne pour le prix Nobel de littérature 1970 (cité dans *Le Monde* daté du 15 septembre 1972, à l'occasion de la publication du « quatrième grand roman » de l'écrivain russe : *Août 14*) ; Soljenitsyne renonça à se rendre à Stockholm pour y recevoir son prix.

*critique doit savoir ce qui se cache derrière l'image trop aisément admise de notre « société »
ou de notre « culture ».*

Une génération a passé depuis qu'en 1956, Edgar Morin fondait Arguments. *Les
problèmes sont aujourd'hui différents et différentes les exigences posées par notre expérience collective : la société française se désagrège, notre culture se dissout, les institutions
se vident : nous n'avons même plus à nous dire nihilistes puisque nous vivons dans le
nihilisme. Seules, en vérité, demeurent l'inquiétude de la création imaginaire et la reven-
dication du savoir. Et l'effort de critique radicale constitue peut-être le seul terrain solide
qui nous soit offert.*

*Il s'agit de retrouver patiemment les sources de la liberté de penser, de rétablir les droits
d'une conscience qui ne soit ni la bonne ni la mauvaise, mais seulement la conscience...*

Cause commune *est publiée sous la responsabilité d'un comité de rédaction renou-
velable. Elle s'ouvre à toute participation étrangère et entreprendra régulièrement des
échanges d'articles et de données.*

*

Complément II — « À propos de Cause commune », Le Monde, *31 mai 1974.*

Le directeur des éditions Denoël met fin à la publication de Cause commune...

*Cette revue, consacrée à l'analyse sociale, à la critique de la vie quotidienne et au
débat idéologique, paraît depuis mai 1972. Aucun budget ne lui a d'ailleurs été alloué
par les éditions.*

*Il est frappant de constater que la direction des éditions Denoël ait choisi cette date du
19 mai [élection de Valéry Giscard d'Estaing à la présidence de la République] pour supprimer sans explication cette revue gênante pour lui. Il est évident que nous poursuivrons
autrement et plus énergiquement notre publication. Mais il est nécessaire de nous ques-
tionner devant une décision politique aussi significative :*

*— quelle quantité de critique indépendante les notables de la classe dirigeante actuelle
accepteront-ils ? Quelle quantité d'indépendance les hommes d'affaires éditeurs seront-ils
capables d'admettre ?*

*— doit-on penser que l'écrivain, désormais, doit briser le pacte qui l'a uni si longtemps
au marché traditionnel du livre ?*

*Devant une décision hâtive mais significative de la nouvelle technocratie dirigeante,
il convient sans doute d'envisager de meilleurs moyens de communication. En fin de
compte, la décision des éditions Denoël nous paraît exemplaire...*

Jean Duvignaud, Georges Perec, Paul Virilio et la rédaction de Cause commune.

1973

Le mois de mai 1973 est marqué par deux parutions importantes : l'une collective, sous la signature de l'Oulipo, La Littérature potentielle (Créations Re-créations Récréations), *volume qui comprend une dizaine de textes de Perec ; l'autre personnelle,* La Boutique obscure, *premier et unique volume de la collection « Cause commune » des éditions Denoël/Gonthier.*

La Boutique obscure *suscite peu de comptes rendus, dont trois assez tardifs (en juillet, août et septembre), mais dans l'ensemble l'attention portée au recueil est soutenue. Si, dans son compte rendu mi-figue mi-raisin, Bertrand Poirot-Delpech constate d'abord que Perec n'a « apparemment rien de plus pressé que de rendre la littérature à son rôle, réputé réactionnaire, d'expression de l'âme plus ou moins haut placée », c'est en fait le contrôle du discours onirique qui gêne le critique : « objets et signes restent relativement soumis à l'auteur, qui semble en garder la maîtrise parfois jubilante ». En ce qui concerne les « visions de violence politique » et « la genèse inconsciente de cette menace », précise Poirot-Delpech, « Perec n'esquisse aucune hypothèse, comme d'ailleurs sur aucun de ses songes. Il se contente de dresser un procès-verbal, le plus neutre possible, en spectateur, pour l'intérêt de cette seule transcription et non pour y puiser son inspiration » (« Fantasmes et révolution »,* Le Monde, *14 juin 1973). Claude Bonnefoy reprend à son compte l'idée force de la postface de Roger Bastide : dans les rêves de Perec, « la symbolique, comme le refoulement, se sont déplacés », « les images constantes de camps d'enfermement, d'isolement, de menace, de silence imposé, reflètent la pression d'une société où, si licence est donnée au sexe, le créateur et l'individu non conformiste sont suspects ». « Ainsi, à qui sait les lire, les rêves savoureux, insolites, ironiques, merveilleux, inquiétants de Perec apportent plus qu'un divertissement poétique, un témoignage sur notre rapport au quotidien comme sur le poids de la nouvelle société » (« Le souvenir et le rêve »,* Les Nouvelles littéraires, *9-16 juillet 1973). Claude Mauriac, quant à lui, se déclare « littéralement enchanté » par « ces poèmes construits avec des fragments de rêves » (« Matière première onirique et production littéraire »,* Le Figaro littéraire, *18-24 août 1973). « Retranché derrière son talent comme derrière un castelet construit avec des dominos », Perec est pour Catherine David « l'un de ces rares écrivains qui ne craignent pas la pudeur », et s'il nous introduit « dans sa boutique », ce n'est « que pour mieux nous égarer en nous proposant de déchiffrer la plus insoluble des énigmes ». La question essentielle reste néanmoins « comment importer sans tra-*

duire, sans déformer, le langage nocturne en écriture "ordinaire"» : *«l'intérêt de ce "journal intime" réside peut-être justement dans le fait qu'il pose la question de ce décentrement dans le travail de l'écriture, de cette perversion inévitable, de cette limite dont le drame nous assaille chaque matin, au réveil, en un court déplacement de la mémoire»* («*La chambre noire*», Le Nouvel Observateur, *10-16 septembre 1973*). *La lecture de l'Oulipien et ami Jacques Roubaud va déplacer l'approche sur un terrain plus théorique. Il est d'une part inutile de chercher «une mémoire personnelle» dans ces textes, «parce que le réel anecdotique a été doublement recouvert : par le travail de dissimulation du rêve et le travail de recouvrement de l'écriture», ce qui importe, c'est «comment le travail du rêve se change en travail avec le rêve et quel est le jeu de ce travail». «Les rêves écrivent», ajoute Roubaud, et «c'est la contrainte, l'axiome imposé d'"écrire des rêves", qui a fait que les rêves écrivent, comme la langue privée de "e" écrivait l'effacement du langage dans* La Disparition *»* («*Les rêves écrivent*», La Quinzaine littéraire, *16-30 juin 1973*).

XXI

«J'ai cherché des matériaux dans les rêves
pour faire une autobiographie nocturne»
Propos recueillis par Gilles Dutreix, *Nice-Matin*, 16 septembre 1973.

Cet entretien est accordé suite à la parution en mai de La Boutique obscure. *Rappelons que Gilles Dutreix a déjà interviewé Perec à propos d'*Un homme qui dort *(n°XV).*

*

La Boutique obscure *renferme cent vingt-quatre rêves. Une liste dressée en ordre alphabétique permet de choisir celui ou ceux qu'on préfère. [...] C'est extrêmement varié, incohérent ou amusant, poétique, angoissant ou burlesque, et toujours vrai: chaque rêve est daté. Le premier est de mai 1968, le dernier d'août 1972. Ensuite, Georges Perec a décidé de ne plus rien inscrire. Il explique pourquoi dans une sorte de courte préface: «Je croyais noter les rêves que je faisais: je me suis rendu compte que, très vite, je ne rêvais déjà plus que pour écrire mes rêves.»*

Depuis Les Choses *[...], Georges Perec a pas mal écrit et beaucoup changé. Il a laissé pousser une volumineuse chevelure incroyablement bouclée. Il a des yeux gais, l'air détendu. Or, il était plutôt grave. Cette éclaircie tiendrait-elle à la confession publique de ses rêves? Non.*

Ce n'est pas le livre, ce ne sont pas les rêves, c'est la vie. Au début, je n'avais aucune confiance en moi. *Les Choses*, j'ai eu du mal à les faire publier, et quand est venu ce succès que je n'attendais pas, je ne savais pas quoi en faire. Je me sentais pris dans un système un peu faux. Après *Un homme qui dort*, en 1970 [*sic*], j'ai eu une sorte de passage à vide. Je marchais à côté de mes souliers. Je me sentais fourvoyé dans une impasse.

Et maintenant ?

Maintenant, il y a cette « boutique obscure » et puis le film qu'on fait d'après *Un homme qui dort*. Avec Jacques Spiesser, nous partons nous installer trois mois à Tunis pour terminer. Ce sera fini en décembre [1].

L'auteur de la postface de La Boutique obscure, *le sociologue Roger Bastide, rappelle que « si on écrit ses rêves et si on les communique à des lecteurs, c'est qu'on transforme le monologue nocturne en dialogue, c'est qu'on fait de la nuit une "boutique", donc une pièce ouverte à un public, à une clientèle, non une chambre close. C'est que le rêve devient un lieu d'échange entre les hommes ». C'est tout à fait vrai. Est-ce que cela ne vous gêne pas de livrer ainsi l'intimité de votre subconscient ?*

Bien sûr, ça me gêne ! Mais pas plus que d'écrire quelque chose qui ferait partie de ma vie diurne. Effectivement, je livre un morceau très personnel de moi-même. C'est la règle du jeu, et le travail de l'écrivain. Une autobiographie, ce serait bien pire. Je voulais trouver une manière d'écrire : non pas d'essayer d'interpréter, au sens freudien, ce qui se passe au-dedans de moi-même pendant le sommeil, mais plus simplement faire un recueil brut.

C'est un travail qui a duré à peu près cinq ans. Au début, je me réveillais et je notais. Au fur et à mesure que je continuais, je me rendais compte que, chaque soir, je me préparais à rêver. Quand, le lendemain matin, je ne me souvenais plus de rien, j'avais le sentiment que ma nuit avait été infructueuse. Alors, j'ai décidé de cesser ces notes, afin de redonner à mes rêves une sorte de fraîcheur personnelle qu'ils avaient perdue au bénéfice de la littérature.

Leur trouvez-vous habituellement un sens particulier ? La Boutique obscure *ne renseigne pas là-dessus.*

Non, pas de sens particulier, pas de prémonition non plus. C'est plutôt pour moi une introspection, une auto-analyse. Le moyen d'explorer une certaine portion de la personnalité, mais il y a très peu de relation entre ma vie personnelle et ce que je rêve.

Pourtant, comme le dit Roger Bastide, il y a plusieurs sociologies du rêve : « des rêves de la classe haute et des rêves de la classe basse, des rêves de Nègres [...] et des rêves de Blancs... » Les vôtres, nettement, sont d'un littérateur.

Là n'est pas tout à fait le problème. Quand on écrit, qu'on fait le métier d'écrire, on cherche des matériaux. J'en ai cherché dans les rêves, pour faire ce qu'on pourrait appeler une « autobiographie nocturne ».

---

1. Pour plus de précisions, voir *infra*, p. 145.

N'y avez-vous jamais apporté de retouches ?

Non. Tout a été écrit dans la nuit sur un carnet. Le voici. Je l'ouvre au hasard : n° 74, juin 1971. J'ai appelé ce rêve-là « La Quête de Californie » et j'ai écrit : « Il faut payer une taxe quel que soit le moyen de transport que l'on emprunte pour "dormir" ou "sortir" "de" ou "dans" San Francisco[2]. » J'ai marqué l'imprécision parce qu'elle existait. Je n'en savais pas plus. Voyez : le n° 96 ne porte qu'un titre, « La fenêtre », suivi d'un signe : celui-ci marque une omission volontaire. Ce que j'ai supprimé impliquait des gens qui auraient pu se reconnaître, ce que je ne voulais pas. Quand, dans le texte griffonné entre deux morceaux de sommeil, il y avait des fautes de français, je les corrigeais le lendemain. C'est la seule modification.

Vous avez lu des ouvrages sur les rêves ?

Beaucoup. Notamment ceux de Michaux, de Leiris[3], et aussi des livres de psychanalyse.

*Après le tournage d'*Un homme qui dort, *continuerez-vous à rêver ? Que ferez-vous ? Livre ? Cinéma ?*

Peut-être les deux. En tout cas, ma pièce *La Poche Parmentier* sera montée au Théâtre de Nice en février prochain.

---

2. Dans le recueil, la disposition typographique est la suivante :
                          d   m   ans
« [...] que l'on emprunte pour   or   ir d   San Francisco »
                          s   t   e

3. Perec découvre l'œuvre de Michel Leiris au début des années cinquante (enveloppe n° 107 du projet *Lieux*, 1974, FPGP 57,27,4). Dans le brouillon d'une lettre destinée à Leiris, le 13 mars 1971, Perec dit relire *Nuits sans nuit* et *La Règle du jeu* d'une « lecture forcenée » (cité par Paulette Perec, « Chronique... », p. 36). Le recueil de rêves *Nuits sans nuit* est cité implicitement au chapitre IV et LXXIX de *La Vie mode d'emploi*.

*pace, il s'agit d'espaces écrits et décrits, il s'agit, au fond, d'écriture». Si «le parti pris de banalité, l'absence de "littérature"» peuvent surprendre au premier abord, cette banalité se révèle vite «subtile et méthodique» (*La Quinzaine littéraire, «À la recherche de l'es-*pace perdu», 1ᵉʳ-15 décembre 1974).*

   Mais s'il reçoit un accueil critique très favorable, Espèces d'espaces *ne trouve pas son public et ne fait, à notre connaissance, l'objet d'aucun entretien.*

   À signaler également pour 1974: la diffusion le 18 juillet, par la Saarländischer Rundfunk, de Konzertstück für Sprecher und Orchester, *dernière contribution de Perec au genre du* Hörspiel *composée en 1971-1972 avec Philippe Drogoz et Eugen Helmlé; la parution en novembre, dans le numéro du* Magazine littéraire *consacré à Raymond Queneau, de «Qu'est-ce que la littérature potentielle?», dans lequel Perec établit «un résumé de quelques-uns [des] travaux pratiques favoris» de l'Oulipo sous la forme de «35 variations sur un thème de Marcel Proust»; et en fin d'année, la sortie dans la collection «Les Lettres nouvelles» des éditions Denoël de* Les Verts Champs de moutarde de l'Afghanistan (Tlooth), *de Harry Mathews, «traduit de l'américain par Georges Perec avec la collaboration de l'auteur», dont Marcel Bénabou rend compte fort élogieusement dans* La Quinzaine littéraire *(16-28 février 1975).*

XXII

« Georges Perec ou les coulisses de l'exploit linguistique »
Propos recueillis par René Cenni, *Nice-Matin*, 12 février 1974.

Cet entretien paraît le jour où est donnée la première représentation de La Poche
Parmentier *au Théâtre de Nice, dans une mise en scène de Robert Condamin — et non
pas de Marcel Cuvelier à qui la pièce, écrite en 1970-1971, était promise à l'origine.*
La Poche Parmentier *ne tiendra pas l'affiche et ne sera pas reprise sur scène du vivant
de Perec. À notre connaissance, un seul compte rendu paraît dans la presse nationale sous
la plume de Michel Cournot qui éreinte la pièce en quelques lignes (* Le Monde, *22 avril
1974).*

*

*[…] Georges Perec se défend évidemment de vouloir jouer les funambules de l'écriture.
Dans les coulisses de l'exploit s'accomplit une recherche fondamentale sur les formes
qu'habite la création littéraire :*

J'arrive difficilement à concevoir des histoires. Je n'ai pas l'imagination de
Jules Verne ou d'Alexandre Dumas — hélas ! J'éprouve le besoin d'évoluer à
partir d'un système, si contraignant soit-il. Dans *La Disparition* par exemple, je
pose comme énoncé du problème que le « e » a été supprimé, et je tente d'aller
jusqu'au bout d'une explication-justification du phénomène. Dans *Quel petit
vélo à guidon chromé au fond de la cour ?*, je me suis attaché à utiliser autour d'un
thème simple toutes les figures de rhétorique que je connaissais…

*Appliquée au théâtre, cette acrobatie structurale qui ne se veut pas exercice de style
donne* L'Augmentation *[…] ou* La Poche Parmentier *:*

L'une et l'autre ont ceci de commun qu'elles engagent un matériel « anti-
théâtral » ; qu'elles visent à annuler la convention, ou du moins à la déplacer

pour remettre en question le rapport public-acteurs, *dit Georges Perec entre deux coups d'œil sur les dernières répétitions.* Les héros — si l'on peut dire — de *La Poche Parmentier* ne sont en aucun cas crédibles ; ils n'existent pas en tant que personnages. Leur seule « vérité », c'est d'être des comédiens, conduits à inventer des situations pour justifier ce qui se passe autour d'eux. Au fond, c'est une pièce écrite pour des acteurs, contre des spectateurs...

Georges Perec s'interroge sur le théâtre (« *... cet espace faussé, ce fossé dans l'espace, ce lieu clos auquel il manquera toujours un quatrième mur* [1]*...* ») *comme il s'interroge sur le roman. Sur le texte, quel qu'il soit.*

L'important, c'est ce que l'on dit, bien sûr. Mais je pense que les voies empruntées pour y parvenir ne sont pas inintéressantes. Elles représentent dans tous les cas un élément constitutif de l'expression, dont je vois mal comment on pourrait ne tenir aucun compte. Les formes, les structures du langage existent, même si on l'a généralement perdu de vue depuis l'abolition des classes de rhétorique. Et, à l'insu de la plupart d'entre nous, elles déterminent toujours notre façon de parler, donc de penser...

L'Oulipo — l'Ouvroir de littérature potentielle, au sein duquel il a rejoint naguère les amis et disciples de Raymond Queneau — se préoccupe justement de mettre en évidence les rapports constants entre le fond et la forme, pour lever l'hypothèque mise sur le hasard de l'écriture :

En bref, l'Ouvroir reprend sur des bases nouvelles le travail réalisé par la Pléiade sous la Renaissance : il s'agit de définir des « règles », des propositions formelles à l'intérieur desquelles pourra s'exercer la création [2]. Étant entendu qu'en aucun cas, une structure n'assure la qualité d'un ouvrage. L'Oulipien, selon Queneau, c'est « un rat qui construit le labyrinthe dont il se propose ensuite de sortir [3] ». Mais il va de soi que tous les rats ne sont pas également doués pour trouver l'issue.

---

1. Ce passage est extrait du texte de présentation de *La Poche Parmentier* rédigé par Perec pour la création de la pièce (texte reproduit en complément à la fin de cet entretien) ; on le retrouve sensiblement modifié dans le texte de quatrième de couverture de *Théâtre I* (1981).

2. Dès l'origine, les recherches de l'Oulipo se partagent en deux tendances que François Le Lionnais définit ainsi dans un premier manifeste publié en 1963 : la « tendance analytique », qui « travaille sur les œuvres du passé pour y rechercher des possibilités qui dépassent souvent ce que les auteurs avaient soupçonné », et la « tendance synthétique », « vocation essentielle de l'OuLiPo », qui ouvre « de nouvelles voies inconnues ». « En résumé l'analoupisme est voué à la découverte, le syntholipisme à l'invention » — « La Lipo (Le premier Manifeste) », repris dans Oulipo, *La Littérature potentielle*, 1973, p. 21-22.

3. « Oulipiens : rats qui ont à construire le labyrinthe dont ils se proposent de sortir » — cette définition est consignée, sans être attribuée à Queneau, dans le compte rendu de la réunion de l'Oulipo du 17 avril 1961 (Jacques Bens, *Oulipo 1960-1963*, 1980, p. 43) et citée par Jean Lescure dans sa « Petite histoire de l'Oulipo » (*La Littérature potentielle*, 1973, p. 36).

*

Complément — *Texte de présentation de* La Poche Parmentier

Dactylogramme référencé dans le FPGP sous la cote 2,5,7. Nous n'avons pas retrouvé la trace d'une éventuelle publication ; selon toute vraisemblance, ce texte a été remis aux journalistes avec le dossier présentant la pièce.

Dans une nouvelle de Borges[1] — dont quelques lignes à peine déformées servent de conclusion à *La Poche Parmentier* — un voyageur arabe revenu d'Occident essaye de raconter à quelques-uns de ses amis une de ses soirées européennes : ses hôtes étrangers l'ont emmené dans une salle où de nombreuses personnes assises, attentives et silencieuses, s'intéressaient ou semblaient s'intéresser à ce que faisaient et disaient quelques individus installés au fond de la salle auxquels, apparemment, il arrivait des tas d'aventures. Mais ni eux ni ceux qui les regardaient faire n'avaient vraiment l'air d'y croire. Embarrassé, cherchant ses mots, le voyageur tente d'expliquer qu'il ne s'agissait en fait que de raconter une histoire. Mais ses auditeurs ne le croient pas : ils trouvent parfaitement absurde, d'une part qu'il faille plusieurs personnes pour raconter une histoire alors qu'un seul conteur suffit amplement (et c'est même ce qui fait le charme de l'histoire), d'autre part qu'il faille y ajouter des gestes : on peut très bien raconter une histoire avec des gestes, comme on peut très bien la raconter avec des mots, mais seuls des simples d'esprit peuvent avoir besoin *à la fois* des gestes et des mots.

En écrivant *La Poche Parmentier*, j'ai essayé de retrouver un écho de cette incrédulité, de cet étonnement sans limites : qu'est-ce que c'est que cette chose à laquelle on croit sans y croire, cette chose qui ressemble à la vie et qui n'est pas la vie, ce jeu qui ne dit jamais qu'il est un jeu (ou alors qui le dit toujours, mais les miroirs de l'illusion se reflètent indéfiniment et cela revient au même : il y aura toujours cet espace faussé, ce fossé dans l'espace, ce lieu clos auquel il manquera toujours un quatrième mur...), comment est-ce que ça fonctionne ? Comment est-ce que ça tient et qu'est-ce que ça raconte ?

Ai-je écrit une pièce de théâtre ou une pièce sur le théâtre ? Il me semble que cela n'a plus d'importance. Sous l'illusion, au-delà ou en deçà, je crois avoir découvert le théâtre : le poids des mots, le poids des gestes, le silence, la durée, l'espace vide où vont venir naître et mourir des fantômes et des souvenirs.

---

1. « La quête d'Averroès », dans *L'Aleph* (trad. fr. : 1967).

Un homme qui dort, le film (entretiens XXIII-XXVII)

Adapté du roman éponyme, Un homme qui dort *est coréalisé avec Bernard Queysanne que Perec a rencontré en 1968 au Moulin d'Andé. Né en 1944, Queysanne est d'abord assistant monteur à la télévision puis photographe de plateau. Devenu l'assistant de Robert Enrico pour* Les Aventuriers *(1966), il travaille régulièrement avec le réalisateur de 1967 à 1972, et participe, toujours comme assistant, à des films plus «difficiles»:* L'Amour au féminin *(1968) et* Le Cœur fou *(1969) de Jean Gabriel Albicocco,* Le Grand Sabordage *(1972) d'Alain Périsson,* La Faute de l'abbé Mouret *(1970) et* La Ligne d'ombre *(1973) de Georges Franju. Parallèlement, il réalise plusieurs courts métrages:* La Sologne d'Alain Fournier, Le Concorde, André Bertin... Un homme qui dort *est son premier long métrage. À partir de 1974, il signe de nombreux films, téléfilms et documentaires et, en 1999, écrit et réalise* Propos amicaux à propos d'Espèces d'espaces *et* Lire-Traduire, *documentaires diffusés par Arte le 16 mars 1999 lors d'une soirée «Théma» consacrée à Perec.*

Perec collaborera avec Queysanne pour trois autres films: Le F.I.A.P. *(1974),* Gustave Flaubert. Le Travail de l'écrivain *(1975) — deux courts métrages de commande dont il écrit le texte —, et* L'Œil de l'autre, *long métrage tourné en 1976 dont il a écrit le synopsis en 1972.*

*Le tournage d'*Un homme qui dort *s'étend de début mars à fin juillet 1973. L'équipe restreinte, constituée principalement d'amis des deux réalisateurs, tourne avec les contraintes d'un budget étriqué, la nuit, le dimanche souvent, très tôt le matin, pour profiter des rues désertes de Paris.*

La SATPEC, société nationale de production tunisienne, déjà sollicitée en 1966 pour le projet d'adaptation des Choses, *fournit les laboratoires et les studios de montage contre une participation de 50 % dans la production (Noureddine Mechri, ami depuis l'adolescence, est à la tête de la production de cette société). Le développement et une partie du montage s'effectuent à Gammarth, dans la banlieue de Tunis, de la mi-septembre à la mi-novembre 1973; suite à des problèmes techniques qui obligent l'équipe à se rapatrier, le montage final et le mixage se font en revanche à Paris (fin novembre-décembre 1973).*

C'est à Antégor, *une salle de projection privée proche de Passy, qu'un public d'invités découvre d'abord le film en décembre 1973. Suivront plusieurs autres projections le même mois et en janvier 1974. Malgré de nombreux contacts, aucun distributeur ne veut s'engager pour un film jugé trop peu commercial (voir à ce propos Compléments I, infra, p. 149). Néanmoins, le 21 mars 1974, le film obtient le prix Jean-Vigo et sort enfin en salle, le 24 avril, au cinéma* Le Seine *(10, rue Frédéric-Sauton, Vᵉ arr.), avec en première partie le court métrage mythique de Georges Franju,* Hôtel des Invalides *(1951).* Un homme qui dort *restera à l'affiche du 24 avril au 8 octobre 1974.*

Quelques jours après le prix Jean-Vigo, le 26 mars, l'intégralité de la bande-son du film est diffusée sur France Culture dans le cadre d'un Atelier de création radiophonique. *Le 2 mai, Perec est invité au* Panorama *de Jacques Duchateau pour présenter le film. Le 13 du même mois, sur France Inter cette fois-ci, Jacques Chancel consacre un numéro de* Radioscopie *à Jacques Spiesser qui évoque longuement à cette occasion son rôle dans* Un homme qui dort.

Si ce premier film est loin de passer inaperçu, il n'emporte pas pour autant l'unanimité. Parmi les plus sévères, le critique de La Croix, *qui affirme : « au niveau de la pensée,* Un homme qui dort *ou rien, c'est du pareil au même », concédant néanmoins que « l'exercice de style finit par engendrer, du fait même de son parti pris de monotonie, une espèce d'envoûtement assez semblable à une "méthode Coué" à rebours » («* Un homme qui dort. Exister sans vivre *», 20 mai 1974). On trouve un jugement assez proche, en des termes moins tranchés, sous la plume de François Maurin, pour qui le film est un « intéressant exercice de style », « mais tout cela finalement semble un peu vain en regard d'un texte [...] se suffisant à lui-même » (* L'Humanité, *27 avril 1974). Henry Chapier, quant à lui, regrette la complaisance « dans une certaine symbolique qui est le péché de jeunesse des nouveaux cinéastes lorsqu'ils abordent un premier film dont ils entendent que chaque signe soit intelligent » (* Le Quotidien de Paris, *25 avril 1974). Pour Robert Chazal, c'est le mutisme de Jacques Spiesser qui dessert le film, un film qui reste malgré tout une œuvre « estimable et digne de l'attention des spectateurs qui souhaitent que le cinéma soit autre chose qu'un simple spectacle » (* France-Soir, *30 avril 1974).*

Pour le plus grand nombre des critiques cependant, c'est l'enthousiasme qui prédomine, et l'accent est souvent mis sur la manière de performance que constitue un film résolument austère — Georges Charensol : « Les auteurs ont tenté un pari difficile et l'ont gagné » (« Bizarre, bizarre *»,* Les Nouvelles littéraires, *13-19 mai 1974) ; Jean de Baroncelli : « entre l'anecdote et l'envoûtement, il fallait choisir. Le réalisateur a parié pour l'envoûtement. Le pari est gagné » (* Le Monde, *27 avril 1974) ; Gilles Jacob : les réalisateurs « ont réussi cette gageure : filmer le vide » (* L'Express, *22-28 avril 1974). Pour Jacques Grant, Queysanne a « réalisé le film de la jeune génération. Commençant comme un simple film d'avant-garde déjà cent fois vu, il prend au fur et à mesure de sa durée la dimension d'une œuvre miroir » (* Combat, *17 avril 1974). C'est en un sens* *l'avis de Serge Daney qui, après avoir noté qu'«on n'avait sans doute jamais (depuis Resnais) aussi bien filmé une ville», affirme: «Si l'*Homme qui dort *est un film intéressant, c'est parce qu'il propose sa propre version, sa version de ce qui est en train de devenir le* sujet *de tout le cinéma français: la marginalité»* (Libération, *9 mai 1974). Comme bien d'autres, Bernard Nave a été particulièrement sensible à «l'assemblage extrêmement travaillé» de l'image, de la voix et du son, au «décalage et [à] l'harmonie qui s'instaurent entre eux» («Vivre au point mort»,* Jeune Cinéma, *juin 1974, présentation de l'entretien n° XXVI). Parmi les plus enthousiastes, Jean-Louis Bory a vu «une des réussites les plus excitantes du jeune cinéma français» qui «sacre avec une tranquille hardiesse les épousailles [...] de la littérature et du cinéma», et un film reflet aussi:* «Un homme qui dort, *c'est la* Nausée 74» *(«Deux* Nausées *1974»,* Le Nouvel Observateur, *13-19 mai 1974). Mireille Amiel, tout aussi positive, affirme qu'«Un homme qui dort* est une œuvre importante, novatrice et belle, à laquelle il convient de donner le plus grand retentissement possible *(Témoignage chrétien, 2-8 mai 1974) et, dans un second compte rendu, que «ce premier film est un film exemplaire, calme, à l'écart des modes et conscient, contemporain d'elles, à l'abri des facilités, exempt à jamais des démagogies, orgueilleux mais proche d'une souterraine fraternité»* (Cinéma 74, *mai 1974).*

On notera enfin que bon nombre des comptes rendus saluent la qualité du texte de Perec — «commentaire sublime» pour Jacques Grant, texte «admirable dans sa langue précise et ses ressassements lancinants» pour Gilles Jacob, ou texte «d'une très haute tenue littéraire» pour Jean-Louis Bory.

En mai 1974, le film est proposé par la Commission de sélection des festivals au Conseil d'administration du Festival de Cannes qui le refuse avec, fait assez exceptionnel, la quasi-totalité de la présélection. Il sera toutefois projeté à Cannes dans la section Perspectives du cinéma français, manifestation parallèle organisée par la Société des réalisateurs de films. Au cours de cette même année, en présence souvent de l'un ou l'autre des réalisateurs, Un homme qui dort *sera présenté notamment au Festival du jeune cinéma de Toulon (juin), au Festival de Los Angeles (juin), à la Semaine cinématographique de Carpentras (août), au Festival du film d'Édimbourg (août), au premier Festival du cinéma de Thonon-les-Bains (octobre), au Festival international du film d'art et d'essai de Turin (octobre), au Festival international de Carthage (novembre), au London Film Festival (décembre) et à la Mostra de Venise en septembre 1975.*

GÉNÉRIQUE COMPLET DU FILM

Un homme qui dort *(France-Tunisie), 1974, 82 minutes, noir et blanc. Producteurs: Pierre Neurisse (producteur délégué, DOVIDIS-Paris) et Hamdi Essid (SATPEC-Tunis). Réalisateurs: Georges Perec et Bernard Queysanne (assistants: Jacques Lederer, Jean-Pierre Poussin). Interprètes: Jacques Spiesser (l'homme) et Ludmila Mikaël (la voix). Chef-opérateur: Bernard Zitzermann (assistant image: Guy Chabanis).*

Monteur: Andrée Davanture (assistante: Agnès Molinard). Ingénieur du son: Jean-Pierre Ruh. Musique et bande-son: Ensemble 010 (Philippe Drogoz et Eugénie Kuffler). Texte: Georges Perec. Metteur en scène: Bernard Queysanne. Distributeur: DOVIDIS. Directeurs de production: Catherine Poubeau, Noureddine Mechri, Maïté Pecharman. Cadreur: Zizi. Chef-étalonneur: Abderrahman Soumer. Mixeur: Paul Bertault. Auditorium: S.I.S. Chef-machiniste: Richard Vasseur. Chef-électricien: Joël David. Photographe: Claude Schwartz. Laboratoire: SATPEC-Gammarth (Tunisie). Remerciements: Georges Franju, Frédéric Rossif, François de Roubaix. Réalisé avec le concours de la société Tunis Air.

Bernard Queysanne, qui a relu l'ensemble des entretiens consacrés au film, nous a précisé: « Je n'ai pas grand-chose à ajouter, si ce n'est que l'aspect très répétitif de ces interviews vient du fait que nous étions en promotion et que nous avions réfléchi à ce que devait être "la meilleure façon" de présenter le film sans nous laisser embarquer par les journalistes. À ce sujet, nous avions rédigé le résumé "style Pariscope" en utilisant un maximum de mots à la mode dans la presse de l'époque. Nous en avions fait une liste et nous en avions tiré, après un long et ludique travail: "Un étudiant refuse de continuer ses études et choisit de vivre au point mort. Un homme qui dort est le récit strict et précis de cette contestation radicale de la société, à la limite de la schizophrénie". Une chose m'étonne dans ces entretiens, c'est qu'à aucun moment nous ne citions, parmi les films qui nous ont influencés, ni Hiroshima mon amour *de Resnais[1], ni* Le Roman d'un tricheur *de Sacha Guitry[2]. Volonté de notre part de ne pas brouiller l'image du film avec Resnais (trop évident) et Guitry (trop éloigné), ou incompréhension des journalistes? N'oublions pas qu'à l'époque, Guitry n'était pas encore reconnu, comme il l'est aujourd'hui, comme cinéaste à part entière. »*

*

1. Film phare pour les membres de *La Ligne générale*, auquel Perec, Roger Kléman et Henri Peretz consacrent en 1960 un long article écrit en collaboration: « La perpétuelle reconquête » (*La Nouvelle Critique*, repris dans *LG*).
2. Quatrième film parlant de Guitry, *Le Roman d'un tricheur* (1936) est construit sur une voix off, celle du protagoniste qui rédige ses Mémoires à la terrasse d'un café. Récit et personnages sont ainsi dépendants de la parole continue de l'auteur-acteur-narrateur. On notera cependant que contrairement à *Un homme qui dort*, la voix off de Guitry laisse parfois place à quelques brefs dialogues « réels ».

Compléments I — Bernard Queysanne, deux entretiens

1. *Le Film français*, 29 mars-4 avril 1974.

Bernard Queysanne — Nous avons reçu en juillet 1971 une avance sur recette de 150 000 F[1]. C'était mieux que rien mais insuffisant pour commencer. Nous espérions une coproduction ORTF, mais elle nous a été refusée. Motif: projet « trop littéraire ». Enfin la Tunisie, par l'intermédiaire de la SATPEC, acceptait de coproduire en apportant les laboratoires, salles de montage et auditorium... [...] Les accords paraphés, nous avons pu commencer, notre producteur, Pierre Neurisse (DOVIDIS) fournissant un apport de trésorerie. À partir de là, le film (dont le coût global approche les 900 000 F) a été fait sur une formule de participation réelle englobant les principaux techniciens, les acteurs et le producteur. La moitié des salaires ayant été mis en participation. Les ayants droit disposent d'une vraie part producteur, y compris sur les bénéfices et sur l'avance sur recette. Pour ce genre de films « d'art », sans vedettes, mieux vaut une seule salle, qui le défend bien et lui laisse sa chance pendant quatre semaines minimum. C'est une formule qui a déjà fait ses preuves avec *La Salamandre* ou *Daddy*[2]. Par contre, j'estime que des films comme ceux-là qui sortent dans trois ou quatre salles n'ont pas le temps de trouver leur souffle et risquent d'être « cassés » dès la première semaine.

2. *Cinéma 74*, juillet 1974 (cet entretien est à la suite de l'entretien n° XXVII).

Le producteur a été trouvé — non sans mal, car cette histoire de triple récit, n'est-ce pas... « Il est très bon, votre texte, pourquoi en faire un film ? » Finalement, grâce à des amitiés — le « copinage », comme on dit péjorativement, alors que c'est, c'est certes bien triste, la seule façon de quitter les eaux des requins —, la SATPEC de Tunis et Pierre Neurisse (un producteur courageux: il a « fait » Rak et La Nuit bulgare[3]) se partagent les risques. Se pose alors ce qui est aujourd'hui le plus gros problème: celui de la distribution.

Bernard Queysanne — Monsieur [Jean] Lescure, intéressé par le film, a décidé de nous aider, et a contacté un propriétaire de salle du Quartier Latin, Mme X [Mme Villeneuve], qui a été enthousiasmée quand le film a eu le prix Jean-Vigo. On l'a alors montré à des distributeurs: Nedjar, qui a eu trois fois la

1. Siégeaient notamment à la commission de l'avance sur recette Jean Lescure, membre de l'Oulipo, et l'écrivain Maurice Pons, oncle de Bernard Queysanne. Malgré l'appui de ces derniers, le film ne reçut que le montant minimum que pouvait allouer la commission.
2. *La Salamandre* (Suisse, 1971), film d'Alain Tanner; *Daddy* (Grande-Bretagne, 1973), film de Peter Whitehead.
3. *Rak* (France, 1972), film de Charles Belmont; *La Nuit bulgare* (France, 1969), film de Michel Mitrani.

copie mais ne l'a jamais regardée, Planfilm, Anatole Dauman, les films Molière et d'autres — toutes personnes qui font dans la culture et qui, soit ne voulaient pas du film (c'est leur droit), soit ne voulaient pas débloquer un franc de publicité. On a alors menacé de le brûler[4], plutôt que de servir de caution à ces gens. Le plus curieux, c'est que si nous on ne prenait pas le risque de faire ce genre de film, tous ces gens qui prétendent diffuser la culture n'auraient plus rien pour leurs salles du Quartier Latin! Donc il leur faut des films comme ça. Seulement, comme ils sont les seuls à avoir des salles, ils sont en position de force et ils imposent des contrats draconiens. Nous, notre contrat avec Mme X était le suivant: 4 semaines garanties, dans une seule salle, avec 2200 entrées minimum au dimanche soir.

Ça veut dire ?

… que si le film n'a pas fait 2200 entrées entre le mercredi et le dimanche soir, l'exploitant a le droit de le retirer.

C'est courant ?

C'est le contrat type. Or, quand on regarde les chiffres, on s'aperçoit que les salles du Quartier Latin font tout au plus autour de 1900. Coup de chance, à ce moment on a trouvé un certain Éric Duvivier, qui a une nouvelle salle, *Le Seine*, qui a envie de la promotionner, qui avait envie du film — et nous a proposé un contrat de dix semaines avec un palier de 900 entrées[5]. Avec la Gaumont, au moins, les choses sont claires: ils font du pognon. Avec les gens qui font de l'Art et Essai, elles le sont moins! Ils ressemblent à ce personnage d'*Oliver Twist* qui recueille les orphelins, qui les nourrit mal, les oblige à mendier, à faire les putes, mais vit très bien sur leur bête et en plus passe, lui, pour un philanthrope.

Ils sont tous millionnaires et ne prennent aucun risque.

*

4. Cette déclaration est mentionnée dans le compte rendu de la diffusion de la bande-son d'*Un homme qui dort* sur France Culture, paru dans *Le Monde* du 31 mars-1ᵉʳ avril 1974 : «Cette diffusion sera peut-être […] la seule apparition publique du film, malgré le prix Jean-Vigo: G.P. et B.Q. affirment qu'ils brûleront la pellicule d'ici quelque temps s'ils n'obtiennent pas une bonne distribution.»

5. À titre indicatif, voici les entrées obtenues par le film (d'après l'hebdomadaire *Le Film français*): 1613 pour la première semaine d'exploitation, 1289 pour la quatrième, 930 pour la sixième, 239 pour la douzième, et 13 396 entrées cumulées à la dix-neuvième semaine.

Complément II — Georges Perec, «Un homme qui dort.
Lecture cinématographique », Combat, *4 avril 1974.*

J'ai toujours aimé le cinéma, les westerns, les comédies musicales, les thrillers et les «mélos flamboyants». Mais je me méfie beaucoup de cette fascination que l'image semble exercer sur de nombreux écrivains contemporains. Le cinéma n'est pas pour moi la forme la plus achevée de l'écriture, celle vers laquelle une nécessité impérieuse m'aurait toujours poussé et que j'aurais enfin réussi, au terme d'années et d'années d'efforts, à atteindre, sinon à maîtriser. Au contraire, j'aurais plutôt tendance à penser que le cinéma est un mode de production lourd et inefficace, entièrement assujetti à une idéologie mercantile qui, quoi qu'on veuille, quoi qu'on fasse, fonctionne dans quatre-vingt-dix-neuf pour cent des cas comme une contrainte réductrice.

Pourtant, faire un film avec *Un homme qui dort* m'a toujours paru évident. C'était une opinion que j'étais apparemment le seul à partager: à ma connaissance, aucun metteur en scène n'a jamais paru tenté par le sujet (je ne parle évidemment pas des producteurs) et ceux que j'ai pressentis moi-même — ne serait-ce que parce qu'ils me disaient qu'ils avaient aimé le livre — n'ont manifesté envers un tel projet qu'un enthousiasme mitigé. Il était hors de question que je fasse un film (ce film ou un autre) tout seul, mais Bernard Queysanne à qui j'ai demandé: *a)* s'il avait lu le livre, *b)* s'il croyait qu'il n'était pas stupide d'en faire un film, et *c)* s'il voulait, lui, en faire un film, à répondu par l'affirmative à mes trois questions: cette triple approbation a considérablement simplifié les problèmes que nous avons rencontrés depuis et a effectivement abouti en un petit peu moins de trois ans à un film aujourd'hui achevé.

Du livre, je n'ai pas grand-chose à dire: c'était en somme une affaire entre lui et moi: rien ne m'obligeait à l'écrire sinon la nécessité de sa propre existence (il en va de même, je suppose, de tous les livres — ou alors, pourquoi écrit-on?) Pour le film, c'est moins simple: ce qui me semblait évident, c'était peut-être seulement un certain sens de la gageure: faire un long métrage alors qu'il n'y a qu'un seul personnage, aucune histoire, aucune péripétie, aucun dialogue, mais seulement un texte lu par une voix off... Mais quand j'affirmais qu'*Un homme qui dort* était le plus «visuel» de tous mes livres, savais-je exactement ce que je voulais dire?

Tous ces choix ayant été faits, tous les partis pris ayant été assumés, c'est en voyant le film terminé, devant l'évidence de cette copie-standard qui laisse derrière elle, une fois pour toutes, nos doutes, nos hésitations, et ces milliers de mètres de pellicule et de bande magnétique triturés, découpés, montés et remontés, ajustés et réajustés, que je peux comprendre avec plus de précision ce que j'en attendais: non pas n'importe quel film tiré de n'importe quel récit, mais pour «ce» récit en vague forme de labyrinthe, ressassant les mêmes mots,

répétant les mêmes gestes, représentant sans cesse les mêmes itinéraires, « ce »
film « parallèle » où l'image, le texte et la bande sonore s'organisent pour tisser
la plus belle lecture que jamais écrivain n'a pu rêver pour un de ces livres. En
ce qui me concerne, cela me suffit amplement.

                                   *

               Complément III — Deux pseudo-entretiens

   *Il existe deux entretiens parus en 1974 qui sont en fait des montages de toutes pièces
réalisés par les journalistes à partir d'extraits d'entretiens déjà publiés. Le premier, dont
nous n'avons pas retrouvé la trace, est mentionné par David Bellos : il s'agirait d'un
entretien publié suite à une projection privée d'*Un homme qui dort *« organisée à
Tours en mars 1974 pour les pensionnaires et le personnel des hôpitaux psychiatriques de
La Borde, Freschines et La Chesnaie »* (Georges Perec, *p. 560). Le second, dû à
Christian Caminade, est paru dans la livraison de décembre 1974 de *Connaissance des
hommes *: les cinq réponses de Perec et de Queysanne reprennent mot pour mot cinq
réponses de l'entretien inclus dans le dossier de presse du film, entretien lui-même démar-
qué de l'entretien n° XXIII.*

XXIII

« Entretien : Georges Perec et Bernard Queysanne »
Propos recueillis par Gilles Durieux, *Unifrance Film*, n° 479, février 1974.

Édité par l'Association nationale pour la diffusion du film français à l'étranger,
Unifrance Film *est destiné aux professionnels du cinéma — quand paraît cet entretien,*
le film n'est pas encore sorti en salle.

*

*Bernard Queysanne, parlez-nous d'*Un homme qui dort.

B. Q. — Au départ, c'est un récit écrit par Georges Perec en 1966 et que
nous avons décidé, en 1971, d'adapter ensemble. Ce qui m'intéressait dans ce
récit, c'était la possibilité d'une recherche stylistique sur les rapports entre
des images et un texte. Il y avait aussi, bien sûr, le sujet.

G. P. — C'est l'histoire d'un étudiant qui, alors qu'il va passer le dernier
de ses examens[1], remet en cause toutes ses activités et se plonge volontairement dans une sorte d'hibernation. Il cesse de voir les gens qu'il connaît, il
cesse complètement de parler aux autres, et il réduit sa vie à quelques activités purement végétatives. Il s'habille, il mange, il marche, il dort, il lit un
journal, et ce sont pour lui des actions neutres, dégagées de toute valeur. La
seule chose qui lui importe, c'est son indifférence, son inexistence. Il en fait
l'expérience à longueur de journée en marchant dans Paris : des rues larges
et vides qui ne mènent nulle part, des métros et des autobus qu'il emprunte
au hasard, des monuments qui se ressemblent tous. Pendant longtemps, pendant plusieurs mois, peut-être un an, il vit comme ça en parfait équilibre

---

1. En fait, la « première épreuve écrite » du certificat d'Études supérieures de Sociologie générale
(*Un Homme qui dort*, p. 19-20).

entre sa chambre et la ville, jusqu'à ce qu'apparaissent les limites de son aventure : l'indifférence fait place à l'inquiétude et à l'angoisse. Il se rend compte que l'on ne peut pas vivre « en dehors » du monde et que son expérience radicale ne lui laisse qu'une issue : reprendre pied, douloureusement, sur la terre des vivants. Cet étudiant, comme l'a dit Georges Franju, « vit au point mort[2] ».

B. Q. — Le refus de la vie dans notre société est un thème très actuel. On entend parler tous les jours de départs à Katmandou ou en Corrèze et de toutes sortes d'évasions. L'évasion dans la solitude d'« un homme qui dort » m'a paru symboliser en une seule aventure mythique toutes ces fuites. À la limite de ces évasions, il y a l'évasion dans la folie, à laquelle notre personnage échappe de justesse.

Pour vous, Georges Perec, c'était votre premier contact avec le cinéma[3]. Qu'est-ce que ça vous a apporté ?

G. P. — J'ai toujours eu envie de voir un film fait d'après ce récit, parce que je pensais qu'il serait fascinant au niveau de l'image et que la possibilité d'un double récit, l'un au niveau du texte et l'autre au niveau de l'image, lui apporterait quelque chose de très nouveau.

Garaudy nous a déclaré qu'il abandonnait totalement la littérature pour le cinéma[4]. Et vous ?

G. P. — Certainement pas. C'est ce récit-là que j'ai voulu adapter, et de cette façon-là. Ce qui m'intéressait, c'était de travailler sur une autre forme de récit, sur une autre structure. Mais je n'ai jamais envisagé d'abandonner l'écriture.

Envisagez-vous de poursuivre cette expérience cinématographique ?

G. P. — Pas pour l'instant. Le cinéma est une technique difficile, très lourde,

---

2. Après l'attribution du prix Jean-Vigo, Georges Franju donnera en effet un compte rendu d'*Un homme qui dort* intitulé « Au point mort de sa vie » : « De quoi s'agit-il "au fond" de cet *Homme qui dort* qui a ce caractère original d'être une recherche de la banalité du dérisoire ? / D'un être au point mort de sa vie qui fait des gestes, se meut dans une décor anonyme où son mouvement s'inscrit non dans un rythme mais dans une durée » (*Positif*, n° 159, mai 1974). Georges Franju figure dans la liste des remerciements au générique final du film pour avoir autorisé l'insert d'un extrait du *Sang des bêtes* (1948) — le plan du cheval qui tombe mortellement abattu. On notera par ailleurs que la réponse de Perec qu'on vient de lire est reprise presque mot pour mot dans le dossier de presse du film (sans date, postérieur à l'attribution du prix Jean-Vigo) où elle tient lieu de synopsis signé « G. P. & B. Q. ».

3. S'il s'agit bien du premier contact effectif, il y a déjà eu des projets en collaboration qui n'ont pas abouti — on peut notamment citer : *La Bande magnétique* (1962) ; l'adaptation des *Choses* (1966) ; *Le Club*, en 1969, projet d'une comédie avec Jean-Paul Rappeneau et *Malédiction !* en 1971, scénario de Perec et Jean-Pierre Prévost (pour ces deux derniers projets, voir David Bellos, *Georges Perec*, p. 445-446 et 499-501).

4. Fin 1973 sort *Dionysos noir*, dont la réalisation, le scénario et les dialogues sont de Roger Garaudy, philosophe et membre du bureau politique du Parti communiste (voir *Unifrance Film*, n° 96, janvier 1974).

qui, en elle-même, ne m'intéresse pas plus que le théâtre, la musique ou l'opéra pour lesquels j'ai déjà été amené à travailler[5]. Mon propos est l'écriture et j'ai seulement besoin d'un stylo et d'une machine à écrire : avoir à maîtriser tous les problèmes techniques, administratifs, financiers et humains que pose la réalisation d'un film me semble quelque chose d'assez proche d'une pure et simple perte d'énergie.

Vous avez parlé de fascination, de recherches sur des structures, etc. Est-ce que vous avez fait un film ambitieux ?

G. P. — Disons plutôt que nous avons parié, parce que cela nous semblait nécessaire, qu'il était possible de faire un film avec un seul acteur, aucun dialogue, aucune péripétie et même aucune anecdote, mais seulement un texte lu par une voix off. Quant à savoir si nous avons été à la hauteur de ces ambitions, c'est aux critiques et aux spectateurs de le dire...

Comment s'est passé votre collaboration avec Queysanne ?

G. P. — Nous avons préparé, tourné, monté et mixé le film ensemble. Mais je n'ai jamais cherché à être « metteur en scène ». J'ai voulu travailler avec Queysanne sur l'esprit du film, sur son univers, au niveau le plus général comme au niveau de chaque détail et de chaque choix, qu'il s'agisse des décors, des gestes ou du rythme.

À propos de choix, pourquoi le noir et blanc ?

B. Q. — Perec vient de parler du rythme. Nous avons cherché à construire le film sur une heure et demie, comme une symphonie, avec une ouverture, une montée très progressive, un apogée et un final. Pour maîtriser une telle construction, il fallait travailler sur la fascination et sur la rigueur, et je pense que, dans un film à petit budget, seul le noir et blanc peut être convenablement maîtrisé. Par ailleurs, ce film ne devait pas être « réaliste » et je pense que la convention du noir et blanc convient beaucoup mieux à un traitement onirique des images que la couleur.

Quel est votre point de vue sur la coréalisation ?

B. Q. — Dans notre cas, elle a été facile. Perec, comme il vient de le dire, n'a pas cherché à jouer au technicien ; il ne s'est pas comporté en réalisateur refoulé...

5. À cette date, pour le théâtre : *L'Augmentation* (1969-70) et *La Poche Parmentier* (1974). Pour la musique et l'opéra : *L'Art effaré*, en collaboration avec Philippe Drogoz, projet d'opéra inabouti mis en chantier en 1968 (voir Bernard Magné, « *L'Art effaré*. Fragments d'un opéra inachevé de Georges Perec ») ; *Diminuendo* (1971) ; *Petit Abécédaire illustré* (1971) ; *Tagstimmen* (1971) ; *Souvenir d'un voyage à Thouars* (1972), et *Konzertstück für Sprecher und Orchester* (1974).

G. P. — Ça ne veut pas dire que je n'en sois pas devenu un depuis[6]…

B. Q. — Par contre, sa présence continue m'a beaucoup aidé. Faire un film après avoir été assistant pendant dix ans, c'est avoir à sa disposition de merveilleux joujoux. Mais l'essentiel n'est pas de prendre un objectif ou un autre, ni de poser le maximum de travellings ou de faire les pieds au mur pour montrer qu'on est un grand technicien, c'est de mettre une technique au service d'un sujet. Dans la mesure où Perec ne s'intéressait pas du tout à la technique, mais uniquement à l'esprit du film, il m'a servi de garde-fou, aussi bien au tournage qu'au montage, et m'a permis d'éviter les pièges de la virtuosité vraie ou fausse. En somme, on s'est brimés mutuellement, mais je suis sûr que le film en a profité.

Réaliser un premier film en 1974, est-ce que c'est difficile ?

B. Q. — Paradoxalement, il est plus facile de faire un premier long métrage que de faire un court métrage. À partir du moment où on a un petit budget et une avance sur recette, on a de fortes chances de monter l'affaire avec l'aide de coproductions. Autrement, il y a une autre solution, c'est d'obtenir l'accord d'une vedette, ou de deux, sur un scénario.

Jacques Spiesser[7] est l'interprète de l'unique rôle de votre film…

B. Q. — Bien que connaissant Spiesser depuis qu'il est sorti du Conservatoire, nous avons fait des essais avec d'autres comédiens. Finalement, nous l'avons choisi, parce que notre problème était de trouver un acteur capable d'exprimer la neutralité sans se reposer sur aucun tic, tout en ayant une grande présence sur l'écran, qu'il occupe seul pendant une heure et demie. D'autre part, il fallait que le personnage ait une démarche de solitaire. Spiesser a une présence presque minérale, qui le rend fascinant; à aucun moment, il n'est autre chose que le personnage juste dans la situation juste. Cela nous a permis d'éviter les conventions du montage et de travailler sur le rythme du film et non pas sur les raccords, en passant directement d'un plan de Spiesser dans une situation et un lieu quelconque à un autre plan sans nous préoccuper de réalisme ou de quoi que ce soit de ce genre. L'important était de le contrôler pour l'empêcher d'exprimer autre chose que le temps présent.

---

6. De 1974 à 1981, Perec participe à une dizaine de films pour le cinéma et la télévision (scénarios, commentaires, dialogues, production) ; en 1976, il réalise *Les Lieux d'une fugue* (voir *infra*, n° XXXI, p. 204).
7. Acteur et metteur en scène de théâtre, Jacques Spiesser débute au cinéma dans *Faustine et le bel été*, de Nina Companeez (1971), puis tourne dans *R.A.S.*, d'Yves Boisset (1973), *L'Ironie du sort*, d'Édouard Molinaro (1973, sortie à Paris en 1974), *Stavisky*, d'Alain Resnais (1974) et *La Gifle*, de Claude Pinoteau (1974). Manifestement, pour ce « comédien tête de file de sa génération » (Jacqueline Cartier, *France-Soir*, 28 mars 1974), à l'affiche de plusieurs films dont un prix Jean-Vigo, 1974 est l'année Spiesser. En juillet, il déclare dans *Marie-Claire*: « Je bouillonne de projets, mais le plus cher à mon cœur est d'interpréter le rôle d'un autre héros de Perec, celui du livre *Quel petit vélo à guidon chromé au fond de la cour ?* » — projet qu'il réalisera en 1996 en interprétant le rôle au théâtre de la Gaîté-Montparnasse.

Nous avons d'ailleurs eu les mêmes exigences de neutralité pour la voix qui dit le texte off. Nous avons choisi Ludmila Mikaël[8] qui a travaillé dans le même sens que Spiesser. Sur le plan de la direction d'acteur, l'expérience a été difficile, car il me fallait avoir une grande vigilance pour éviter tous les trucs professionnels, mais elle a été très intéressante[9].

---

8. Ludmila Mikaël est avant tout actrice de théâtre (prix Gérard-Philipe en 1966, prix Suzanne-Bianchetti en 1970, pensionnaire de la Comédie française). Au cinéma, elle a notamment joué dans *The Sergeant*, de John Flynn (1968), *La Chasse royale*, de François Leterrier (1968) et *Vincent, François, Paul et les autres*, de Claude Sautet (1974).

9. De larges extraits de cet entretien ont été repris, légèrement modifiés, dans le dossier de presse du film sous le titre « Extraits d'un entretien ». La dernière question à Bernard Queysanne est la suivante : « Et Ludmila Mikaël? / B. Q. — Jacques Spiesser ne prononce pas une parole, et Ludmila Mikaël reste invisible, mais elle est aussi présente que lui et c'est sur sa voix qui tutoie à la fois le personnage et le spectateur que repose ce dialogue, cette connivence, cette complicité que nous avons cherché à établir entre le film et ses spectateurs. Nous avons demandé à Ludmila Mikaël de travailler dans le même sens que Spiesser, en étant en même temps la plus neutre et la plus proche possible. Sur le plan de la direction d'acteur, l'expérience a été difficile, mais elle a été très intéressante, aussi bien pour eux que pour nous. »

XXIV

« Entretien avec Georges Perec et Bernard Queysanne »
Propos recueillis par Luce Vigo, *La Revue du cinéma. Image et son*, n° 284, mai 1974.

*

Comment est né le film ?

B. Q. — On se connaissait depuis longtemps, sans plus, et on n'avait jamais parlé de faire quelque chose ensemble. Un jour, et c'est typique de Perec, j'ai reçu de lui un mot très simple, alors qu'il était, je crois, en Autriche : « 1°) As-tu lu *Un homme qui dort* ? – 2°) Penses-tu qu'on puisse en faire un film ? – 3°) Veux-tu le faire avec moi [1] ? »

G. P. — Et il m'a répondu : « Oui, oui, oui… »

B. Q. — Jusqu'alors, l'idée d'en faire un film ne m'avait pas effleuré. Quand on lisait le roman, ça avait l'air d'être déjà fait. Je trouvais le roman très beau, l'écriture magnifique. Je voyais un mec tout seul se balader dans Paris, échanger des propos dans les bistrots avec des gens, tout cela genre néoréalisme italien d'*Il Posto* [2] ou de *La Nuit* [3] d'Antonioni. Ce genre de première adaptation évidente ne m'intéressait pas…

G. P. — Personne n'avait jamais eu l'idée de faire un film avec *Un homme qui dort*, alors que j'avais reçu de nombreuses propositions pour mon premier

1. Cette lettre portant l'adresse parisienne de Perec (53, rue de Seine) et datée du 31 mars 1971 a été plus probablement écrite en Allemagne. C'est en effet au mois de mars de l'année 1971 que Perec enregistre *Tagstimmen* à Sarrebruck.
2. *Il Posto* (Italie, 1961, prix de la Critique internationale au Festival de Venise, sortie à Paris : janvier 1963), film d'Ermanno Olmi. Le film, particulièrement représentatif de la deuxième vague du néoréalisme italien, propose une chronique dédramatisée mais souvent caustique de la banalité du quotidien.
3. *La Notte* (Italie-France, 1960, Ours d'or au Festival international de Berlin, sortie à Paris : février 1961). On notera que la critique parle souvent, à propos de cette description de la vie d'un couple d'un samedi après-midi à l'aube du lendemain, avec ses scènes nocturnes dans des lieux désertés et silencieux, de « cinéma de la solitude ».

roman, *Les Choses*, que je ne trouve pas du tout cinématographique. À la limite, ça peut faire une émission de télé. Pourtant, des Hongrois sont en train de préparer un film avec *Les Choses*[4]. Je ne m'en occupe pas, mais sans doute le film sera plus intéressant par un Hongrois que par un Français, dans la mesure où il s'agit de quelque chose de différent de lui, la société de consommation en France. En écrivant *Un homme qui dort*, je voyais ce type marcher dans les rues, je le revoyais passer toujours dans les mêmes endroits, refaire toujours les mêmes gestes et j'avais l'impression que cette espèce de description d'un labyrinthe avait quelque chose de cinématographique. J'avais surtout l'impression d'une dimension supplémentaire que l'on pouvait donner au livre. À la limite, *Un homme qui dort* appelle une lecture multiple : on aurait pu en faire un opéra, une émission bien sûr, c'est maintenant un film…

Comment votre choix s'est-il porté sur Bernard Queysanne qui n'avait pas encore réalisé de films ?

B. Q. — J'étais cinéaste, si l'on peut dire. J'avais fait beaucoup d'assistanats, avec Robert Enrico, Franju, Albicocco, Philippe Labro et des jeunes comme Alain Périsson et Patrice Molinard, en me posant toujours beaucoup de problèmes de forme. Je déteste ce qui est bâclé, je déteste ce qui ne veut rien dire…

G. P. — D'après ce que je connaissais de Queysanne, il était le genre d'individu qui était sensible à l'univers d'*Un homme qui dort*, au monde de ce personnage. Et, autant que je me souvienne, je pensais que ça valait le coup qu'il fasse son premier film avec un sujet pareil.

B. Q. — Au retour de Georges Perec à Paris, on a discuté et on s'est d'abord demandé à quoi ça servait de faire un film. Le texte me passionnait. À partir du moment où on a décidé de garder le texte, de mettre une voix off tout du long, on a repris le bouquin ensemble et on a coupé.

Selon quel choix ?

G. P. — Selon une série de partis pris et de façon qu'il y ait deux discours parallèles, celui des images et le texte. D'abord, ce devait être un film sur Paris, évidemment. On a décidé de ne rien tourner en dehors de Paris, à part la scène de la maison d'enfance, mais il s'agit d'une chose complètement onirique. Il y a une vue de sous-bois qui n'est pas à Paris et un endroit qui ressemble au devant de l'Élysée et où tournent des voitures, c'est à Gif-sur-Yvette[5]. Tout le reste se passe à Paris. On a éliminé tout ce qui est un peu trop anecdotique, la grande séquence avec les parents à la campagne[6] ; on a éliminé aussi toutes les

---

4. À notre connaissance, ce film n'a jamais été réalisé.
5. La scène est tournée dans l'enceinte du CNRS, bien qu'à cette époque, Gif-sur-Yvette ne soit pas encore le lieu de travail de Perec (voir *infra*, n° XXX, p. 202).
6. *Un homme qui dort*, p. 37-48 (intégralité du cinquième chapitre).

hallucinations hypnagogiques, toutes les visions qu'il a toutes les fois qu'il s'endort, essentielles dans le livre où elles servent de repères de temps en temps et qu'on ne pouvait pas faire au cinéma. Ni dans le livre ni dans le film, le personnage ne dort vraiment.

B. Q. — À propos de la suppression de la séquence des parents, j'aurais été le personnage, je n'aurais pas eu l'idée d'aller chez mes parents... Quant aux hallucinations, on en garde un tout petit peu, mais très peu. Il y avait deux approches possibles du personnage : une approche purement physique et tactile, presque à la manière d'un sociologue expérimentateur. Il est rat et on lui dit : « Tu fais ça, tu ne fais pas ça, tu vas là, etc. » L'autre approche, c'est tout ce qui se passe dans sa tête, la recherche du sommeil, la volonté de plonger dans le sommeil, toutes les hallucinations hypnagogiques. Si on ne les avait pas éliminées, on aurait sans doute fait une dramatique de télé, genre adaptation de Maupassant où est filmé tout ce qui est filmable, et ce qui ne l'est pas est dit en voix off sur de beaux paysages.

G. P. — On a enlevé aussi tout ce qui était un peu trop réflexif par rapport au personnage. Dans le livre, il est à peu près toujours conscient de ce qui lui arrive, il le contrôle...

Et cette voix, qui est-ce ?

B. Q. — Dans le film, on ne sait pas exactement, une expérimentatrice...

G. P. — Ce n'est pas « je », sinon ce serait le personnage qui parlerait aux autres, ni « il », ce serait l'auteur qui s'exprimerait. C'est quelqu'un qui s'adresse à la fois au personnage et au lecteur ou au spectateur, par le truchement du personnage.

Et pourquoi une voix de femme ?

G. P. — Ce ne pouvait être la voix de l'acteur, ni même une voix d'homme, pour qu'il y ait ce décalage. On aurait pu prendre une voix de vieillard, mais on aurait pensé à un homme en train de vivre une expérience de sa vie. Je ne sais pas ce qu'aurait donné une voix d'enfant, ça risquait d'être assez curieux...

B. Q. — Ne pas avoir de femme du tout dans le film, ça m'embêtait ! Je trouve qu'au moins, là, il y a une présence féminine très importante, presque aussi importante que sa présence à lui.

G. P. — La difficulté, c'était de savoir quel type de voix choisir. Finalement, on a demandé à la voix de Ludmila Mikaël d'avoir comme première qualité, disons, la douceur. Mais l'exigence principale étant la neutralité. Sa voix ne devait jamais donner l'impression de jouer, d'être émue par ce qu'elle disait. Elle devait être toujours un peu loin, parfois avec sécheresse, parfois même avec un peu d'ironie. Dans le livre, on trouve plein de notations ironiques :

« ton extrême jeunesse dans ta vocation de vieillard[7] ». Il a fallu beaucoup travailler avec l'actrice pour qu'elle ne fasse pas un sort à certains mots, comme le mot « cœur » par exemple.

Vous avez dit tout à l'heure que c'était d'abord un film sur Paris. Les lieux choisis ont-ils un rapport, Georges Perec, avec votre existence ?

G. P. — Depuis 1969, j'écris sur une durée de douze ans un livre sur douze lieux de Paris, un texte assez compliqué. Une fois que ces lieux sont décrits, je ne relis pas, je cachette l'enveloppe et je recommence l'année suivante[8]. J'essaie un peu ainsi d'emprisonner le temps. Un système de permutations me permet de décrire chaque lieu à un mois différent de l'année. Ces lieux sont liés à mon histoire personnelle et auraient dû, en principe, figurer tous dans le film. Mais, par exemple, l'un de ces lieux, la place d'Italie, est représenté par la main de Spiesser qui fait poinçonner un ticket d'autobus. Ce qui est plus important, c'est que le lieu du plan final est la rue où je suis né. On n'a pas trouvé d'autres endroits, sur les hauteurs de Belleville, où il y ait à la fois des rues abandonnées, des immeubles très modernes, des chantiers de construction et une découverte générale sur Paris. Le principe de ce dernier plan était que si nous pouvions nous élever à la grue par rapport au personnage, il fallait que l'on se retrouve ensuite à son niveau pour l'accompagner alors qu'il descendait les escaliers[9]. Dans le livre, ça se passe place Clichy car c'est là que j'ai fini le livre un jour de pluie.

Faut-il voir une signification au fait que le film se termine sur la rue de votre naissance ?

G. P. — Ce n'est pas vraiment une explication, qui peut s'appliquer de la même façon à la fin de « la destruction », avant que le lavabo qui brûle ne tombe, lorsque le personnage court dans la ville complètement détruite et traverse très vite sa maison d'enfance pour essayer d'en sortir. Il quitte à jamais quelque chose après avoir eu une sorte d'existence fœtale, après s'être enfermé ainsi dans sa chambre, dans sa vie. Ce n'est pas une véritable explication, c'est plutôt ce genre de résonance que ça déclenche. Je me rends compte qu'un des

7. *Un homme qui dort*, p. 61-62 (passage conservé dans le film).
8. En 1973, pris par le tournage d'*Un homme qui dort*, Perec s'accorde une année sabbatique dans le programme d'écriture de *Lieux*; seuls quelques textes seront rédigés durant le premier semestre. Philippe Lejeune note à ce propos : « En fait, l'arrêt total a été de presque *deux ans*! Georges Perec ne recommence à se mettre sérieusement au travail que le... 28 octobre 1974! Il rattrape en deux mois le retard d'une année [...]. Plus de la moitié des textes de 1974 [...] ont été écrits au cours du seul mois de décembre. [...] Mais cette production est un peu forcée et anecdotique » (*La Mémoire et l'Oblique*, p. 199).
9. La dernière séquence du film, panoramique de huit minutes, est tournée le 24 juillet 1973 au carrefour de la rue du Transvaal et de la rue Olivier-Métra (XXe arr.), en haut des escaliers qui descendent vers la rue Vilin. Bernard Queysanne nous a précisé que le plan était au tournage plus long de 4 à 5 minutes, mais le laboratoire ayant cassé la pellicule, les cassures avaient dû être réduites par deux longs fondus enchaînés — « C'était d'autant plus grave pour nous, ajoute Queysanne, que cette séquence, "le retour", devait symboliser le rassemblement du personnage et sa plongée dans la ville. »

sens du livre, pour moi, finalement, c'est que cet homme qui dort refuse d'une certaine manière la vie de la société contemporaine, sa propre existence, en tant qu'individu confronté aux autres.

Avez-vous été un homme qui dort ?

G. P. — Je le suis encore par beaucoup de côtés.

Je ne le suis pas parce que j'en ai fait un récit, un film. Mais je suis un homme qui dort comme beaucoup. En fait, c'est une aventure qui m'est arrivée vers 1956, vers ma vingtième année. J'ai écrit le livre dix ans après en revivant presque expérimentalement cette époque passée : je partais le matin de chez moi à la dérive, je traînais toute la journée sans but, en n'allant voir personne. Je prenais des notes, m'intéressais à un certain nombre de choses, systématiquement ; j'essayais de me souvenir comment ça fonctionnait, en gros. J'accumulais du matériel, des phrases, comme ça se passe quand on écrit un livre. Ça m'a pris deux ans à peu près. Des phrases du livre existaient depuis longtemps, lorsqu'en 1965 j'ai lu *À la recherche du temps perdu* de Proust et dont l'une des premières phrases est « un homme qui dort, tient encerclé autour de lui le fil des heures... » J'ai trouvé mon titre comme cela ; je ne me souviens pas quel était l'autre titre [10].

B. Q. — J'aime ce livre, et ce film, parce qu'ils sont, pour moi, désespérés. Certaines gens les trouvent très optimistes parce qu'à la fin le personnage s'en sort provisoirement. Ils entendent le texte mais ne voient pas les images...

G. P. — Je ne dis pas s'il s'en sort ou non. Il est absent de la vie, il va y revenir. Peut-être affrontera-t-il des problèmes d'engagement ou de vie commune. J'avais fait une première version où il rencontrait son homologue femme, une femme qui dort, dans un café, et, dans les dernières lignes du livre, il était peut-être suggéré qu'ils allaient vivre ensemble, affronter, construire quelque chose ensemble. Mais c'était trop appuyé. La seule chose que je pourrais dire, c'est qu'il refuse toute la mythologie du suicide, de la folie. Entrer dans la folie, c'est une manière de fuir la vie qui n'appartient pas à tout le monde.

*Le sujet d'*Un homme qui dort *paraît...*

B. Q. — Complètement contemporain. C'est vraiment le genre de questions qu'on se pose, qu'on vit ou qu'on refuse de se poser. C'est la tentative d'un départ idéal, que l'on trouve aussi dans *Katmandou, Le Retour d'Afrique* de Tanner [11].

---

10. Voir *supra*, n° VIII, p. 44, et n° XI, p. 60.

11. Si le film mélodramatique d'André Cayatte, *Les Chemins de Katmandou* (France-Italie, 1969, sortie à Paris : septembre 1969), raconte bien le départ d'un jeune bourgeois pour le Népal au lendemain de 1968, nul voyage dans *Le Retour d'Afrique* (Suisse, 1973, sortie à Paris : septembre 1973) d'Alain Tanner où, à la suite de la remise de leur départ pour l'Algérie et pour échapper aux moqueries de leurs amis, les personnages s'enferment seuls dans leur appartement vide pendant huit jours à l'issue desquels ils décident d'annuler définitivement leur voyage, de reprendre le travail et d'avoir un enfant.

Ce sont les films d'une génération, peut-être la nôtre. On part, on ne part pas ? Ces films donnent une vision mythique de ces départs, de ces fausses fuites. Mais ce qui est très fort, c'est que Perec n'a jamais expliqué pourquoi son personnage s'arrête de vivre dans la société, il ne le justifie par rien, ni par une crise due à un échec, ni par l'abandon d'une petite amie...

G. P. — C'était le contraire des *Choses*, qui décrit l'histoire d'un couple fasciné par le monde de la consommation, qui essaie d'échapper à la nécessité du travail et de plonger dans la possession du monde. *Un homme qui dort*, face à la multiplication des signes, à la fascination, dit: «Vous m'emmerdez, ça ne me concerne pas, votre petite échelle, vos promotions sociales. Je suis sac de sable sur un lit, je reste et resterai sac de sable sur un lit.» *Les Choses*, c'était, comme on dit à l'école, une étude de milieu. Je regarde autour de moi et je montre comment ça apparaît. Dans *Un homme qui dort*, je décris comment moi je fonctionne. J'ai plutôt tendance à être indifférent, non impliqué, à avoir cette espèce de refus, de laisser-aller. Comme les choses changent beaucoup sans qu'on s'en aperçoive tout de suite, on n'a pas la maîtrise de l'écriture pour l'aborder. Ce qui est peut-être significatif, c'est qu'il s'agit d'une expérience vécue vers 1956, écrite en 1965, dont j'ai voulu faire un film en 1974. C'est donc un thème qui continue à parcourir un peu tout ce que je fais. Il n'a pas perdu de son actualité, je crois même qu'il évoque maintenant davantage de résonances chez le spectateur qu'à l'époque où ça m'est arrivé. Lorsque j'ai vécu cette aventure – avant et après laquelle j'ai milité contre la guerre d'Algérie –, il n'était pas question que j'écrive, sinon je me serais référé ou à *La Nausée* ou à *L'Étranger*. Dans le livre, un des paragraphes du dernier chapitre reprend à la forme négative la fin du *Dedalus* de Joyce, la fin d'*Au-dessous du volcan* de Lowry, fait une allusion à la fin du *Procès-verbal* de Le Clézio[12]. Je veux dire par là que je refuse au personnage tout ce qui pourrait être épique, toute attitude héroïque, salvatrice ou rédemptrice. Il ne se jette pas dans un volcan, ne se suicide pas, ne se laisse pas aveugler par le soleil, n'est pas condamné par la société.

Peut-être pourriez-vous parler maintenant de votre collaboration, aussi bien au niveau du tournage que de la préparation du film ?

B. Q. — Il n'y a eu aucun problème, dans la mesure où Perec est quelqu'un de très intelligent, en tout cas pas un cinéaste rentré, pas non plus un écrivain

---

12. Les allusions «négatives» à ses trois romans sont bien présentes au dernier chapitre d'*Un homme qui dort* (et sont conservées dans le texte du film), mais dans des paragraphes différents — on a respectivement : *a)* « Tu n'as pas exposé tes yeux à la brûlure du soleil » (p. 137) qui évoque non point la fin mais les premières pages du *Procès-verbal* (on notera de plus que contrairement à ce qu'affirme Perec plus bas et dans l'entretien suivant, le héros de J. M. G. Le Clézio ne devient pas aveugle) ; *b)* « Les volcans miséricordieux ne se sont pas penchés sur toi » (p. 137) qui renvoie de manière assez vague à la fin d'*Au-dessous du volcan* ; *c)* « Ta mère [...] aujourd'hui ni jamais » (p. 140), réécriture des deux derniers paragraphes de *Dedalus*.

raté. Il n'a jamais cherché à faire une carrière autre que celle qu'il avait envie de faire. Il n'a jamais travaillé pour du commerce, une gloire personnelle immédiate. Il adore le cinéma. La technique ne l'intéresse pas du tout ; je ne pouvais donc pas l'impressionner. Un beau plan préparé pendant deux heures, ça l'emmerde ; même si techniquement il n'a pas apporté de choses, n'ayant pas de conception de l'image, sa présence a été un apport précieux. Et on a beaucoup travaillé ensemble pour préparer le film.

G. P. — On discutait tous les jours de ce qu'on faisait, de ce qu'on allait faire, de la conception de l'ensemble ou d'un détail. Bernard Queysanne a une imagination au niveau de l'image, je l'ai au niveau des mots, et aussi au niveau des plans. Je sentais, par exemple, la nécessité de tourner telle ou telle scène, de voir l'œil du personnage très gros, de faire un sort à cette bassine avec ses chaussettes, ou de ne rien voir par les fenêtres... La collaboration a été totale lorsqu'on a écrit une version, disons filmique, du texte, commencé un découpage en décidant arbitrairement qu'il y avait dans ce film un certain nombre de parties qui ne sont pas indiquées dans le livre : le prologue, « la rupture », « l'apprentissage », « le bonheur », « l'inquiétude », « les monstres », « la destruction », « le retour ». On a décidé aussi que chaque partie devait être traitée différemment : par exemple le prologue, d'une manière très réaliste, présentant une ville qui se réveille, un étudiant qui se réveille et qui va passer un examen. « La rupture », très simple, devait être centrée sur une image presque unique, sur un discours très continu, en décalement [sic] progressif avec ce que l'image raconte. « L'apprentissage » devait être beaucoup plus organisé, raconter par exemple la journée du personnage, désynchronisée dans le temps, selon les saisons, mais avec un réveil, un déjeuner... Ce sont les séquences de « l'apprentissage » qui expliquent un peu comment il aborde le monde.

B. Q. — « L'apprentissage », c'est regarder l'arbre, jouer avec les allumettes, devenir homme cadran solaire, lire Le Monde, apprendre à n'être rien !

G. P. — C'est aussi la course des jumeaux avec la règle de fer, la réussite, le bifteck-frites et le discours sur la nourriture... Puis, avec « le bonheur », la voix devait s'arrêter, le personnage devait complètement disparaître pour laisser place à une espèce de poème sur la ville...

B. Q. — Mais on a cru que ce ne serait pas supportable de ne pas le voir du tout. Sur le plan du rythme, on a essayé de maîtriser les différentes parties, à tous les niveaux, ceux de trois récits autonomes : celui de l'image, du texte et de la musique, qui racontent chacun une histoire séparée. La musique est aussi un catalogue de sons qui entourent le personnage. De ces trois éléments, on a essayé de faire un seul univers en se disant toujours qu'il fallait que formellement ce soit beau.

G. P. — Avec « l'inquiétude », tous les thèmes sont réintroduits, cette fois-ci avec une grande violence. On s'aperçoit de la faille de son système qui aboutit à ce rêve de destruction et il remonte, aucune solution n'ayant été atteinte, ni dans la folie ni dans la mort. Alors que le film était fait jusque-là de morceaux hachés, on arrive pour la première fois à un plan-séquence de huit minutes d'une vision complètement rassemblée : un panorama qui découvre en même temps le personnage, la ville et le personnage dans la ville. C'était le plan d'ensemble sur lequel on s'était mis d'accord. Sur le plan du découpage, on a beaucoup travaillé sur les équivalences : par exemple, lorsque le texte dit : « le soleil frappe sur les tuiles du toit », on a trouvé l'image de frites sortant d'une bassine, sorte de métaphore sur la chaleur et sur la graisse. Quand on ne trouvait pas, on laissait en suspens, etc.

B. Q. — Le travail de repérage des lieux s'est fait à partir d'un principe : ne pas montrer d'endroits connus, ou significatifs, comme le marché aux puces, le Jardin des plantes, le Luxembourg, éliminer les sites, ou alors il s'agissait de caricatures, comme les plans aux Invalides.

G. P. — Si on montrait la place de Fürstenberg, on s'arrangeait pour qu'elle soit méconnaissable. Notre choix s'est porté quelquefois sur des endroits un peu étonnants, le plus souvent déserts.

Le film est-il ce que vous souhaitiez qu'il fût ?

B. Q. — Nous avons fait quelques erreurs techniques et j'en suis entièrement responsable. Sans doute, après « le bonheur », la montée progressive du rythme est-elle trop vite dramatique. Pour des raisons financières, nous avons dû monter et mixer trop vite. J'aurais aimé travailler davantage la partie des « monstres », c'est le côté du film qui a coûté quinze millions : on a eu une avance sur recette, notre producteur a mis à notre disposition son infrastructure, et la Tunisie laboratoire, auditorium et salles de montage. À un moment, il y a un travelling en avant dans une allée aux arbres noirs, une femme avance, elle s'arrête et on la dépasse. C'était vraiment ça, pour moi, « les monstres ». Mais ça prend des heures à faire et je ne sais pas – c'est un problème de création – si j'aurais su le faire sur cinquante plans. J'aurais aimé maîtriser davantage la bande-son, très riche, très compliquée, avec ce qu'apportaient les deux musiciens, Drogoz [13] et Eugénie Kuffler, les sons naturels, etc., le petit piano-bar, genre quatre heures du matin, qui souligne la montée de « l'inquiétude ».

13. Professeur, compositeur, contrebassiste et comédien, Philippe Drogoz a rencontré Perec fin 1968 — sur ses collaborations avec Perec, voir « Georges Perec et la musique. Questions à Philippe Drogoz » (1984). Dans l'article du *Monde* (31 mars-1ᵉʳ avril 1974) rendant compte de la diffusion de la bande-son d'*Un homme qui dort* sur France Culture, Drogoz présente ainsi sa « composition sonore » : « L'idée des trois récits [texte, images, sons] nous a séduits d'emblée. C'était un exercice de mise en scène. Et, en même temps, il fallait trouver l'équivalent de la structure du roman tout en supprimant les éléments réflexifs que Perec y avait mis. Il fallait faire tout le contraire d'une émission de télévision — où on accumule des faits pour créer un discours —, ici nous partions d'une idée pour ne conserver que des éléments matériels. Ainsi, c'est une voix de femme [...] qui raconte, procédé qui nous permet de réaliser une séparation ontologique entre le discours dit et la lecture cinématographique. » Dans « Chronique d'une collaboration

Quels ont été vos rapports avec l'acteur ?

G. P. — C'est Queysanne qui le connaissait. Il l'a fait venir chez moi, on lui a raconté le sujet en une demi-heure. Il a pris le script et il a téléphoné son accord le lendemain matin. En le voyant, je me suis rendu compte qu'il avait la même cicatrice au-dessus de la lèvre supérieure que moi. Cette cicatrice, dont on ne parle pas dans le film, joue un grand rôle dans le livre[14]. Spiesser avait en plus une démarche, un visage qui me convenaient. Je lui ai appris à faire la réussite, à se ronger les ongles, à se tenir assis les pieds très à plat, les mains sur les genoux. Pour le reste, je ne suis pas intervenu, je ne savais pas quoi lui dire. Il n'était pas nécessaire de lui parler du personnage. Queysanne, lui, disait ce que dit, paraît-il, tout directeur d'acteurs à un acteur, des choses très précises : « Tu marches, tu regardes, tu penches la tête. » Pour tout ce qui est pure mise en scène, mise en place des caméras, choix des objectifs, trajet d'un travelling, j'ai toujours laissé Queysanne faire. De temps en temps, je demandais à voir à quoi ça ressemblait. Je me mettais à la place de l'opérateur et je regardais le cadre du début, le cadre de la fin. La seule chose que je pouvais faire, c'était d'être là, d'être un regard en même temps sur le film et sur celui qui faisait le film. Se sentant regardé, ça l'empêchait de faire des pirouettes.

Un film de silence est-il frustrant pour un acteur ?

B. Q. — Je crois que Spiesser, qui appartient à cette génération du Conservatoire[15] dont on parle beaucoup depuis deux ans, n'a pas été frustré par le silence mais par l'absence totale de découpage. Il n'a jamais vraiment su ce qu'il tournait ; mais dans la vie, il est presque le personnage, un solitaire. Sur ce plan, le travail était fait, mais le plus dur a été de gommer son métier d'acteur, de l'empêcher de faire un numéro, de placer des « trucs ». Il fallait toujours le surveiller ! Mais je crois que Spiesser est complètement intégré aux

---

chronique » (1978), Philippe Drogoz revient en ces termes sur sa participation à *Un homme qui dort* : « Perec m'a proposé de faire la musique du film qu'il voulait réaliser avec Bernard Queysanne [...]. Nous avons travaillé un certain temps à trois sur le projet. Il y aurait trois discours parallèles : celui de l'image, celui du texte dit en voix off et celui de la bande-son. Celle-ci devait être un montage de bruits illustrant d'abord le texte et l'image, puis s'en détachant progressivement en s'organisant jusqu'à devenir musique — la frontière entre bruit et musique étant laissée volontairement dans le vague. / Comme je n'avais aucune pratique de l'électro-acoustique, j'ai introduit dans notre équipe Eugénie Kuffler, qui maniait déjà les ciseaux comme personne, et avec qui j'avais créé l'Ensemble 010 — c'est sous ce sigle que nous avons signé la musique du film. Le montage de l'image et celui de la bande-son se sont faits parallèlement, ce qui permettait de les confronter au fur et à mesure de leur réalisation. On peut sûrement aller plus loin dans l'approche globale du phénomène audiovisuel, mais c'était déjà beaucoup plus que ce qui se fait habituellement. »

14. *Un homme qui dort*, p. 93. Le motif de la cicatrice est mentionné dans *W ou le Souvenir d'enfance* : « Le Condottiere [portrait peint par Antonello de Messine] et sa cicatrice jouèrent également un rôle prépondérant dans *Un homme qui dort* [...] et jusque dans le film que j'en ai tiré avec Bernard Queysanne en 1973 et dont l'unique acteur, Jacques Spiesser, porte à la lèvre supérieure une cicatrice presque exactement identique à la mienne : c'était un simple hasard, mais il fut, pour moi, secrètement déterminant » (ch. XXI, p. 146).

15. Qui compte Francis Huster, Jacques Villeret et Jacques Weber notamment.

images, il est devenu de la pellicule. On ne perçoit Spiesser acteur que seule-ment par rapport au présent, jamais au plan précédent ou au plan suivant. On a tellement vécu, avec ce film, en équipe – l'opérateur Zizi[16], Spiesser, Ludmila Mikaël, Perec, moi, les musiciens – que j'en garde le souvenir d'une année d'une grande plénitude.

En fin de compte, Spiesser, est-ce vous ?

G. P. — Je ne l'ai jamais vu comme moi quand je lisais ce livre après. Quand j'écrivais ce livre, ce n'était pas moi non plus, mais mon double – à qui je dis « tu ». C'est mon sosie, moi l'autre[17]. C'est ce Magritte, ce double personnage qui se regarde dans la glace[18]. Quelqu'un m'a dit l'autre jour une phrase très magnifique : « Quel dommage qu'on ne puisse pas se voir dans une glace quand on a les yeux fermés. »

---

16. Surnom de Bernard Zitzermann, chef-opérateur et cadreur.

17. Une note manuscrite rédigée par Perec autour de 1966 analyse de façon autrement plus complexe la valeur du tutoiement : « TU / a) un effort pour mettre le lecteur dans le coup / *tu lis ce livre et tu te dis etc...* / b) une forme de journal intime : / *tu n'as pas su quoi lui dire ? / seras-tu toute ta vie etc...* / c) une étape vers la relation auteur-personnage : / *Vais-je le faire mourir ? non le lecteur serait déçu* (voir la fin de *La Montagne magique*) / d) une lettre : / *tu me dis qu'Ernestine va mieux ...* / e) le regard d'un je devenant tu ? / *Un homme qui dort* égale 50 % e), 30 % b), et 20 % c) » (transcription de David Bellos citée dans son *Georges Perec*, p. 366). À ce propos, voir Manet van Montfrans, *Georges Perec. La contrainte du réel*, p. 89-94.

18. René Magritte, *La Reproduction interdite* (*Portrait d'Edward James*), 1937, Museum Boymans-van Beuningen (Rotterdam). La reproduction de ce tableau est accrochée au-dessus de la banquette-lit du personnage dans le film et illustre par ailleurs un dépliant publicitaire conçu pour la sortie du film en salle (FPGP 21,71).

XXV

« Autour d'un film »
Propos recueillis par Simone Benmussa, *Combat*, 31 mai 1974.

Extraits d'un débat organisé par le journal Combat *à la suite d'une projection privée d'*Un homme qui dort *; nous reproduisons ici les interventions de Bernard Queysanne, Jacques Spiesser et Georges Perec.*

*

Bernard Queysanne — Le film est construit musicalement avec une ouverture où interviennent seulement la bande-son et l'image, mise en scène à peu près classique sur la solitude d'un personnage dans la grande ville. Intervient alors le troisième élément du récit: la parole. À partir de ce moment-là, on va jouer avec les trois éléments. Au départ, ils sont synchrones, c'est-à-dire que la voix semble s'adresser au personnage, puis, petit à petit, par désynchronisation, par glissement, nous avons essayé de nous adresser directement au spectateur et de créer un nouveau rapport film-spectateur. D'où la fascination qui s'établit. Petit à petit, chacun des discours prend son autonomie et ils ne se rencontrent plus qu'à des moments choisis pour insister sur certains aspects du personnage: le rêve de neutralité – l'homme cadran solaire –, les actions inutiles ou neutres – la réussite – et un moment de détente – la lecture du *Monde*. On arrive à l'angoisse du personnage dans sa solitude, la parole disparaît et ne réapparaîtra qu'avec « l'inquiétude ».

Les trois discours sont à peu près synchrones dans « l'inquiétude » ; après le crescendo, on revient à une forme plus classique du film avec l'utilisation traditionnelle de la musique qui ramène l'apaisement chez le spectateur et le retour à la salle. Nous avons choisi cette forme parce que nous voulions que le spectateur se projette dans l'aventure intérieure de ce personnage.

Jacques Spiesser — C'est l'un des premiers films sur notre génération et la jeunesse actuelle. Quel que soit le système dans lequel on vit, on revient à des problèmes existentiels. La culture, pour nous, c'est de savoir pourquoi on va se lever le matin. C'est un refus de la société, du monde dans lequel nous vivons, et en même temps un refus de la culpabilité héritée de la civilisation judéo-chrétienne, refus de la notion de péché. Pour la première fois au cinéma, on voit une aventure menée jusqu'au bout sans le secours d'expédients. C'est ce qui fait peur à la génération qui est au pouvoir en ce moment : les jeunes se droguent de moins en moins tout en vivant la contradiction de l'action et de la non-action. En fait, on refuse de vivre sans « savoir » : savoir, d'une part, par un retour sur soi-même, d'autre part par une analyse de la société pour pouvoir, ensuite, exercer ses propres transformations. On ne peut le faire qu'à partir du moment où les véritables problèmes sont réglés, quel que soit le système.

[…]

Caroline Huppert, une spectatrice — *[…] je ne crois pas à la fin du film. Pour moi, il s'agit d'une expérience pathologique et je ne pense pas qu'il puisse y avoir ce retour à la vie. Il faut réapprendre à voir, réapprendre à entendre, c'est un long travail, cela ne peut se faire comme dans le film, aussi rapidement.*

Bernard Queysanne — Le film n'est pas fini ; simplement, pour la première fois, le personnage attend quelque chose. Il attend une chose minime. La voix dit : « Tu attends, place Clichy, que la pluie cesse de tomber. » Le premier et le dernier plan sont les mêmes, le film se boucle. Ce qui va se passer, on n'en sait rien. La réaction de Caroline est une réaction par rapport à un film fini. Nous laissons le soin aux spectateurs de choisir cette fin. Peut-être que le personnage va reprendre sa vie, ses cours, ou se suicider, etc. Nous-mêmes, Perec et moi, nous ne sommes pas d'accord sur une fin possible.

Marie Tual, une spectatrice — L'Année dernière à Marienbad[1] *était un film purement esthétique, l'absence de désir en était un des thèmes et, pour moi, dans ce film, la non-communicabilité signifiait l'orgueil. Un homme qui dort est, au contraire, positif, parce qu'il débouche sur l'humilité. Le personnage fera ce qu'il voudra après mais, au moins, il aura eu une leçon d'humilité. Refuser le monde, c'est s'accorder trop d'importance par rapport aux autres. On a tous eu envie de vivre cette expérience. Mais le personnage se récupère parce qu'il a été au bout de son orgueil, il débouche sur l'humilité.*

1. Lion d'or à la Biennale de Venise en 1961, ce film d'Alain Resnais, réalisé sur un scénario et des dialogues d'Alain Robbe-Grillet, est évoqué en ces termes par les protagonistes des *Choses* : « Ils avaient une forte prévention contre le cinéma dit sérieux, qui leur faisait trouver plus belles encore les œuvres que ce qualificatif ne suffisait pas à rendre vaines (mais tout de même, disaient-ils, et ils avaient raison, *Marienbad*, quelle merde !) » (Ire partie, ch. IV, p. 53). À ce propos, voir également vol. II, n° LXXX, p. 279.

Georges Perec — Paradoxalement, je suis assez de cet avis. Le problème, d'une manière simple, est le suivant : c'est un individu qui traverse une « crise » et se met, un peu comme l'autruche, la tête dans le sable. Il se dit : « Si j'arrive à être insensible au monde, je ne souffrirai plus. » Il décroche, il « se » décroche, il s'absente du monde, et effectivement ça marche. Il mène une sorte de combat contre le monde en se rendant absent au monde et il arrive à pouvoir entendre cette phrase qui lui est prononcée : « Tu es le maître anonyme du monde[2]. » Le monde n'a plus de prise sur lui. Il est libre, il n'est pas déterminé par le monde. C'est la première partie du film.

Comme il poursuit cette expérience avec rigueur, nous-mêmes, comme lui, montrons aux spectateurs ce qui n'a pas été dit : comment cette victoire est une série d'alibis et comment cette liberté conquise sur le monde ne résiste pas, elle est inconsistante, établie sur du sable. Cette liberté, c'est la première découverte de l'angoisse. Il éprouve un sentiment de vide par rapport au monde. Ce n'est pas le monde qui est vide en lui mais il voudrait que le rapport entre lui et le monde soit un rapport vide, neutre. Cette béance entre lui et le monde, c'est justement l'angoisse. Si le monde est silencieux, il ne peut plus vivre. Il faut donc qu'il revienne. Il va être expulsé du labyrinthe. Il va être chassé de cette réserve, de ce terrain privilégié où il s'était protégé. On ne peut que sortir du labyrinthe. Il retrouve son fil d'Ariane, qui est sa propre inquiétude. Il retrouve son rapport au monde, qui est un rapport difficile, douloureux. Il voudrait avoir, par exemple, une attitude romantique de héros, comme Prométhée, Empédocle, ou le personnage de Kafka qui vit son angoisse, ou celui de Le Clézio qui regarde le soleil jusqu'à devenir aveugle[3]. Mais cela lui est refusé parce que ce n'est pas une solution. La seule solution est qu'il revienne dans le monde. C'est ce que signifie cette fin. Entre la première phrase de Kafka – « Il n'est pas nécessaire que tu sortes de ta maison. Reste à table et écoute. N'écoute même pas, attends seulement. N'attends même pas, soit absolument silencieux et seul. Le monde viendra s'offrir à toi pour que tu le démasques, il ne peut faire autrement, extasié, il se tordra devant toi » – et la dernière – « Dans le combat entre le monde et toi, seconde le monde[4] » – se déroule le trajet du film vers quelque chose d'ouvert : la transformation d'une angoisse qui

---

2. *Un homme qui dort*, p. 95.

3. Avec beaucoup d'autres, ces quatre personnages sont évoqués dans *Un homme qui dort* — on a respectivement : *a)* pour Empédocle : « tu n'iras pas, sandales aux pieds, te jeter dans l'Etna » (p. 44, allusion non conservée dans le texte du film) ; *b)* pour Adam Pollo, héros du *Procès-verbal*, voir *supra*, n° XXIV, note 12, p. 163 ; *c)* pour Joseph K. : « Les deux vieux acteurs de seconde zone [...] les deux autres » (p. 137, allusion à la fin du *Procès*, le même extrait est cité de plus implicitement aux chapitres I et LIII de *La Vie mode d'emploi*) ; *d)* pour Prométhée : « nul vautour ne s'est vu infliger l'indigeste pensum de venir te boulotter le foie » (p. 143).

4. La fin de l'intervention de Perec est difficilement compréhensible : le premier aphorisme de Kafka est mis en exergue au roman mais n'est pas conservé dans le film, le second aphorisme (cité également dans n° XVIII, p. 114, et n° XXVII, p. 181) n'est ni dans le texte du livre ni dans le texte du film.

essaie de se déguiser, pour ne pas paraître, en une angoisse dynamique, en quelque chose qui va lui permettre de vivre le problème, lui permettre de ne pas faire disparaître l'angoisse mais de l'orienter, de la rendre dynamique.

XXVI

« Vivre au point mort »

Titre complet : « Vivre au point mort. L'homme qui dort.
Entretien avec Bernard Queysanne et Georges Perec »,
propos recueillis par Bernard Nave, *Jeune Cinéma*, n° 79, juin 1974.

*

Quels sont les problèmes que vous avez rencontrés pour passer du texte du livre au scénario du film ?

B. Q. — Il y avait un problème de choix. Au départ, un choix qui a été de faire un film avec deux récits et même trois récits : image, texte, son (ou univers sonore). Et on a réfléchi pendant quelques jours ou quelques séances de travail. On s'est dit : « Qu'est-ce qu'on va faire ? Un personnage qui refuse la vie, qui refuse de vivre en société, qui refuse l'examen, qui prend une vie végétative, qui vit au point mort ? » Très vite, en travaillant, on s'est dit : « Ça a déjà été fait par d'autres. » C'est la séquence d'Antonioni dans *La Nuit*, quand Jeanne Moreau part sous la pluie après la surprise-partie. Donc, autant chercher une autre voie. Là-dessus, on est partis dans une recherche formelle ; on a voulu jouer sur la fascination. On s'est dit qu'en conduisant simultanément deux récits, et en prenant une voix de femme, on allait pouvoir s'adresser à la fois au personnage et au spectateur. À ce moment-là, on arriverait peut-être à une fascination, à faire sentir des choses, au lieu de les expliquer, de les dire.

Ça explique aussi que vous ayez gardé le « tu » du livre.

B. Q. — Le « tu » est absolument indispensable. À partir du moment où on gardait le texte, on est partis du principe que Perec, en 1972, n'écrivait plus comme Perec en 1967 ; donc il ne fallait pas qu'il réécrive des parties de son livre. Rien n'a été réécrit. Tout a été fait uniquement en supprimant des choses, on n'a rien ajouté[1].

G. P. — On a supprimé tout ce qui concerne les hallucinations hypnago-giques du personnage, c'est-à-dire tout ce qui se passe quand il s'endort, et qui dans le livre fonctionne comme la conscience du personnage. C'est une sorte de reflet de ce qui lui arrive, et de cet état d'apesanteur dans lequel il se met.

B. Q. — Je crois que le cinéma lui-même est onirisme. On pensait que le pléonasme serait bien plus grand si on avait ce qui se passe dans la tête, à la limite de sa conscience, dit par le texte, et en même temps des choses réalistes montrées : ça reviendrait à faire des adaptations comme on en fait à la télé. C'est-à-dire on filme des gens, et au moment où l'on veut dire ce qu'ils pensent, au lieu d'essayer de traduire la sensation que l'écrivain est arrivé à faire passer dans son œuvre, au lieu de la traduire par des moyens proprement cinémato-graphiques, on met des plans généraux, des paysages et on dit : « Il se souvenait que... il pensait que... » Alors le cinéma se trouve devant une incapacité, et finalement il ne fait plus rien, il recourt à la littérature. On est partis du prin-cipe inverse : le mélange de la littérature et du cinéma crée l'onirisme. C'était le principe de départ.

G. P. — Les autres choses qu'on a enlevées, c'est tout ce qui était lié à des détails trop précis, par exemple la scène à la campagne où il est en face de ses parents, tout ce qui avait un côté anecdotique.

Mais ce passage ne me semble pas anecdotique. Ça explique beaucoup du personnage.

G. P. — On a enlevé la scène à la campagne, mais on a gardé la scène de l'arbre[2]. Quand il est en face de l'arbre et qu'il commence à penser à ce qu'est un arbre, on n'a pas gardé le texte parce qu'à ce moment il devenait redon-dant. Simplement, on l'a mis en face d'un arbre, on a fait un jeu de champ et de contrechamp et on a essayé de faire coller les deux. Ça a beaucoup plus de poids que si on avait dit : « Tu regardes un arbre, etc. » D'une manière générale, on a eu tendance à enlever tout ce qui était trop fort au point de vue tension, au point de vue explication, tout ce qui était un peu trop réflexif, un peu trop recul, finalement tout ce qui venait en plus de ses gestes quotidiens. Ce qu'on a gardé du texte, ce sont toutes les descriptions de détails, toutes les énuméra-tions. C'est-à-dire tous les moments où ce réseau se met à fonctionner de lui-même. On a chassé le personnage tel qu'il apparaît dans le livre parce qu'il apparaît beaucoup moins à l'écran.

---

1. Si l'on excepte quelques rares inversions de phrases ou de mots, deux ou trois phrases de transition ajoutées et quelques réécritures très ponctuelles, le texte du film reprend fidèlement un tiers du texte du livre.
2. *Un homme qui dort*, p. 40-42. Sur ce passage du roman, réécriture de *La Nausée* dans un style pastichant à la fois Robbe-Grillet et Barthes, voir Andrew Leak, « Phago-citations : Barthes, Perec and the Transformation of Literature », p. 71.

Il y a des passages qui sont sautés, ceux qui sont des réflexions plus politiques sur son avenir.

B. Q. — On les a gardés symboliquement au départ: il arrête ses études, il refuse le col blanc, et à un moment du film on l'amène à se projeter dans ce que lui proposent ses études au mieux de sa réussite.

G. P. — À un moment de la conception du film, on a eu l'idée de consacrer une séquence à ce qu'il refusait; on l'avait appelée la séquence publicitaire. On n'était jamais satisfaits, ni au tournage ni au montage, de ces choses qu'on voulait plaquer. C'est pas seulement l'acteur qui devait être neutre, pas seulement l'histoire qui devait être à la recherche de la neutralité, c'est aussi dans ce qu'on filmait qu'il fallait être le plus plat possible. C'est la recherche d'un degré zéro.

B. Q. — Franju a vu le film et il a dit: « C'est la recherche de la banalité »; non pas de façon méprisante, au contraire: pour lui, la qualité de ce film, c'est ça. Et dans une époque où tous les cinéastes essaient de faire de la photo publicitaire, en mettant des amorces floues et des cadrages à la con, il a été frappé que tout à coup, dans ce film, on recherche la banalité, c'est-à-dire que la caméra soit à peu près à hauteur d'œil et que le personnage marche en général à peu près au milieu de l'écran. La recherche de la banalité, c'était mettre un écran avec une certaine surface, et occuper toute la surface et non pas des coins de cette surface pour faire des clins d'œil au spectateur. Comment rendre la quotidienneté du fait qu'il mange? C'est en gardant le temps, en essayant de restituer le temps réel. Il fallait retrouver le temps du personnage, le vécu. On triche, bien sûr.

Pour aborder l'aspect technique: l'image par moments s'apparente à de la photo et on a parfois l'impression, en particulier au début, que c'est un roman image, un texte image.

B. Q. — Ça tient à la construction du film et au fait qu'on était conscients que les gens ne sont pas habitués à ce décalage. On a l'habitude de servir un film comme on sert un plat, c'est-à-dire tout garni, avec une image et un texte, et tout ça marche bien ensemble. Notre intention était de décaler les choses, servir une image d'un côté, un texte de l'autre, et aussi des sons, un univers sonore. Pour amener le spectateur à pénétrer dans ces trois univers à la fois, il fallait lui livrer les choses, au départ, construites classiquement. Donc, le personnage se réveille dans sa chambre et les bruits sont naturels. Lorsque la voix intervient, c'est aussi naturellement: elle est synchrone. Le décalage s'instaure petit à petit. Petit à petit, c'est nous qui guidons le spectateur et on joue le jeu. Ou bien les gens au bout d'un quart d'heure sortent, et c'est leur droit, ou bien ils acceptent d'entrer avec nous dans l'univers du personnage, de jouer au jeu de la fascination et du dialogue spectateur-acteur-voix. C'est pour ça qu'au départ, effectivement, on peut penser que le film va être simplement, même pas une illustration, mais un pléonasme.

G. P. — Je pensais que la fascination allait procéder du fait qu'on allait proposer quelque chose de très répété et que les discours se mettaient à glisser les uns par rapport aux autres. À ce moment, le spectateur suit quelqu'un qui est en train de se séparer de lui-même. C'est ce qu'il y a de magnifiquement cinématographique dans le cinéma, c'est cette possibilité qui est très peu utilisée de faire des choses qui vont ensemble, qui jouent les unes par rapport aux autres. Au niveau du montage, ce n'est plus quelque chose de linéaire comme l'est nécessairement la littérature. Ça retrouve quelque chose qui, pour moi, appartenait à l'époque du cinéma russe (chez Eisenstein par exemple) où le montage a un sens, où la succession, la confrontation de deux images produit un effet particulier, spécifique, une émotion particulière qui vient de ce que ces images se contredisent, s'accompagnent, se détruisent l'une l'autre[3]. Grâce à cette possibilité de jouer sur la bande sonore, sur le texte et sur l'image, on pouvait avoir l'impression de quelqu'un qui part complètement à la dérive et qui va dans plusieurs directions à la fois.

B. Q. — Je suis fasciné, en ce moment, par le vide de l'image dans la plupart des films. Les gens ont un moyen d'expression qui est l'image, et ils ne l'utilisent pratiquement jamais dans 90 ou 95 % des films. Ils utilisent le dialogue, parce que tout d'un coup, un jour, le cinéma est devenu parlant. C'est tellement plus facile de dire « Je t'aime » que de le montrer, que de le filmer. Ce qui m'intéressait dans ce film, c'est qu'à partir du moment où on disait : « Il y a un récit écrit et on va raconter la même histoire, muette », à ce moment-là, il fallait retrouver la pureté du cinéma muet. Il fallait exprimer la solitude, l'attente, l'angoisse, la quotidienneté, par l'image. Il fallait exprimer la neutralité aussi. Dans ce film, ce qui m'intéressait, c'était la recherche sur l'image, expressive par le cadrage, l'éclairage. Des gens ont dit que ce film était expressionniste. Puisque le cinéma expressionniste était un cinéma qui voulait dire quelque chose par l'image, d'accord, c'est un film expressionniste.

Dans l'image, il y a un autre parti pris qui est très important, c'est le parti pris du noir et blanc. On a décidé, en faisant ce film, que le cinéma c'était l'onirisme. On revenait à l'onirisme[4], à Feuillade et à tout ce que ça véhicule, à Stroheim. Le cinéma est en noir et blanc parce que la couleur est un élément dérangeant. C'est un film très réaliste dans la façon dont on a filmé. Tout est

---

3. On sait que le projet de revue *La Ligne générale* doit son titre au film homonyme de Sergueï Eisenstein. Pour le réalisateur, dont Perec connaissait les positions théoriques, le montage est « conçu comme une pression produisant un effet déterminé sur l'attention et l'émotivité du spectateur » (*Au-delà des étoiles*, p. 128), concept qui informe par exemple la fameuse séquence de *La Grève* (1924) où alternent le massacre des ouvriers et l'égorgement d'un animal à l'abattoir. On en trouve un écho dans *Un homme qui dort* quand apparaît à l'écran l'image fugitive empruntée à Franju (voir *supra*, n° XXIII, note 2, p. 154) de l'abattage d'un cheval alors que le protagoniste traverse une enfilade de pièces vides.

4. Dans « Au point mort de sa vie » (*Positif,* n° 159, mai 1974), Georges Franju déclare notamment : « [*Un homme qui dort*] est un film qui peut être refusé mais restera incontestable, et que je tiens pour une exceptionnelle réussite de cinéma onirique. »

justifié. Il fait ses comptes, il va dans des endroits réels, on est toujours dans Paris, c'est-à-dire la grande ville, dans des endroits précis, reconnaissables, qui ne sont pas des endroits touristiques. C'est un film très réaliste et la couleur aurait été très, très dérangeante sur ce plan-là.

Quel est le rôle de la voix dans la conception du film ?

B. Q. — Il y a d'abord la recherche de la neutralité chez les deux acteurs. Sur Spiesser, il fallait arriver à le minéraliser complètement. On l'a choisi parce qu'il était capable d'accepter ça. En plus, acceptant d'être minéralisé, il n'avait pas l'air d'un con. Son indifférence, sa volonté de ne rien expliquer n'étaient porteuses d'aucune tristesse, d'aucun refoulement. Il arrive à jouer naturellement neutre, à jouer au présent. Pour le cinéma, c'est extraordinaire d'avoir un terrain si vierge, d'arriver à exprimer au présent.

Pour la voix, c'était l'attitude contraire. On a pris une actrice du Français parce que, pour moi, la neutralité dans la voix, c'est le contraire de Jean-Pierre Léaud. Jean-Pierre Léaud, ce n'est pas la neutralité, c'est l'ennui, c'est l'incapacité de jouer. Or en prenant une fille comme Ludmila Mikaël, qui sait jouer, qui a l'habitude de jouer un texte, on pouvait travailler sur la voix et arriver à la neutralité. On ne lui a pas montré le film, on a travaillé le texte. Il n'y avait que nous qui savions la progression qu'il allait y avoir. On a commencé par : « Ton réveil sonne », et petit à petit, on l'a laissée faire des choses. On l'a laissée jouer de plus en plus. Au moment de « l'inquiétude », elle avait tellement refoulé toutes ses possibilités de jouer que, quand ça a été libéré progressivement, on arrive à cette espèce d'apothéose incroyable, d'explosion, d'éjaculation du texte qui est, à mon avis, formidable.

Je reviens sur le fond du film, en particulier sur la fin, les dernières images. Qu'avez-vous voulu y mettre, vous, en sachant que vous avez voulu laisser le spectateur y mettre une part de lui-même ?

G. P. — Tout ce qu'on peut dire, c'est qu'il retourne dans la ville, qu'il a fait son chemin. Il a refusé d'être complètement coupé du monde, absent au monde. Et puis au bout d'un temps assez long, il ne voit pas d'issue à cette situation. Alors il revient. Il est difficile d'en dire autre chose.

B. Q. — Sur le fond, on n'est pas d'accord. C'est ce qui est bien dans ce film, c'est vraiment une coréalisation. Cette fin ouverte est le reflet de notre désaccord profond. Ni moi ni Perec n'avons voulu donner un sens personnel à cette fin. Il se trouve que le film reste ouvert. Qu'est-ce que raconte le film ? Pourquoi peut-on accepter l'un et l'autre qu'il reste ouvert ? En fait, ce film, c'est l'aventure symbolique d'un refus. Ce n'est pas le refus par la drogue, par la fuite. Le spectateur s'identifie, finalement, à la neutralité du personnage. Il se décharge de ses propres fantasmes. Pour moi qui le charge de mes propres fantasmes, le personnage se retrouve dans la ville. Il se retrouvera dans sa chambre de bonne, il n'aura rien résolu, il ne se sera rien passé. Il sera exactement pareil si ce n'est que, cette fois, s'il revit la même expérience, ou il deviendra fou ou il se suicidera. Le film est complètement pessimiste. C'est ma vision personnelle du film, mais elle n'est pas exprimée réellement.

G. P. — Pour moi, il a fait le tour d'une possibilité. Il est maintenant réuni à lui-même et réuni à la vie, et quand il revient à la ville, c'est qu'il est maintenant capable d'affronter le monde.

On a quand même donné deux indices, qui ne sont pas contradictoires d'ailleurs. Une des premières choses qu'on a décidée, c'est que la fin du film serait un plan-séquence, un plan long, alors que tout le reste du film serait fait de plans généralement très courts. À la fin du film, il y a en tout cas une idée de réunion. On lie les façades les unes aux autres, on parcourt un espace, et on réintroduit le personnage dans la ville. Le deuxième indice, c'est que le premier plan et le dernier sont le même : le film se boucle. On ne se retrouve plus dans un domaine de rupture, on se retrouve ensemble, il y a une unité, même si cette unité est contradictoire, même si c'est une unité qui implique, qui exige le combat.

XXVII

« Un bonhomme qui dort ne peut pas arrêter le temps »

Titre complet : « " Un bonhomme qui dort ne peut pas arrêter
le temps. " Entretien avec Georges Perec et Bernard Queysanne »,
propos recueillis par Jacques Grant, *Cinéma 74*, n° 189, juillet-août 1974.

*

J'ai personnellement vu votre film comme une illustration d'une expérience psychédélique, tout au moins comme correspondant à ce qui peut se passer lors de ces expériences, où l'on devient indifférent au monde, où l'on se croit maître du monde parce qu'en fait tout s'arrête, et où finit par naître l'angoisse. En ce sens, Un homme qui dort *me paraît être un prolongement, une réponse, à* La Montagne sacrée[1] *; en ce sens,* Un homme qui dort *me paraît pouvoir être considéré comme film de la jeune génération…*

G. P. — C'est intéressant, mais c'est la première fois qu'on me dit une chose pareille… À vrai dire, dans le livre, le personnage fuit dans les hallucinations qui viennent au moment du sommeil… Et il est vrai que ces hallucinations, qui ont été décrites par Michaux[2], ressemblent à celles qu'on peut obtenir avec la mescaline ou autre…

B. Q. — Le fait que le personnage ne se drogue pas et qu'il arrive au même résultat que s'il le faisait est très important, et c'est là où je trouve que le film est

---

1. *The Holy Mountain* ou *La montaña sagrada* (États-Unis/Mexique, 1973, sortie à Paris : janvier 1974), film d'Alexandro Jodorowsky qui met en scène une quête initiatique où le réalisateur donne libre cours à son goût de l'ésotérisme.
2. L'écrivain a décrit de façon quasi clinique son expérience de la mescaline dans plusieurs recueils, dont le premier en date, *Misérable Miracle* (1956), est évoqué dans le roman *Un homme qui dort* (p. 44 ; le passage n'est pas repris dans le film). On notera qu'Éric Duvivier, gérant du cinéma *Le Seine*, a réalisé avec Michaux le film *Images du monde visionnaire* (1963).

symbolique. Symbolique aussi bien de la fuite dans la drogue, que de la fuite dans la campagne ou à Katmandou.

G. P. — Le film peut être considéré aussi comme le compte rendu d'une expérience psychanalytique…

Justement: on dit beaucoup que la drogue et la psychanalyse ont la même fonction.

G. P. — Il s'agit en tout cas de quelqu'un qui plonge dans une crise, qui en fait le centre de son monde, et en sort. Le thème de l'enfance revient d'ailleurs souvent. Mais de toute façon, les interprétations sont ouvertes! L'important, c'est que le spectateur soit concerné à un niveau ou à un autre, et c'est pourquoi à aucun moment le discours n'est bloqué sur quelque chose de précis, comme par exemple l'entrée dans la folie, dont la précision thématique ruine la fin d'un film pourtant fort intéressant comme *La Vie à l'envers*, de Jessua[3] – car le problème n'est pas de devenir fou ou de fuir, c'est de se colleter avec le monde, savoir comment on y est.

Que pensez-vous des théories selon lesquelles l'homme doit s'efforcer d'être en harmonie avec l'univers ?

G. P. — Il y a un autre film plus ancien, *Roue de cendres*, de Goldman[4], qui montre un étudiant qui se retire du monde, supprime les meubles de sa chambre, refuse de voir sa petite amie, etc. – bref, qui tend au nirvana. Pour moi, c'est complètement opposé à ma vision du monde et à la recherche que le personnage entreprend dans *Un homme qui dort*, où il est confronté à un monde qu'il ne supporte pas – se mettre en harmonie avec ce monde, ce n'est pas pos-

---

3. *La Vie à l'envers* (France, 1964, prix de la Première œuvre au Festival du film de Venise, sortie à Paris: juin 1964), film d'Alain Jessua où un agent immobilier parisien se retire progressivement de la vie sociale et s'enfonce dans la schizophrénie. Évoquant sa première rencontre avec Perec, Michel Rybalka se souvient : « Perec avait lu mon compte rendu d'*Un homme qui dort* [paru en février 1968 dans *The French Review*] et il me dit que j'avais eu raison de relever l'influence du film d'Alain Jessua, *La Vie à l'envers*, sur son livre » (« Du marché aux timbres à la guerre du Viêtnam », p. 44).

4. *Wheel of Ashes* (États-Unis, 1968, sortie à Paris: février 1971), film de Peter Emmanuel Goldman, dont le titre est une allusion directe au Samsara, la roue de la mort et de la réincarnation. Ce film rare, censuré un temps en France (on y voit notamment une scène de masturbation), raconte l'histoire d'un jeune homme, épris de spiritualité et attiré par les mystiques bouddhique et indienne, qui déambule dans Paris en essayant de trouver un sens à ses diverses rencontres avec des prostituées et des filles qui couchent avec lui sans enthousiasme. Après sa rencontre avec une jeune Danoise, bientôt enceinte de lui, qu'il quitte pour mieux se perdre dans la contemplation, le héros se cloître dans une chambre et finit par être la proie d'hallucinations. La naissance d'un fils, dans lequel il voit comme une réincarnation, un prolongement de lui-même, le ramènera peut-être à l'amour et à la vie. Un compte rendu signé J. A. écrit après une projection au Festival de Venise (1968) analyse le film en ces termes: « Si le cinéma que pratique Goldman est essentiellement provocant, c'est […] par la simplicité (la "pauvreté en esprit") des moyens qu'il met en jeu. Cinéma fondamentalement étrange, comble conjoint d'extrême vérité de la description (le premier film peut-être à donner un sentiment juste de certains quartiers de Paris: Saint-Germain, les Halles, les boulevards entre République et Bastille — et surtout certain micro-milieu oscillant entre la place Saint-Michel et Shakespeare & Co) et d'extrême "intériorité" (quel autre mot pour cette méditation sur la "chair", y compris toutes les connotations mystiques, physiques, voire littéraires) » (*Les Cahiers du cinéma*, n° 213, juin 1969, p. 14).

sible – et avec une idée différente du monde qui pourrait exister sous ce monde-là ou au-dessus – ça ne lui vient pas à l'esprit. Ce qui lui vient à l'esprit, c'est d'arriver à une étape de neutralité qui ne relève d'aucune idéologie.

C'est ça qui est à la fois la caractéristique du film et son articulation, c'est ce qui lui permet de progresser, parce que s'il trouvait quelque chose qui ressemble à une vérité dans son indifférence ou dans sa neutralité, ou dans son accession vers une forme de spiritualité supérieure, à ce moment-là, il s'enliserait, le texte perdrait son aspect de constat et cesserait de nous concerner.

Vous parlez de recherche… Je crois en fait qu'il n'y a pas de recherche de la part du personnage du film.

G. P. — Ce qu'il fait, il veut le faire. Il se laisse aller, mais par rapport à lui-même, il est toujours témoin de ce qui se passe, il est spectateur de sa propre indifférence : il est bien à la recherche de quelque chose ! Et c'est même pour ça qu'il finit par trouver cette angoisse devant un monde complètement déserté – déserté par lui-même, les habitudes, les idéologies. Quand il ne reste du monde que des images inertes et vidées, le bonheur et l'angoisse coïncident tellement que naît toute la série des fantasmes qui va l'éjecter en dehors de cette illusion.

Vous pensez que c'est une démarche exemplaire ?

G. P. — Elle est d'abord rigoureuse. Parce qu'elle prend une situation, va jusqu'au bout de cette situation, et la rend la plus générale possible. On peut dire *à ce moment-là* qu'elle est symbolique. Mais elle n'est pas *au départ* symbolique de quelque chose. Le symbole, elle le trouve à son aboutissement. La fin de ce film devient la marque d'un certain désarroi contemporain en face du monde contemporain. Ça, on le montre sans s'accrocher sur des thèmes trop connus, mais à un niveau élémentaire, fondamental. C'est-à-dire que ça s'accroche sur la façon dont quelqu'un fait des gestes élémentaires.

Donc, vous ne vous référez à aucune idéologie…

G. P. — Ça se passe à un niveau existentiel, c'est-à-dire *avant* la naissance d'une idéologie qui va venir recouvrir ce qui se passe…

Qui doit *venir ?*

G. P. — C'est ce qui se passe dans la vie, en général. Je pense que tout le monde traverse ce type de crise. Quelque chose arrive, qui fournit l'esquisse d'une solution. Ce que dit le film, c'est que le nihilisme ni le désespoir ne sont une solution. Le monde peut nier l'individu – ça arrive souvent – mais l'individu, lui, ne peut pas nier le monde. Un bonhomme qui dort ne peut pas faire que le temps s'arrête. Il y a un texte de Kafka où il fait un appel à l'indifférence pour que le monde se découvre ; mais plus loin, il dit : « Dans le combat entre le monde et toi, seconde le monde » : il faut pouvoir aller jusqu'à affronter le monde contre soi.

Si le film peut paraître ambigu à certains, c'est parce qu'il ne dit pas si nettement de quoi les choses sont faites ; il reste très discret, pour être entièrement ouvert.

L'angoisse est indispensable pour être conscient de sa place dans le monde ?

G. P. — Ah ! oui. L'angoisse existentielle comme fondement de la conscience de soi…

B. Q. — Georges pense en effet que le personnage, à la fin du film, a appris quelque chose. Je pense au contraire qu'il a vécu une expérience « de moins », si je peux dire : il ne pourra pas se référer à cette expérience, il ne peut que s'engager dans la société, ou se suicider. Il revient au même point. Il a perdu son temps, il a perdu un an de sa vie. Le spectateur, il sait maintenant ce qu'il ne faut pas faire !

Qu'est-ce que la littérature manipule que le cinéma ne peut manipuler, et vice versa ?

G. P. — Ce que la littérature manipule surtout, c'est le temps – ne serait-ce que le temps de la lecture –, alors qu'avec le film, on est dans une durée absolument imposée. Mais avec le film, par contre, on a l'espace, le relief, la palpation – les choses sont en place. Le pouvoir onirique est beaucoup plus fort qu'avec l'écriture.

Pas sûr : voyez Lovecraft !

G.P. — Oui, mais parce que c'est quelque chose d'abstrait, ou d'inventé.

B. Q. — Moi, je trouve, au contraire de Georges, que pour les objets, la littérature est plus onirique que le cinéma : les mots font entièrement appel à l'imagination. Je ne suis pas d'accord non plus sur le temps : il m'est arrivé de le manipuler, moi aussi, en tant que cinéaste. Prenons par exemple la partie du film ou le texte est au présent : en fait, le film est intemporel, il n'y a donc pas de présent, et pourtant tout est au présent, aussi bien l'image que le texte. C'est dû au fait que l'image montre quelque chose et que le texte en parle après, c'est-à-dire que le texte devient futur et l'image devient passé ; quand ils se raccrochent l'un sur l'autre, ça fait un présent artificiel, parce que c'est presque un hasard. De la même façon, on a créé un présent artificiel en jouant sur le rythme, en montant des séquences sur le rythme du texte, sans que les choses aient directement à voir les unes par rapport aux autres, c'est-à-dire qu'une énumération de mots correspond à une énumération d'images qui n'ont rien à voir avec eux. Si, vraiment, on peut jouer avec le temps au cinéma !

Mais alors, Georges Perec, aviez-vous vu *votre livre en images, pour avoir eu envie d'en faire un film ?*

G. P. — Au départ, ce fut le plaisir de tenter une gageure : pas d'histoire, pas de dialogue, un seul personnage — tout ce qu'il fallait pour ne pas faire un film, surtout pour moi, pour qui le cinéma c'est le western et la comédie musicale[5]. J'ai mis très longtemps à comprendre pourquoi j'étais persuadé, au moment même où je l'écrivais, que c'était un thème, ou un monde cinématographique, visuel. En fait, la nécessité du film vient de ce qu'il peut y avoir une correspondance entre le texte tel qu'il est raconté et des images qu'on inventerait à ce moment-là, parce que ça permettrait de mettre à la fois des images très proches et des images très lointaines, c'est-à-dire susciter un deuxième discours au niveau de l'image, et même un troisième au niveau de l'environnement sonore. C'est un peu comme quelqu'un qui aurait fait une pièce de théâtre et qui s'aperçoit que si on en fait un opéra, il y aurait quelque chose de plus et de différent. De même, on a transformé le texte très littéraire, très linéaire, on en a fait une charpente textuelle, et à partir de cette trame littéraire, on a fait un film qui est une lecture cinématographique[6].

B. Q. — Un exemple très précis révèle bien notre communauté et complémentarité d'appréhension de cet univers. Vers le milieu du film, il est un moment où il n'y a plus de texte. Le personnage est arrivé à se dégager à la fois de la ville, de lui-même et du texte – c'est-à-dire que c'est un moment où le cinéma et la bande sonore prennent le relais du texte. Et cette séquence-là, où sa neutralité commence à ne plus être du bonheur mais de l'angoisse, on a mis très longtemps à la trouver : moi, je voyais ça en mouvements et travellings, et Perec voyait au contraire une suite de plans fixes et d'énumérations. C'est finalement le mélange des deux – travellings sur l'homme cadran solaire, sur les rues vides, sur l'île des Cygnes, etc., coupés par des énumérations – qui a donné le rythme de l'angoisse.

Georges Perec, pourquoi avez-vous pensé à Bernard Queysanne, qui était quasi inconnu ?

G. P. — Il n'était pas inconnu pour moi ! — c'était un ami. Et je savais que le monde d'*Un homme qui dort* lui était familier.

B. Q. — Moi, je n'ai pas encore assimilé le fond du film, sur le plan de ses rapports avec les spectateurs. On l'avait conçu comme une gageure, et voilà

---

5. On sait que dans *Les Choses*, Jérôme et Sylvie sont, à l'instar de Perec, peu adeptes du « cinéma dit sérieux » mais manifestent en revanche « une sympathie presque exagérée pour les westerns, les thrillers, les comédies américaines [...] » (Iʳᵉ partie, ch. IV, p. 53). Perec a consacré plusieurs notes de lecture à ces genres cinématographiques : « Évidence du western » en 1966, « Des comédies au rabais » (sur la comédie musicale américaine) et « Cyd Charisse m'était contée » en 1978.
6. Rappelons que « *Un homme qui dort*. Lecture cinématographique » est le titre d'un article de Perec paru en avril 1974.

qu'il touche des tas de gens. On sait qu'on a travaillé sur le rythme, sur la fascination, sur la rigueur, sur la neutralité, et on savait que sur cette neutralité,
quelques personnes se projetteraient – c'est un peu le coup de l'auberge espagnole. Mais voir que les gens projettent à ce point eux-mêmes, leurs enfants,
leurs voisins, leurs copains, c'est très dur, pour le moment, à maîtriser... En
plus, la neutralité de notre acteur fait que le spectateur peut s'identifier complètement à lui.

*Je croyais que le spectateur s'identifiait au contraire à des héros très marquants, posi-
tifs ou négatifs, ce que d'aucuns considèrent sommairement comme un des « dangers » du
cinéma...*

B. Q. — Eh bien justement, c'est fabuleux ce pouvoir du cinéma, qui fait
qu'on peut se projeter dans la neutralité !...

« "Busco al mismo tiempo lo eterno y lo efímero."
Diálogo con Georges Perec »
Propos recueillis par Jorge Aguilar Mora, « La cultura en México »,
supplément littéraire de la revue *Siempre* (Mexico), 1974
(traduction de l'espagnol par Éric Beaumatin).

Ce n'est pas le premier entretien que Jorge Aguilar Mora, écrivain mexicain dont le premier roman, Cadáver lleno de mundo, *a paru en 1971 (México, Editorial J. Mortiz), ait réalisé avec un écrivain français, membre de l'Oulipo de surcroît, qu'il admire. En mai 1974, alors même qu'il traduit* Les Fleurs bleues, *Aguilar Mora a en effet publié dans le supplément de la revue* Siempre, *dont il est alors membre du comité de rédaction, un entretien avec Raymond Queneau réalisé lors d'un passage à Paris. C'est Queneau, nous a-t-il expliqué, qui l'a mis en contact avec Perec. L'entretien avec Perec, de même que celui avec Queneau («Diálogo con Raymond Queneau, gran sátrapa del colegio de patafísica, con Jorge Aguilar Mora »,* Siempre, *vol. 1089, 8 mai 1974) a été repris dans un recueil des travaux d'Aguilar Mora intitulé* La Otra Francia *(México, Fondo de Cultura Económica, « Cuadernos de La Gaceta », n° 20, 1986).*

La rencontre avec Perec a lieu dans un café du boulevard Saint-Germain, très près du siège des éditions Gallimard, probablement en juin 1974. Selon sa méthode habituelle, Aguilar Mora a rédigé en français les notes prises durant la conversation et les a soumises à Perec pour approbation ; il les a ensuite traduites en espagnol pour les intégrer dans un article mêlant récit de la rencontre, commentaires et citations.

À la date où paraît cet entretien — accompagné des rêves n°s 38 et 84 de La Boutique obscure *et de quatre extraits d'*Espèces d'espaces *donnés en traduction —,* Les Choses *est le seul ouvrage de Perec traduit en espagnol :* Las Cosas. Una historia de los años sesenta *(1967). L'entretien a été accordé avant que Jorge Aguilar Mora n'ait reçu* Espèces d'espaces *; aussi n'en est-il pas fait mention dans les échanges entre les deux hommes. On n'oubliera pas en lisant les propos de Perec qu'il s'agit ici d'une traduction de traduction. On notera également qu'il faudra attendre décembre 1978, et le* *succès de* La Vie mode d'emploi, *pour trouver dans la presse française un entretien accompagné, comme celui-ci, d'extraits d'*Espèces d'espaces *(n° XLVII); on en trouvera un second exemple dans* Macadam *en février 1979 (vol. II, n° XLIX) — à propos de la réception d'*Espèces d'espaces, *voir* supra, *p. 140.*

*

*[Jorge Aguilar Mora : longue présentation des trois premiers romans de Perec. À propos d'*Un homme qui dort :*]*

Je trouve que c'est ce que j'ai écrit de mieux, *dit Perec, un verre de bière irlandaise à la main.* De plus, c'est avec ce livre que j'ai définitivement affirmé que je n'écrirais jamais deux livres semblables. Avec *Les Choses,* on m'avait pris pour un romancier sociologue, et je me suis donc empressé de publier le *Petit Vélo,* ne serait-ce que pour rompre avec cette image.

Après avoir bu, il caresse sa barbe de faune satyre, qu'il cultive aussi pour se ménager des visages différents, chacun différent du précédent.
Et il n'attend pas la question suivante :
Vous voyez, mon premier souci, vraiment, quand je commence un livre, c'est que je ne veux pas écrire deux livres semblables. Pour moi, la littérature universelle est comme un puzzle. Là, au milieu, ou sur un bord, je m'aperçois qu'il manque une pièce, et cette pièce est mon œuvre. Tout ce que j'écris alors vise à remplir cet espace. Cette pièce est contiguë à certaines et reste très loin de certaines autres ; de sorte qu'il y a des œuvres dont je me sens proche, voisin, et d'autres dont je me sens très éloigné.

Est-ce pour cela que dans nombre de vos livres vous n'utilisez qu'un seul pronom personnel ? Dans Les Choses, *tout est à la troisième personne du pluriel ; dans le* Petit Vélo, *à la première du pluriel et dans* Un homme qui dort, *à la deuxième du singulier…*
Oui, en partie, *dit Perec, qui ne veut pas entrer dans des détails techniques et paraît soudain inquiet de délimiter sa propre œuvre à grands traits* ; mais je crois qu'il y a également autre chose : c'est la façon dont je vois mon œuvre, dont je travaille. Il y a des œuvres que je me représente comme des moyens [*medios*], comme des œuvres belles et réussies ; et d'autres qui tentent de répondre à la question : pourquoi est-ce que j'écris ? Évidemment, je ne dis jamais pourquoi j'écris : tout ce que je dis, c'est que j'écris, comment j'écris… C'est-à-dire que certaines œuvres sont en réalité le produit d'une nostalgie, et d'autres le produit d'une recherche. *Les Choses, Un homme qui dort* et un autre roman que je suis en train de préparer sont de la première sorte ; en revanche, le *Petit Vélo* est un exercice

de rhétorique, ou de style, à la façon de Queneau; *La Disparition* aussi est un exercice, et mon dernier livre, *La Boutique obscure*, relève également de la recherche, parce que je voulais savoir ce qu'il en était de l'écriture des rêves. Bien des «rêves» de *La Boutique obscure* n'ont pas été vraiment rêvés, mais j'essaie d'atteindre à une rhétorique du rêve, sans la moindre interprétation. Vous voyez, en en parlant avec des amis au moment où j'écrivais le livre, je me suis rendu compte, que, de même qu'on écrit tous des poèmes d'adolescents, tout le monde écrit ses rêves. D'une certaine façon, j'ai été surpris d'apprendre que Raymond Queneau a écrit plusieurs volumes de rêves, et je trouve dommage qu'il ne veuille pas les publier[1]; et c'est la même chose pour plusieurs amis, qui ne sont pas même écrivains.

Tout est donc autobiographique?

Oui, toutes mes œuvres sont autobiographiques. Les unes constituent mon autobiographie d'écrivain, d'autres sont autobiographiques. Les unes constituent mon autobiographie d'écrivain, et les autres celle d'un homme préoccupé par la recherche d'argent pour vivre (*Les Choses*, par exemple), ou par la mort (*Un homme qui dort*). Tout consiste à parcourir un chemin ou à remplir un espace. Et, comme je vois deux versants à mon œuvre, j'en vois deux dans la littérature ou dans l'art en général. Klee et Picasso illustrent très bien ce que je veux dire. L'œuvre de Picasso est toujours pareille, elle est comme une variation sur un même tableau, malgré la diversité des techniques utilisées. En revanche, chez Klee, chaque tableau est différent, chaque tableau est la résolution d'un problème différent. Je fais partie des artistes comme Klee[2].

---

1. On trouvera de très nombreuses transcriptions de rêves dans les journaux intimes de Queneau aujourd'hui publiés (*Journaux 1914-1965*, 1996). On sait par ailleurs que Queneau a rédigé en 1973, sous le titre «Des récits de rêves à foison» (*Les Cahiers du Chemin*, n° 19, 15 octobre 1973, repris dans *Contes et propos*, 1981), des «faux récits de rêves» qui lui ont été suggérés par la publication de *La Boutique obscure* (voir la chronologie donnée dans: Raymond Queneau, *Œuvres complètes*, tome 1, p. LXXVIII, et Anne-Isabelle Queneau ed. *Album Raymond Queneau*, p. 262-263). Une note finale présente ainsi l'entreprise: «Naturellement aucun de ces rêves n'est vrai, non plus qu'inventé. Il s'agit simplement de menus incidents de la vie éveillée. Un minime effort de rhétorique m'a semblé suffire pour leur donner un aspect onirique. / C'est tout ce que je voulais dire» (p. 278).

2. En 1979, dans l'entretien avec Jean-Marie Le Sidaner, Perec affirme: «si un peintre a influencé mon travail, c'est Paul Klee, mais je ne sais pas exactement comment» (voir vol. II, n° LVIII, p. 95), et quand en 1981 il répond au questionnaire de Proust, c'est Klee qu'il désigne comme son peintre préféré (voir vol. II, n° LXXIII, Complément, p. 196). Mainte fois réaffirmé par ailleurs, l'intérêt pour Klee est ancien: en août 1959, au cœur des débats théoriques de *La Ligne générale*, Perec rédige une «Défense de Klee» (pub. posth. 1996) en réponse aux réserves formulées sur le peintre par Pierre Getzler (voir *CJL*, p. 475-6). C'est avec ce dernier qu'à l'automne 1964, il séjourne une semaine en Suisse pour admirer les œuvres du peintre (voir «Voyage en Suisse avec Pierre», pub. posth. 1996). En 1976, dans la «Tentative de description d'un programme de travail pour les années à venir» (pub. posth. 1985), Perec mentionne en troisième place *Le Voyage à Kairouan*, «peut-être un roman épistolaire» qui «raconte le voyage que Klee, Moilliet et Macke firent en Tunisie en avril 1914», en précisant toutefois que «le roman n'est pas centré autour du personnage de Klee, mais autour de Macke». L'inventaire de la bibliothèque de Perec fait état d'une quinzaine de titres de Klee ou sur Klee. Rappelons enfin qu'une phrase des *Pädagogisches Skizzenbuch* est mise en exergue au Préambule de *La Vie mode d'emploi*.

[Suit une présentation de La Disparition *par Jorge Aguilar Mora.]*

Pour écrire *La Disparition*, j'ai dû me changer en horloge : pendant un an, j'ai écrit huit heures par jour à raison de six lignes par heure. Je n'ai interrompu ce rythme que pour participer aux événements de Mai 68.

Puis est venu le « reste » de cette écriture sans « e » : Les Revenentes, *un petit roman écrit seulement avec des « e », qui raconte un vol de bijoux en Angleterre, par une bande passablement inconséquente — la truculence même avec une seule voyelle.*

Je n'accorde pas beaucoup d'importance à cette œuvre, c'est comme une blague, voilà tout.

Il y a tout de même dans ce roman une phrase, peut-être celle que j'aime le plus de tout ce que j'ai écrit, et qui dit : «Je cherche en même temps l'éternel et l'éphémère[3].» Je trouve cette phrase extraordinaire. Pas vous?

Mais cette phrase n'est-elle pas fatale, en un certain sens, puisque pour ainsi dire imposée par la logique même de n'écrire qu'avec la voyelle « e » ?

Bien entendu. Mais il n'y a pas de mal à être un artisan de la littérature. Au siècle dernier, avec le Romantisme, on a falsifié la littérature française : on a fait oublier qu'auparavant la littérature était un travail d'écriture — d'expérimentation. Maintenant, on donne trop d'importance à l'écriture, peut-être parce qu'on en a peur.

À l'Oulipo, auquel j'appartiens, nous essayons de réinventer des façons d'écrire, de suivre les règles du jeu et de l'écriture.

[Jorge Aguilar Mora : La Disparition, Les Revenentes, La Boutique obscure *et* Ulcérations *comme œuvres oulipiennes.]*

En ce moment, je travaille à un roman qui sera la description d'un immeuble. Supposez que l'on enlève la façade de l'immeuble, et nous nous retrouvons avec une sorte d'échiquier de dix sur dix.

Le roman sera la description de ces appartements, ou de ces cases, mathématiquement disposés comme un carré magique d'Euler[4]. Le roman aura cent

3. *Les Revenentes* (1972) : «J'entends créer ! J'entends fère de mes fesses ce qe Klee fézé de ses encres, et Scève de ses vers, et Webern de ses thèmes ! Je cherche en même temps l'éternel et l'éphémère ! » (p. 114). Cette dernière phrase est mise en exergue au chapitre XCIX de *La Vie mode d'emploi*.
4. Il s'agit en l'occurrence du bicarré latin orthogonal d'ordre 10 qui sert de matrice combinatoire à *La Vie mode d'emploi*. Euler avait conjecturé la non-existence de bicarrés latins d'ordre 6 et 10 ; en 1960, les mathématiciens Bose, Parker et Shrikhande invalident son hypothèse et démontrent l'existence de bicarrés latins pour tout ordre autre que 6 et 2 (R. C. Bose, S. S. Shrikhande, E. T. Parker, «Further Results on the Construction of Mutually Orthogonal Latin Squares and the Falsity of Euler's Conjecture » ; pour plus de précisions, voir Claude Berge et Éric Beaumatin, «Georges Perec et la combinatoire »).

chapitres et, bien entendu, quoiqu'il se présente comme une description, la mobilité mathématique du carré en révèlera l'histoire.

Dans le bar où nous sommes assis [...], des amis passent et saluent Perec en me regardant d'une étrange façon ; arrive son épouse, et ils se donnent rendez-vous pour dîner. Perec commande la troisième tournée de bières irlandaises. Il continue à caresser sa barbe de faune, avec grande satisfaction : elle paraît être sa meilleure compagne de soirée.

Tout à coup, il reprend un thème dont il s'était écarté :

Joyce a montré qu'il est facile de détruire l'écriture ; le problème me paraît être maintenant de la réinventer. C'est pour ça que je suis à l'Oulipo. Je le répète, nous sommes des artisans.

Voyez-vous, il est très facile d'ouvrir le robinet et, lorsque c'est un génie qui le fait, on lui en sait gré ; mais quand on n'est pas un génie, mieux vaut ne pas l'ouvrir, vous ne trouvez pas ?

La pièce du puzzle, cette pièce que vous êtes en train de poser, quelles autres pièces borde-t-elle ? Et de quelles pièces vous sentez-vous éloigné ?

Je me sens proche de Queneau, de ce grand écrivain qu'est Leiris, de Butor, dont je me sens de plus en plus proche, à moins que ce ne soit lui de moi. De Beckett, j'aime les textes brefs, et de Pinget seulement les écrits de ses tout débuts. Avez-vous lu *Entre Fantoine et Agapa, Mahu ou le matériau*[5] ? Eh bien, c'est ce que je trouve de meilleur chez lui, et excellent. En revanche, avec Bataille ou Sade, je ne me sens pas bien du tout, je me sens mal à l'aise.

Et, parmi les écrivains contemporains, je n'aime pas du tout Sollers, j'ai l'impression qu'il n'y a là que du terrorisme, et voilà tout.

Nous nous séparons presque et mon bloc-notes est plein de titres d'œuvres ou de noms d'écrivains dont, lorsque je transcrirai cet interview, je ne me rappellerai pas ce qu'il m'en avait dit. Je me souviens bien mieux du mot qu'il a eu à propos de l'un de ceux qui l'avaient salué au bar. Nous sortons, les Éditions Gallimard à droite, le boulevard à gauche. Nous parlons, en passant, de Guyotat. Je lui cite Maurice Roche, et il dit :

Maurice Roche se croit génial, et je crois qu'il n'a pas tort. Mais c'est un génie dans le style de Picasso, qui refait toujours le même chemin.

Nous prenons congé à un coin de rue et, quelques jours plus tard, je reçois par courrier son livre Espèces d'espaces, *avec une photo qui confirme une fois de plus l'impression que son visage est comme son œuvre : le produit d'un artisanat qui ne veut pas se répéter.*

---

5. Les deux premiers ouvrages de Pinget, parus respectivement en 1951 et 1952.

La diversité de l'œuvre de Perec est à la fois tranquillisante et vertigineuse : d'un côté, elle se présente comme naturelle, comme manuelle, comme docilement matérielle, le processus de création s'y expose et les lecteurs que nous sommes ne peuvent que lui être reconnaissants de l'honnêteté et de la ténacité qu'il met à obéir à ce processus. De l'autre côté, c'est aussitôt le malaise, aussitôt le soupçon que cette matérialité apparemment froide pourrait cacher quelque ineffable peur de la mort et un bel amour de l'infini. La certitude suspicieuse que le plus important de chacune des œuvres de Perec puisse précisément être qu'elle délimite fort bien ce qu'elle n'est pas, qu'elle souligne toutes les innombrables formes qu'elle aurait pu avoir et qu'elle n'a pas voulu prendre. À une question sur la présence constante de la mort dans son œuvre, Perec répond en empruntant de grands détours par la plénitude :

Écrire tout sur tout, tous les lieux *communs* sur l'absence, la castration, la saturation…

Peut-être, au fond, ce qui définit le mieux cette tranquillité et ce vertige est-il cette phrase surgie « par hasard », imprévue, dictée par la règle du jeu de n'écrire qu'en « e » : « Je cherche en même temps l'éternel et l'éphémère. »

1975

En avril paraît W ou le Souvenir d'enfance *(n° XXIX), considéré aujourd'hui comme un livre clé pour la compréhension de l'œuvre tout entier (voir par exemple* La Mémoire et l'Oblique *de Philippe Lejeune, les monographies d'Andrée Chauvin et d'Anne Roche, ou le* Georges Perec *de Bernard Magné) et que Perec lui-même regardait comme son ouvrage «le plus important» (voir vol. II, n° LXXIII, p. 182).*

«On n'attaque pas la littérature concentrationnaire. Dès qu'un livre parle des camps, ou même, d'une manière plus générale, du nazisme, il est à peu près assuré d'être accueilli partout avec une certaine sympathie» avait écrit fort justement Perec en ouverture de «Robert Antelme ou la vérité de la littérature» (1963, repris dans LG*). De fait, l'accueil de* W ou le Souvenir d'enfance *ne déroge pas : si les comptes rendus sont relativement peu nombreux, ils font tous preuve à la fois de bienveillance et d'une gravité de circonstance. Matthieu Galey lui-même, qu'on ne compte pas d'ordinaire parmi les admirateurs de Perec, a lu un livre qui «pèse soudain le poids de sa déchirante vérité, plus éloquent avec ses suites et ses silences que s'il disait tout comme tant d'autres» («Des Mémoires en charpie»,* L'Express*, 28 juillet-3 août 1975). Cette unanimité a sa contrepartie : à l'évidence, l'ouvrage déconcerte et ses véritables enjeux sont peu ou prou escamotés. Jean Duvignaud considère* W *comme «un livre piège, à la fois confession et fiction, masque et révélation» ; un livre qui s'inscrit naturellement dans la lignée d'*Espèces d'espaces *et du film* Un homme qui dort*, tant «Perec ne s'interroge pas sur le souvenir», mais «déchiffre les traces vivantes de son être dans l'étendue d'un monde tour à tour distendu et rétréci». Après avoir rapporté le fantasme de la Terre de Feu à «l'"univers concentrationnaire" tel que le décrit David Rousset», et l'histoire de Gaspard Winckler à celle de «l'autre enfant déporté que [Perec] aurait pu être», Duvignaud affirme la réconciliation de l'écrivain avec son passé. En définitive,* W*, «livre fascinant et profond», «nous ramène à une inquiétude véritable : qu'est-ce que l'écriture peut ressaisir de notre vie ? Quelle relation établit-elle avec la mort ?» («Un livre à double piste»,* Le Nouvel Observateur*, 26 mai-1ᵉʳ juin 1975). Pour André Stil, le récit autobiographique est «marqué de la plus naïve volonté de réalisme», et «les incertitudes du souvenir ne sont pas loin de rapprocher ce réalisme et les compositions les plus folles» de la partie fictionnelle. C'est dans un second temps que l'on saisit «comment dans de petits détails comme dans les grandes choses, le réel d'une vie, et ses affabulations, ont pu se retrouver,*

décalques décalés, à l'insu du premier intéressé, dans la moins contrôlée des fictions »
(L'Humanité, 12 juin 1975). « Roman d'aventures élégant et inventif, le récit du
voyage à W [...] est sans cesse interrompu, brisé, éventré par un tout autre fantasme,
[...] le souvenir d'une enfance pendant la dernière guerre, l'enfance d'un petit Juif à la
vie dérisoire et désolée sans parents et sans sourire » — telle est la lecture de Jean-Marc
Roberts, pour qui W n'a rien d'un « collage savant et hermétique » : c'est tout au contraire
un roman « important » et « exemplaire », « le plus original qui ait jamais été écrit sur la
peur » (« Le roman de la peur », Le Quotidien de Paris, 13 juin 1975). Seule la lecture
de Claude Burgelin — qui rejoint au demeurant certains propos de Perec tenus à
Sarrebruck — aborde de front le récit et sa structure dédoublée. Dans l'accumulation des
« fragments éclatés de [la] possible autobiographie » de l'écrivain, « W représente aujour-
d'hui le bloc central », « peut-être le livre majeur de Perec ». D'autre part, « si W s'achève
sur des images très explicites de cauchemar nazi, ce sont toutes les mécaniques totalitaires
et notamment le système capitaliste, dont le fascisme n'est qu'une potentialité poussée à
l'extrême, qui sont ici symbolisées », car « à travers les faussement limpides paraboles pro-
posées, prolifère la pluralité des sens ». Quant à l'« écriture lisse » et « l'alternance des chapitres ou la déception causée par l'inachèvement de l'histoire de Gaspard », elles fonction-
nent « rétrospectivement » « comme les procédures brechtiennes de distanciation » en
empêchant « que le pathétique né de la biographie d'un orphelin à l'enfance tailladée par
la guerre ne reste à fleur d'émotion ou au ras d'un sens trop évident ». Autrement dit, c'est
« une nouvelle écriture (véritablement politique) de l'autobiographie qui est ici proposée »
(Les Temps modernes, octobre 1975). Notons enfin qu'au mois de juin, Perec est
invité sur France Culture dans l'émission De la nuit, où il évoque longuement la disparition de ses parents et la démarche qui l'a conduit à l'écriture de W ou le Souvenir
d'enfance.

Force est de constater qu'en dépit de cet accueil consensuel, le livre ne rencontre pas son
public — la réflexion sur la Shoah et l'ombre qu'elle porte sur les générations suivantes
n'est pas encore véritablement engagée. L'ouvrage constitue néanmoins une étape capitale
dans la reconnaissance de l'écrivain par ses pairs.

À signaler également : la parution en avril 1975 du premier volume thématique de la
nouvelle série de Cause commune, Le Pourrissement des sociétés, dans lequel Perec
publie « Tentative d'épuisement d'un lieu parisien » — manière de continuation du projet Lieux qui sera définitivement abandonné en septembre, ce texte est constitué de neuf
« descriptions » in situ de la place Saint-Sulpice rédigées en octobre 1974 —; la publication dans Présence et regards d'octobre 1975 d'un dossier Perec d'une dizaine de pages
où figure « Les Lieux d'une fugue », nouvelle autobiographique inédite datée de mai
1965 à l'origine du film réalisé en 1976 par l'écrivain (n° XXXI) ; la sortie de deux films
conçus pour la télévision et dont Perec a écrit les commentaires — 1930-1934, seconde
époque réalisée par Michel Pamart et Claude Ventura de la série La Vie filmée des
Français (diffusée sur FR3 le 1ᵉʳ août), et, au Canada, Ahô... Au cœur du monde

primitif, *de Daniel Bertolino et François Floquet, qui obtient le* Canadian Film Award *du meilleur long métrage documentaire.*

Sur France Culture, du 17 au 21 novembre, on peut entendre les cinq épisodes des Entretiens avec Maurice Nadeau, *produits par Perec qui tient également le rôle d'interviewer.*

XXIX

« Conversation avec Eugen Helmlé »

Conversation inédite enregistrée à Sarrebruck le 6 juin 1975
(transcription des propos de Perec par Mireille Ribière et Dominique Bertelli,
transcription et traduction de l'allemand des questions d'Eugen Helmlé par David Bellos).

À l'invitation d'Eugen Helmlé, Perec est à Sarrebruck pour enregistrer l'émission
Autoren im Dialog *où l'écrivain et son traducteur liront à tour de rôle des extraits en
français et en allemand de* W ou le Souvenir d'enfance. *La conversation transcrite ici
est enregistrée lors des essais techniques qui précèdent la lecture proprement dite.* Autoren
im Dialog *sera diffusé le 12 décembre 1975 par la Saarländischer Rundfunk.*

*

Eh bien, en fait, ce n'est pas moi... qui ai inventé cette relation entre le sport
et le système d'oppression dont l'aboutissement paroxystique est le camp de
concentration... J'ai toujours été frappé par quelque chose qu'il y avait de...
disons... d'ultra-organisé, d'ultra-agressif, d'ultra-oppressant dans le système
sportif ; et... l'une des premières images qui pour moi rassemble le monde nazi
et le monde du sport, ce sont les images du film de Leni Riefenstahl qui s'appelle
Les Dieux du stade[1]... Ensuite, il y a eu des événements comme ceux de Munich,
par exemple, les Jeux olympiques de Munich, où d'un seul coup on a vu quelque
chose qui, en principe, devait être une fête du sport, une fête du corps, devenir
le théâtre d'une très, très grande violence politique et... raciale[2]... Je me suis

---

1. Réalisé avec des moyens colossaux par l'égérie de Hitler, ce reportage de propagande national-socia-
liste en deux parties (*Olympia 1. Fest der Völker, Olympia 2. Fest der Schönheit*) sur les Jeux olympiques de
Berlin (1936) est sorti en Allemagne en 1938. On notera que l'expression «les Dieux du Stade» figure
deux fois dans *W ou le Souvenir d'enfance* (ch. XXIV, p. 161 ; ch. XXXVI, p. 219).
2. Pour plus de détails, voir *supra*, n° XX, note 5, p. 123.

beaucoup servi, d'une part, du texte de David Rousset sur les camps de concentration[3] où il parlait de quelque chose que par dérision on appelait « le sport », et puis des analyses de Wilhelm Reich qui expliquent comment le sport, qui, en principe, devrait être quelque chose de corporel — enfin, lié au bonheur du corps —, devient un instrument d'agressivité, de domination et d'exploitation[4]. Et c'est très net, je veux dire : quand par exemple, en France, Royer, candidat à la présidence de la République d'extrême droite[5], dit : « Il faut amener les jeunes gens dans les stades », on comprend très bien qu'il veut, en fait, les encadrer militairement. Il veut les dominer, les dompter, les priver de liberté et, en même temps, leur donner quelque chose qui va ressembler à ce que pouvaient être les camps de travail en France pendant la guerre, les chantiers de jeunesse, ou les jeunesses hitlériennes en Allemagne. Voilà… comment ça se passe.

Comment cela se fait-il que le déserteur français de ton histoire s'enfuie spécifiquement en Allemagne ? Est-ce que cela tiendrait peut-être à ce que tu voies dans la nouvelle Allemagne un lieu de liberté, un endroit où l'on puisse aujourd'hui de nouveau trouver un asile ?

Non, ce n'est pas… parce que je pense que l'Allemagne est un pays de… liberté, ce n'est pas non plus parce que je ne le pense pas. C'est parce que la figure centrale du livre W, c'est l'Allemagne. C'est cette figure qui est désignée. Mais, en fait, je ne parle jamais nommément de l'Allemagne, j'évoque, seulement, ce que ça a été pour… mes parents, tout le long de la guerre, au moment des camps et… Simplement, je voulais, dans le récit, que l'Allemagne soit présente, et dès le début, le fait de pouvoir utiliser des mots allemands, des mots de

3. *L'Univers concentrationnaire* (1946, rééd. 1965). Au dernier chapitre de *W ou le Souvenir d'enfance*, Perec cite un long passage de cet ouvrage, mais en y effectuant des coupures non signalées qui forcent la signification du texte original sur le sport : contrairement à ce que laisse supposer la citation tronquée, le livre de Rousset (ch. IV) ne traite pas à cet endroit de l'extermination des Juifs mais du camp « de répression contre Aryens » de Neue-Bremm, près de Sarrebruck.
4. Longtemps censurée en France, inspiratrice de Mai 1968 en matière de libération sexuelle et de nombreux mouvements libertaires des années soixante-dix, l'œuvre du psychanalyste dissident Wilhelm Reich est redécouverte en France grâce notamment à la traduction de l'essai de Herbert Marcuse, *Éros et civilisation* (1963) et à deux livraisons de la revue *Partisans* (n°s 32-33 : « Sexualité et répression », octobre-novembre 1966, et n°s 66-67 : « Sexualité et répression II », juillet-octobre 1972). La plupart des essais de Reich sont traduits en français entre 1968 et 1975. Si Reich s'attache à démontrer précisément que toutes les formes de répression de la sexualité sont des instruments essentiels de la production de l'esclavage économique, le sport est assez peu évoqué dans ses écrits traduits en français avant 1975 — on lira toutefois à ce propos un paragraphe de *La Révolution sexuelle* (1968, p. 174) dans lequel « la dérivation de l'énergie sexuelle par le sport » est analysée comme entraînant chez les sportifs de « graves troubles sexuels ». Il est possible en revanche que Perec se souvienne ici du numéro 43 de *Partisans* (juillet-septembre 1968) intitulé « Sport, culture et répression », et plus précisément de l'article de Ginette Bertrand, « Éducation sportive et sport éducatif », qui se propose d'étudier, en se référant plusieurs fois aux théories reichiennes, « l'essentiel des mécanismes de la répression sportive, et par conséquent de dénoncer le mythe de la prétendue éducation par le sport » (p. 76).
5. Ministre des Postes et maire de Tours, Jean Royer est candidat aux présidentielles de mai 1974 comme « porte-parole du conservatisme intégral » — il obtient 3 % des voix. Bien qu'il se soit illustré dans les années soixante-dix par ses prises de position rigoristes (sexualité, sécurité…), il est difficile d'affilier Jean Royer à l'extrême droite.

journaux allemands, des mots de villes allemandes, simplement le mot « allemand », me semblait comme une sorte de signe précurseur, quelque chose qui
allait donner une certaine tonalité au livre, une certaine sensibilité, qui allait
permettre à la fin de comprendre, disons, d'une manière plus sensible, que
toute cette histoire — qui est censée se passer sur une île de la Terre de Feu —
en fait se passe dans… dans un monde en feu qui était celui de… l'Europe pendant la guerre.

*Une partie de ta famille est morte dans les camps de concentration allemands. Qu'est-
ce que cela signifie pour toi aujourd'hui de revenir en Allemagne, qui est liée pour toi à de
si terribles souvenirs ?*

Pendant… [*Silence prolongé.*] Je suis venu pour la première fois en Allemagne
lorsque tu m'as invité à y venir, il y a neuf ans, en 1966[6] — j'avais trente ans —,
et de 1945 à 1966, j'ai refusé de venir en Allemagne. Et puis, en fait, d'une certaine manière, j'avais peur d'y rencontrer quelque chose qui serait comme les
vestiges, les souvenirs ou les survivances de ce qui y avait eu lieu ; et finalement,
ce ne sont pas les… — je sais bien qu'il y a beaucoup de Nazis qui sont vivants
en Allemagne aujourd'hui, même qui occupent des postes importants… — ce
n'est pas un problème d'individus, c'est un problème de système. Refuser d'aller en Allemagne, d'une certaine manière, c'était penser que je ne pourrais
jamais témoigner de ce qui était arrivé, ou assumer. Ça ne veut pas dire accepter. D'une certaine manière, si je viens en Allemagne, et si je viens parler de ce
livre *W*, c'est parce que je pense que pour moi, il est très important que ce livre
soit connu en Allemagne : parce que c'est à la fois une manière de témoigner et
peut-être de faire comprendre, d'ajouter quelque chose qui fera comprendre
comment le système concentrationnaire existe, et quel a été… le poids terrible
qu'il a fait porter à énormément de gens pendant toute la guerre, et encore
après.

*Crois-tu que l'existence de camps de concentration soit liée à certains systèmes poli-
tiques en particulier ?*

Eh bien, les camps, les camps de concentration, sont une manifestation à la
limite de… l'oppression. C'est-à-dire que l'extermination massive des gens est
le processus ultime, est la manifestation ultime d'un processus qui commence
à partir du moment où on refuse qu'il y ait des contradictions, des différences
entre les gens. Lorsqu'un pouvoir, une bureaucratie se sent trop faible pour
accepter qu'il y ait des gens qui ne pensent pas comme elle, se met à avoir peur

6. En novembre 1966, Perec se rend à Neuweiler, près de Sarrebruck, pour rencontrer Helmlé qui, après
avoir traduit *Les Choses*, travaille à la traduction de *Quel petit vélo…* ?. Pour plus de précisions, voir « OuLiPo-
an-der-Saar », d'Eugen Helmlé — qui se souvient que le lendemain de son arrivée en Allemagne, Perec
« avoua avoir passé la nuit torturé par des cauchemars » —, et David Bellos, *Georges Perec*, p. 370-371.

des gens qui ne pensent pas comme elle, se déclenchent des processus d'élimination, par tous les moyens, qui vont aller jusqu'aux camps. En général, ça ne
va pas toujours jusqu'aux chambres à gaz… mais ça va à l'extermination linguistique ou psychologique, ça va à l'interdiction à quelqu'un de… de pouvoir
vivre librement, de pouvoir penser, de pouvoir pratiquer sa religion, ses
croyances, ses rites. Alors, il y a un système politique… Je veux dire : les systèmes
fascistes sont ceux qui remplissent le plus les camps, enfin… Ce n'est pas dans
le Chili d'Allende qu'il y avait des camps mais dans le Chili de Pinochet ; ce
n'est pas dans le Portugal d'aujourd'hui mais c'est dans le Portugal d'il y a un
an ; c'est encore en Espagne ; ce n'est pas dans la Grèce actuelle mais c'est dans
la Grèce des colonels[7] ; et… finalement, chaque fois qu'un… pouvoir devient
extrêmement hiérarchisé, devient extrêmement monolithique, devient… se
charge d'une bureaucratie de plus en plus envahissante, il va y avoir quelque
chose qui va, pas nécessairement ressembler à des camps de concentration,
mais en tout cas qui va tendre vers… cette notion que celui qui n'est pas comme
toi, celui qui ne pense pas comme toi, qui n'a pas les mêmes cheveux que toi,
qui n'a pas les mêmes idées ou qui n'a pas le même comportement, celui-là il
faut l'éliminer comme si c'était une bête ou un rat, ou un animal. Finalement,
c'est ça qu'il y a de… Je veux dire : il y a des camps, d'une certaine manière, il y
a presque des camps dans la vie quotidienne. Les travailleurs immigrés en
France, par exemple, vivent dans une situation qui n'est pas un système d'organisation systématique d'extermination des gens, qui est un système d'extermination, d'élimination lent. Donc évidemment, pour moi, c'est lié à un certain
système politique, c'est surtout lié à une certaine forme, disons, de la pensée
occidentale qui n'admet pas qu'il puisse y avoir des hommes différents, c'est lié
à un système antilibéral, anti-tolérant.

*Tu as parlé de régimes fascistes liés à des camps de concentration, mais il y avait aussi
en Russie, surtout à l'époque…*
Il y a eu une époque…

… des camps de concentration, des camps d'extermination.
Il y a eu dans la Russie stalinienne toute une… Effectivement, on a déporté
massivement tout un ensemble de gens simplement parce que le socialisme
qu'il y avait en URSS, c'était un socialisme qui n'avait de socialiste que le nom.

7. Perec évoque ici des événements appartenant à une actualité plus ou moins récente : par le coup
d'état du 11 septembre 1973, Augusto Pinochet renverse le président socialiste du Chili Salvador Allende ;
au Portugal, la « révolution des œillets » met fin à la dictature de Marcello Caetano le 25 avril 1974 ; en
juillet 1974, la « dictature des colonels » s'effondre et Constantin Caramanlis rétablit la démocratie en
Grèce. Malgré la mort du général Franco, quelques mois après cet entretien, le 20 novembre 1975, il faudra attendre la Constitution démocratique de 1978 pour que l'Espagne rompe définitivement avec la dictature franquiste.

Et en fait, c'était surtout une lutte pour le pouvoir qui impliquait de la part de ceux qui détenaient le pouvoir, de Staline et de ceux qui l'entouraient, d'éliminer physiquement tous ceux qui ne pensaient pas la même chose que lui. Il y a eu des grands procès — là, il y avait encore une forme, disons, de discussion —, et puis ensuite, il y a eu ce processus aveugle qui s'est déclenché et qui a duré au moins jusqu'en... enfin, jusqu'au XXᵉ Congrès[8]. [*Murmures d'Eugen Helmlé.*] Oui, mais il y a des... Effectivement, il y a partout, y compris en URSS, il y a partout des moyens d'empêcher quelque chose qui semble contraire à l'idéologie dominante de s'exprimer. C'est un signe de faiblesse et de... c'est un symptôme extrêmement dangereux. La seule chose que je peux, disons, espérer, enfin, que je peux concevoir, c'est que le développement de ce pays sera suffisamment solide pour empêcher cette fixation autour d'un système concentrationnaire, autour d'un système d'extermination. Ce que c'est, en fait... il y a quelque chose que... Les camps de concentration sont une manifestation logique d'une pensée poussée à son... paroxysme et qui... existe dans la quotidienneté et puis qui, d'un seul coup, devient envahissante.

Dans ta description de la vie des athlètes de W, il est une fois dit : « Il ne sait pas où sont ses véritables ennemis[9]. » Cela donne l'impression qu'il a plusieurs ennemis. Alors, à ton avis, qui est ce véritable ennemi ?

Oui, enfin... En fait, l'athlète de W se bat contre d'autres athlètes à l'intérieur de son village et dans les autres villages. Il pense que c'est ça qu'il doit faire et il ne comprend pas que c'est contre ceux qui ont imposé ce mode de vie, ce type d'existence qu'il doit se battre et que, s'il les détruisait, les conditions dans lesquelles ce combat a lieu disparaîtraient. En fait, il en était exactement de même dans les camps : le grand principe de l'organisation des camps nazis, c'est que les SS n'avaient même pas besoin, à la limite, d'exercer leur terrible pouvoir : ils le faisaient exercer par des détenus auxquels ils donnaient une petite parcelle de ce pouvoir, ils en faisaient des chefs de bloc, des kapos ou des... et c'étaient des détenus comme les autres, souvent des détenus de droit commun, et parce qu'ils disposaient d'une petite parcelle de pouvoir, ils étaient encore plus féroces que les SS parce qu'ils risquaient de perdre cette minuscule liberté qu'ils avaient. Et de même, il y avait les... Les SS exacerbaient toutes les différences qu'il pouvait y avoir, par exemple entre des Polonais et des Russes, entre des... Juifs et des non-Juifs, entre des politiques et des droit commun ;

---

8. Rappelons qu'au XXᵉ Congrès du Parti communiste d'Union soviétique, qui se tient en février 1956 (en période de « déstalinisation »), le rapport Khrouchtchev authentifie les crimes de Staline (terreur, procès, existence des camps...) et dénonce le « culte de la personnalité ». Ce rapport reste néanmoins en partie secret, transmis aux seules directions des partis communistes. Sa publication en juin 1956 dans le *New York Times* (4 juin) et dans *Le Monde* (6 juin) eut un retentissement mondial formidable.

9. *W ou le Souvenir d'enfance*, chapitre XXXVI, p. 218.

mais le SS, lui, considérait de toute façon que tout ça, c'était de la merde, c'étaient des choses… de la vermine à exterminer. Mais ça l'amusait presque de voir qu'ils se dévoraient entre eux, qu'ils se battaient pour un bout de pain, pour un morceau de saucisse [10]. Et le véritable… Je veux dire : cela n'est que la paraphrase d'une… disons… c'est pas exactement une paraphrase, enfin, je veux dire : d'une idée centrale chez Marx, qui est que lorsque le prolétariat prendra le pouvoir, il se détruira comme classe et détruira en même temps la lutte des classes. Lorsqu'il aura vraiment vaincu son véritable ennemi, qui est la bourgeoisie, lorsqu'il se sera uni pour détruire la bourgeoisie, à ce moment-là, il n'y aura plus de lutte des classes puisqu'il n'y aura plus de différences entre les classes. C'est du moins… l'utopie marxiste. Parce qu'il est vrai que… si le prolétariat est la dernière des classes sociales — il y a eu le système esclavagiste, il y a eu le système féodal, il y a eu le système bourgeois —, le jour où il y aura le système prolétarien, à ce moment-là, il n'y aura plus de classes sociales, d'antagonisme entre les classes ; donc, en trouvant son véritable ennemi, le prolétariat détruira cet ennemi, et détruira les conditions qui ont fait que cet ennemi existait, qu'il était réel, au lieu de… qu'ils se battent entre eux. L'ennui, c'est que la lutte des classes et la révolution n'est pas un processus qui se fait une fois et puis qui s'arrête. Et ce que Marx ne prévoyait pas, c'est qu'il allait y avoir ce développement de la technocratie et de la bureaucratie, qui allait reconstituer une classe sociale.

[Interruption : essai de son en allemand.]

… sportive, racontait d'une manière tout à fait différente, sur un mode imaginaire, racontait mon enfance, ou… quelque chose que j'avais gardé de mon enfance. Alors, j'ai travaillé en quelque sorte dans trois directions : l'une qui était d'essayer de retrouver ce qu'on peut appeler la réalité, à savoir les faits, comment ça s'était passé ; et puis l'autre, qui consistait à savoir comment ça m'avait marqué, c'est-à-dire une sorte d'autobiographie du fantasme, d'autobiographie de l'inconscient, d'autobiographie de quelque chose qu'il y avait eu en moi, qui m'avait marqué, et dont W avait été une trace ; et puis aussi quelque chose qui serait de l'ordre de l'imaginaire, c'est-à-dire comment est-ce que l'imaginaire a pris en relais, a remplacé ce que précisément je n'avais pas pu vivre, comment est-ce que cette absence, cette absence de mes parents d'abord, et leur mort, comment est-ce que cela avait été pris en charge, comment est-ce que je l'avais pris en charge. Et ça m'a conduit à écrire… un récit extrêmement

---

10. Cette analyse du système d'oppression SS reprend la description qu'en donne Robert Antelme dans *L'Espèce humaine* (p. 10 notamment), à cette différence près qu'il n'y avait pas de Juifs reconnus comme tels parmi les détenus du *kommando* de Gandersheim.

neutre au point de vue de l'autobiographie, un récit dans lequel il ne se passe presque rien — il y a très peu d'événements —, mais qui est, disons, nourri par cette histoire bureaucratique, oppressante, de plus en plus terrifiante, de cette société de sportifs qui finalement deviennent des déportés dans un camp. Et les deux histoires sont comme des... miroirs qui s'éclaireraient, c'est-à-dire qu'elles n'ont pratiquement pas de rapport, sauf des petits, des petits mots dans l'une et l'autre qui les... rejoignent[11] — comme je disais tout à l'heure pour les mots allemands —, mais qu'elles sont vraiment comme... deux miroirs tournés l'un vers l'autre qui renvoient leurs images et qui font éclater chacun les deux récits à la lumière de... la première partie du récit *W* qui est, lui, vraiment une tentative de récit d'aventures et de roman... imaginaire à la manière de Swift ou de Daniel Defoe.

[Fin de la conversation enregistrée.]

---

11. À ce propos, voir Bernard Magné, « Les sutures dans *W ou le Souvenir d'enfance* ».

1976

L'année 1976 est marquée, en novembre, par une publication dont l'importance ne sera véritablement perçue que de manière rétrospective: Alphabets, recueil de cent soixante-seize onzains hétérogrammatiques illustrés par Dado (sur cette «non-collaboration», voir vol. II, n°LXXXV, p. 331). Fort peu nombreux, les comptes rendus critiques sont en revanche éclairés.

Après avoir évoqué la tradition poétique de la «jonglerie formelle héritée du moyen âge» et décrit avec précision la construction des hétérogrammes, Pierre Lartigue, poète lui-même et membre du collectif d'Action poétique, cerne les enjeux de l'entreprise: si elle ramène le lecteur à cette donnée première: «la poésie est un jeu», «la démarche n'a rien d'ingénu car c'est à force de ruses que [Perec] approche son secret»: nul besoin en effet «de chercher à déchiffrer longtemps» «ces petits rectangles» d'une «écriture compacte, serrée, noire, pour être saisi par le tragique qui s'y cache». Et de rappeler le précédent que constituent les dix-sept poèmes de La Clôture — recueil hors commerce distribué en janvier de cette même année dans lequel dix-sept hétérogrammes sont confrontés aux photographies de façades dévastées de la rue Vilin réalisées par Christine Lipinska — pour conclure en suggérant un lien, ne serait-ce qu'au niveau des titres, entre Alphabets et W («Que balbutie Perec?», L'Humanité, 23 décembre 1976). Pour Jacques Roubaud aussi, la démarche de Perec s'inscrit dans une tradition. Après La Disparition et Les Revenentes, «la contrainte d'Alphabets s'est faite, elle, numérique, et le texte, dans la logique un peu folle de la contrainte, est donc poésie, puisque la poésie est liée au nombre depuis les "temps incubatoires"». De plus, avec Alphabets, de «façon éminemment ironique», Perec «montre le bout d'une certaine oreille: à savoir ce à quoi sert, au-delà de l'incitation à écrire qui peut parfaitement prendre d'autres chemins individuels, le recours systématique à de telles machines d'écriture. Il s'agit du prolongement (légèrement tordu à vrai dire, quoique fidèle) de la démarche quenellienne (doit-on dire quenaquatique), celle de la Petite Cosmogonie portative, des Cent mille milliards de poèmes, à l'œuvre aussi, bien que plus dissimulée, dans les romans». Roubaud montre ensuite comment, alors que les textes lipogrammatiques de Perec «racontent la chute maudite du "e"» — la problématique du «e» dit muet est au centre de La Vieillesse d'Alexandre que Roubaud publiera en 1978 —, «Ulcérations, La Clôture, maintenant Alphabets ironisent la disparition de l'alexandrin». En conclusion, le «profit du lecteur» réside «dans l'enchantement constant de la langue, la densité des vocables que la règle a ici ensemble coagulés, comme autrefois sut le faire, aussi, [...] la vieille métrique» («Écrit sous la contrainte», La Quinzaine littéraire, 16-31 décembre 1976).

Le 8 mars paraît la première grille de mots croisés signée Georges Perec dans l'hebdomadaire Le Point — la publication, chaque semaine pendant plus de six ans, d'une grille accompagnée de la photographie de l'auteur tiendra un rôle non négligeable dans la reconnaissance publique de l'écrivain. Autres parutions notables : les cent soixante-trois premiers «Je me souviens» dans Les Cahiers du Chemin du mois de janvier, et la «Tentative d'inventaire des aliments liquides et solides que j'ai ingurgités au cours de l'année mil neuf cent soixante quatorze», dans le numéro thématique «La cuisine» d'Action poétique daté du mois de mars. En avril, Un homme qui dort est réédité dans la collection de poche «10/18».

Du 5 au 8 février, Perec est invité à Berlin pour un colloque littéraire franco-allemand où interviennent entre autres Michel Chaillou, Hélène Cixous, Jean-Marie Domenach, Eugen Helmlé, Jean Lescure, Bernard Noël, Claude Simon et Michel Tournier. Dans la série Fenêtre sur, Antenne 2 diffuse le 22 mars Les Chemins de Georges Perec : l'écrivain s'entretient à Belleville et à son domicile avec Viviane Forrester à qui il décrit avec force détails le principe du projet Lieux et quelques-uns des algorithmes qui règlent la structure de La Vie mode d'emploi alors en chantier.

XXX

« Le métier de chercheur »
Propos recueillis par Bruno Frappat, *Le Monde*, 13 octobre 1976.

Perec est interrogé dans le cadre d'une enquête sur les conditions de travail des chercheurs réalisée à Gif-sur-Yvette, où sont regroupés quatorze laboratoires du CNRS. C'est en effet à Gif-sur-Yvette que travaille Perec depuis l'incendie qui, en 1975, a détruit les locaux du CHU Saint-Antoine (XIIᵉ arr.) qui abritaient le Laboratoire Associé 38 de neurophysiologie.

*

[…] Mme Vibert, qui tente de déterminer la configuration des centres respiratoires du chat, est plus nette : «Ici, on fait de la recherche fondamentale, on n'a pas à s'expliquer : c'est pour la connaissance, point final. »

Mais alors, se dit Georges Perec, écrivain réputé, documentaliste depuis quinze ans parce qu'il faut bien vivre : «Pourquoi, moi qui travaille sur des mots, ne serais-je pas payé comme un chercheur ? Vous, *dit Perec aux chercheurs dont il gère la documentation,* vous faites des expériences pour aboutir à des articles, moi aussi. Comprenez que je sois jaloux ! » *Que la recherche n'ait pas à se justifier, ce familier des chercheurs l'exprime ainsi :* «Quand un enfant prend un réveil pour le démonter, on ne lui demande pas à quoi ça sert… »

1977

L'année 1977 est essentiellement consacrée à la rédaction de La Vie mode d'emploi entreprise en octobre 1976 après la mort de Raymond Queneau.

Sur France Culture, quatre fois par jour, du 14 au 19 février, dans le cadre de l'émission Poésie ininterrompue *produite par Claude Royet-Journoud, on peut entendre Perec donner lecture de son «anthologie personnelle». Il a choisi cent un textes: plus d'une trentaine extraits de ses propres productions — des poèmes contraints pour la plupart —, les autres de Raymond Queneau, Michel Leiris, Joe Brainard, Sei Shônagon, Isaac de Benserade, Harry Mathews, Jacques Roubaud, Étienne de La Boétie, Italo Calvino, Henri Michaux, l'abbé de Marolles, Théophile de Viau, Raymond Roussel, Hans Bellmer, Maurice Scève et Shakespeare. Le 20 février, en guise de conclusion, Perec s'entretient pendant une demi-heure avec le poète Bernard Noël (pour plus de précisions, voir Bernard Magné, «"pas par hasard... "», et Bernard Noël, «Souvenir de Perec»).*

La Ruse, *second volume de la nouvelle série de* Cause commune, *paraît en avril avec au sommaire «Les lieux d'une ruse», texte capital dans lequel Perec rend compte de la psychanalyse menée avec Jean-Bertrand Pontalis de 1971 à 1975. Outre «Roussel et Venise. Esquisse d'une géographie mélancolique», pastiche scientifique écrit en collaboration avec Harry Mathews (L'Arc, numéro spécial «Raymond Roussel»), et la quatrième de couverture de la réédition d'Un rude hiver de Queneau, plusieurs textes brefs publiés en revue ou en volume contribuent à maintenir le nom de l'écrivain dans l'actualité.*

XXXI

« À propos des *Lieux d'une fugue* »

Titre original : « Entretien avec Georges Perec » (1977), dossier de presse INA, 1978.

Les Lieux d'une fugue *trouve son origine dans la nouvelle éponyme datée de 1965 et parue dix ans plus tard dans* Présence et regards. *Il s'agit d'un moyen métrage de trente-huit minutes réalisé par Perec en juin et au début juillet 1976 — Catherine Binet et Bernard Zitzermann participent au tournage, le texte est lu par Marcel Cuvelier. Il est diffusé sur TF1 le 6 juillet 1978 dans la série* Caméra-je, *initiée par Pierre Emmanuel alors directeur de l'INA, qui comprend neuf téléfilms réalisés par des écrivains. Tourné dans le VIIIe arrondissement sur les lieux d'une fugue que fit Perec en 1947, le film, conçu à l'origine sur le modèle oulipien de la sextine, s'inscrit dans la continuité du projet* Lieux *abandonné en 1975. À l'occasion de sa diffusion à la télévision, il est l'objet de quelques courtes recensions dans la presse, presque toutes unanimes pour souligner l'originalité et la qualité de l'émotion qui se dégage d'un film d'auteur à part entière.*

Les propos de Perec reproduits ici figurent dans un dossier de l'INA publié en 1978, où ils sont donnés comme « extraits » d'un entretien daté de 1977; nous n'avons cependant pas retrouvé de trace d'un éventuel entretien complet, ni dans la presse ni dans les fichiers de l'INA. Le texte de cet entretien est repris, sans les questions, dans un second dossier de presse composé à l'occasion de la présentation des Lieux d'une fugue *au Festival de Cannes en mai 1982 (section Perspectives du cinéma français).*

*

J'ai écrit cette nouvelle en 1965 mais elle n'a pas été publiée[1]. Un jour, j'ai assisté à une réunion qui portait sur l'adaptation de nouvelles pour la télévision[2]. J'ai immédiatement pensé aux *Lieux d'une fugue*.

Le texte intégral de la nouvelle est le support du film, puisqu'il est dit tout au long en voix off, mais il n'impose pas son rythme à l'image.

Georges Perec, ce petit garçon, qui est-ce ?

C'est moi. J'ai effectivement fait une fugue à l'âge de douze ans. Et, curieusement, j'ai totalement oublié cet épisode pourtant marquant de mon enfance. Et je l'ai oublié pendant vingt ans… jusqu'au jour où, me promenant dans le marché aux timbres des Champs-Élysées, toute l'histoire m'est brusquement revenue à la mémoire.

Pourquoi un film sans acteurs ?

J'ai tout de suite écarté l'idée de le faire jouer par un enfant. Je ne voulais pas raconter la fugue vécue par l'enfant, mais la manière dont cette histoire était soudain revenue à l'esprit de l'adulte vingt ans après. J'ai donc pensé à faire jouer un homme, puis, très vite, j'ai décidé de me consacrer aux lieux mêmes de cette fugue. Toucher les spectateurs, les faire pleurer en leur montrant un banc, un arbre, un cartable, un commissariat de police est devenu pour moi l'essentiel.

Le film est construit en deux parties: la première se passe donc au marché aux timbres des Champs-Élysées, la seconde dans un commissariat de police.

Un vrai commissariat de police ?

Nous avons loué un local et nous l'avons transformé en commissariat de police. Toute cette partie de ce film en couleurs est en noir et blanc — mais seulement parce que chaque élément du décor est blanc ou noir, ou encore gris, tous les gris. Noir des machines à écrire, blanc des papiers à lettres, gris des murs… Et cela donne un côté très intimiste à la scène.

1. Les nombreux mastics qui défigurent le texte publié dans *Présence et regards* expliquent peut-être l'« oubli » de Perec.

2. Selon David Bellos, cette réunion a lieu le 23 juin 1975 au musée des Arts et Traditions populaires (*Georges Perec*, p. 585).

XXXII

« Georges Perec : "des règles pour être libre " »
Propos recueillis par Claude Bonnefoy,
Les Nouvelles littéraires, n° 2575, 10-16 mars 1977.

L'entretien est précédé d'une brève présentation : «Alors même qu'il n'a pas terminé de l'écrire, Georges Perec peut indiquer avec une rigueur toute mathématique le contenu formel exact de chaque chapitre de son prochain livre. » D'après le « Calendrier de la rédaction de La Vie mode d'emploi *» (pub. posth. 1994), début mars 1977, Perec a rédigé les vingt et un premiers chapitres de son roman.*

Cette même année, la revue Exit *publie en automne le chapitre XV de* La Vie mode d'emploi *; les mercredis 7 septembre et 7 décembre, Perec lit des extraits de son roman lors de soirées organisées au CNAC Georges-Pompidou — soit, avec l'émission* Les Chemins de Georges Perec *diffusée en 1976, autant de manifestations qui assurent une reconnaissance publique du terrain avant la publication, l'année suivante, de ce qui sera présenté comme le «grand œuvre» de l'écrivain.*

Pour une meilleure compréhension des déclarations de Perec relatives à la structure de La Vie mode d'emploi *et aux contraintes en jeu, nous renvoyons le lecteur au* Cahier des charges de *La Vie mode d'emploi, publication posthume qui comprend, outre une introduction détaillée de Hans Hartje, Bernard Magné et Jacques Neefs, la reproduction du « Cahier des charges» chapitre par chapitre et sa transcription, ainsi que celles du « Cahier des citations » et du « Cahier Allusions & détails ».*

*

Vous avez dans certains de vos livres, par exemple dans La Disparition *avec la suppression systématique d'une voyelle, écrit un peu à la manière de Roussel, en partant d'un procédé rigoureusement défini à l'avance. Pouvez-vous, à propos de l'un de vos livres, expliquer ce que fut votre travail ?*

Je vous parlerai non d'un livre déjà publié, mais du livre que je suis en train d'écrire. Il s'appelle *La Vie mode d'emploi*. Il sera sous-titré «romans», au pluriel pour souligner la multiplicité des histoires. Au point de départ, il y avait d'abord l'envie d'écrire un gros roman — je ne m'étais encore jamais mesuré à l'épaisseur romanesque dont *Moby Dick* est pour moi l'exemple[1] — et de raconter des histoires. Mon second point de départ, ce fut l'idée de construire un roman comme on fait un puzzle, avec de petites pièces.

Quelles sont les pièces du puzzle ?

Ce sont les pièces d'une maison. On suppose que le roman est la description d'un tableau. Ce tableau représente une maison dont on a enlevé la façade. Le peintre décrit ce qui se passe à l'intérieur[2]. Cette maison, avant de commencer à écrire, j'en ai fait le plan : une cave, un rez-de-chaussée, six étages, plus deux étages de combles, et naturellement une cage d'escalier et d'ascenseur. Le roman décrit ce qui se passe dans toutes les pièces. Puisqu'il s'agit d'un tableau, il ne peut être question que de ce qu'on voit dans les pièces en façade. Des couloirs, des pièces donnant sur la cour, on ne peut avoir un aperçu de leur disposition ou de ce qui s'y déroule que par une porte ouverte, un bruit, un dialogue de pièce à pièce avec quelqu'un se tenant sur le devant. Si mon plan est très poussé, il y a cependant des pièces dont je ne sais pas encore par qui elles sont habitées. Le récit commence dans l'escalier, entre le troisième et le quatrième étage, ce qui correspond à peu près au centre du tableau. On progresse à partir de là comme un cheval sur un échiquier, les pièces étant les cases. Là, on retrouve l'idée du puzzle.

Que se passe-t-il dans les pièces ?

Ce qui se passe est déterminé par un tableau synoptique où j'ai noté un certain nombre de thèmes : nombre de personnages, rôle de chacun, position des corps, ce qu'il y a sur les murs, époques (de l'ameublement, d'un souvenir, d'un récit, d'un rêve…) et lieux, âge et sexe des gens, animaux, tissus, couleurs, lectures, musiques, boissons, nourriture, jeux, sentiments, citations, etc. Chacune de ces caractéristiques suppose dix possibilités. En consultant mes grilles, je peux vous dire que le chapitre XLIII, qui n'est pas encore écrit, se

---

1. En février 1959, dans une lettre à François Wahl écrite à propos de la publication éventuelle de *Gaspard pas mort* par les éditions du Seuil, Perec déclare en ces termes son admiration pour le roman de Herman Melville : «J'ai lu *Moby Dick*. Ce n'est pas la peine d'écrire si l'on n'a pas en vue la création d'œuvres de cet acabit» (cité par David Bellos, *Georges Perec*, p. 233). *Moby Dick* est cité implicitement dans *Un homme qui dort* et dans *La Disparition* (à ce sujet, voir Mireille Ribière, «"Maudit Bic" ou la Malediction») ; dans *La Vie mode d'emploi*, il est un des éléments de la liste «Livres» et fournit à ce titre dix allusions programmées dans dix chapitres différents.

2. L'identité du narrateur est en fait plus problématique. En 1979, dans l'entretien avec Jean Royer (voir vol. II, n° LIV, p. 79), après avoir évoqué Winckler, Bartlebooth et Valène, Perec affirme : «Il y a enfin ce quatrième personnage qui n'apparaît jamais : le narrateur.» À ce propos, voir Bernard Magné, *Perecollages*, p. 64-67.

déroulera au cinquième étage à droite. Il y aura dans ce chapitre quelqu'un debout, se servant d'un plan; il y aura une citation de Proust et une de Joyce; il y aura au minimum deux personnes, peut-être plus, dont l'une sera un fournisseur (mais ce peut être, sur un tableau, un mercier avec une dame achetant une bobine de fil)[3]. Avec mes quarante-deux caractéristiques et leurs dix possibilités, je dispose de quatre cent vingt éléments finis avec lesquels je vais raconter en cent chapitres une centaine d'histoires.

Votre but reste donc de raconter des histoires ?

Ce tableau est pour moi une machine à fiction. Ça raconte une histoire centrale, autour de laquelle les éléments prédéterminés me permettront de raconter énormément d'histoires. Ainsi, partant de la caractéristique «alcool», je peux imaginer, ici un flacon d'alcool à quatre-vingt-dix degrés dans le cabinet d'un médecin, et là, un exemplaire d'*Alcools* d'Apollinaire[4], etc. On peut jouer à l'infini. Également, dans chaque chapitre, je glisse des citations, mais telles qu'elles ne puissent pas toujours être repérées[5]. Certains personnages sont des personnages qui viennent d'autres livres, mais pas des miens[6]. Cela dit, contrairement à ce qui se passe dans *La Disparition*, les contraintes ici ne se verront pas. Peut-être qu'un lecteur attentif s'apercevra qu'on voit dans dix chapitres apparaître une araignée (réelle ou figurée) mais il ne verra pas quelle est la règle de cette apparition[7]. Au fond, je me donne des règles pour être totalement libre.

---

3. Toutes ces contraintes sont effectivement respectées dans le chapitre XLIII — mais on ne trouve pas de «mercier avec une dame...» dans le roman.

4. «Alcool» est la troisième contrainte de la liste «Boissons». On trouve effectivement dans le cabinet du docteur Dinteville (ch. XIV, p. 76) «une petite bouteille d'alcool à quatre-vingt-dix degrés»; en revanche, Perec n'a pas retenu la possibilité de réaliser la contrainte dans un autre chapitre par le biais du titre *Alcools*.

5. C'est le moins qu'on puisse dire. Sur les difficultés que pose l'identification des citations implicites dans *La Vie mode d'emploi*, voir Dominique Bertelli, *Le Catalogue. Tentative d'inventaire des citations implicites de* La Vie mode d'emploi.

6. Bon nombre de personnages (de noms de personnages plus précisément) proviennent en fait des œuvres antérieures de Perec. Parmi bien d'autres, que chacun peut retrouver grâce à l'index de *La Vie mode d'emploi*, on peut mentionner par exemple Augustus Brian et Haig Douglas Clifford, de *La Disparition* (ouvrage inclus dans la liste «Livres»), ou la secrétaire Yolande, de *L'Augmentation*.

7. Le masquage des contraintes résulte principalement de trois stratégies hiérarchisées: *a)* la complexité du système de programmation; *b)* la diversité des réalisations: si la contrainte «Araignée» (liste «Animaux») est facilement repérable dans l'«araignée symbole d'espoir» du chapitre XVIII (p. 92), ou la «gigantesque mygale» du chapitre XXIV (p. 138), voire dans le nom de la première concierge d'origine espagnole, Mme Araña (ch. XXXVIII, p. 214), il est beaucoup plus problématique de l'identifier dans la «folie» de Mme Albin au chapitre XLVIII (p. 263) — une note marginale du «Cahier des charges» livre la solution: elle a une «araignée dans le plafond»; *c)* les surcroîts hors programme: au chapitre XXV, la présence d'«araignées mortelles» (p. 147) n'est pas le résultat de la contrainte «Araignée»: la programmation de la liste «Animaux» prévoit en effet pour ce chapitre la présence d'une «guêpe», effectivement mentionnée (p. 143).

1978

L'année 1978 est marquée par la parution chez Hachette, avec qui Perec est lié par contrat depuis août 1977, de deux ouvrages qui connaîtront, jusque dans leur titre, un succès et une postérité peu communs : en janvier, Je me souviens — qui inaugure, avec Album d'images de la villa Harris, d'Emmanuel Hocquard, la nouvelle collection « P.O.L » dirigée par Paul Otchakovsky-Laurens —, suivi en septembre de La Vie mode d'emploi, qui sera couronné par le prix Médicis.

Je me souviens (voir n° XXXIII) est généralement bien accueilli. Si Matthieu Galey dans L'Express (« Voulez-vous jouer au Perec ? », 27 février-5 mars) classe le recueil au rayon des farces et attrapes, et le critique du Figaro (25 février) déplore les « pauvres arbres qu'on a abattus » pour imprimer un livre inutile, les journalistes s'avouent dans l'ensemble particulièrement sensibles à ce qui, dans les souvenirs évoqués par Perec, dépasse tant le « témoignage narcissique » que « l'anecdote nostalgique » (Serge Koster, « Quand le "je" se change en nous », La Quinzaine littéraire, 16-28 février). Ainsi Chantal Labre note que « ces souvenirs ne renvoient pas à l'intimité d'un être, mais dessinent la mémoire collective d'une génération » (Esprit, mars 1978). Je me souviens est perçu, en outre, « comme une fabuleuse machine à déclencher les souvenirs » (C. Bourniquel, Les Nouvelles Littéraires, 19-25 janvier 1978) qui réjouit les uns et les autres : « [Perec] irrigue la mémoire commune, ravive les réminiscences enfouies (Monique Pétillon, « Les "choses vues" de Georges Perec », Le Monde, 10 février 1978), « il s'agit d'un jeu sans fin auquel Georges Perec nous invite le sourire en coin » (Marie Chaix, « Les cailloux de la mémoire », Le Nouvel Observateur, 6-12 février).

En 1978, comme l'année précédente, les prépublications et interventions publiques annonçant la parution prochaine de La Vie mode d'emploi s'enchaînent. En début d'année, la revue PO&SIE a publié la partie surcontrainte du chapitre LI sous le titre « Compendium libri "De Vita et modo utendi" cum CLXXVIII ex personis quæ in eo libro sunt ». Le 5 mars, Perec présente son roman lors d'une soirée de lectures publiques organisée au musée d'Art moderne de la ville de Paris ; le 17 du même mois, il donne un « comment j'ai écrit un chapitre de La Vie mode d'emploi » au Cercle Polivanov : devant un public de chercheurs et d'étudiants, il dévoile les contraintes en jeu dans le chapitre

LXXIII (voir infra, Annexe II, p. 296). En mai, Hachette distribue aux professionnels présents au Festival du livre de Nice un tirage à part du chapitre LV du roman — annoncé en couverture comme « l'un des événements de la rentrée littéraire ».

Pour saluer la sortie du roman, le mensuel Lire de Bernard Pivot, qui touche un large public, livre de longs extraits du roman dans son numéro d'octobre.

Présenté comme l'un des ouvrages les plus « intéressants » de la rentrée (24 heures, 10 septembre), La Vie mode d'emploi est l'objet de très nombreuses recensions, et cela avant même que le jury du Médicis ne lui décerne son prix. En ce début d'automne 1978, Perec multiplie les entretiens dans les journaux — plus d'une dizaine (voir nᵒˢ XXXIV-XLV) — et sur les ondes: le 22 septembre, sur France Inter, il est l'invité de Jacques Chancel pour une émission de la prestigieuse série Radioscopie ; le 12 octobre, il s'entretient avec Roger Vrigny dans Les Matinées de France Culture ; le 7 novembre, avec quelques Oulipiens, il participe à une table ronde du Panorama ; le 10 novembre, il est reçu, toujours sur France Culture, dans Un livre, des voix, de Pierre Sipriot. Il présente en outre son roman à la télévision le 26 septembre dans une émission de la série Le Regard des femmes.

À l'instar du prix Renaudot en 1965, le jury du Médicis consacre donc le 27 novembre un succès critique et public. Le rayonnement médiatique qui en résulte est toutefois sans commune mesure. Le prix est l'occasion de plusieurs reportages de presse — dans Paris-Match notamment (22-28 décembre) —, mais le succès de Perec se mesure avant tout à l'aune télévisuelle. Le 27 novembre, le lauréat est reçu à Aujourd'hui Madame pour un « Trois auteurs face à leurs lectrices » qui réunit Jean Raymond et Catherine Rihoit ; le 8 décembre, le jour de la parution dans Le Figaro des « Notes sur ce que je cherche » (repris dans PC) où il définit ses quatre champs de prospection littéraire — sociologique, ludique, autobiographique et romanesque —, il est l'invité de Bernard Pivot à Apostrophes, célébrissime émission littéraire d'Antenne 2 qui accueille également ce jour-là Jacques Brenner, Michel-Antoine Burnier, Conrad Detrez (lauréat du prix Renaudot), Jean Dutourd et Alain Robbe-Grillet (qui fera en direct l'éloge de La Vie mode d'emploi).

S'il fait figure d'événement, le roman n'emporte pas pour autant l'adhésion de tous les critiques: sur les quarante-sept comptes rendus consultés par Carsten Sestoft pour son article « Georges Perec et la critique journalistique », quatre paraissent négatifs, dix-huit ambivalents et vingt-cinq franchement positifs.

Partout l'accent est mis sur l'énormité de la chose, un « pavé » de sept cents pages, ainsi qu'en témoigne le titre même de plusieurs articles: « Georges Perec: tout en un » (Patrick Thévenon, L'Express, 11-17 septembre), « Un vertige majuscule » (Catherine David, Le Nouvel Observateur, 18-24 septembre), « L'exploit monstrueux de Georges Perec » (Jacqueline Piatier, Le Monde, 29 septembre 1978), « Un millefeuille à déguster » (Gilles Blanchard, Télérama, 4-10 novembre 1978). Autres leitmotivs: le jeu, la construction, le réalisme. Si tous les critiques, ou presque, se réjouissent du retour du *romanesque et félicitent Perec pour ses talents de conteur, c'est autour du caractère construit du roman et de l'importance accordée à la description que se créent les clivages. L'effort de construction et le goût de la description, évocateurs d'un certain Nouveau Roman, sont synonymes de froideur et d'ennui pour les plus réticents; les plus enthousiastes, en revanche, y voient la marque d'un travail littéraire fascinant, et plus précisément la synthèse inespérée de l'expérimentation et de la lisibilité: «Livre euphorique, livre lisible tout en étant novateur (enfin!)»* (Philippe Dulac, La Nouvelle NRF, *décembre 1978*).

Abrégeant le titre du roman pour n'en conserver que La vie seule, *François Nourissier, lui, ne s'en laisse pas conter: «La Vie est un roman venu du froid. L'énorme Balzac, le frêle Radiguet, le gigantesque Zola, le mince Constant étaient des écrivains enfiévrés, emportés», Perec, lui, «habite la banquise. Son roman est un iceberg colossal qui dérive à l'horizon plutôt vide du roman français d'aujourd'hui». Malgré son intérêt et son admiration indéniables pour l'ouvrage, l'académicien Goncourt s'avoue déçapointé: «Si l'on espère être envoûté, ému, il ne faut pas visiter le "grand ensemble" de la rue Simon-Crubellier. Rien n'évoque le cœur rouge de la passion ou de la colère, mais tout y dispense le vertige technicien d'un ordinateur. Perec ne charme pas — il estomaque. C'est la peinture naïve d'un peintre savant et rusé. Un tableau onirique, laqué, brillant. [...] Nous sommes accoutumés à chercher dans les grandes entreprises romanesques quelque message volontariste, une suffocation de colère ou d'angoisse. La Vie serait-elle plutôt le* vanitas vanitatum *d'un homme d'aujourd'hui? Pour Perec, Dieu est bien mort. Il risque même d'avoir entraîné au néant le vieux dieu roman que nous implorons en vain tout au long d'une lecture passionnante et vaguement déçue»* («Georges Perec: métaphysique sur ordinateur», Le Figaro Magazine, *14-20 octobre 1978*). Moins tranchant, Jean-Pierre Amette *est aussi manifestement décontenancé: «On savait depuis son roman* La Disparition *(1969) que Perec aimait les acrobaties littéraires [...]. Cette fois, ce n'est plus une performance, c'est un défi, une œuvre limite, peut-être une grosse blague.» Amette s'en tire par une lecture qui, rétrospectivement, doit beaucoup à celles des* Choses: «En résumé, c'est un prodigieux livre brocante, qu'on visite sans se presser, à la fois livre fourre-tout, livre promenade; il traite notre époque comme s'il s'agissait déjà d'un magasin d'antiquités; c'est aussi un résumé de romans à venir, un digest d'ouvrages introuvables, un monument aux hommes, aux femmes ordinaires, aux salles de bains, aux passoires à thé, aux vieilles pochettes de disques, un grand cimetière où s'accumulent par petits tas de mots les débris ensablés, déjà, d'une chronique des années soixante-dix»* («Le jeu de patience de Georges Perec», Le Point, *25 septembre-1ᵉʳ octobre 1978*).

Rare parmi les critiques à proposer un aperçu complet de l'œuvre de Perec depuis 1965, Jacqueline Piatier décrit fort justement les «impressions contradictoires» que suscite La Vie mode d'emploi: «Voilà toute une semaine que j'explore avec passion, patience et peine, tantôt dans l'hilarité, tantôt dans l'émotion, parfois dans l'ennui, toujours dans l'étonnement, l'énorme nef que Georges Perec vient de lancer sur notre mer littéraire.» *Mais si l'enthousiasme l'emporte, il procède d'une singulière innocence: «gran-*

diose et fou le projet : rien de moins que peindre l'humanité [...]. Simples les moyens »,
même s'« ils deviennent extravagants par l'excès même où on les pousse » (Le Monde,
29 septembre 1978). Pour Catherine David, en revanche, ce n'est pas le vide mais un sen-
timent de légèreté qui domine : « Entrez dans cet immeuble et vous ferez le tour du monde
en six cent deux pages et quatre-vingt-dix-neuf chapitres plus un épilogue. Un vertige
majuscule. Quand on en sort, on se sent léger comme une montgolfière. » Et de féliciter
Perec, par ailleurs, d'accorder à son lecteur le droit à la paresse : « Plus [Perec] peine, plus
il construit, plus il organise, et moins ça se voit. Le procédé disparaît, c'est magique.
Georges Perec est l'un des meilleurs illusionnistes de ce temps » (Le Nouvel
Observateur, *18-24 septembre 1978). On retrouve la notion de « vertige » dans l'article*
qu'Hubert Juin consacre au « réalisme irréel de Georges Perec » : « L'ivresse du catalogue
illimite le quotidien et dé-réalise le réel : l'accumulation de détails exacts (soit : cette fasci-
nation du nominalisme) provoque un vertige par lequel l'imaginaire paraît et s'empare
de tout », lequel conclut en qualifiant La Vie mode d'emploi *de « collection de "vies*
imaginaires", c'est-à-dire une réalité déviée par les mots et leur jeu ». L'un des rares à ne
pas évoquer l'histoire de Bartlebooth, Hubert Juin s'intéresse tout particulièrement aux
multiples citations cachées dans le roman : « [Perec] intègre à son écriture d'autres écri-
tures que l'on reconnaît parfois (et parfois non) au passage, ainsi Butor, ou Jarry, ou
Joyce, ou Roubaud, etc. Et il intègre à sa vaste construction, à son intrigue multiforme,
des intrigues prises non dans l'observation du vrai mais empruntées à son propre
domaine, qui est de mots : parmi les romans des autres » (La Quinzaine littéraire,
16-31 octobre 1978). Patrick Thévenon est, lui aussi, très sensible au « travail de l'écri-
vain » : « On ne saurait définir avec plus de justesse — revendiquer avec plus de fierté —
le travail du romancier. Non point celui qui écrit à la va comme je te pousse en se croyant
guidé par l'"inspiration", cette mijaurée productrice de bavardages, d'à-peu-près, de com-
plaisances. Mais de celui qui, connaissant d'avance le terme et la nécessité de ce qu'il
entreprend, s'achemine vers cette "œuvre gouvernée" dont Valéry disait qu'elle seule
importait. La Vie mode d'emploi *est, Dieu merci, le roman le moins inspiré qui soit. Il*
est imagination, intelligence, savoir, contrôle. » Ni inspiré, ni réaliste, ni étroitement
avant-gardiste, l'ouvrage, précise Thévenon, « ne se réclame pas plus du vécu restitué,
façon XIXᵉ siècle, qu'il ne s'assujettit à des procédés prétendument d'avant-garde » : « il
s'agit d'une création autonome, originale, comme telle sans lien avec le réel ; et d'une
ambition trop vaste pour écarter, au nom d'une recherche étriquée, intolérante, la lisibilité,
le personnage, l'anecdote, lesquels mettent la lecture de La Vie mode d'emploi *à la por-*
tée du plus grand nombre » (L'Express, *11-17 septembre 1978). Françoise Xenakis com-*
mence, comme Thévenon, par évoquer Mallarmé : « Georges Perec, LUI, il l'a écrit
LE livre (qui, une fois écrit, fait très longtemps paraître tout autre livre pâle ébauche et
pauvre esquisse) », et conclut en force : « La Vie mode d'emploi est la quintessence des
lois de ce dit Nouveau Roman, mais au service d'un talent et d'une imagination débri-
dée ; Perec, en se servant de ces lois-là comme garde-fou, a pu avancer sans se perdre dans
des méandres qui effectivement, sans ses lois et postulats, l'auraient mené à un écheveau

inextricable. Oui, La Vie mode d'emploi *est la quintessence du Nouveau Roman et aussi son enterrement définitif»* («*Un feuilleton universel*», Le Matin, *25 septembre 1978). Claude Bonnefoy ne résiste pas non plus au plaisir de la comparaison : «Avec l'objectivité des nouveaux romanciers, le savoir encyclopédique, le goût des mathématiques et l'humour des écrivains de l'Oulipo, [Perec] donne un tableau fascinant de la société française depuis le début du siècle. Son écriture réinvente la vie, et son mode d'emploi est beau comme la rencontre de Balzac et de Ricardou sur la machine de* Locus Solus (Les Nouvelles littéraires, *6-12 octobre 1978).*

À *ce propos, la parution aux éditions de Minuit, à la rentrée 1978, de* Un Régicide *(jusque-là inédit) et de* Souvenirs du triangle d'or *est l'occasion pour Robbe-Grillet de replacer le Nouveau Roman dans l'histoire littéraire : «La critique littéraire, dans les années cinquante, a été désarçonnée, scandalisée parce que les livres rompaient avec tout ce qu'elle connaissait, c'est-à-dire, pour l'essentiel, Mauriac et Montherlant. Si elle avait eu un peu de culture, si elle avait lu Faulkner, Kafka, Blanchot, Queneau — les vraies origines du nouveau roman — elle n'aurait pas ressenti cette impression de nouveauté radicale. » Et Robbe-Grillet, qui défendra* La Vie mode d'emploi *au sein du jury Médicis, de présenter ensuite le Nouveau Roman comme héritier de Queneau, puis Perec comme héritier des deux (propos cités par Pierre Lepape dans «Robbe-Grillet : ironique et inquiétant»,* Télérama, *11-17 octobre 1978; sur le soutien de Robbe-Grillet, voir Michel Rybalka, «Du marché aux timbres à la guerre du Viêtnam»).*

On notera enfin que, contrairement aux entretiens concernant Les Choses, *Perec ne se laisse guère entraîner par les interviewers dans des développements d'ordre sociologique et moral à propos de* La Vie mode d'emploi. *Évoquant à l'envi et non sans jubilation (le mot est perecquien) les délices du faire et la veine tout artificielle du romanesque, il se présente avant tout en 1978 comme un artisan des lettres, apparemment peu soucieux des interrogations plus ou moins philosophiques que soulèverait son œuvre.*

XXXIII

« Ce qu'il se passe quand il ne se passe rien »
Propos recueillis par Monique Pétillon, *Le Monde*, 10 février 1978.

L'entretien est accompagné d'un compte rendu — illustré d'un portrait de Perec signé Zoran Orlic —, où Monique Pétillon qualifie Je me souviens de *« livre inépuisable » : «Pas d'appréciation et pas davantage d'émotion. Toute couleur personnelle est soigneusement gommée, neutralisée par une écriture qui se veut pure énonciation d'un air du temps impalpable et fané. Par petits fragments trop précis pour être nostalgiques, un au jour le jour se constitue » (« Les "choses vues" de Georges Perec »).*

*

Pourquoi votre livre a-t-il pour sous-titre Les Choses communes I *?*

Je ne sais pas si vous vous souvenez de la revue *Cause commune*, qui était faite par Duvignaud, Virilio, d'autres gens et moi. On voulait faire une sorte de sociologie de la vie quotidienne et l'un des thèmes était le bruit de fond, c'est-à-dire ce qui se passe quand il ne se passe rien, ce qu'on appelait l'«infra-ordinaire[1]». On s'aperçoit que l'événement est ce qui casse cette espèce de tissu dans lequel on est pris. Par exemple, les gens commencent à se regarder le jour où le métro s'arrête entre deux stations.

---

1. À notre connaissance, le mot «infra-ordinaire» est employé pour la première fois par Paul Virilio dans le premier paragraphe de «La défaite des faits», article publié dans la cinquième livraison de *Cause commune* intitulée «l'infra-quotidien/l'infra-ordinaire» (février 1973 — rappelons que dans cette même livraison, Perec donne, en éditorial, «Approches de quoi?») : «... Regarder ce qu'on ne regarderait pas, écouter ce qu'on n'entendrait pas, être attentif au banal, à l'ordinaire, à l'infra-ordinaire. Nier l'idéale hiérarchie du crucial à l'anecdotique, parce qu'il n'y a plus d'anecdotique mais une culture dominante, un art de l'oubli et du manque qui nous exile de nous-mêmes et des autres, une perte du sens qui n'est plus seulement pour nous une sieste de la conscience, mais un déclin de l'existence.» Sur la notion d'infra-ordinaire, on consultera également «L'inertie du moment», article de Virilio publié en 1979 dans le numéro de *L'Arc* consacré à Perec.

D'où est venue l'idée des Je me souviens *?*

Des *I remember* de Joe Brainard. C'est le livre d'un jeune peintre américain qui a rassemblé huit cents petits souvenirs personnels commençant chacun par «I remember[2]». En fait, c'est une autobiographie déguisée où la seule rhétorique est cette répétition de la même formule. Brainard m'a donné la forme, la manière dont j'allais entreprendre ce travail que j'ai envisagé comme quelque chose de beaucoup plus anonyme[3]. Un soir, j'ai commencé par jeu, après un dîner, à dire: «Ah! je me souviens».

Vous êtes-vous inquiété de l'exactitude de vos souvenirs ?

Je pensais que mes souvenirs étaient justes et j'ai déjà reçu vingt lettres me disant que la plupart, enfin, beaucoup, sont faux. Par exemple, j'attribue à Daquin *L'École buissonnière* — un film avec Bernard Blier sur les méthodes Freinet — alors qu'il est de Le Chanois. Queneau, qui avait lu une partie du texte dans une revue[4], m'avait fait remarquer que les quatre mousquetaires du tennis n'étaient pas ceux que j'indiquais[5]. Et la recette du quatre-quarts n'est pas bonne[6]! Le livre fourmille d'erreurs[7]. Mais cela fait partie du flou. Il y a quelque chose d'incertain dans le petit tremblement du passé.

Quelles seront les autres Choses communes *?*

Le deuxième volume s'appelle les *Lieux où j'ai dormi*[8]. Le troisième est inspiré par un livre japonais du Xe ou du XIIe siècle, les *Notes de chevet*, de Sci

2. Plasticien, peintre, dessinateur et écrivain, Joe Brainard publie *I Remember* en 1970 (New York, Angel Hair) ; paraîtront ensuite *I Remember More* (1972, New York, Angel Hair), *More I Remember More* (1973, New York, Angel Hair) et *I Remember Christmas* (1973, New York, Museum of Modern Art). En 1975, Joe Brainard reprend l'ensemble de ses «I remember» (près de mille cinq cents entrées) sous le titre de *I Remember* (New York, Full Court Press) — cette édition a été traduite en français par Marie Chaix (avec une préface malheureusement parfois défectueuse): *I Remember (Je me souviens)*, 1997. C'est vers 1970 que Harry Mathews parle à Perec de l'ouvrage de Joe Brainard: «Georges était fasciné par l'idée de Joe. La formule lui semblait tellement évidente qu'il se demandait comment personne ne l'avait eue avant lui. Il s'est donc mis à réfléchir de son côté à un projet de même type, mais, quand il a enfin lu une des éditions du livre de Brainard, il a été un peu déçu: il pensait que Joe avait travaillé comme lui sur la mémoire collective» («Le go-between», *Libération*, 26 juin 1997). Les cinq premiers «je me souviens» sont datés du 21 janvier 1973 sur le manuscrit et la dette de Perec envers Joe Brainard consignée en ouverture du recueil. Sur l'influence de *I Remember* sur *Je me souviens*, voir Roland Brasseur, «Je me souviens de *I Remember*».

3. À l'inverse de Perec, Joe Brainard n'hésite pas en effet à livrer ses fantasmes les plus intimes, divers épisodes à caractère sexuel ou l'évocation de relations conflictuelles.

4. Dans *Les Cahiers du Chemin*, en 1976 — l'article comprend, on l'a vu, les cent soixante-trois premiers «je me souviens», certains dans une version différente de la publication en volume.

5. Dans le «Post-scriptum» de *Je me souviens*, Perec relève et commente cette erreur.

6. La recette donnée dans le «je me souviens» n° 92 omet les œufs (remplacés par «un quart de lait») — sur cette erreur, voir Bernard Magné, «Le viol du bourdon», p. 80.

7. Dans son *Je me souviens de* Je me souviens, auquel nous renvoyons pour toutes précisions d'ordre référentiel sur les «je me souviens» de Perec, Roland Brasseur recense «près de 70 erreurs ou oublis manifestes» (p. 271).

8. Placé sous l'invocation de Proust, ce projet ancien est longuement décrit dans *Espèces d'espaces* (1975, ch. III, section 1). Perec y travaille particulièrement pendant l'été 1970, puis plus épisodiquement en 1971-1972. Un extrait de ce second volume des *Choses communes* a été publié en novembre 1977 sous le titre de «Trois chambres retrouvées» (repris dans *PC*).

Shônagon; c'est une sorte de catalogue de petites notations: les choses qui gagnent à être peintes, les choses qui perdent à être peintes, les choses embarrassantes[9]... Je pourrais par exemple faire un texte sur la manière dont on range sa bibliothèque[10], ou dont on mange des noisettes. Le quatrième livre s'appellera sans doute *Tentative de description de quelques lieux parisiens*. Pendant six ans, je suis retourné dans des endroits précis et j'ai essayé de dire ce que je voyais[11]. En retrouvant ces textes, on voit comment ces lieux ont changé et ma manière de voir aussi.

---

9. Première traduction de l'ouvrage en 1935, reprise et modifiée en 1966. Sei Shônagon était dame d'honneur à la cour impériale du Japon. Composées au début du XIe siècle, ces *Notes* appartiennent au genre *sôshi*, «écrits intimes» qui «ne respectent pas d'ordre chronologique ni, d'une manière générale, aucun plan» (André Beaujard, introduction aux *Notes de chevet*, p. 18). Organisées principalement en séries, énumérations et listes, les *Notes* adoptent une forme perecquienne par anticipation. Perec mentionne ici à la lettre trois titres de section (56, 55 et 62) parmi les cent soixante-deux qui composent le recueil. *Notes de chevet* est par ailleurs longuement cité par Perec dans «Douze regards obliques» (1976, repris dans *PC*, p. 56-57) et dans «Penser/Classer» (1982, repris dans *PC*, p. 165-166). On notera que le recueil de Sei Shônagon était connu, dès la fin des années quarante, et apprécié par les deux fondateurs de l'Oulipo, François Le Lionnais et Raymond Queneau — voir François Le Lionnais, «Raymond Queneau et l'amalgame des mathématiques et de la littérature» (p. 34).

10. Unique extrait publié de ce troisième volume, «Notes brèves sur l'art et la manière de ranger ses livres» (repris dans *PC*) paraît deux mois après cet entretien.

11. On sait que l'écriture de *Lieux* devait se poursuivre jusqu'en 1981. Perec envisage donc ici une publication qui aurait dû regrouper les textes de la partie «réels» écrits, avec plus ou moins de régularité par rapport au programme initial, de 1969 à 1975. Ce projet de publication est ainsi présenté en 1976 dans la «Tentative de description d'un programme de travail pour les années à venir» (pub. posth. 1985): «Néanmoins, des textes existent déjà abondamment et il serait peut-être intéressant de les rassembler, de les trier et d'en commenter quelques-uns.» On notera que «Stations Mabillon», publié en 1980 dans *Action poétique*, est sous-titré: «Tentative de description de quelques lieux parisiens, 5».

XXXIV

« Un livre pour jouer avec »
Propos recueillis par Jacqueline Piatier, *Le Monde*, 29 septembre 1978.

*

Vous mettez votre lecteur à l'épreuve. Pourquoi un livre si gros ?

Il se trouve que jusqu'ici mes livres ont toujours été courts. Non par principe. C'était leur dimension. Mais en même temps, j'étais fasciné par une certaine tradition romanesque qui n'existe pratiquement plus dans la littérature contemporaine. Elle commence avec Rabelais, se continue avec Sterne, s'épanouit avec Jules Verne, Roussel[1]. J'avais envie de me mesurer avec un grand projet où je rassemblerais tout ce que j'appelle roman.

C'est-à-dire ?

Des péripéties, des meurtres, des sagas familiales, des voyages, des aventures intérieures... Tout ce qui fait *La Vie mode d'emploi*.

Un tel projet est aussi une épreuve pour l'auteur. Ça prend du temps : j'ai mis dix ans à écrire ce livre. Et puis il faut trouver le moyen d'agencer ces histoires, construire le système.

Quel système ?

J'ai simplement repris celui de Lesage dans *Le Diable boiteux*[2]. J'ai transformé mon immeuble en maison de poupée et je raconte la vie des gens, des objets, en introduisant à peu près tout ce que j'ai trouvé dans les dictionnaires et les romans des autres.

---

1. Ces quatre auteurs sont mentionnés dans le Post-scriptum de *La Vie mode d'emploi*.
2. On sait que dans ce roman, Asmodée, surnommé le Diable boiteux, fait découvrir à don Cléofas Léandro Perez Zambullo « tout ce qui se passe dans Madrid » en enlevant les toits des maisons.

Vous parlez de votre livre comme s'il ne contenait que des histoires. Mais celles-ci sont concurrencées par un amoncellement de descriptions, d'inventaires. C'est la seconde épreuve que vous imposez. Qu'attendez-vous de ces énumérations ?

Pour moi, un plaisir enfantin, celui que j'éprouve aux énumérations jeux de Rabelais [3], ou encore à celle des poissons dans *Vingt mille lieues sous les mers*, qui dure quatre pages [4]. Qui ose encore faire cela? Butor peut-être, en peinture Steinberg, avec ses tables encombrées d'objets [5]…

Ces énumérations sont un plaisir pour vous, mais le lecteur, quel effet en reçoit-il ?

Je pense un effet proche de l'asphyxie, une sorte d'ivresse qui déforme l'image de la vie. Écrire un roman, ce n'est pas raconter quelque chose en relation directe avec le monde réel. C'est établir un jeu entre l'auteur et le lecteur. Ça relève de la séduction [6].

Et vous pensez le séduire avec le catalogue d'une manufacture d'outils de bricolage ?

J'ai peut-être fait là un peu de provocation, mais nous vivons avec des catalogues. Sur tous les murs en ce moment s'étale la publicité pour «le presque mille feuilles [7]». Ça fait partie de notre vie.

Ce catalogue, je l'ai composé comme un poème. Il a ses strophes, ses retours de mots: «vanadium, métal chromé [8]…», son refrain: «Garantie totale 1 an, garantie totale 1 an».

---

3. On notera à ce propos que dans le chapitre LXXXVIII (p. 513) de *La Vie mode d'emploi*, Perec cite implicitement, en l'attribuant au fort incertain Garin de Garlande, un long extrait de l'énumération d'animaux fabuleux qui constitue l'essentiel du chapitre XXX du *Cinquiesme livre*.

4. Voir le chapitre XIV du roman de Verne. *Vingt mille lieues sous les mers* est mentionné dans le chapitre VIII de *La Vie mode d'emploi* (p. 49), et cité implicitement dans les chapitres XXIII et LX — sur les citations de Verne dans *La Vie mode d'emploi*, voir Dominique Bertelli, «Une bibliothèque d'éducation et de recréation».

5. Voir Saul Steinberg, *Le Masque*, textes de Michel Butor et Harold Rosenberg (1966), et Harold Rosenberg *Saul Steinberg* (1978, inventorié dans la bibliothèque de Perec). Pour décrire le désordre d'objets qui encombrent la table de travail de Marguerite Winckler (*La Vie mode d'emploi*, ch. LIII, p. 298), Perec cite implicitement deux énumérations extraites du texte de Butor ci-dessus mentionné (repris sous le titre «Parade des sournois» dans *Répertoire IV*, 1974), énumérations qui chez Butor décrivent… les tables encombrées d'objets de Steinberg.

6. Le «jeu à deux» entre le lecteur et l'auteur est une notion chère à Perec qui revient souvent dans les entretiens et conférences. On notera cependant cette remarque, datée du 24 avril 1975, écrite par Perec après une séance avec J.-B. Pontalis qui l'a remercié pour sa dédicace de *W ou le Souvenir d'enfance*: «Le paradoxe de *W*, livre qui n'a pas été écrit pour les autres» (cité par Philippe Lejeune, *La Mémoire et l'Oblique*, p. 138). Perec lui-même parlant dans cet entretien de «séduction», on peut rappeler ces propos éclairants de Roland Barthes: «Écrire dans le plaisir m'assure-t-il — moi, écrivain — du plaisir de mon lecteur? Nullement. Ce lecteur, il faut que je le cherche (que je le "drague"), *sans savoir où il est*. Un espace de la jouissance est alors créé. Ce n'est pas la "personne" de l'autre qui m'est nécessaire, c'est l'espace: la possibilité d'une dialectique du désir, d'une *imprévision* de la jouissance: que les jeux ne soient pas faits, qu'il y ait un jeu» (*Le Plaisir du texte*, 1973, p. 11).

7. Publicité pour le catalogue de La Redoute.

8. Si parmi les nombreux «retours de mots» du long «poème objet» du chapitre XX (p. 101-105) figure bien «vanadium» et «chrome» ou «chromé», l'expression «métal chromé» est en revanche absente.

Vous n'en tirez aucun effet comique. Ce n'est même pas le Catalogue d'objets introuvables *de Carelman*[9].

Non, c'est autre chose. Il y a par exemple une perceuse. Généralement, elle est décrite avec deux ou trois accessoires. Je les ai tous rassemblés et cela donne un objet assez monstrueux.

Je m'inspire de ce qu'on appelle en peinture l'hyperréalisme. C'est en principe une description neutre, objective, mais l'accumulation des détails la rend démentielle et nous sommes ainsi tirés hors du réel[10].

Il y a une telle prolifération de descriptions et d'histoires qu'on ne peut pas embrasser votre livre dans son ensemble.

Non, mais on peut jouer avec. C'est pour ça qu'il est fait.

C'est vrai, vous nous donnez un index.

Oh! j'adore les index. Dans l'*Encyclopédie de la Pléiade*, c'est ce que je préfère lire. Je rêve d'un roman où les mots répertoriés engendreraient d'eux-mêmes les histoires. Au fond, *La Vie mode d'emploi* est déjà un peu cela.

Alors comment la lire?

D'abord d'affilée, puisqu'il y a cette histoire de Bartlebooth qui court d'un bout à l'autre. Ensuite en se servant de l'index pour reconstituer la trajectoire des personnages.

On en a pour son hiver.

Pourquoi pas? Au début, j'ai cru que le système que j'imaginais allait faire éclater le roman. Je m'aperçois maintenant que c'est une machine à produire du roman, à le faire proliférer.

---

9. Première édition (qui comporte une citation en bas de page extraite des *Choses*) en 1969 chez Balland — suivront plusieurs rééditions augmentées. Jacques Carelman est un «compagnon de route» de l'Oulipo: en 1963, il a illustré la réédition des *Exercices de style* de Raymond Queneau, en 1968 les *Poèmes Algol* de Noël Arnaud.

10. Le mouvement hyperréaliste apparaît à la fin des années soixante aux États-Unis et connaît rapidement un grand succès. «Une précision et une froideur clinique dans le moindre détail, une absence de tout contenu émotionnel, un regard distancé et disséqueur, des couleurs lisses et crues, une manière presque absente, un certain fétichisme de l'objet, telles sont les caractéristiques de l'hyperréalisme, dont tout le jeu repose sur la copie illusionniste de la neutralité et de la fidélité photographique» (Michel Laclotte et Jean-Pierre Cuzin, *Dictionnaire de la peinture*, p. 215). Parmi les œuvres des hyperréalistes américains, pour l'accumulation «démentielle» des détails mentionnée ici par Perec, voir en particulier les «paysages urbains» de Richard Estes: *The Candy Store* (1968-1969), *Bus Reflections* (1974), *Bridal Accessories* (1975)... On trouve dans *La Vie mode d'emploi* deux descriptions de toiles explicitement qualifiées d'hyperréalistes: la première «représentant un plat de spaghetti fumants et un paquet de cacao Van Houten» (ch. LXII, p. 357); la seconde, attribuée au «peintre hyperréaliste américain» Organ Trapp, «montre dans tous ses détails une station-service de Sheridan, Wyoming» (ch. LXIX, p. 394 — nom du peintre et description sont des citations implicites extraites de *Lolita*, de Nabokov).

Ce mode d'emploi que vous proposez ironiquement de la vie en fait une chose plutôt noire : on part de rien, pour arriver à rien, après avoir fait beaucoup de choses inutiles.

Oui, mais avec passion. Ce qui lie tous mes personnages entre eux, c'est la formidable passion qu'ils mettent à aller au bout du monde, à trafiquer des coquillages, à devenir acteur[11], à concevoir comme Valène cet immense tableau de l'immeuble.

À quoi s'ajoute votre passion à vous pour écrire ce livre...

C'est pourquoi je crois qu'il y a en lui quelque chose qui relève du bonheur.

---

11. Allusions respectives aux « romans » de Percival Bartlebooth, Rémi Rorschash (ch. XIII) et Henri Fresnel (ch. LV).

XXXV

«Je ne veux pas en finir avec la littérature»
Propos recueillis par Pierre Lartigue, *L'Humanité*, 2 octobre 1978.

L'entretien est sous-titré « Georges Perec a écrit un livre qui pourrait bien receler tous les autres... », et précédé d'une présentation de Pierre Lartigue qui se termine ainsi : « Quant au style, on songe à Gautier pour le précieux de la précision, à Flaubert pour la rêverie, pour les grandes contractions du temps, à Jules Verne pour l'accumulation... Perec est l'auteur de beaux livres et nous savions comme il faisait, compliquant tout à plaisir pour écrire plus facilement. Il avait de l'esprit jusqu'au bout des doigts et triomphait superbement. Il ne s'agit plus tout à fait de cela maintenant. Finis les sauts d'obstacles ! On lit d'une traite ces six cents pages où Perec s'écrit. Un livre immense, beau comme un jeu. »

*

Une de vos lectrices commençait hier au café de la Paix le vingt-cinquième chapitre de La Vie mode d'emploi. *La serveuse, intriguée par l'épaisseur de l'ouvrage, demanda le nom de l'auteur. Elle vous connaissait et vous qualifia de réaliste...*

Hyperréaliste plutôt. Voici, au départ, une maison de Paris dans le XVIIe. (Mais ni l'immeuble ni la rue n'existent !) Je décris chaque pièce de cette maison, une à une, et, de façon très réaliste, les objets qui s'y trouvent selon une technique cinématographique : le travelling avant. Finalement, à force d'être méticuleux dans la description, pointilleux, on décolle du réel et cela produit quelque chose qui est de la fiction, du romanesque.

Cela commence par des scènes figées, à une date qu'on saura être le 23 juin 1975. Une dame est dans son lit, feuilletant un livre d'art[1]. Un monsieur rêve

---

1. Allusion à Mme de Beaumont, chapitre XXXI, p. 176.

dans son fauteuil[2]. Un petit garçon descend une poubelle. À partir de là, dans chaque image arrêtée, j'accroche une histoire à un objet. Le petit garçon lit un illustré : j'en donne le contenu[3]. À partir de ce microcosme, on va se promener dans le monde entier, dans toutes les époques... L'approche méticuleuse du réel conduit à cette échappée infinie et, ce qui m'amuse, c'est la mise en abyme des choses vues. L'image revient souvent du camembert sur lequel on voit des moines manger un camembert sur lequel on voit des moines, etc[4]. J'aime cette impression que l'on n'en finira jamais.

J'ai l'ambition d'énumérer, de cataloguer, de rassembler des connaissances vraies ou fausses : dire ce qu'il y a dans le monde. Une anecdote a été retirée du livre. Bartlebooth, qui consacre sa vie à élaborer une œuvre d'art inutile qu'il détruira pour finir, avait eu un autre projet : fonder une société qui estimerait le prix de la planète Terre. Mettons que des extra-terrestres veuillent l'acheter... On commence un inventaire : un ouvre-boîte, cinq centimes ; la *Joconde*, quatorze milliards ; tel caillou, tant ! Bartlebooth abandonna ce projet et moi-même je n'en parle pas, mais reste cette envie de dire tout ce qu'il y a et le plaisir d'énumérer, qui s'est peut-être perdu, mais qui a des antécédents dans la littérature : Rabelais, Verne...

Le plaisir du romanesque est aussi de raconter beaucoup. J'ai soutenu cette boulimie et j'ai rassemblé des histoires pour, après, les faire éclater. Voilà l'idée même du puzzle. Certaines histoires peuvent sembler courtes, mais en fait elles sont construites éparpillées sur plusieurs chapitres et chacune reçoit sa lumière de l'autre...

Quel rôle jouent les nombres ?

Ils sont présents dans chaque chapitre. Il y a un vrai plaisir à compter. Voyez les enfants, lorsqu'ils commencent : « 1, 2, 3..., 11... », la satisfaction vive que donne le désir de maîtriser une série...

La répétition joue également son rôle. Voici la vengeance du diplomate suédois : il y avait dans une villa une dame anglaise, son jeune fils et une fille au pair (une Française). Le mari arrive quarante-huit heures plus tard et trouve son enfant noyé et sa femme suicidée... Or cette scène se répète plus loin dans

---

2. Allusion à Léon Marcia, chapitre XXXIX, p. 220.

3. Le petit garçon qui descend les poubelles est Gilbert Berger (ch. XXXIV), celui qui lit un illustré est le petit-fils d'un accordeur (ch. LXXVIII). Ces deux figures illustrent parfaitement la technique de l'enchâssement des récits à laquelle Perec fait ici allusion : Gilbert Berger est le coauteur d'un roman-feuilleton dont les quatre premiers épisodes sont longuement résumés (p. 201-203), le petit-fils de l'accordeur lit dans *Le Journal de Tintin* une biographie romancée qui est développée sur une dizaine de pages (p. 440-449).

4. Dans *La Vie mode d'emploi*, parmi les mises en abyme de type référentiel, on trouve plus précisément *une* affiche représentant «quatre moines [...] attablés autour d'un camembert sur l'étiquette duquel quatre moines [...] — les mêmes — sont de nouveau attablés. La scène se répète, distinctement, jusqu'à la quatrième fois» (ch. II, p. 26).

le livre : une Italienne est avec son fils dans sa salle de bains. Elle emploie une fille au pair (une Anglaise) et l'on sait que son mari arrivera quarante-huit heures plus tard[5]... Une histoire est comme le reflet lointain de l'autre. Quelle est la bonne pièce du puzzle ? Nous voici en pleine illusion. Nous touchons à l'énigme. Tout se passe comme si chaque histoire était la même, vécue différemment, ressassée jusqu'à l'obsession...

Tout est « déjà là ».

Mes personnages et moi-même, nous sommes prisonniers d'une maison de poupée, pris dans quelque chose de figé. On a travaillé à l'Oulipo pour savoir quel roman avait la durée la plus longue. C'est un ouvrage de science-fiction paru au début du siècle : *Les Premiers, les derniers.* L'action s'étend sur six cents millions d'années[6]. Le roman le plus bref ne devrait durer qu'un dixième de seconde. Le mien dure quelques secondes. Je décris les instants qui précèdent la mort de Bartlebooth. Le point de départ est cet instant fatal[7]. Tous ces objets, tous ces personnages se sont rassemblés pour raconter l'aventure dérisoire et grandiose de cet homme. Tout est la projection de cette mort sur une maison, et la mort du peintre enfin est la mort du livre.

Et pourtant, c'est un jeu.

Un jeu sur l'écriture et le roman. Une invitation à jouer. On peut grappiller dans ce roman et trouver des histoires enfouies. Les cinq mille entrées de l'index[8] sont cinq mille pièces que l'on peut rassembler à nouveau. Notez que l'on pourrait pratiquer de la même manière avec la *Recherche du temps perdu*, reconstituer d'autres épisodes...

Est-ce un livre tragique ?

C'est l'histoire de trois vieillards et il y a les deux morts à la fin. J'ai pourtant écrit tout cela dans une grande exaltation. Exaltation de l'éphémère[9]. Si ce livre est un livre fermé, on ne s'en échappe pas moins vers le rêve. Il y a ouverture vers des galopades... J'ai voulu décrire cet appel vers quelque chose qui retombe. C'est l'image de la vie. À regarder de près, les aventures humaines que je raconte viennent se briser contre les institutions. Une des raisons de l'échec de Bartlebooth, par exemple, est l'intérêt que porte à son œuvre une

---

5. Allusions respectives à Sven Ericsson et Elizabeth Breidel (ch. XXXI, p. 180-181), et à Mme Pizzicagnoli et Jane Sutton (ch. LXXXVI, p. 493-494).

6. Olaf Stapledon, *Les Derniers et les Premiers* (1930, trad. fr. 1972). L'action du roman qui « sonde les lointains siècles à venir jusqu'au temps où notre présent et tout ce qu'il contient a disparu de l'horizon du futur » (Brian Aldiss, « Avant-propos », p. 9) s'étend en fait sur deux milliards d'années.

7. Rappelons que *L'Instant fatal* est le titre d'un recueil de poèmes de Raymond Queneau.

8. L'index de l'édition originale compte quelque trois mille entrées.

9. Voir à ce propos *supra*, n° XXVIII, p. 187.

XXXVI

« Sur la sellette. L'impossible Monsieur Perec »
Propos recueillis par Jean-Louis Ezine,
Les Nouvelles littéraires, n° 2655, 6-12 octobre 1978.

Cet entretien est repris sous le titre « J'aimerais trouver le mode d'emploi de la vie »
dans Les Nouvelles littéraires *du 18 mars 1982 (dossier en hommage à Perec, disparu*
le 3 mars), et dans : Jean-Louis Ezine, Les Écrivains sur la sellette, *Seuil, 1982.*

*

L'appartement est petit, serré, rempli de choses bizarres. Sur la cheminée, à côté d'un
distributeur de cacahuètes salées délivrant contre une somme modique une poignée de
« friandises extra du Régal des Gourmets[1] », se dresse une montagne phalloïde de cou-
pelles en cuivre, encastrées les unes dans les autres par taille décroissante, et percées cha-
cune de trous plus ou moins étroits : un tamis de perles fines, comme je vous le dis. Derrière
ces deux trophées assez surréalistes, adossé au manteau de la cheminée comme un tableau
de maître, se tient un immense gâteau rectangulaire et meringué, savamment décoré de
nougatine et représentant la façade d'un immeuble avec entrée cochère, volets aux fenêtres
et tout et tout. Des amis ont fait cadeau de cette pâtisserie à Georges Perec à l'occasion de
la sortie de La Vie mode d'emploi *[...].*

Georges Perec s'assied en débouchant une bouteille de Vichy-Célestins, se verse une
grande rasade pétillante. « Seulement dans la journée », précise-t-il, comme pour me
rassurer. La barbiche approuve sobrement. Sur la table, ronde comme une table de jardin,
un coffret de puzzle de chez Ravensburger. Précisons, pour les débutants intéressés : c'est

---

1. On retrouve cet objet, mentionné deux fois encore par les journalistes dans les entretiens qui suivent, dans *La Vie mode d'emploi*, chapitre XCI, cave de Mme Marcia : « un vieux distributeur de cacahuètes, encore à moitié plein, dont le corps de verre porte l'inscription "FRIANDISE EXTRA DU RÉGAL DES GOURMETS" » (p. 536).

un trois mille pièces, 120,7 x 79,7, recomposant la célèbre toile de W. Van Haecht, Galeriebesuch *(«Visite à la galerie»). Un tableau représentant une exposition de tableaux[2] : plein de pièges, pas facile! Georges Perec me détrompe:*

Non, c'est un faux puzzle. D'abord parce que la couverture du coffret reproduit l'image à obtenir. Ensuite parce que toutes les pièces ont la même forme: celle, en gros, d'une croix de Lorraine. Je vais vous montrer un vrai puzzle[3].

Il se lève, revient avec une boîte plus petite, où figure seulement une légende: Au succès du nouveau vaisseau, gravure anglaise, *et une précision subsidiaire: mille deux cents pièces, 43 x 57.*

Voyez-vous, les pièces ont un contour très variable. Le puzzle est plus petit, mais nettement plus difficile à réaliser que l'autre: il faudrait un bon mois pour en venir à bout, à raison de huit heures par jour.

Merci bien: c'est encore plus long que de lire La Vie mode d'emploi, *roman lui-même construit — il faudrait plutôt dire déconstruit — selon le principe du puzzle. Heureusement, il y a à la fin un index, qui joue un peu la fonction de l'illustration sur les boîtes de faux puzzle, ce jeu d'impatience pour grands lymphatiques seulement.*

Mais si on pouvait résoudre tout de suite un puzzle, il n'y aurait pas de plaisir! Ce livre, *La Vie mode d'emploi,* c'est pareillement une partie qui se joue entre le lecteur et moi.

Une partie tout de même bien longue! On est là-dedans comme une vigie sur l'océan désespérant de toucher le port: c'est la mer, la mer toujours recommencée...

Mon problème a été, à chaque instant, de séduire assez le lecteur pour lui permettre de continuer.

Mais vous n'avez pas non plus, pour le séduire, employé les moyens classiques du suspense, de la psychologie, de la dramaturgie, du spectacle en un mot. Le fil qui relie toutes ces histoires de locataires est bien ténu.

En effet. Ce fil, c'est seulement Bartlebooth, le personnage principal, qui cherche au fond quoi faire de sa vie. Vous avez raison de le suggérer, il n'y a pas un au-delà du livre, qui serait le monde ou la société. Tout se passe dans la tête du lecteur... Mon ambition, en mettant *La Vie mode d'emploi* en chantier, il y a

---

2. Le motif de ce puzzle n'est pas anodin: « *Le Cabinet d'amateur de Cornelis van der Geest lors de la visite des Archiducs Albert et Isabelle,* de Guillaume Van Haecht », mentionné dans *Un cabinet d'amateur* (1979, p. 31) parmi les plus célèbres du genre décrits par Lester K. Nowak, joue un rôle central dans la structure de ce récit. Pour plus de précisions, voir Manet van Montfrans, «Georges Perec: copier/créer — d'un cabinet d'amateur à l'autre ».
3. Cette réponse et la suivante font écho au Préambule de *La Vie mode d'emploi*: «L'art du puzzle commence avec les puzzles de bois découpés à la main lorsque celui qui les fabrique entreprend de se poser toutes les questions que le joueur devra résoudre [...] » (p. 19).

dix ans, était de mettre au point une machine à produire des romans, des enchevêtrements de récits concomitants, un peu à la manière de Dos Passos, le père du «simultanéisme[4]». Quelque chose comme un brassage encyclopédique, un entassement jusqu'à l'asphyxie, pourquoi pas? Au fond, *La Vie mode d'emploi* est une métaphore du travail de l'écrivain, de sa mégalomanie et de sa schizophrénie. En marge du texte lui-même, il y a des ébauches de romans possibles, que l'on peut entièrement reconstituer grâce à l'index. J'adore les index.

De ce point de vue, c'est très réussi, cet entrepôt de romans : vous allez être l'auteur le plus pillé, dans les années à venir.

Je m'en réjouis! J'ai pillé tellement d'auteurs moi-même!

Si l'on considère votre œuvre dans son ensemble, deux aspects émergent. Il y a le côté minutieusement descriptif, balzacien, nomenclaturiste même. Et puis le côté ludique, qui fonde cette vaste entreprise : on se promène dans vos livres comme au rayon «jeux de société» d'un grand magasin ; on passe du puzzle au go, des échecs aux mots croisés, etc. Vous êtes un peu notre Honoré de Bazar...

Merci, merci. Remarquez, Balzac voulait faire concurrence à l'état civil, moi, c'est simplement aux dictionnaires.

Entre autres, entre autres! Vous savez tout faire : vous êtes l'acrobate de la littérature contemporaine, l'ordinateur des Pompes du verbe, le ravisseur des voyelles [...], l'Oulipien de choc, le cruciverbiste qui fait la guerre aux cases noires chaque semaine dans Le Point, *j'en passe et des savantes! Vous avez écrit des palindromes de plus de mille mots [...]. Vous faites des prouesses, mais êtes-vous un romancier?*

Je veux! Mais naturellement, ce qu'on retient de mon œuvre, c'est sa versatilité, le fait qu'elle s'applique dans des champs très différents, qu'elle soit fondée sur des procédés logiques que je m'impose. Ce sont mes gammes, si vous voulez. Ces exercices me permettent de me dérouiller l'esprit, comme un pianiste se dérouille les doigts. Et puis j'aime multiplier les systèmes de contraintes lorsque j'écris : ce sont les pompes aspirantes de mon imagination.

L'aspiration, plus que l'inspiration, c'est bien ça : plus qu'en romancier, je vous vois en fournisseur de romans, en génial extracteur du langage, en pourvoyeur de fantastiques

---

4. Outre le mouvement poétique français du début du vingtième siècle, on sait que le terme «simultanéisme» désigne un procédé narratif consistant à juxtaposer des événements simultanés qui appartiennent à des actions parallèles. Les œuvres les plus importantes créées dans cet esprit sont celles de Jules Romains et de John Dos Passos, ce dernier rompant définitivement avec la tradition narrative héritée du XIXᵉ «en diversifiant les modes d'écriture correspondant chacun à une facette de son monde protéiforme» (Véronique Klauber, «Simultanéisme», n. p.). Notons que dans «Tendances actuelles du roman français» (1995, n. p.), Pierre-Louis Rey relève un retour du goût pour le simultanéisme «dont Georges Perec a en quelque sorte donné l'archétype avec *La Vie mode d'emploi*».

brouillons qui sont tous là, entreposés, catalogués dans La Vie mode d'emploi. *Vous êtes celui auquel rien de son œuvre n'échappe, parce qu'elle est sans doute la plus concertée, la mieux organisée. Mais je me demande : vous avez bien des faiblesses ?*

La complaisance, le fait d'en rajouter toujours un peu. Et puis aussi, une façon de trouver dans ces systèmes de contraintes un refuge, au fond. J'en ai besoin. Pour écrire de la poésie, je fais appel à l'anagramme, à l'acrostiche ou à quelque autre procédé qui la justifie, mais je serais incapable d'écrire de la poésie en la revendiquant comme poésie [5].

[…] À quarante-deux ans, vaincu par l'inflation bibliographique des revues savantes, Georges Perec vient d'abandonner son poste de documentaliste au CNRS. Il va pouvoir faire tranquillement pousser L'Arbre, *qui racontera l'histoire de sa famille, réunir les* Fragments d'un Ninipotch, *fausse biographie d'un philosophe imaginaire moins connu que ses disciples, les ninipotchiens, poursuivre sa* Tentative de description de quelques lieux parisiens, *mettre la dernière main à un livret d'opéra, rassembler en recueil ses mots croisés, faire* Le Voyage de Kairouan, *récit d'un voyage que firent ensemble Paul Klee et August Macke en 1914, composer 243 histoires à partir du texte de trois cartes postales, etc. Il adore embarrasser son temps. To puzzle, comme on dit en anglais.*

---

5. Perec publiera cependant plus tard deux poèmes sans contrainte « revendiqués » comme tels : « Un poème » (dans *La Clôture et autres poèmes*, 1980) et *L'Éternité* (1981).

XXXVII

« Une minutieuse fascination »
Propos recueillis par Jean-Pierre Vélis, *L'Éducation*, n° 363, 12-18 octobre 1978.

Les propos de Perec sont rapportés dans le cadre de la rubrique « L'homme créateur ».
Le portrait que trace Jean-Pierre Vélis ne manque pas de pertinence. Il y est dit entre autres
que si « tous les textes de Perec ne sont que les variantes d'une même entreprise : épuiser
tous les possibles de la langue, découvrir tous les champs du langage », « seul W ou le
Souvenir d'enfance semble échapper provisoirement à ce projet d'écriture parce qu'il
colle de plus près à la biographie de l'auteur », cette caractéristique pouvant nous « laisser
penser [...] que ce livre constituera, plus tard, une pièce essentielle dans le puzzle géant et
savant que construit Perec ».

*

[...] pour faire un « gros » livre, il faut un « gros » sujet ! Melville, on le sait, opta
pour la baleine, dotant, avec Moby Dick, *la littérature mondiale d'un véritable chef-*
d'œuvre. Perec a préféré une maison, renouant sans doute avec les désirs cachés de nombre
d'entre nous :

Je crois que tout le monde a envie d'ouvrir les maisons, ça n'est pas pour
rien qu'il existe des maisons de poupée.

[Suit une description de La Vie mode d'emploi *dans laquelle Jean-Pierre Vélis*
mentionne sans les commenter le bicarré latin orthogonal, la polygraphie du cavalier, la
pièce manquante de l'immeuble — « Comme un système ne fonctionne bien que s'il
est légèrement faussé, une petite fille en mordant dans le coin de son petit-
beurre Lu fait tomber un chapitre » *précise Perec — et les listes de quarante-deux élé-*
ments du « Cahier des charges » — Perec : « L'idée était, avec un nombre limité de
mots clés, de produire beaucoup de romanesque ». *]*

La Vie mode d'emploi, *ce n'est jamais que sept cents fois dix-huit cents signes que l'auteur a mis neuf années à aligner à raison de dix heures de travail par jour… ! Si bien que cela est nécessairement autobiographique :*

Ceux qui voudront faire attention s'apercevront que l'un des personnages centraux a le même nom que le héros de *W* (Gaspard Winckler). Ceux qui iront chercher dans ma bibliographie verront que, quand j'étais militaire, j'ai écrit, sous le nom de Serge Valène, un article dans *Les Lettres nouvelles* [1]. Ce peintre qui fait le tableau, c'est moi qui suis en train d'écrire le livre. Qui est Bartlebooth ? On ne sait pas trop ; on sait, bien sûr, que c'est une des figures centrales de la littérature à cause de Barnabooth et de Bartleby [2], mais quant à savoir où je suis là-dedans…

Ainsi s'efface, comme en se moquant, l'écrivain lui-même, disparaissant derrière cette prestigieuse accumulation, cette trame qu'il tisse de mots, à perte de vue, au sens le plus littéral qui soit. En même temps, il affirme ne rien découvrir :

Écrire, c'est d'une certaine manière réorganiser une matière romanesque qui existe déjà.

Lors de lectures publiques de mon livre, quelqu'un m'a dit : « Je me sentais comme un petit enfant qui s'endort le soir pendant que sa maman lui raconte des histoires. » C'est le plus grand compliment qu'on puisse me faire. Tous les livres qu'on lisait à plat ventre quand on était petit, ça se perdait un peu. Et puis il y a le plaisir d'inventer qui est intact, le sentiment qu'on décolle de la vie. Certaines histoires que j'ai trouvées pour ce livre m'ont mis parfois dans un état proche de l'ivresse. Je retrouvais le même plaisir que celui que j'éprouve à la lecture de Roussel : quelque chose qui n'a plus aucun rapport avec la réalité, mais qui est entièrement « auto-porté », entièrement supporté par le langage. C'est-à-dire qu'en bricolant avec des mots, on arrive à quelque chose qui tient debout.

On objectera qu'il y a bricoleur et bricoleur, et que toutes les constructions ne sont pas aussi savantes, non plus que tenues par la même colle. Certains forcent leur talent, tandis que Perec, lui, savez-vous ce qu'il m'a demandé ?

Est-ce que vous pensez que ce livre est compliqué ?

---

1. « L'enfance de Djilas au Monténégro » (compte rendu de : Milovan Djilas, *Pays sans justice*), paru dans *Les Lettres nouvelles*, n° 3, 18-24 mars 1959.
2. Pour plus de précisions, voir *infra*, n° XXXIX, p. 238.

XXXVIII

« Entretien avec Gérard Dupuy »
Propos recueillis par Gérard Dupuy, *Libération*, 31 octobre 1978.

Le chapeau de l'entretien est le suivant : « Dans l'avalanche de romans mis en course pour le rituel des prix — avalanche dont on s'accorde, cette année, à souligner la grisaille plus marquée que jamais — un gros pavé s'impose : La Vie mode d'emploi, de Georges Perec. *Description minutieuse d'un immeuble entier,* La Vie mode d'emploi *est un festival d'histoires mené à train d'enfer. Avec Georges Perec, la fiction jubile… »*

*

« S'ils n'aiment pas ça, c'est à vous dégoûter d'écrire » *pensait G. P. de ses lecteurs lorsqu'il écrivait son livre. Il n'a maintenant aucune peine à l'avouer : manifestement « ils » ont aimé « ça ». Critiques louangeuses, sans presque de fausses notes. Il y a même mieux :* « pour une fois, j'ai l'impression que les journalistes qui m'interviewaient avaient lu le livre » *dit G. P., preuve que ce n'est pas toujours le cas. Je glisse doucement le renseignement dans ma rubrique imaginaire « déontologie professionnelle », paragraphe « pertes et profits ». G. P., lui, a l'air de s'en soucier comme de l'an quarante.*

[Suivent une longue présentation de La Vie mode d'emploi, *parfois approximative — on y apprend que le roman a cent cinquante-neuf chapitres, ou qu'aucun romancier n'a pensé avant Perec « utiliser comme fil conducteur » un immeuble… —, et un portrait de Georges Perec en « clinicien » de la vie quotidienne et « virtuose de la langue. »]*

« Pendant tout ce temps, j'ai été documentaliste au CNRS. Je dépouillais des revues de physiologie du système nerveux : il y en avait vingt quand j'ai commencé, cent quand j'ai quitté »… *Alors, il sait tout sur la physiologie dudit système ?* « Ça aurait pu être des revues sur la mise en conserve des petits pois, ça n'aurait rien changé. J'ai surtout appris des mots, beaucoup de mots, environ deux mille.» *N'aurait-il pas pu vivre de sa plume?* «Il m'aurait fallu accepter d'écrire sur n'importe quoi, à la commande, au risque d'être asphyxié. Je voulais avoir l'esprit tranquille.» *Mais c'est fini, G. P. a donné sa démission. Grâce à* La Vie mode d'emploi, «mon livre le plus public». *Mais après?* «Pour retrouver du travail, ce serait difficile: je ne sais pas faire grand-chose.»

Par sa dimension, La Vie mode d'emploi *est un livre dans lequel on s'installe. En prenant son temps.* «Tu en as pour l'hiver» *glisse G. P. au téléphone à quelqu'un qui vient d'acheter son bouquin.*

S'y installer, soit, mais le livre n'y est guère propice. «Au départ, les gens manifestent une réticence: à cause du volume et des histoires qui ne sont pas reliées entre elles. C'est comme un train qui démarre, la loco peine pour tirer. Puis, quand c'est parti...» *[...]*

Simple jeu de l'esprit, complètement gratuit? Ce serait cela (et ce ne serait pas si mal: La Vie mode d'emploi, *dit G. P.,* est «un livre potentiel, le lecteur peut intervenir, jouer avec lui») *si G. P. n'était pas un narrateur virtuose. Il excelle à réduire en quelques pages des destins proprement extravagants. D'où une prolifération d'histoires [...].* «J'ai fait un livre centrifuge. C'est une espèce de foire à la ferraille et aux jambons, je l'ai écrit avec jubilation. Il fallait que je retrouve le plaisir de raconter, donc celui de lire: Rabelais, Sterne, Stendhal.» *[...]*

«Je fais des mots croisés, ce sont des sortes de gammes» *(le prochain livre de G. P. sera un recueil de mots croisés[1]).* «Il faut procéder en deux temps: construire la grille, avec le moins de cases noires possible; puis trouver les définitions, en peu de mots. Elles doivent être difficiles à trouver, puis après apparaître évidentes.»

Pour écrire ses livres, G. P. n'agit guère différemment. «J'ai besoin de passer par des contraintes préalables: si je n'ai pas de règles, ça m'est beaucoup plus difficile d'écrire. Par exemple, écrire tout un livre sans utiliser la lettre "e", ça paraît impossible, mais en fait... C'est comme le skate board: on risque de se casser la gueule, mais les gosses...»

La Vie mode d'emploi *n'échappe pas à la règle.* «Le projet m'a pris dix ans. Pendant des années, j'ai fait des plans, des graphiques. Je me suis imposé des

1. *Les mots croisés,* qui recueille cent trente grilles publiées dans *Le Point* depuis 1976, paraîtra en janvier 1979.

contraintes très strictes : permutations, recoupements… Dans tel chapitre, je savais que je devais retrouver tel chiffre, telle couleur, tel objet. Il s'agit autant de se représenter le livre que d'éviter d'avoir à l'écrire, ce qui m'a pris trois ans, mais avec le sujet derrière. » *Inutile de chercher l'échafaudage :* « Le point de vue de la construction est intégré au récit. »

Marché aux puces et papier millimétré. On retrouve ce contraste dans le titre : La Vie mode d'emploi. « Ce titre, je l'ai trouvé il y a longtemps[2] et je ne savais pas ce qu'il voulait dire. Aujourd'hui, je dirais que c'est une « apposition-opposition » : exubérance et mise en ordre. » *[…]*

Quand il parle de l'Oulipo, G. P. dit : « C'est un travail sur les systèmes d'écriture : proposer des règles pour renouveler la production poétique ou romanesque. » *[…]*

Dans La Vie mode d'emploi, *les inventaires d'objets respirent une sorte de jubilation du monde matériel. Ils n'étouffent pas dans un espace fermé, ils embrayent sur l'extérieur, engendrent leurs histoires.* « J'ai voulu approcher les objets comme si je ne les avais jamais vus » *dit G. P.*

Plus que des objets, G. P. semble s'être inquiété des mots : « Cette boulimie de mots qu'on consomme, ça a quelque chose d'agressif. C'est comme cette publicité pour un catalogue de vente par correspondance : le "presque mille feuilles[3]". Le monde est saturé de mots et de techniques : il y a un jeu qui consiste à les prendre en charge. » La Vie mode d'emploi *incorpore quatre pages d'un catalogue pour bricoleur, plus vrai que nature (G. P. a recensé les accessoires dans de « vrais » catalogues) : mais le langage technique se retourne comme un gant : ces quatre pages ne sont pas les moins fantaisistes et romanesques.* « À force de précision, le réalisme éclate, on aboutit à une sorte d'onirisme hyperréaliste. Par exemple, en peinture, Gnoli[4]. C'est comme dans les rêves ces espèces d'images. »

« Ce qui m'intéresse, c'est l'infra-ordinaire, le contraire de l'événement. » *G. P. n'aime guère le journalisme, n'a pas de télé, lit peu de journaux (« Le Monde, par*

2. Le titre est déjà trouvé en 1972, comme en témoigne cet extrait d'une lettre à Paulette Perec : « "la vie' mode d'emploi)" [*sic* pour la graphie] c'est comme si je l'avais commencé » (Paulette Perec, « Chronique… », p. 88). Avant l'adoption de la graphie définitive, on trouve dans les manuscrits plusieurs variantes : *La Vie (mode d'emploi)* ; *La Vie : mode d'emploi* ; *La Vie, mode d'emploi*.
3. Voir *supra*, n° XXXIV, note 7, p. 218.
4. Pour les historiens de l'art, Domenico Gnoli (1933-1970) est un représentant du pop art italien. À partir de 1964, ses peintures présentent les détails très agrandis de corps (chevelure…), d'objets (dessus-de-lit, divans…) et de vêtements (*Fermeture éclair*, 1967, *Chaussure peinte*, 1969, *Nœud de cravate*, 1969…), donnant ainsi une vision singulière de la texture des choses les plus communes. Perec possédait le catalogue d'une exposition des œuvres de Gnoli organisée au CNAC Georges-Pompidou en novembre 1973.

tic»). «Les journaux passent leur temps à repérer ce qui casse. Pourtant, ce qui est effroyable, ce n'est pas le coup de grisou, c'est le travail à la mine. Il y a une sorte d'anesthésie par le quotidien : on ne fait plus attention à ce qui nous entoure, à ce qui se refait tous les jours ; seulement à ce qui déchire le quotidien [5]. »

La Vie mode d'emploi, *c'est cela :* « un pas de côté [6] » *pour regarder, regarder de tous ses yeux. regarder les choses du monde se mettre à raconter d'invraisemblables histoires. Les nôtres.*

---

5. Cette réponse reprend presque mot pour mot différents passages d'«Approches de quoi?» (*Cause commune*, 1973, repris dans *IO*, p. 9-10).
6. Sur le «pas de côté», notion chère à Perec, voir *infra*, n° XLVII, note 27, p. 279.

XXXIX

« La maison des romans »

Propos recueillis par Jean-Jacques Brochier,
Le Magazine littéraire, n° 141 : « Nietzsche », octobre 1978.

Cet important entretien, dans lequel Perec revient sur son parcours d'écrivain, est accompagné de « Charades », série de variations homophoniques sur les titres de ses œuvres (texte repris dans le volume posthume Vœux *sous le titre d'« Œuvres anthumes »). En chapeau : « Un très gros livre est souvent rébarbatif. Georges Perec n'a pas la réputation, avec ses livres sans "e" et ses jeux mathématiques, d'être un auteur facile. Le miracle, c'est qu'il vient de réussir un très gros livre, bourré de règles, mais qu'on ne voit jamais, et qui se lit avec une fluidité, un plaisir, devenus bien rares aujourd'hui. Pour votre bonheur, votre jubilation, précipitez-vous sur* La Vie mode d'emploi. *»*

*

Georges Perec, écrivain professionnel et professionnel de l'écriture. Quel est votre bureau, votre laboratoire ?

C'est l'Oulipo, l'Ouvroir de littérature potentielle. Un groupe qui s'est constitué, en 1960, autour de deux amis, François Le Lionnais et Raymond Queneau. Dans ce groupe, il y avait des écrivains, des critiques, comme Jean Lescure, mais il y avait aussi Le Lionnais, qui est un écrivain scientifique, Claude Berge, mathématicien, et Paul Braffort, ingénieur atomiste, Albert-Marie Schmidt, qui est mort depuis, et bien d'autres, comme Marcel Duchamp.

Leur première idée avait été de créer un atelier de littérature expérimentale. « Atelier » leur a semblé un peu pompeux, « littérature » ils y tenaient, « expérimentale » rappelait trop le Nouveau Roman ou Tel Quel. Ce qu'ils voulaient, en y réfléchissant bien, c'était une littérature non pas expérimentale mais potentielle, et « ouvroir » était mieux qu'« atelier » : l'endroit, à côté de

l'église, où les vieilles dames se réunissent pour faire des bonnes œuvres, trico-
ter pour les pauvres et papoter. L'Oulipo, au départ, était quelque chose de
tout à fait artisanal, informel : il n'était pas question pour ses membres de révo-
lutionner la littérature, d'affirmer qu'ils détenaient la vérité. Ils voulaient étudier, dans les œuvres du passé, les systèmes, les artifices rhétoriques qui avaient
fonctionné. Ils se réunissaient lors de déjeuners très souvent arrosés, échan-
geaient des informations. Et proposaient, pour des textes à venir, de nouvelles
structures ou de nouvelles contraintes[1]. Ce qu'est une structure, ou une
contrainte, c'est extrêmement difficile…

Un exemple de contrainte, c'est par exemple d'écrire tout un livre sans utiliser la lettre
« e », comme vous l'avez fait dans La Disparition.

C'est la contrainte élémentaire, au niveau de la lettre. Tous les livres de
Queneau ne sont pas oulipiens, tous les miens non plus, pas plus que tous ceux
de Harry Mathews ou d'Italo Calvino[2].

Depuis, le groupe s'est élargi, avec des gens comme Jacques Roubaud,
Mathews ou Calvino précisément, Marcel Bénabou, historien de l'antiquité et
poète, ou Paul Fournel, jeune écrivain du « Chemin[3] », qui vient d'écrire une
pièce de théâtre en arbre[4]. Des contraintes, il y en a de toutes sortes. Queneau,
dans une formule connue, dit que de toute façon on est soumis à une règle
mais qu'on ne la connaît pas[5]. Quand on fait de l'écriture automatique, la
chose la plus spontanée, on est quand même à l'intérieur d'un système qui a ses
propres règles[6]. Tant qu'à faire, il vaut mieux pratiquer une forme de littérature non jourdainienne[7] : M. Jourdain faisait de la prose sans le savoir, faisons
de la prose ou de la poésie en le sachant. Je ne dis pas du tout que nous ayons
raison dans tous les cas, mais cela s'avère positif pour plusieurs écrivains,
comme Mathews ou comme moi. Même si nous ne le faisons pas dans tous nos

1. À ce propos, voir *supra*, n° XXII, note 2, p. 143.
2. Pour une bibliographie des membres de l'Oulipo faisant état de cette distinction, voir Oulipo, *Atlas de*
littérature potentielle, 1981, p. 409-426.
3. La collection « Le chemin », dirigée depuis 1959 par Georges Lambrichs chez Gallimard.
4. Paul Fournel (avec la collaboration de Jean-Pierre Énard), « L'arbre à théâtre. Comédie combinatoire » — cet article, publié dans le volume *La Littérature potentielle* (1973), donne le canevas de la pièce,
restée inédite.
5. « Le classique qui écrit sa tragédie en observant un certain nombre de règles qu'il connaît est plus
libre que le poète qui écrit ce qui lui passe par la tête et qui est l'esclave d'autres règles qu'il ignore » —
Raymond Queneau, « Qu'est-ce que l'art ? » (1938, repris dans *Le Voyage en Grèce*, 1973, p. 94). On sait que
cette opposition entre construction et inspiration est un des principaux foyers de la poétique quenienne.
6. Parmi les « plus détestables préjugés relatifs à la poésie », Queneau comptait le suivant : « l'écriture
automatique serait la forme la plus pure de l'inspiration », qu'il commentait ainsi : « impudent sophisme
qui résout l'histoire même de ce procédé dont la pratique […] n'a jamais produit soit que des élucubra-
tions d'une répugnante banalité, soit que des "textes" affligés dès leur naissance des tics du milieu qui les
pondit » — « Lyrisme et poésie » (1938, repris dans *Le Voyage en Grèce*, p. 112).
7. L'expression est employée dans un sens un peu différent par Paul Braffort, pour qui la production
oulipienne est dite « "littérature non jourdanienne" puisque la frontière qui s'y dessine n'est plus entre
poésie et prose, mais entre textes quasi amorphes et textes à fortes contraintes » (« U.S.F.A.L. Un système
formel pour l'algorithmique littéraire », p. 110).

livres. Néanmoins, nous avons toujours une sorte d'état d'esprit qu'on pourrait appeler expérimental. Par exemple, je tiens absolument à ce qu'aucun de mes livres ne se répète, que chacun ait un aspect différent.

En lisant l'énorme volume — énorme par la quantité, mais extraordinairement fluide à lire — que vous venez de publier, La Vie mode d'emploi, *on a le sentiment que la contrainte, ou les contraintes que vous vous êtes imposées sont bien cachées, mais qu'il y a une structure extrêmement précise.*

La structure est simple : c'est une maison dont on enlève la façade, comme les maisons de poupée. L'un des points de départ du livre est d'ailleurs la fascination que j'ai pour certains jouets. Particulièrement les puzzles, et j'ai voulu construire un livre avec lequel l'auteur et le lecteur puissent jouer comme un puzzle. Il y a les pièces, à la fois pièces de la maison et pièces du puzzle, et à l'intérieur de ces pièces, des événements, des meubles, des collections, des énumérations d'objets. Tout cela se répond, se correspond, s'enchevêtre, au cours de quatre-vingt-dix-neuf chapitres, quatre-vingt-dix-neuf histoires, celles des familles qui vivaient dans la maison, et aussi bien plus de quatre-vingt-dix-neuf, puisqu'il y a l'histoire des gens qui y ont vécu autrefois, même des plongées dans le futur. Il y a des côtés cinématographiques de la narration, des sortes de travellings avant : ainsi, un petit garçon, sur une marche de l'escalier, lit *Le Journal de Tintin* ; la caméra s'avance, et s'insère dans le livre l'histoire qu'il est en train de lire[8].

Le personnage central du livre aurait sans doute appartenu à l'Oulipo, si l'Oulipo avait existé à cette époque, puisqu'il ressemble furieusement à Raymond Roussel.

Son nom donne une clé, puisqu'il s'appelle Bartlebooth, mélange de Bartleby, le copiste de Melville, et de Barnabooth, le voyageur de Larbaud[9] ; deux des personnages littéraires les plus fascinants que je connaisse, l'un qui est la pauvreté, le dénuement absolu, l'autre qui est la richesse et aussi une recherche de l'absolu. Tous deux m'ont permis de faire ce personnage effectivement roussélien, qui consacre sa vie à une futilité...

Futilité étonnante, que son activité [...]

C'est la phrase de Groucho Marx : partir de rien pour arriver à pas grand-chose[10]. C'est le schéma idéal, partir de rien pour arriver nulle part ; mais entre

8. *La Vie mode d'emploi*, ch. LXXXVIII, p. 440 *sqq*. — le même exemple est donné par Perec dans l'entretien avec Pierre Lartigue (n° XXXV, p. 222) pour illustrer la technique des récits enchâssés.

9. Valery Larbaud, *A. O. Barnabooth. Ses œuvres complètes, c'est-à-dire un conte, ses poésies et son journal intime*, 1913.

10. Le texte original anglais est le suivant : « *I worked myself up from nothing to a state of extreme poverty* », réplique de Groucho Marx dans le film *Monkey Business* (1931) — Paulette Perec se souvient que Perec avait l'habitude de citer l'aphorisme en ces termes : « Parti de rien, j'ai atteint la misère. »

temps, une vie entière s'est déroulée, la vie conçue comme une œuvre d'art, et l'œuvre d'art conçue comme un néant, comme le disait Flaubert[11]. C'est aussi l'histoire du livre.

Un livre, c'est un peu comme une partie d'échecs entre le lecteur et moi : au départ, il n'y a rien, puis on commence à lire, interviennent des personnages, et à la fin il ne reste rien. Sinon qu'on a lu, qu'on a eu, j'espère, du plaisir à lire, comme Bartlebooth a peint, a fait des puzzles.

À ceci près qu'intervient une part de hasard : Bartlebooth devient aveugle et ne peut plus achever ses puzzles.

Il devient aveugle parce qu'il travaille depuis des années, dix à douze heures par jour, à la lumière d'un scialytique. Sa vue s'use[12].

Mais resteront des puzzles non faits, des aquarelles qui ne seront pas lavées, une trace.

C'est son échec. Mais c'est aussi une vengeance. Le livre est l'histoire du combat de Bartlebooth avec Winckler, son frère jumeau, celui qui fait les puzzles, et qui a trouvé le moyen de faire totalement disparaître de l'aquarelle reconstituée les traces de découpure[13]. Et tout cela, raconté par un troisième personnage, le narrateur, qui est censé peindre la maison ; mais son tableau, qui est finalement le livre, n'existe que dans sa tête.

Le plus extraordinaire avec ce livre, c'est qu'on peut ainsi en parler comme un objet d'une infinie complexité — complexité réelle — et qu'en même temps, on le lit avec autant de facilité et de plaisir qu'un roman-feuilleton.

J'ai toujours adoré Alexandre Dumas, Jules Verne ou Fenimore Cooper. Mais la littérature restait pour moi quelque chose de sacré. Ce que m'a apporté l'Oulipo, c'est la jubilation de l'écriture, le plaisir d'inventer des histoires picaresques. Je pense l'avoir retrouvé dans *La Vie mode d'emploi*, ce bonheur continu d'inventer des histoires, à partir d'éléments, de pièces de puzzle un peu inertes, des aventures comme celle de ce type qui fait tout un trafic avec des coquillages, histoire racontée d'ailleurs par Harry Mathews, dans un de ses livres[14], d'écrire

11. Notamment dans cet extrait de la lettre à Louise Colet du 16 janvier 1852 : « Ce qui me semble beau, ce que je voudrais faire, c'est un livre sur rien, un livre sans attache extérieure, qui se tiendrait de lui-même par la force interne de son style, comme la terre sans être soutenue se tient en l'air, un livre qui n'aurait presque pas de sujet ou du moins où le sujet serait presque invisible, si cela se peut » (*Correspondance*, tome II, p. 31).

12. À cette explication physiologique, il faut ajouter une détermination structurelle : la cécité progressive de Bartlebooth est donnée dans le « Cahier Allusions & détails » (pub. posth. 1993) comme le résultat d'une allusion programmée à *Cent ans de solitude*, de Gabriel García Márquez, dans lequel Ursula, l'aïeule de la famille, devient « complètement aveugle » (p. 234 *sqq.*). Quant à savoir, comme c'est souvent le cas pour les contraintes de *La Vie mode d'emploi*, si l'allusion programmée a déterminé l'histoire, ou si au contraire c'est l'histoire qui a déterminé le choix de l'allusion…

13. C'est en fait le chimiste Kusser qui invente ce procédé (voir ch. VII, p. 44-45).

14. Allusion au « roman » de Rémi Rorschash — voir *supra*, n° XXXV, note 12, p. 224.

un livre où interviennent des personnages d'autres livres, de faire courir par en dessous d'autres intrigues. Travailler la matière romanesque pour la rendre proliférante. Ne pas se rétrécir à un personnage, ou un thème. Créer une espèce de marché aux puces. Italo Calvino a écrit un roman sur les lames de tarot, *Le Château des destins croisés*, qui est pour moi une sorte de modèle [15].

Mon livre débute par des scènes figées, puisqu'il est censé être la description d'un tableau. Un peu comme ces tableaux du XVIIe siècle, que j'aime beaucoup, qui représentent des galeries de tableaux, où l'on voit cent ou deux cents petits tableaux peints très soigneusement, et qui racontent une espèce d'histoire de la peinture. C'est pourquoi j'ai mis sur la couverture de *La Vie mode d'emploi* « romans », au pluriel. C'est un roman qui raconte des romans, des romans potentiels, qui ne seront pas tous forcément développés. Un seul l'est vraiment, l'histoire de Bartlebooth et de son jumeau Winckler. Mais l'histoire de Mlle Crespi, par exemple, apparaît seulement dans de minuscules allusions au cours de différents chapitres. On pourrait en fait rabouter ces morceaux pour en faire une histoire complète. C'est pourquoi, outre le plaisir qu'il y a à se livrer à cette besogne, j'ai mis à la fin du livre un index des personnages et des moments où ils apparaissent.

Pourquoi quatre-vingt-dix-neuf chapitres plutôt que quatre-vingt-dix-huit ou cent ?

La maison a dix étages avec dix pièces par étage. Il devrait donc y avoir cent chapitres. Mais, regardez quand un enfant mord dans un petit-beurre : il commence toujours par croquer l'un des quatre coins. Là, une petite souris a mangé une des pièces [16]. Cela m'a servi à détruire les symétries, à dissimuler les structures. Chaque fois qu'on veut appliquer rigidement un système, il y a quelque chose qui coince. Pour qu'on puisse fonctionner dedans avec liberté,

15. Cet ouvrage de Calvino (trad. fr. 1976), qu'on trouvera plusieurs fois mentionné dans la suite de ces entretiens et conférences, est cité implicitement aux chapitres LV et LXXIII de *La Vie mode d'emploi*. En 1976, sous le titre « Cinq milliards de milliards de romans », Perec en a donné un compte rendu — fort proche en substance, comme le laisse entendre son titre, du « Mode d'emploi » des *Cent mille milliards de poèmes* de Queneau — qui se termine ainsi : « [*Le Château des destins croisés*] instaure [...] quelque chose que l'on pourrait appeler une *rétique* : un art du réseau : un art narratif fondé sur l'enchevêtrement : dans l'entrecroisement des lames étalées, les récits courent dans tous les sens, à l'endroit, à l'envers, de haut en bas, de bas en haut, en diagonale, suscitant des palindromes d'idées, des mots croisés de sens, des bifurcations de destins, donnant au récit cette ivresse permutatoire qu'on ne trouvait jusqu'alors que dans la sécheresse littérale ou numérique des carrés pourtant dits magiques. Avec *Le Château des destins croisés* la SATOR AREPO fait enfin, brillamment, son entrée en littérature. »

16. La succession des chapitres de *La Vie mode d'emploi* est réglée par la figure dite « polygraphie du cavalier » : un cavalier du jeu d'échecs, partant d'une des cent cases du damier représentant le plan de l'immeuble, s'arrête une et une seule fois dans toutes les cases, son parcours déterminant l'ordre d'exposition des pièces de l'immeuble dans le roman. La perte d'un chapitre est le résultat d'un dysfonctionnement dans le parcours du cavalier qui, après son 65e déplacement, passe à la case correspondant à son 67e déplacement : le chapitre situé dans le coin inférieur gauche du damier où aurait dû être décrite la pièce située sur la case du 66e déplacement est ainsi éliminé. Pour plus de précisions à ce sujet, voir Bernard Magné, *Perecollages*, p. 47-50 et 158-159.

il faut introduire volontairement une petite erreur. On connaît la phrase de Klee : « Le génie, c'est l'erreur dans le système [17]. »

C'est cette intervention que les Oulipiens, et avant eux Jarry, appellent le *clinamen*. La petite erreur, qui nous vient de Lucrèce, et sans laquelle aucun atome n'accrocherait les autres, sans laquelle donc le monde n'existerait pas [18].

La pièce disparue entraîne donc une cassure au chapitre LXVI, aux deux tiers du livre. Chapitre qui, de plus, raconte des histoires de diables, le chiffre

17. Cet aphorisme de Paul Klee est donné sans références dans la monographie fondatrice de Will Grohmann dont Perec possédait la 3ᵉ édition : *Paul Klee*, 1965 (1ʳᵉ éd. : 1954) — en voici le contexte : « Il n'était pas toujours facile, pour les élèves, de comprendre le langage symbolique du professeur [...]. Il leur fallait peu à peu "cesser de pressentir, car un peintre doit tout savoir", déclarait Klee. Mais que se représentaient-ils lorsqu'il expliquait comment on peut "duper le fil à plomb", par conséquent donner une pichenette à la mécanique ? / "Le génie, c'est l'erreur dans le système", voilà sans doute la sentence la plus révolutionnaire que proféra jamais Klee devant ses élèves. Cette phrase jetait bas les préjugés de toute une génération ; elle pourrait servir d'épigraphe aux œuvres pédagogiques posthumes de Klee [...] » (p. 376). À notre connaissance, cette phrase n'apparaît pas telle quelle dans les écrits traduits en français de Klee ; parmi les nombreuses formulations de ce motif essentiel de l'esthétique du peintre, on trouve toutefois, très proche : « Le génie, ce n'est pas la règle, mais bien l'exception [...]. L'irrégularité, c'est plus de liberté sans violation de la loi » (*La Pensée créatrice*, trad. fr. 1973, p. 70-71). L'aphorisme est déjà cité par Perec en 1959 dans « Défense de Klee », assorti de ce commentaire : « c'est une phrase de con, à tout prendre » (pub. posth. 1996, p. 25), et repris en 1967 dans « La Chose », mais interprété cette fois-ci fort différemment : « plus dure est la loi, plus frappe l'exception, plus stable est le modèle et plus la déviation s'impose » (pub. posth. 1993, p. 58). Cette différence d'appréciation s'explique aisément : en 1967, Perec a été coopté par l'Oulipo, dont l'influence est évidente sur les idées exposées dans « La Chose » à propos du couple contrainte-liberté. Dans cette même optique, Perec cite l'aphorisme dans une lettre à Eugen Helmlé datée du 15 octobre 1967, à propos de *Die Maschine* : « Au départ, mon problème concernait les rapports du système et de l'erreur (le génie étant l'erreur dans le système) : j'ai d'abord pensé que ce rapport constituait l'être même de la poésie ; ensuite, j'ai pensé que le génie d'une machine était exactement le contraire : le génie d'une machine, c'est d'établir un système à partir de l'erreur [...] » (cité par David Bellos dans son *Georges Perec*, p. 402). Cette même phrase de Klee, qui prend des allures de leitmotiv, est redonnée trois fois par Perec dans le corpus des entretiens et conférences (voir *infra*, nᵒ XLVII, p. 281, et vol. II, nᵒ LXXIV, p. 202, et nᵒ LXXXIII, p. 317).

18. Le concept, sinon le terme, de clinamen est dû en fait à Épicure pour qui il constitue la troisième cause du mouvement des atomes : ainsi que l'explique Marcel Conche, « lorsque le mouvement de l'atome est déterminé par les collisions avec d'autres atomes, il relève d'une nécessité externe, lorsqu'il est déterminé par la pesanteur qui entraîne l'atome vers le bas, il relève d'une nécessité intérieure, mais lorsque l'atome dévie spontanément de la direction qu'il suivait, sans que cette déviation soit déterminée par une quelconque influence extérieure ou par l'état antérieur de l'atome, on a un mouvement libre [...] » (« Introduction » aux *Lettres et maximes* d'Épicure, p. 80). Cette notion de « déclinaison » est reprise par Lucrèce qui l'explicite ainsi : « [...] dans la chute en ligne droite qui emporte les atomes à travers le vide, en vertu de leur poids propre, ceux-ci, à un moment indéterminé [*incerto tempore*], en un endroit indéterminé [*incertis locis spatio*], s'écartent tant soit peu de la verticale, juste assez pour qu'on puisse dire que leur mouvement se trouve modifié. Sans cette déclinaison, tous, comme des gouttes de pluie, tomberaient de haut en bas à travers les profondeurs du vide ; entre eux nulle collision n'aurait pu naître, nul choc se produire ; et jamais la nature n'eût rien créé » (*De la nature*, II, 216-224). Ce « mouvement qui romp[t] les lois du destin pour empêcher la succession indéfinie des causes » est le principe de la « liberté accordée sur terre à tout ce qui respire » (II, 254-256). Chez Alfred Jarry, « Clinamen » est le titre du chapitre XXXIV des *Gestes et opinions du docteur Faustroll, pataphysicien*, dans lequel la notion n'est pas explicitée. À notre connaissance, le mot n'a qu'une seule autre occurrence dans le corpus jarryque : « Épicure, qui était assurément en son temps un excellent vaudevilliste, expliquait la fabrication des mondes par des quiproquos entre atomes. Mais pour capricieuses que fussent les collisions de ceux-ci, elles ne réalisaient point encore d'enchevêtrements assez scéniquement embrouillés. C'est pour satisfaire à cette exigence dramatique que fut imaginé, ainsi qu'on sait, le *clinamen* » (*Œuvres complètes*, t. II, p. 659). Pour plus de précisions sur la notion chez Jarry et sa fortune littéraire, voir les *Cahiers du Collège de Pataphysique*, nᵒˢ 22-23 : « Navigation de Faustroll », mai 1956 ; sur le rôle du clinamen dans les écrits oulipiens, voir Christelle Reggiani, *Rhétoriques de la contrainte*, p. 41-53.

soixante-six étant aussi un chiffre démoniaque[19]. On y trouve la petite fille peinte sur le couvercle d'une boîte de biscuits, en train de mordre le coin du petit-beurre, et, du coup, de croquer le chapitre.

Ce qui m'a le plus charmé dans ce livre, c'est le bonheur qu'on a à le lire, son côté drôle.

Je ne peux pas en juger, sinon par le plaisir que j'ai eu à écrire, une véritable jubilation. Queneau disait déjà qu'on n'écrit pas pour embêter les gens[20]. *Les Choses* était un livre beaucoup plus sévère, critique. À cette époque, malgré le prix Renaudot, on ne me considérait pas du tout comme un écrivain, mais comme un sociologue, qui avait choisi le roman pour véhiculer des idées sur la société de consommation. Je suivais alors l'enseignement de Barthes et je me suis servi pour écrire *Les Choses* de deux corpus: d'une part, Flaubert, le Flaubert de *L'Éducation sentimentale*, dont je calquais le style, que je citais; d'autre part, les magazines féminins. Flaubert me donnait le recul, la froideur, les magazines féminins me fournissant le matériau.

Avec le second, *Quel petit vélo à guidon chromé au fond de la cour?*, même s'il restait marqué par l'enseignement de Barthes, j'ai écrit un texte déjà pré-oulipien. Un livre sur la rhétorique classique. J'ai construit un récit, puis j'y ai repéré toutes les figures rhétoriques dont je m'étais servi, dans un index à la fin du livre. C'est à la suite de ça que je suis entré à l'Oulipo[21]. Après, *Un homme qui dort*, un livre très différent. Formellement, il était tendu entre deux phrases, l'une de Kafka, l'autre de Melville[22], déjà. Un livre dans lequel il n'y aurait pas d'événements, pratiquement pas de personnages, et qui serait une exploration de la deuxième personne, du «tu», de ce type de «tu» que les gens emploient dans un journal intime — rien à voir avec le «vous» de *La Modification*, de

19. On vient de voir (note 16) que la cassure intervient en fait après le chapitre LXV: c'est dans ce chapitre que sont racontées «des histoires de diables», et qu'est donnée la justification de la valeur démoniaque du soixante-six à partir du numéro de matricule de Blunt Stanley, le 1 758 064 176, «qui est aussi le nombre des Diables de l'Enfer, puisqu'il y a 6 légions démoniaques comprenant chacune 66 cohortes comprenant chacune 666 compagnies comprenant chacune 6666 Diables» (p. 378). Georges Minois (*Le Diable*, p. 35) rappelle en effet qu'au moyen âge, les théologiens discutent fréquemment du nombre des démons, «généralement estimé très important» et qui peut aller jusqu'à «66 cohortes de 666 compagnies de 6 666 diables chacune», calcul élaboré à partir du 666, «chiffre de la Bête» dans l'*Apocalypse* de Jean (13,18) sur lequel s'exerce depuis toujours la sagacité des exégètes et des fantaisistes. La «petite fille» que mentionne Perec à la suite est bien évidemment à la fin du même chapitre LXV (p. 381).

20. «Épui sisaférir, tan mye: jécripa pour anmiélé lmond» — Raymond Queneau, «Écrit en 1937», dans *Bâtons, chiffres et lettres* (1965, p. 22). Et, à propos des *Exercices de style*: «[...] le résultat, c'est peut-être de décaper la littérature de ses rouilles diverses, de ses croûtes. Si j'avais pu un peu contribuer à cela, j'en serais bien fier, surtout si je l'ai fait sans ennuyer trop le lecteur» («Conversation avec Georges Ribemont-Dessaignes», *id.*, p. 43-44). On notera, dans le «Post-scriptum» de *La Disparition*: «Ramun Quayno, dont il s'affirmait l'obscur famulus, n'avait-il pas dit jadis: "L'on n'inscrit pas pour assombrir la population"?»

21. Plus précisément, on l'a vu, après que l'Oulipo eut pris connaissance au début de l'année 1967 des travaux de «production automatique de littérature française» que mènent Perec et Bénabou depuis le printemps 1966.

22. Pour plus de détails, voir *supra*, n°VIII, note 5, p. 44.

Butor[23] — ce « tu » qui est une forme de recul[24]. Quand nous avons fait un film avec *Un homme qui dort*, nous avons trouvé une très belle illustration, un tableau de Magritte. Un personnage, vu de dos, se regarde dans un miroir et s'y voit de dos[25]. Ce qui était la plus exacte expression de la signification du « tu ».

L'influence oulipienne est devenue très nette dans *La Disparition*, où j'ai pris une contrainte évidente : ne pas employer la lettre « e ». Qu'arrive-t-il au roman, que va raconter la langue française lorsque la lettre « e » a disparu : elle va raconter l'histoire de la disparition de la lettre « e », une histoire entièrement centrée autour de cette lettre.

Au bout de quelques semaines d'exercice, on s'aperçoit qu'écrire sans « e » procure une vraie joie, en ce sens que la contrainte lève tout un système de censure d'approche, de censure de récit. C'est un accès au romanesque.

Une manière de retrouver un peu ce qui se passe chez Roussel, qui s'imposait des contraintes épouvantables dont on n'a pratiquement aucune clé. Car les clés qu'il a données sont toutes non seulement insuffisantes, mais traîtresses[26]. Et ce qui en sort, c'est une narrativité, un goût pour la narration, pour l'aventure.

Ce qui est le plus fascinant dans La Vie mode d'emploi, *c'est le foisonnement de l'imagination, la prolifération des aventures. Pour ce livre-là, vous êtes-vous aussi servi d'un ou de plusieurs corpus donnés a priori, comme par exemple les faits divers ?*

Au départ, j'avais quatre cent vingt éléments, distribués par groupes de dix : des noms de couleurs, des nombres de personnes par pièce, des événements comme l'Amérique avant Christophe Colomb, l'Asie dans l'Antiquité ou le Moyen Âge en Angleterre[27], des détails de mobilier, des citations littéraires, etc.

Tout ça me fournissait une sorte d'armature, comme ce jeu pour lequel on vous donne cinq mots et avec ces cinq mots il faut raconter une histoire qui les contienne[28]. J'avais, pour ainsi dire, un cahier des charges : dans chaque chapitre devaient rentrer certains de ces éléments. Ça, c'était ma cuisine, un échafaudage que j'ai mis près de deux ans à monter, et qui ne me servait que de pompe à imagination. À partir de là, je faisais entrer dans le livre tout ce que je voulais raconter : des histoires vraies comme des histoires fausses, des passages d'érudition complètement inventés, d'autres qui sont scrupuleusement

23. On a vu que ce ne fut pas l'avis de plusieurs critiques lors de la sortie du roman (voir *supra*, p. 90).
24. Voir à ce propos *supra*, n° XXIV, note 17, p. 167.
25. Pour plus de détails, voir *supra*, n° XXIV, note 18, p. 167.
26. Allusion au *Comment j'ai écrit certains de mes livres* (pub. posth. 1935). Un extrait de cet ouvrage est cité implicitement au chapitre LXIII de *La Vie mode d'emploi*.
27. Les trois derniers « éléments » cités ne sont pas en fait des « éléments simples » mais le résultat de la combinaison de deux contraintes prises dans les listes « Lieu » et « Époque ».
28. On reconnaît là le principe du logo-rallye, titre du onzième des *Exercices de style* de Raymond Queneau.

exacts[29]. Le livre était devenu une véritable machine à raconter des histoires, aussi bien des histoires qui tiennent en trois lignes que d'autres qui s'étalent sur plusieurs chapitres.

À ce point que j'ai parfois la tentation de continuer le livre, de rajouter un chapitre, ou d'écrire *La Vie mode d'emploi II*. Mais c'est contraire à ce principe que j'ai de ne faire que des livres différents, de ne pas suivre la même trace — de pouvoir m'orienter, par exemple, vers le scénario de cinéma, le roman policier ou de science-fiction, la poésie, le théâtre.

Il y a d'ailleurs tous ces éléments-là dans La Vie mode d'emploi. *Mais s'il fallait le rapprocher de quelque chose, ce serait plutôt du roman populaire, d'un livre comme* Les Mohicans de Paris[30].

Oui. Je ne crois pas que ce soit un livre difficile à lire. Dans Eugène Sue aussi, il y a quantité d'histoires qui se croisent, s'enchevêtrent ou disparaissent. À la limite, mon rêve serait que les lecteurs jouent avec le livre, qu'ils se servent de l'index, qu'ils reconstruisent, en se promenant dans les chapitres, les histoires dispersées, qu'ils voient comment tous les personnages s'accrochent les uns aux autres et se rapportent tous, d'une manière ou d'une autre, à Bartlebooth, comment tout cela circule, comment se construit le puzzle.

---

29. Voir à ce propos Marcel Bénabou, « Vraie et fausse érudition chez Perec ».
30. Roman d'Alexandre Dumas.

XL

« Georges Perec : "J'ai fait imploser le roman" »

Propos recueillis par Gilles Costaz, *Galerie des arts*, n° 184, octobre 1978.

L'entretien est introduit en ces termes : «"La littérature française se meurt, la littéra-
ture française est morte" entend-on de tous côtés. Avec La Vie mode d'emploi, *Georges*
Perec apporte son démenti. Voilà une œuvre importante qui peut être placée à côté des
grands romans sud-américains d'aujourd'hui. » Suit une description rapide du roman et
du projet de Bartlebooth, et cette conclusion : «Jeu littéraire que ce livre jalonné de clins
d'œil, tissé d'allusions, qui se parodie lui-même ? Certainement, mais cette littérature, qui
se nourrit de littérature, ne se mord pas la queue. Elle ouvre la voie d'un nouveau et
authentique plaisir romanesque. »

*

Georges Perec, vous dites volontiers que tous vos livres sont peu ou prou «oulipiens».
Vous vous dites très attaché à l'Oulipo, c'est-à-dire l'Ouvroir de littérature potentielle. Et
la preuve en est qu'au moment où nous effectuons cette interview, vous animez, à l'abbaye
de Royaumont, un stage de l'Oulipo, où les participants font pendant une semaine des
exercices d'écriture[1]. Qu'est-ce donc que l'Oulipo ?

Ce n'est pas une école, ce n'est qu'un groupe informel. On se voit néan-
moins souvent et l'on travaille. En dehors de Jacques Roubaud et de Paul
Fournel, qui animent ce stage avec moi, il y a, parmi les autres membres, Italo
Calvino, François Le Lionnais, Jean Queval, Noël Arnaud, Jacques Bens...
L'Oulipo vise à une remise en cause du roman et à «déconditionner» l'écrivain
par rapport aux idées traditionnelles. Nous pensons que toute création passe

---

1. Atelier organisé durant le stage de la Fondation de Royaumont, «Écrire et dire à Royaumont —
Autour de Raymond Queneau», organisé du 26 août au 2 septembre 1978 (voir Oulipo, *Atlas de littérature*
potentielle, p. 432).

par un système de contraintes que le créateur ne connaît pas. Tant qu'à faire, il vaut mieux les connaître ; cela permet d'aller beaucoup plus vite. Ainsi, il faut reconnaître qu'on n'écrit pas avec des idées et des émotions, mais avec des mots. C'est par leur agencement que tout se produit. À l'Oulipo, nous travaillons à partir de contraintes (certains passages de *La Vie mode d'emploi* sont des exercices faits sous contraintes[2]). Ces contraintes ne me gênent pas. Elles me donnent les clefs de mes propres labyrinthes[3].

L'idée de départ de La Vie mode d'emploi *est également oulipienne, je crois. On a pourtant l'impression que votre roman est né de la vision d'un immeuble en destruction, au moment où il révèle toute sa structure et sa profondeur.*

Il y a plusieurs sources. La structure est oulipienne. Elle m'a été suggérée par le mathématicien Claude Berge, qui fait partie de l'Oulipo. C'est un bicarré latin orthogonal. Une sorte de bicarré, le bicarré de dix, que les mathématiciens ont découvert récemment[4]. À partir de cette structure formelle (dix étages et dix pièces), il fallait créer des histoires qui allaient revenir dans un ordre différent. C'est la conception d'un puzzle, auquel je voulais donner l'image de la vie et où j'ai entrepris de décrire le plus possible d'activités humaines. J'ajoute que l'histoire centrale, celle de Bartlebooth, je l'ai échafaudée en discutant avec Jacques Roubaud.

Les sources proprement dites, c'est un catalogue de maisons de poupée victoriennes (si je suis riche un jour, j'achèterai une de ces maisons de poupée, qui reconstituent en coupe tous les appartements d'un immeuble), c'est un dessin de Steinberg dont je m'étais inspiré dans *Espèces d'espaces*[5] (ce que je fais en littérature ressemble beaucoup à ce que fait Steinberg en graphisme ; comme lui, j'aime changer d'échelle en cours d'histoire), c'est en effet la coupe d'un immeuble démoli, ce sont enfin ces tableaux flamands qui représentent une galerie de peintures et se composent en fait de deux cents tableaux.

2. Le «Compendium» du chapitre LI par exemple (voir Bernard Magné, «Georges Perec : mise en cadre, mise au carré»), ou la liste des vingt-quatre «portraits imaginaires» de Franz Hutting — dont Perec livre une des clés en 1981 dans «Apparition hypographique de l'OuLiPo dans *La Vie mode d'emploi* (extrait du chapitre LIX)» (*Atlas de littérature potentielle*).

3. Une telle affirmation permet d'apprécier la spécificité de Perec au sein de l'Oulipo quand on sait que les Oulipiens se définissent comme des «rats qui ont à construire le labyrinthe dont ils se proposent de sortir» (voir *supra*, n° XXII, note 3, p. 143). Cette spécificité est ainsi définie par Bernard Magné dans son «Georges Perec, l'oulibiographe» : «[...] dans l'œuvre perecquienne, la dimension oulipienne est à la fois masque et marque : le je malgré et par le jeu, ou, si l'on préfère, l'"en-je" de la contrainte.» Dans *La Boutique obscure* (1973), on notera par ailleurs cette citation de Mathews, mise en exergue à la partie «Repères et repaires» : «... car le labyrinthe ne conduit nulle part qu'au dehors de lui-même» (extrait des *Verts Champs de moutarde de l'Afghanistan*, 1974, p. 49).

4. En 1960 — voir *supra*, n° XXVIII, note 4, p. 187.

5. «L'une [des sources de *La Vie mode d'emploi*] est un dessin de Saul Steinberg, paru dans *The Art of Living* (Londres, Hamish Hamilton, 1952) qui représente un meublé [...] dont une partie de la façade a été enlevée, laissant voir l'intérieur de quelque vingt-trois pièces [...]» — *Espèces d'espaces* (1974, ch. V, section 1).

Comment avez-vous travaillé ? Vous aviez une montagne de dossiers ?

J'ai tracé le schéma en 1969. Rassembler la documentation m'a pris deux ans et demi. Tout est faux dans ce livre, mais il fallait que tout paraisse vrai. J'ai donc réuni des informations, des dictionnaires, des catalogues. Puis j'ai rassemblé des histoires, des vraies, des imaginaires. J'avais des dossiers, une dizaine de plans. À la fin de 1976, j'avais écrit une centaine de pages éparses. J'avais très peur de faire quelque chose qui n'aboutisse pas. À ce moment-là, dans la semaine qui suivit la mort de Queneau (qui avait connu et aimé le projet, le livre lui est dédié), j'ai commencé la véritable rédaction. J'ai fini au mois de mai 1978[6].

Je ne veux pas en dire davantage sur la construction. Démonter un livre n'apporte rien. J'ai expliqué une fois, dans une conférence, la façon dont j'avais fait un de mes livres[7]; je l'ai regretté, je ne le ferai plus. J'ai même failli détruire les brouillons de *La Vie mode d'emploi*, mais mon éditeur, Paul Otchakovsky-Laurens, m'en a dissuadé; il veut que je les donne plus tard à la Bibliothèque nationale.

Quel sentiment avez-vous vous-même de vos personnages ? Représentent-ils quelque chose que vous n'aviez pas senti lors de la rédaction ?

On découvre après coup qu'il y a des échos de situations, des données qui sont traitées mathématiquement mais de façon opposée. Surtout, tous mes personnages sont animés par une passion dévorante et, tous, cette passion les mène à la catastrophe.

Je n'ai pas du tout le sentiment d'avoir écrit un livre difficile. C'est du romanesque ! Ma première idée, c'était de créer une machine qui ferait imploser le roman. Ma deuxième idée, ce fut de créer une machine qui produirait du roman. En écrivant *La Vie*, j'ai connu une jubilation romanesque que je n'avais pas connue depuis *La Disparition*. J'étais porté par un mouvement d'une ampleur que je n'avais même jamais éprouvée. J'avais l'impression d'écrire *Les Mille et une Nuits*, qui est aussi un de mes modèles — mais c'est évidemment prétentieux.

6. Raymond Queneau meurt le lundi 25 octobre 1976; d'après le « Calendrier de la rédaction de *La Vie mode d'emploi* » (pub. posth. 1994), Perec rédige le premier chapitre de son roman les 29-31 octobre 1976 et termine la rédaction le mercredi 5 avril 1978. Outre plusieurs ébauches de rédaction éparses (les plus anciennes en 1972), une première mise au net partielle et dactylographiée des vingt-trois premiers chapitres est datée de la fin octobre 1975 (pour plus de détails, voir Danielle Constantin, « "Ne rien nier. Énoncer" : la mise en place des instances énonciatives et narratives dans les premiers temps de la rédaction de *La Vie mode d'emploi* »).

7. À ce jour, l'inventaire des conférences étant encore très approximatif, il est difficile de préciser laquelle est évoquée ici par Perec. Il peut s'agir de la conférence sur *Les Choses* donnée à Warwick en 1967 (voir *supra*, n° XIV, p. 76), ou plus sûrement de la conférence donnée au Cercle Polivanov le 17 mars 1978 (voir *infra*, Annexe II, p. 296).

Vous lisez vraiment des écrivains « romanesques » ?

J'aime beaucoup Dumas, bien qu'il écrive comme un cochon. J'adore *Le Capitaine Fracasse*. Je lis peu de policier et de science-fiction. Deux de mes écrivains préférés sont Rabelais et Jules Verne. Tous deux ont le goût de l'accumulation. Quand, dans *Vingt mille lieues sous les mers*, Jules Verne énumère sur quatre pages tous les noms de poissons, j'ai le sentiment de lire un poème, comme lorsque je lis un catalogue. Dans *La Vie*, j'ai décidé d'aller très loin dans l'amoncellement, dans la boulimie, dans la voracité !

Cependant, est-ce que ce n'est pas surtout aux aventures de l'art moderne que vous êtes redevable ? Vous pratiquez le collage. Vos intérieurs sont assez souvent figés comme des musées. N'êtes-vous pas fasciné par les musées ?

Je déteste les musées. Je les ai détestés. Ils sont plus agréables maintenant. J'aime beaucoup, à New York, le musée d'Art américain[8], à cause de Steinberg et des œuvres en trompe-l'œil — c'est un mot qui définit bien mon livre. J'aime beaucoup les hyperréalistes et mon livre a un côté hyperréaliste. Mais je me crois surtout influencé par le cinéma et sa technique. J'ai aussi pris chez Burroughs sa technique du *cut-off* [sic], qui consiste à mettre dans le roman ce qui se passe au moment où vous écrivez[9].

Maintenant que le livre est terminé, voyez-vous des précédents à votre tentative ?

Certes, il y a *Le Diable boiteux* de Lesage, où Asmodée soulève le toit des maisons. On trouve un schéma proche chez Butor, dans *Passage de Milan* et *Degrés*[10], chez Calvino, mais ce sont des ébauches. Des romans faits de séries d'histoires,

---

8. Le Whitney Museum of American Art, sur Madison Avenue, qui consacre une exposition à Saul Steinberg en 1978, exposition que Perec visite dans la première quinzaine de juin alors qu'il effectue avec Robert Bober les premiers repérages pour le film consacré à Ellis Island (voir *Récits d'Ellis Island*, 1980, p. 55-57).

9. Perec évoque ici une contrainte de *La Vie mode d'emploi* révélée lors de la conférence donnée au Cercle Polivanov le 17 mars 1978, qui consiste à insérer dans chaque chapitre une allusion à un événement survenu pendant la rédaction dudit chapitre (contrainte également mentionnée dans « Notes sur ce que je cherche », 1978, repris dans *PC*, p. 11). Si William Burroughs utilise à l'envi dans ses textes un type similaire de méthode d'« insertion du quotidien », la définition stricte du *cut-up* (découpage) — souvent associé au *fold-in* (pliage) et au *splice-in* (épissage) — est tout autre que celle donnée ici par Perec. Dans « L'avenir du roman » (trad. fr. 1967, p. 118-119), Burroughs définit le *cut-up* comme suit: « Brion Gysin, un peintre américain vivant à Paris, a employé ce qu'il nomme "The Cut Up Method", mettant à la disposition des écrivains le collage qui est employé par les peintres depuis cinquante ans... Les pages d'un texte sont coupées et ré-arrangées et forment de nouvelles combinaisons de mots et d'images » — voir également William Burroughs, *Le Job* (trad. fr. 1969), p. 45-58. Perec commet la même erreur dans un entretien paru en mars 1979 dans *Monsieur Bloom* mais vraisemblablement réalisé début 1978 pour la sortie de *Je me souviens* (voir vol. II, n° LI, p. 50) ; dans « Je me souviens du jazz », entretien accordé autour de juillet-août 1978 et publié en février 1979, Perec emploie cette fois le mot *cutting* dans un sens erroné, et commente son erreur dans une note additionnée alors qu'il relit l'entretien avant sa parution: « J'ai appris depuis que ce que j'appelais *cutting* n'avait qu'un très lointain rapport avec le *cutting* des romanciers américains » (voir vol. II, n° L, p. 39).

10. *Passage de Milan* (1954), qui à l'instar de *La Vie mode d'emploi* s'élabore à partir de la description d'un immeuble, fournit une citation implicite pour le chapitre XXXII du roman de Perec. *Degrés* (1960), variation sur les emplois du temps construite autour du récit d'un cours de classe de seconde, est lu par Perec en 1960, à Sfax (voir *CJL*, p. 369-370).

il y en a d'autres exemples, tels que le *Manuscrit trouvé à Saragosse* ou *Melmoth*. Mais je crois être allé plus loin. Mon roman, c'est un très grand magasin.

À force de faire une littérature de «jeu», n'allez-vous pas vers un art gratuit et formel ? Y a-t-il encore une signification aux histoires que vous contez ?

Ce n'est pas à moi de répondre. Mais, s'il y a une morale à mes histoires, c'est qu'il y a toujours conflit entre les hommes et les institutions et que le rôle de celles-ci est toujours néfaste.

Vous êtes le héraut du puzzle, vous avez chanté les charmes du go[11], vous publiez des mots croisés dans Le Point. *Le jeu peut-il être une fin en soi ?*

Les mots croisés font partie des gammes. Chaque jour, je fais une heure de jeu : mots croisés, anagrammes, palindromes, etc. Mais, à des jeux comme les échecs, le bridge, le go, les casse-tête, je ne suis pas très doué. Mon véritable jeu, c'est la littérature et le jeu que je joue avec elle.

11. Allusion au *Petit traité invitant à la découverte de l'art subtil du go*, paru en 1969.

XLI

« Vivre et jouer avec les mots »
Propos recueillis par Patrice Delbourg, *circa* novembre 1978.

Trois pages photocopiées déposées à l'Association Georges Perec, sans références. Nous n'avons pas retrouvé le lieu de publication de cet entretien, postérieur à la démission de Perec du CNRS en octobre et antérieur à l'attribution du prix Médicis le 27 novembre. L'entretien est précédé d'un portrait de Perec : « Voilà un fou des mots, un possédé de l'écriture, un insatiable créateur de fantasmes, de fictions, de rêves, de jeux de langues. […] Perec touche à tout avec toujours autant de bonheur, fabuleux feuilletoniste, remarquable conteur, impitoyable voyeur, il a le goût, tour à tour, pour le mystère, le crime, l'évasion, la plaisanterie. Perec ne cesse de répéter, de nommer, d'inventorier. Avec ironie, avec tendresse, toujours avec lucidité, il a entrepris — sur une dizaine d'années — le projet insensé de mettre la vie, toute la vie, dans un livre. Avec son dernier et monumental ouvrage, La Vie mode d'emploi, *il est bien près d'y être parvenu. »*

*

Georges Perec, vous êtes et n'êtes pas un professionnel de l'écriture. D'une part, vous refusez de vous répéter d'un livre à l'autre, mais, d'autre part, vous venez d'abandonner toute activité salariée pour vous consacrer uniquement à vos livres. Est-ce le début d'un nouveau fonctionnariat ?

Je n'ai pratiquement pas fait d'études, je n'ai jamais été reçu à un examen. Le projet d'écrire m'est venu très tôt, vers dix-huit ans. C'est quelque chose qui ne s'apprend pas. Mais il fallait bien vivre, alors j'ai fait des tas de petits métiers épisodiques avant de trouver un emploi fixe au CNRS. Mon titre officiel était biologiste adjoint qualifié, ma fonction effective était documentaliste[1]. Je

---

1. Selon Paulette Perec (« Chronique… », p. 60), le « titre officiel » de Perec au CNRS est bien celui de documentaliste (grade de technicien de catégorie 2B).

dépouillais des revues de physiologie nerveuse. Au départ il y en avait vingt, à la fin de mon plein temps, plus d'une centaine. Une sorte d'inflation galopante de l'information ; j'ai fait ce travail pendant dix-huit ans ; une trentaine d'heures par semaine qui me laissaient, dans un horaire souple, trois ou quatre jours pour écrire.

Vous avez obtenu le prix Renaudot en 1965. Est-ce que cette distinction littéraire n'apporte pas quelques avantages financiers ?

Le prix Renaudot m'a permis de me loger, dans mon coin de prédilection, autour du Jardin des plantes[2]. J'avais alors la possibilité d'entrer dans ce que j'appelle la «polygraphie». C'est-à-dire écrire tout sur tout. Nombreux sont ceux qui font cela autour de moi, tantôt une préface de catalogue de vernissage, tantôt un livre de commande sur l'art Bantou, tantôt un ouvrage sur les jeux de société, ou bien du *rewriting,* ou bien encore des piges dans les journaux. Voilà des types d'activités dans lesquelles on se fait complètement bouffer, dans lesquelles se dessèchent les forces créatrices pures. Et puis l'idée de dépendre du fonctionnement de mon stylo m'angoissait. Donner un article dans les délais me provoquait des migraines. J'ai donc opté pour une activité automatique, répétitive, extérieure à mes préoccupations d'écriture.

Et les contrats d'éditeur ?

Voilà vingt ans que j'écris, treize ans que je publie, et je viens seulement de rencontrer un éditeur qui soit prêt à me verser une mensualité : cent cinquante mille francs pour trois ouvrages, soit quatre mille francs par mois pendant trois ans[3]. Me voici donc devant une angoisse nouvelle. Que va-t-il se passer dans trois ans ? Lorsque je travaillais au CNRS, je pouvais espérer y rester jusqu'à la retraite. Maintenant, je dois pouvoir me supporter uniquement par ma plume. Cela veut dire que je dois faire autre chose que mes propres livres dans mon coin.

De quels appoints peut disposer un écrivain ?

Pour ma part, je fais des mots croisés que je vends à un journal. Et puis je fais

---

2. En 1965, Perec réside rue de Quatrefages, fort près du Jardin des plantes. Grâce au produit de la vente de cet appartement et aux droits d'auteur résultant du prix Renaudot, il achète en avril 1966 un appartement rue du Bac, dans le septième arrondissement. Ce n'est qu'en 1974, avec l'achat de l'appartement situé au 13, rue Linné, qu'il revient vivre dans son «coin de prédilection».

3. L'éditeur, on l'a vu, est Paul Otchakovsky-Laurens qui dirige la collection et le département «P.O.L» aux éditions Hachette depuis janvier 1978 (pour plus de détails, voir Paul Otchakovsky-Laurens, «Un soir de 1977, chez Marty») — d'après Paulette Perec, c'est à partir d'août 1977 que Perec perçoit une avance mensuelle sur ses droits d'auteur à venir («Chronique... », p. 104). Outre *Je me souviens* et *La Vie mode d'emploi,* deux autres ouvrages paraîtront du vivant de Perec dans la collection : *La Clôture et autres poèmes* en 1980, et *Théâtre I* en 1981 — à quoi il faut ajouter la traduction du *Naufrage du stade Odradek,* de Harry Mathews, en 1981. Sous la bannière des éditions P.O.L paraîtront par la suite le premier volume des *Cahiers Georges Perec* (1985), un volume de *Mots croisés* (1986), le roman inachevé *« 53 jours »* (1989), la réédition augmentée de *Récits d'Ellis Island* (1994) et un volume regroupant l'ensemble de la production cruciverbiste de Perec (1999).

des scénarios de cinéma pour des producteurs[4]. Cela me passionne et me laisse de grandes plages de temps libre. Mais je dois dire que je n'ai guère profité encore de cette liberté nouvelle.

Votre vie d'artiste semble en fait un régime de bagnard de la page blanche. Connaissez-vous l'oisiveté, la paresse ?

Il m'arrive de ne rien faire pendant deux ou trois jours, mais cette inaction m'est extrêmement pénible. En fait, je suis l'un des plus grands travailleurs que je connaisse ! Il y a quelques années, j'étais un adepte de la dérive[5], de la balade piétonne. Aujourd'hui, je suis plutôt sédentaire, pratiquant l'«enchaisement» à ma table de travail. Car mon but inavoué, monstrueux, est de saturer le champ d'écriture contemporain.

J'ai d'ailleurs comme projet immédiat de tâter du roman policier, de la science-fiction, du théâtre, de l'argument de ballet, de la poésie et du livret d'opéra... C'est une attitude multidimensionnelle devant le travail de l'écriture. Une variété d'approche infinie du dictionnaire, car, après tout, faire un livre n'est jamais que réorganiser les vingt-six lettres de l'alphabet d'une certaine façon. C'est une «fixion» ludique d'homme de lettres, je veux dire d'un homme qui s'amuse avec les lettres.

Créer des mots, organiser des jeux, laisser cours à son imagination la plus débridée, n'est-ce pas une certaine marginalité, une tentative individuelle de vivre autrement ?

Tout ce qui est sérieux : la politique, le pouvoir, l'argent, tout cela m'exaspère profondément ; les mécanismes de consommation, l'information, le jeu des institutions, toute cette bureaucratie, les rouages financiers, les banques, les syndicats, les partis politiques, tout cela participe d'une parade triste et ne me concerne pas. Je ne lis pratiquement pas les journaux, sinon ce vieux réflexe d'acheter *Le Monde* tous les soirs. Je conçois assez bien la vie comme une niche écologique, où nul ne serait jamais inquiété par les nuisances administratives, procès-verbaux, quittances...

N'est-ce pas de l'idéalisme ?

Effectivement, à ce niveau-là, seule une activité artistique est compatible avec mon genre d'humeur. Cela implique, bien sûr, qu'étant mon seul employeur je

4. Depuis 1978, Perec a un agent, Jean-Paul Faure (Agence JFP), qui gère ses contrats et en suscite de nouveaux. Le FPGP conserve des traces importantes de divers projets qui resteront lettres mortes, avec notamment Gérard Zingg ou Pascal Aubier (pour plus de précisions, voir Paulette Perec, «Chronique...», p. 106-107, et Brunella Eruli, «Les films non réalisés de Georges Perec»). Autour de 1980, Perec travaille au seul de ses scénarios ne correspondant à aucune commande, *Signe particulier : néant*, qui aurait permis de réaliser l'équivalent cinématographique du lipogramme (pub. posth. 1994). Seuls deux projets se concrétiseront en 1979 : *Retour à la bien-aimée* de Jean-François Adam, et *Série noire* d'Alain Corneau (pour plus de détails, voir vol. II, n° LIII, p. 69).
5. Sur cette notion, voir vol. II, n° LXVI, note 4, p. 129.

ne sois pas paresseux devant mon propre travail. Picasso disait : « Quand je suis fatigué de peindre, je peins pour me reposer[6]. » Je suis tout entier plongé dans la sociologie de la quotidienneté, dans une démarche endotique (par opposition à exotique) qui vise à rendre compte de l'ethnologie de nous-mêmes, à cerner notre quotidien ordinaire, à interroger les trottoirs, les ustensiles, à débusquer ce qui semble avoir cessé à jamais de nous étonner.

Avez-vous le sentiment d'être privilégié ?

Je suis un écrivain heureux. Ce plaisir m'a été donné après un travail de vingt ans. Tout écrivain, un jour ou l'autre, doit parvenir à ne faire qu'écrire et organiser sa vie pour en faire une activité principale. Je ne trouverais pas choquant qu'il existe un *Institut de la créativité narrative* qui m'appointe pour voir ce qui se passe quand on enlève la lettre « e » de la langue française[7]. L'écrivain devrait avoir un statut reconnu et ne plus être considéré comme un clown, un saltimbanque, un pitre.

Quand j'étais plus jeune, mes parents me disaient : « Gagne ta vie, tu écriras après. » C'est une conception très répandue de considérer l'écriture comme un non-travail. Pourtant, c'est une activité aussi difficile que d'organiser une campagne de publicité ou de placer des assurances automobiles. Nous sommes en face d'un objet à produire, d'une production de sens, et d'une profession manuelle.

Vous sentez-vous marginal ?

J'ai parfois ce sentiment, par rapport aux gens qui travaillent huit heures par jour, qui font le même trajet dans les transports en commun, et je suis extrêmement chanceux d'avoir le libre emploi de mon temps. Et c'est vrai que je ne supporterais pas de me voir écrivain fonctionnaire, pointant tous les jours au ministère de la Culture.

Ma position est la suivante : je fais un travail qui me motive, et je crois le faire bien. Je suis fabricant d'objets spécifiques qu'on appelle livres et j'ai le droit de vivre, comme un électricien, un agent de change ou une vendeuse de supermarché. D'autre part, je fais vivre des gens avec mes livres : des grossistes, des imprimeurs, des diffuseurs, des libraires ; je n'ai donc aucune raison de me sentir exclu de la société de production.

Écrire est difficile : je ne sais pas comment j'ai fait pour ne pas me décourager au début de ma carrière, mais c'est un choix que j'ai effectué par-dessus les renoncements, les périodes de doute, les pressions familiales et sociales.

6. Ce mot de Picasso est cité par Perec dans « Chalands et nonchalants », texte paru dans le numéro d'octobre 1973 de *Cause commune*, six mois après le décès du peintre en avril.
7. À ce propos, voir *supra*, n° XXX, p. 202.

Heureusement, une certaine imagerie populaire qui tend à assimiler les écrivains à des bannis, des émigrés, des hors-la-loi, des minorités fantaisistes tend à disparaître. Je suis un marchand d'images verbales, de rêves, et je resterai naturellement et pour toujours un marginal, un être différent par rapport aux types de productions bureaucratiques. De même, pour les gens du quartier, je serai toujours ce bonhomme curieux, dehors dans la rue à trois heures de l'après-midi.

« Georges Perec : le grand jeu »

Propos recueillis par Francine Ghysen,
Femmes d'aujourd'hui (Bruxelles), 14-20 novembre 1978.

En chapeau : «La Vie mode d'emploi : un chef-d'œuvre inépuisable signé Georges Perec. Neuf ans d'une vie. Sept cents pages d'intelligence, de culture, d'imagination. Un livre univers où tout est dit, où tout s'accomplit et s'achève, et où rien n'aura eu lieu. Sous le regard énigmatique de l'auteur, observateur infaillible et rêveur inguérissable. » Suit une présentation du roman où l'on peut lire entre autres : «Dans l'été, n'écoutant que sa foi, l'éditeur nous avait prévenus : La Vie mode d'emploi serait "l'événement" de la rentrée ! Périlleuse promesse, qui exigeait d'être tenue superbement. Disons-le tout de suite : elle l'est. »

*

Écrivain secret, attachant, déroutant, Georges Perec s'imposait dès son premier livre, Les Choses, *beau prix Renaudot 1965, qui traduisait avec une férocité tranquille l'oppression de la société de consommation. Début remarqué donc, mais premier malentendu.*

On a fait de ce livre un événement sociologique plutôt que littéraire. D'où l'obligation où je fus de me démarquer de cette étiquette de sociologue pour récupérer celle de romancier, de raconteur d'histoires.

Sur quoi Perec s'en allait librement par des routes chaque fois différentes, et volontiers buissonnières. [...] Et aujourd'hui, la quarantaine venue, il nous propose, avec un sourire en coin, La Vie mode d'emploi :

Une sorte de bilan romanesque de vingt ans de travail... C'est le livre potentiel. Je voudrais qu'après l'avoir terminé, le lecteur le reprenne, joue avec lui, invente à son tour. C'est ainsi que beaucoup d'histoires sont « réservées », non explicitées, et que subsistent des énigmes, pareilles aux pièces manquantes d'un puzzle...

On a le sentiment que l'écrivain Perec ne se laisse jamais emporter, jamais surprendre, jamais aller. Qu'il contrôle constamment le jeu. Passionné, certes, mais à distance, et avec toujours une pointe d'amusement.

C'est dur, ce que vous dites là! En fait, j'écris plusieurs livres en même temps. Pour chacun, j'ai un programme : je sais en gros où je vais. Cela dit, il y a, chemin faisant, des découvertes, des trouvailles, des arrêts...

Tout est parti de Bartlebooth, où plus précisément du jour où j'ai acheté un puzzle de plus de mille pièces, que nous avons mis, à plusieurs, des mois à recomposer[1]. Il représentait le port de La Rochelle. J'ai dit à un ami : « On pourrait passer sa vie à faire des puzzles... » De là m'est venue l'idée d'un homme — je l'ai appelé Bartlebooth — qui consacrerait dix ans de sa vie à apprendre l'aquarelle, vingt autres à peindre, dans cinq cents ports du monde, cinq cents marines, qu'un artisan découperait successivement en puzzles ; et les vingt suivantes à assembler ces puzzles, chaque aquarelle reconstituée étant ensuite détruite dans le port qui l'avait vue naître.

Second élément : un immeuble parisien que l'on verrait en coupe, des caves aux combles, avec ses occupants du moment et de naguère, mais aussi, dans leurs moindres détails, tous les objets qui y ont trouvé place.

Le livre a commencé le jour où je me suis dit : « Pourquoi ne pas situer Bartlebooth dans cette maison ? » Plus tard, effrayé par la grosseur du manuscrit, j'ai dressé des plans. L'histoire devait suivre un certain nombre de règles. Celles-ci fixées, je me suis jeté à l'eau, et tout le romanesque, tous les rebondissements sont entrés...

Au milieu d'un foisonnement de destinées qui se croisent au fil des pages comme elles se croisent dans l'escalier, se détachent deux figures : [...] il y a le « tout » de Valène, qui se voudrait mémoire totale d'une maison ; il y a le « rien » de Bartlebooth, qui s'est promis de détruire impeccablement ce qu'il aura impeccablement réussi. Nostalgie éperdue ; nihilisme intégral. Entre ces deux absolus, Georges Perec garde son mystère.

Remarquez que les deux pôles se rejoignent, puisque Valène pressent qu'un jour la maison disparaîtra, la rue et le quartier mourront... Si l'on considère le livre comme un tableau, on distingue trois donateurs, qui sont trois paraphrases de l'écrivain. Bartlebooth, qui tâche d'accomplir quelque chose de suprêmement inutile ; Winckler, l'artisan, qui transforme les aquarelles en puzzles et, à chaque découpure, tend à Bartlebooth un piège que celui-ci a de

---

1. En 1969, au Moulin d'Andé (voir «Quatre figures pour *La Vie mode d'emploi*», 1979, p. 50).

plus en plus de mal à déjouer ; Valène, le témoin, qui regarde, comprend, et intègre cette étrange aventure dans sa propre histoire.

« Je cherche en même temps l'éternel et l'éphémère » avez-vous écrit en exergue du dernier chapitre, celui où tout est consommé. Celui où l'on comprend que cette fresque immense se déroule en quelques secondes : l'instant poignant où Bartlebooth ne peut pas placer l'ultime pièce du 439ᵉ puzzle, et meurt.

Cette phrase est tirée de mon livre *Les Revenentes*. C'est une devise de l'écriture, du livre et du projet extrême de Bartlebooth. De ces quelques secondes, le 23 juin 1975, vers huit heures du soir, petit laps de temps qui va se gonfler aux dimensions de plusieurs vies humaines.

Ce n'est sûrement pas un hasard si cet immeuble, imaginaire mais prodigieusement présent, abrite surtout des gens solitaires, des gens âgés qui doucement s'éteignent alors que le silence les a, depuis longtemps déjà, retranchés du monde. On dirait que la fin — des êtres, des choses — vous fascine. Et le silence, vous qui nous étourdissez sous un déluge de mots… !

C'est vrai, il s'agit d'une maison de vieillards. Mais c'est avec la vieillesse que viennent les souvenirs…

Au tréfonds de presque tous, une passion s'obstine. Elle fait leur solitude, souvent leur malheur, mais aussi leur grandeur. C'est inattendu de la part d'un écrivain qui a tant d'humour, d'espièglerie, qui adore jouer, mystifier. Serait-ce que la passion, même sans illusions, est en définitive le seul mode d'emploi de la vie ?

Je crois que c'est un des modes d'emploi : quelque chose qui vous habite d'une manière très forte.

Une dernière question : votre peintre préféré ne serait-il pas Paul Klee ?
Si, bien sûr !

« L'un de ces six auteurs recevra le prix Goncourt 1978 »

Titre complet : « Dans six jours, lundi 20 novembre, à 13 heures.
L'un de ces six auteurs recevra le prix Goncourt 1978 »,
enquête réalisée par Françoise de Comberousse et Jean-Claude Lamy,
France-Soir, 15 novembre 1978.

*Les cinq autres écrivains interrogés sont : Alain Bosquet (*Une mère russe*, Le Livre de Paris), Hortense Dufour (*La Marie-marraine*, Grasset), Agustin Gomez Arcos (*Scènes de chasse (furtive)*, Stock), Patrick Modiano (*Rue des Boutiques obscures*, Gallimard — c'est cet ouvrage que le prix Goncourt couronnera), Jean-Didier Wolfromm, (*Diane Lanster*, Grasset — qui recevra le prix Interallié). Dans le texte de présentation, le passage concernant Perec n'est pas sans perspicacité : « Georges Perec ne semble pas être […] un concurrent sérieux car il a déjà obtenu le Renaudot, ce qui est un handicap aux yeux du jury Goncourt, et son livre* La Vie mode d'emploi *a plus le profil d'un prix Médicis. »*

Les réponses de Perec sont précédées d'une fiche signalétique : « Né le 7 mars 1936 à Paris. Domicile : rue Linné, Paris (5ᵉ). Profession : homme de lettres après avoir été jusqu'en septembre dernier documentaliste au CNRS. Violon d'Ingres : les puzzles, les mots croisés et tous les jeux en général. »

*

Afin de mieux faire connaissance avec ces six écrivains qu'une actualité éphémère met en lumière, nous leur avons demandé de se présenter et de répondre à trois questions :
   1. Pourquoi et comment êtes-vous venu à la littérature ?
   2. Quelle est votre conception du roman ?
   3. Que représenterait le Goncourt pour vous ?

1. J'avais surtout envie d'être peintre[1]. Mais ma rencontre avec le sociologue et romancier Jean Duvignaud, qui fut mon professeur de philo au collège d'Étampes, a été déterminante. Il m'a fait entrer à *La NRF*, et dix ans plus tard je publiais *Les Choses* qui obtenaient le prix Renaudot.

2. Elle est polymorphe. Pour moi, le roman, c'est aussi bien des textes biographiques, des autobiographies, que des récits d'aventures, du policier ou de la science-fiction.

3. Ça représenterait beaucoup de lecteurs. La même chose que le Renaudot, treize ans après.

---

1. Même affirmation dans « Les gnocchis de l'automne ou Réponse à quelques questions me concernant » (1972, repris dans *JSN*, p. 72). Perec a beaucoup peint pendant ses séjours au Moulin d'Andé (1966-1970) comme en témoigne la centaine d'œuvres sur papier déposées au FPGP par Suzanne Lipinska.

XLIV

« Come ha fatto a costruire quel "puzzle" infernale ? »
Propos recueillis par Elena Guicciardi, *Tuttolibri* (Turin), 18-24 novembre 1978
(traduction de l'italien par Dominique Bertelli).

Sur-titré « Georges Perec ci parla del suo singolare romanzo, favorito al Goncourt »,
cet entretien a lieu à Paris, au domicile de l'écrivain. À cette date, Les Choses *est le*
seul ouvrage de Perec traduit en italien : Le Cose. Una storia degli anni sessanta,
1966.

*

[...] Les descriptions ont parfois la netteté des intérieurs hollandais, ou la perfection
glacée des hyperréalistes américains. Mais tout à coup, les instantanés s'animent, le récit
s'envole et gagne une dimension fantastique.

J'ai commencé par accumuler toutes sortes de matériaux : des sagas familiales, des assassinats, des histoires, des objets. Je suis parti d'une description
neutre, objective, puis, quand à force d'accumulations j'en suis presque arrivé
à l'asphyxie, il y a eu un envol vers l'imaginaire.

[...] Il faut arriver à la fin du dernier chapitre pour que le roman se déploie dans sa
vraie dimension, révèle sa signification d'aventure intérieure, avec les morts successives
des trois protagonistes. Des morts silencieuses (« Tout mon livre est silencieux » fait
remarquer l'auteur).

[...] Georges Perec renonce à la tentative impossible d'épuiser toute la réalité dans un
livre, mais l'œuvre reste ouverte.

Des histoires qui sont à peine esquissées pourraient encore être développées.

Et il conclut :

J'avais imaginé ce jeu du puzzle comme une machine pour détruire le roman. Je me suis aperçu au contraire que c'est une machine pour le faire proliférer à l'infini.

XLV

« Georges Perec : un homme livre »
Propos recueillis par Claude Helleu, *L'Aurore*, 27 novembre 1978.

Un compte rendu intitulé « L'esprit de la ruche » précède l'entretien — en voici la conclusion : « [La Vie mode d'emploi] *n'est pas le produit d'une mémoire mécanique. Derrière chaque ligne, derrière chaque page, derrière chaque chapitre, on sent l'artiste, on devine, Dieu merci, la main de l'écrivain, comme on voit dans* Les Ménines *de Vélasquez, le peintre debout, lointain, petit, qui se détache sur une porte, sur fond de ciel. / Il est évidemment impossible de raconter, de résumer, et presque de faire comprendre ce qu'est le livre de Georges Perec, ce livre énorme, indépassable, ce pavé dans la mare, dont les éclaboussures ont fait reculer les Goncourt, craignant, comme le disait leur président, que le tirage de leur prix ne dépassât pas trente mille exemplaires. Et pourtant, il faut le lire, et on le lit avec un plaisir extrême, surpris de découvrir dans son incroyable complexité, un chef-d'œuvre — au moins au sens où l'entendait les compagnons du Tour de France —, celui d'un compagnon du tour du monde. »*

*

« J'ai beaucoup souffert et je me suis beaucoup amusé. » En même temps. *Pendant dix ans. Avec ce livre, Georges Perec avait prédéterminé le nombre des chapitres : quatre-vingt-dix-neuf. Il les a échafaudés solidement, il a plongé dans l'univers du romanesque. Il a commencé des histoires «* comme dans Rabelais, Eugène Sue, Dumas, avec des gens passionnés qui vivent des aventures tragiques et dérisoires *», mais chaque histoire était une énigme à résoudre, «* maintenant, le lecteur est invité à reconstruire les histoires, il n'a pas une histoire à absorber *». Jouera-t-il avec Georges Perec qui joue avec les mots, les objets, énumère, consomme, prend l'absurde au sérieux, dégonfle les sentiments, crève, aplatit, épingle, qui joue avec ses inventions, des catalogues, des modes d'emploi, des dictionnaires ?…*

Il dit « le jeu des recherches » *pour les dossiers qu'il a constitués. Documentaliste au CNRS pendant dix-huit ans, sa curiosité pour l'érudition a servi ses fouilles. Au hasard, il cite la minéralogie à propos de la quête du Graal[1]... Qui dit minéralogie dit* Voyage au centre de la terre, *puis* Dictionnaire universel des sciences, des lettres et des arts, *de Bouillet* — à « minéralogie » : *la page de Jules Verne est là, fidèlement recopiée[2].*

Il raconte d'une voix paisible, le regard doux, attentif mais détaché. Autour de lui, plein de choses, des choses de son livre, ou son livre pour ces choses ? Un bocal ventru plein de poussière et de cacahuètes du début du siècle: «Friandise extra», *au singulier, un mur de coussins, des dessins fous, un tableau noir marqué d'une flèche à la craie vers le bas :* « Livres à lire », *la pile est sous la flèche, des puzzles, un puzzle sans modèle ni formes nettes, il y a passé des mois et des nuits [...],* « Les travaux de l'Oulipo », *plan tracé en 1974 par Raymond Queneau, ami auquel est dédié le livre[3].*

[...] Des règles, Georges Perec les a décidées nombreuses pour son livre: sans contraintes, pas de vrai jeu. Dans presque chaque chapitre, il y a deux citations à retrouver. Mais le système n'est pas respecté, il existe simplement, comme dans la vie. Le pastiche de Renan par Proust est donné comme une vraie phrase de Renan dans les Pastiches et mélanges *de Proust[4].*

Détails vrais, détails inventés, description d'un tableau, tout est figé, c'est un trompe-l'œil; cherchons les deux dimensions, où va le lecteur, où va l'auditeur, où va le narrateur ? Le moment devient «quenaquatique» *(c'est un adjectif qu'il a forgé d'après le nom de Raymond Queneau). [...]*

Les choses de la vie passent dans le sourire tranquille de Georges Perec, au-dessus de la barbichette frisée, imperturbable. La méthode préside à la dérision dans la boulimie des mots, le choix des mots parlés autour de ce livre muet. « La Vie mode d'emploi: c'est ce que je sais faire au bout de vingt ans d'écriture. »

---

1. « Le Graal » est un des dix éléments de la liste « Livres ».
2. Jules Verne ne démarque en fait qu'un court extrait du dictionnaire: on comparera *Voyage au centre de la terre*, p. 4-5, et le deuxième paragraphe de l'article «Minéralogie» du *Dictionnaire...* de M.-N. Bouillet.
3. Il s'agit de la table intitulée «Classification des travaux de l'Oulipo», dressée par Queneau en novembre 1974 et appelée par les Oulipiens «table de Queneleïev» (reproduite dans l'*Atlas de littérature potentielle*, p. 74-77).
4. Plus précisément: la longue citation explicite du chapitre XIV (p. 78) attribuée à Renan et donnée comme une extraite d'un volume de ses *Mélanges* est en fait une citation implicite de Proust qui pastiche Renan — citation extraite de « L'affaire Lemoine », dans les *Pastiches et mélanges* (p. 31). Ce type de « fausse attribution » délibérée, particulièrement retorse ici, se retrouve maintes fois dans *La Vie mode d'emploi*.

XLVI

« Georges Perec le bricoleur »
Propos recueillis par Catherine Clément, *Le Matin*, 8 décembre 1978.

*

Autour de lui, il y a un réverbère, vénitien peut-être, un distributeur de cacahuètes plein, avec une étiquette rouge: «Au régal des gourmets», et dessus trois lampes 1900, rouge, verte, blanche; un jeu de solitaire sur une baratte à beurre, une marionnette balinaise, une pince universelle et un cutter. [...]

Il déteste d'abord la monotonie. Jamais deux fois le même livre, jamais deux fois se baigner dans le même fleuve, et Klee, plutôt que Picasso, parce que Klee n'a jamais fait deux fois de suite le même tableau. [...]

... Première sonnerie du téléphone. Georges, les mains sur les yeux, fait mine de ne pas vouloir entendre. À la troisième tentative, il y va. Lui parti, restent les choses: un papillon «grande tortue» en papier coloré, un mur à bricoler, une paire de gants noirs au bouton de la porte, une pile de livres; un ami lui a envoyé Je me souviens *en complétant les souvenirs avec les siens...*

Après le prix Renaudot et *Les Choses*, tout le monde m'avait catalogué comme sociologue. Mais ce n'était pas vrai; jusqu'il y a deux mois, j'étais documentaliste en physiologie du système nerveux central au CNRS; au début, je dépouillais vingt revues par an et, à la fin, cent, mais c'était impossible... Comment ça m'est arrivé? Il fallait bien vivre! Les chercheurs scientifiques, on leur donne le droit de vivre pour trouver une substance chimique ou une structure nerveuse. Mais moi qui faisais de la recherche en littérature, je n'avais pas le droit d'en vivre [1]. Et je n'écris pas du tout pour la postérité. Je viens d'obtenir

---

1. À ce propos, voir *supra*, n° XXX, p. 202.

une mensualisation de mon éditeur, et avec les scénarios de cinéma et les mots croisés, je vais pouvoir continuer…

Téléphone. Le prix Médicis, à la façon dont il semble le vivre, c'est : a) *le téléphone qui n'arrête pas ;* b) *la pince qu'il faut serrer devant les photographes en levant une coupe de champagne, avec un sourire idiot, et* c) *l'économie de la chose, le seul sérieux : il va pouvoir « chercher » en paix. Mais que cherche-t-il ? Voyons du côté des mots croisés.*

Les mots croisés, c'est une passion que j'ai d'abord eue comme œdipe.

Je pose le stylo, il se marre.

Oui, dans les années 1930, on appelait œdipe celui qui résolvait les grilles et sphinx celui qui les composait[2]. Au début, je faisais l'œdipe, et puis j'ai fait le sphinx, avec des dictionnaires spécialisés. C'est difficile… Une bonne définition doit être évidente quand on a trouvé, et obscure tant qu'on n'a pas trouvé.

Sur la table, un livre de François Le Lionnais, Les Prix de beauté aux échecs[3]. *[…]*

Le téléphone ne sonnera plus, Georges l'a planqué sous un oreiller. Il parle alors de ce qu'il aime : pouvoir suivre un livre d'un bout à l'autre de sa fabrication. Et il va chercher un livre qu'il a imprimé lui-même, au Moulin d'Andé[4]. Je me souviens : le Moulin d'Andé, en février 1968, Georges excité, amoureux, écrivant comme un fou La Disparition, *léger lutin d'écriture, les yeux brillants… Il aime écrire avec les autres, comme un collectif où les amis lui refilent des phrases, des personnages, des aventures[5]. Dans* La Vie mode d'emploi *circulent des personnages de Thomas Mann, d'Italo Calvino, et il est ravi parce que Jacques Roubaud n'a pas pu retrouver les vingt* [sic] *citations qui lui ont été empruntées. Il adore les index, les dictionnaires, les jeux, même s'il ne sait pas trop y jouer ; il aime… tout ce qui bricole dans le langage, calcule, fouine, circule, compose, joue.*

Quand on arrive à la vie, mode d'emploi, privée, quelque chose échappe bizarrement. La tendresse passe discrètement lorsque vient le nom de la femme avec qui il vit, les noms de ses multiples et fidèles amis ; mais sur lui, sur sa vie, presque rien :

Je travaille tout le temps, je fais des courses, je me promène…

2. Ces définitions sont reprises et commentées par Perec dans l'introduction des *Mots croisés, précédés de considérations de l'auteur sur l'art et la manière de croiser les mots* (1979). À notre connaissance, les deux termes sont des créations de Tristan Bernard — le premier à donner une dimension humoristique aux définitions jusqu'alors simplement empruntées au dictionnaire — qui en livre la définition dans la préface de son volume *Mots croisés* (1925) : « Dans une œuvre littéraire ordinaire, personne ne vous fera de reproches sanglants s'il vous arrive de commettre une impropriété de termes. Mais, si l'on s'élève au noble jeu des mots croisés, l'écrivain devient alors un sphinx responsable. Les œdipes veulent bien se donner la peine de chercher, mais ils ne veulent pas qu'on les mette dedans par ignorance du sens des mots ou par mauvaise foi » (p. 10).

3. *Les Prix de beauté aux échecs. Anthologie des parties d'échecs ayant obtenu des prix de beauté des origines à nos jours* (Payot, 1939) — Perec possédait la deuxième édition, « revue, corrigée et augmentée » (Payot, 1974).

4. Il s'agit du *Petit Abécédaire illustré*, stencilé à 100 exemplaires offerts à l'occasion des vœux pour 1970, qui devait à l'origine constituer une livraison des *Cahiers du Moulin*.

5. On sait que quelques amis et résidents du Moulin d'Andé furent sollicités par Perec pour *La Disparition* : Marcel Bénabou, Alain Guérin, Maurice Pons, Raymond Queneau ou Jacques Roubaud entre autres apportèrent ainsi leur contribution. Tout comme Catherine Clément, alors assistante à la Sorbonne, qui, dans « Le diablotin du Moulin », se souvient d'avoir rédigé à la demande de Perec « deux ou trois pages de philosophie sans un seul " e " », qui ne devaient concerner « ni Descartes, ni Leibniz ni Hegel… Restaient Spinoza, Kant, assez pour le défi » (voir *La Disparition*, ch. 6, p. 61).

[Catherine Clément revient sur l'enfance de Perec, la disparition des parents, W et la psychanalyse, la judaïté.]

Il n'aime pas le mot « écrivain », il préfère qu'on l'appelle « homme de lettres », cette vieille expression tombée en désuétude ; mais, comme il est par excellence celui qui rénove le désuet et le fait revivre, il trouve le vrai sens perdu. Or, c'est tout simple, et c'est lui :

Un homme de lettres, c'est un homme dont le métier c'est les lettres de l'alphabet.

XLVII

« La vie : règle du jeu »

Propos recueillis par Alain Hervé,
Le Sauvage (*Le Nouvel Observateur-Écologie*), n° 60 : « Le jeu », décembre 1978.

L'entretien est abondamment illustré par le dessinateur Daniel Maja et suivi d'un extrait de La Vie mode d'emploi, *d'un extrait d'*Espèces d'espaces *et d'une grille de mots croisés de six sur six sans case noire. Nous donnons entre crochets la plupart des nombreux commentaires d'Alain Hervé.*

*

Parlons à la fois de vos livres et du jeu. Et tâchons de faire de cette interview un jeu. Vous avez appelé votre dernier roman La Vie mode d'emploi. *À le lire, on imagine assez facilement que vous auriez pu l'appeler* La Vie règle du jeu ?

La Règle du jeu est un titre qui existe déjà. C'est le titre générique de quatre livres de Leiris que j'admire énormément et qui sont même l'un de mes modèles d'écriture[1]. Je ne sais pas comment ce titre m'est venu, je l'ai trouvé spontanément. Tandis que je travaillais sur ce livre, je l'appelais *V.M.E.*

Plusieurs jeux sous-tendent le livre. L'image centrale du livre est un puzzle. Au-delà, il y a l'image d'une œuvre (c'est difficile d'employer ce mot à quarante ans) [*rire*] où tout ce que je vais écrire s'organisera à son tour comme un puzzle dont chaque livre serait l'une des pièces. L'ensemble de tout cela participera au puzzle de la littérature contemporaine dont les pièces sont les écrits des autres auteurs. Et moi, je vais remplir un vide dans ce puzzle. Ce que j'aime dans l'idée

---

1. Trois volumes de *La Règle du jeu* sont cités implicitement dans *La Vie mode d'emploi* : *Fourbis* au chapitre LXIV, *Fibrilles* au chapitre LXXXIII et *Biffures* au chapitre XCIII. On notera de plus qu'« un *Bifur* ou un *Fourbis* » figurent parmi les livres pour lesquels le Scriptor de *La Disparition* « avait toujours rugi son admiration » (p. 311).

du puzzle [*«Perec le prononce à la française»*], ce que j'explique au début du livre, c'est qu'une pièce isolée n'a pas de sens en soi. Elle est inerte. C'est la capacité de la relier aux autres qui lui donne son sens, sa cohérence[2]. Une fois qu'on a reconstitué l'image, on a fini le jeu, il ne reste plus rien. Le jeu s'épuise dans son accomplissement, comme dans tout jeu à plusieurs partenaires.

De quelle manière le puzzle est-il un jeu ?
C'est un jeu qui se joue entre celui qui a fabriqué le puzzle et celui qui tente de le résoudre, que j'appelle le faiseur et le poseur. Il y a deux types de puzzles. Je vais vous en montrer des exemples.

Perec se lève et rapporte deux boîtes, l'une telle qu'on les trouve dans le commerce, décorée d'un modèle qui représente, ici, la collection de tableaux d'un amateur du XVIIᵉ siècle[3] ; l'autre est une boîte de style ancien plus épaisse, recouverte de papier brillant couleur vieux rouge et maintenue fermée par un ruban.

L'un est un faux puzzle : le tableau composé de tableaux, trois mille pièces, mais toutes découpées de la même manière, pratiquement superposables. C'est ce que j'appelle un « puzzle trivial », qui ne demande que de la patience et que l'on peut résoudre en deux ou trois jours. L'autre est un vrai puzzle [*rire*] : on ne connaît que son titre. Celui-ci s'appelle *Au succès du nouveau vaisseau*. Ça se vend en général dans une boîte scellée. On l'ouvre, on n'a pas de modèle, on trouve des pièces minuscules et de formes extrêmement variées. Dans le puzzle trivial, les pièces s'emboîtent les unes les autres solidement ; là, elles se juxta-posent seulement. Pour résoudre ce puzzle, il faut environ deux ou trois mois, en veillant certains jours jusqu'à quatre heures du matin. [*«Le rire de Perec est à la fois gamin, moqueur, autocritique, bénin et légèrement tabagique. Il fume des petits cigares Havanitos en les tenant avec les dernières phalanges de l'index et du médius.»*] Ça, c'est un vrai jeu. Difficile. Une des premières idées du jeu, c'est la difficulté. Si c'est trop facile, ça n'a pas d'intérêt [*rire*].

Je ne sais pas si vous vous souvenez de cette nouvelle de science-fiction que Boris Vian avait traduite dans *Les Temps modernes*, il y a de ça vingt ans au moins, qui s'appelait *Le Labyrinthe*[4]. [*«On va se rendre bientôt compte que Perec a tout lu* [(1)]. *Sa culture et sa mémoire lui permettent d'apporter sans cesse à son discours des références multiples. La formule "Vous vous souvenez", de pure gentillesse, comme tout le person-*

---

2. *La Vie mode d'emploi*, Préambule : « seules les pièces rassemblées prendront un caractère lisible, pren-dront un sens : considérée isolément une pièce d'un puzzle ne veut rien dire […] » (p. 17).
3. Voir *supra*, n° XXXVI, note 2, page 227.
4. Frank M. Robinson, « Le Labyrinthe », traduction de Boris Vian, *Les Temps modernes*, n° 72, octobre 1951. Le résumé de la nouvelle que donne Perec à la suite est fidèle (la même nouvelle est évoquée par Robbe-Grillet dans [Collectif], *Robbe-Grillet: analyse, théorie*, vol. 2, p. 420). On notera, dans ce même numéro des *Temps modernes*: Boris Vian et Stephen Spriel (pseudonyme de Michel Pilotin, traducteur d'*Au-dessous du volcan*), « Un nouveau genre littéraire : la Science-Fiction », une des premières études fran-çaises sur le genre.

nage, est destinée à s'excuser de ce don auprès de son interlocuteur. » «[1] *Non, pas tout. À peine beaucoup (note de Perec qui relit aussi).* »] C'est l'histoire de types sur une planète qui font passer des tests à des animaux, des espèces de créatures qui ont un mètre de haut. Ils sont très surpris parce que les animaux réussissent toujours le test du premier coup, quelle que soit la difficulté. Et, ensuite, ils le ratent. Et puis, au bout d'un certain temps, les hommes se rendent compte que si les animaux ratent, c'est parce qu'ils sont trop intelligents et que, dès la seconde fois, la facilité de la répétition les ennuie. Ils se rendent compte alors que ce sont les animaux qui leur font passer des tests, et ces tests sont terribles. Ils consistent à les mettre dans une situation rêvée, où ils rencontrent des dangers mortels. Par exemple, ils sont dans une ville, ils reçoivent un paquet qui contient une bombe. Il faut qu'ils imaginent immédiatement une solution. Par exemple, jeter la bombe par la fenêtre. Mais dans le test suivant, il n'y a même plus la possibilité de jeter la bombe par la fenêtre, et la bombe va éclater, et c'est l'homme qui doit se débrouiller pour sortir. S'il ne trouve pas la solution, il rate le test et meurt. C'est une très, très belle nouvelle.

C'est le jeu le plus extrême, dont l'enjeu et la sanction sont la mort.
Pour moi, ce n'est pas consubstantiel à la notion de jeu mais à celle de sport, qui est une déformation, une dépravation du jeu. Le sport transforme en compétition ce qui était plaisir. J'ai écrit un livre qui s'appelle *W*, qui est une parabole des Jeux olympiques, où le monde du sport se transforme petit à petit en univers concentrationnaire.
Des champions qui perdent sur le stade peuvent pratiquement être menacés de mort par les spectateurs. Ça me fait penser à un autre type de dépravation. J'étais près de Grenoble la semaine dernière. On y a construit des « stades de neige ». Le ski ne consistera plus à descendre des pistes ou à se promener. On sera enfermé dans une sorte de montagne artificielle…

Qu'est-ce que le jeu ?
La définition ? Je n'ai pas de définition. Dans l'activité d'écrire, qui est mon activité essentielle, la part du jeu est fondamentale et elle élimine pour moi la pratique des autres jeux. Je ne joue pour ainsi dire plus. J'ai longtemps joué au go. J'ai écrit un livre sur le go, l'*Art subtil du go*, en collaboration avec mes amis Jacques Roubaud et Pierre Lusson.
Si j'avais voulu continuer à jouer, j'aurais dû m'entraîner deux heures par jour et, là, ça m'aurait pris trop de temps. J'ai très peu joué, en fait : un peu aux échecs, aux cartes, au bridge, au poker. Le jeu que je pratique le plus volontiers, c'est le puzzle. Mais toute cette activité ludique s'incorpore dans la manière dont je travaille mes livres. [*Grand silence, réflexion.*]
À l'intérieur de *La Vie mode d'emploi*, il y a toute une organisation qui m'a

permis de construire le livre et qui est faite à partir de jeux sur des mots. Un peu comme ce que l'on appelle des logo-rallyes. On prend cinq mots avec lesquels on tente de construire une histoire. Dans chaque chapitre, j'avais à utiliser un certain nombre d'éléments qui étaient comme des pièces de puzzle que je devais rassembler et qui engendraient l'histoire. Au début, les histoires étaient pratiquement autonomes, mais au fur et à mesure que le livre avançait, elles devenaient de plus en plus reliées aux autres. De la même manière que dans un livre, quand on avance, on voit de plus en plus... [*«Et soudain, Perec m'interroge d'un ton légèrement suspicieux.»*] Vous êtes amateur de puzzle ?

Oui, mais bêtement.

Il y a des moments extraordinaires, quand on n'a pas d'image modèle. On a un bloc ici [*il le figure sur la table devant lui*] et un autre là, et, soudain, c'est l'illumination : on s'aperçoit que les deux groupes se rejoignent et on comprend tout ce qui s'est passé précédemment. Dans mon livre, c'est un peu comme ça. Il y a des histoires qui se rejoignent, des histoires qui courent à travers tout le livre, des histoires complètes dans un chapitre mais qui, ensuite, se ramifient en sous-histoires, qui en rappellent d'autres, des histoires en reflets, en jeux de miroirs.

Le livre ne raconte pas une histoire ?

Le livre raconte une histoire fondue dans toutes les autres histoires. Ce n'est pas un roman classique avec des personnages centraux. Le personnage central, c'est la maison. Dans cette maison, il y a trois personnages plus importants que les autres autour desquels l'histoire s'articule. Il y a celui qui a découpé les puzzles, celui qui les résout et celui qui raconte l'histoire.

Incidemment, vous avez laissé des petits jeux à la disposition du lecteur tout au long du récit principal ?

Oui, ce sont des énigmes à résoudre et plusieurs solutions sont données dans l'index à la fin du livre.

Mais pas toutes. Vous signalez des citations cachées d'auteurs tels qu'Agatha Christie, Flaubert, Freud, Melville, Perec se citant lui-même, etc., mais vous ne dites pas où elles se trouvent et un des jeux du livre peut consister à essayer de les retrouver.

Il y en a de très reconnaissables. Il y en a d'autres comme le mot [*sic*] «champs Catalauniques». Pour moi, c'est un mot magique, parce qu'il existe un texte de Michel Leiris, je crois que c'est *Aurora* ou *Biffures* [5], où tout à coup, au centre d'un rêve, surgit le mot « champs Catalauniques » autour duquel tout

---

5. Le retour de cette expression, citée au chapitre XXII de *La Vie mode d'emploi* (p. 118) structure en fait le deuxième chapitre du *Point cardinal* (1927) de Leiris (repris dans *Mots sans mémoire*, 1969). Rappelons que c'est dans la plaine des champs Catalauniques, près de Troyes, qu'en 451 Attila fut vaincu par Aetius, Mérovée et Théodoric Ier.

le rêve s'organise. Ça, ce n'est pas une vraie citation de Michel Leiris, plutôt une allusion[6], mais il y en a plusieurs autres de lui dans le livre. Quelqu'un qui se souvient des livres de Leiris sera frappé par ce mot que nous avons tous appris à l'école, lorsque nous étions petits. Il saura qu'il vient de Leiris.

J'ai fait aussi des citations de mon ami le poète Jacques Roubaud, j'ai pris plusieurs citations dans son livre intitulé *Autobiographie, chapitre dix*, qui est lui-même fait de citations[7]. Par exemple, le « Consulat d'Allemagne à Melbourne », de la page 554, vient de Roubaud. Or, j'ai ouvert l'autre jour un très beau livre de Giorgio De Chirico, *Hebdomeros* : à la première page, j'ai retrouvé le « Consulat d'Allemagne à Melbourne[8] ». Quelquefois, ce qui apparaît dans *V.M.E.* est un quatrième ricochet d'œuvres d'autres écrivains. Ainsi, j'ai utilisé une très belle description de cadavre que j'ai trouvé dans le livre de Roubaud, qui, lui-même, l'a pris à Denis Roche dans *Louve basse*, qui lui-même l'avait trouvé dans un rapport d'autopsie. Moi, dans *V.M.E.*, je ne donne pas sa vraie origine, je le cite comme une description d'anatomie faite par un auteur du XVe[9].

Les citations servent aussi comme des éléments de l'histoire. Il y a des cartes postales qui sont des descriptions de Flaubert[10]. Il y a très exactement deux citations par chapitre, soit, en tout, cent quatre-vingt-huit citations puisées chez une vingtaine d'auteurs[11].

6. Structurellement, il s'agit bien là d'une citation programmée (liste « Citation 1 », contrainte « Leiris »). Sur la différence entre citation et allusion programmées, voir Bernard Magné, *Perecollages*, p. 134-135.

7. *Autobiographie, chapitre dix* (1977), quatrième de couverture : « De tous ces poèmes, composés dans les dix-huit années (1914-1932) qui précédèrent ma naissance, j'ai fait ce livre, chapitre dixième d'une autobiographie : *la vie est unique*, mais les paroles d'avant la mémoire font ce qu'on en dit. » Perec cite implicitement cet ouvrage de Roubaud aux chapitres XLIX, LVIII, LXXI, XCI et XCV de *La Vie mode d'emploi*.

8. Le « Consulat allemand à Melbourne » du chapitre XCI de *La Vie mode d'emploi* (p. 534) est emprunté à la cent trente-septième section d'*Autobiographie, chapitre dix*, de Roubaud, qui l'avait lui-même emprunté à *Hebdomeros* (1929) — ouvrage qui commence ainsi : « ... Et alors commença la visite de cet étrange immeuble situé dans une rue sévère, mais distinguée et sans tristesse. Vu de la rue, l'immeuble faisait penser à un consulat allemand à Melbourne. De grands magasins en occupaient tout le rez-de-chaussée. »

9. *Sic* — lire *XVI*. Le même exemple est donné *supra*, n° XXXV, p. 224.

10. Plusieurs citations de Flaubert sont utilisées pour décrire des tableaux (ch. XXIV, L et LXIX) ou des photographies (ch. XX et XLVIII), mais pas de carte postale à proprement parler.

11. Deux informations données dans cette phrase sont erronées. D'une part, la présence d'« exactement deux citations par chapitre » équivaut à un total de 198 citations — erreur imputable selon toute vraisemblance à une inattention de Perec ou à une erreur de transcription. On sait d'autre part que contrairement à ce qu'affirme Perec, de nombreux chapitres du roman ne comportent pas « très exactement deux citations ». Tout se passe comme si, s'inspirant de Ferri le Rital et de Lino Margay (voir *La Vie mode d'emploi*, ch. LXXIII, p. 423-425), Perec pratiquait ici une variante de la « stratégie de la double couverture » (Magné), l'expression sans appel « très exactement » tendant à occulter en effet toute une batterie de distorsions. Pour les citations implicites des vingt auteurs des listes « Citation 1 » et « Citation 2 », on évoquera notamment trois cas de figures : *a*) les « manques programmés » (par exemple, la citation de Stendhal initialement prévue pour le chapitre IX tombe sous la programmation de la liste « Manque »), *b*) les « manques sauvages » (par exemple, la citation de Leiris initialement prévue pour le chapitre XVI est absente sans que joue en ce cas la programmation de la liste « Manque »), *c*) la présence de citations supplémentaires (par exemple, le chapitre LIII comprend bien les citations programmées de Butor et de Mathews, mais aussi des citations de Nabokov et de Queneau non régies par le bicarré latin). À quoi il convient d'ajouter des citations implicites qu'aucune programmation spécifique ne semble commander : *a*) au moins quatre citations empruntées respectivement à René Belletto, Hans Bellmer, Roger Price et Unica Zürn, auteurs mentionnés dans le Post-scriptum, *b*) quelques citations d'auteurs absents du Post-scriptum : John Amila, Aragon, Guy Debord, Curnonsky, Alexandre Dumas, Edgar Allan Poe... Pour plus de précisions, voir Dominique Bertelli, « Des lieux d'une ruse » et « Hors programme ».

Vous signalez des citations de Nabokov. Où se trouvent-elles ?

J'ai un cahier quelque part[12]... Je cite *Lotita*, *Feu pâle*, beaucoup de *La Vraie Vie de Sebastian Knight*[13]. Par exemple, on voit des photos d'une personne à différentes époques : bébé, il y a dix ans, etc. Ça, ça se trouve dans le tiroir d'un meuble que le frère de Sebastian Knight ouvre après la mort de Sebastian Knight, c'était un projet de roman qu'il n'avait pas réalisé[14].

À ce propos, la construction de La Vie mode d'emploi *fait penser à celle de* Feu pâle *de Nabokov.*

Oui, il y a ce côté de fausse érudition que j'aime beaucoup, et de niveaux de lecture différents. Il y a aussi cette idée de livre conçu comme un puzzle, c'est-à-dire que l'on peut reconstituer d'autres histoires en jouant avec l'index de la fin du livre.

Avez-vous utilisé la technique du jeu du dictionnaire ?

Je l'ai utilisée dans un autre projet. Nous avons commencé, avec un ami, à essayer d'écrire une pièce de théâtre qui s'appelait *Fragments d'une histoire universelle*. On prenait, dans un dictionnaire, toutes les quarante-sept pages, un petit événement et on les entassait.

Y avait-il une cohérence ?

Très vite, ça pouvait en avoir une. On voulait aussi écrire une pièce radiophonique à partir du récit des grandes catastrophes humaines qui seraient classées par ordre numérique. La première serait l'assassinat de Caïn par Abel [*il se reprend*], d'Abel par Caïn, ou bien « Bal tragique à Colombey, un mort[15] », et on arriverait ensuite à quelques milliers de morts d'un coup[16].

---

12. Perec fait ici allusion au « Cahier des citations » (pub. posth. 1993) qui fournit les références des citations implicites empruntées aux vingt auteurs des listes « Citation 1 » et « Citation 2 », mais qui comporte néanmoins maints oublis.

13. *Lolita* est cité implicitement dans les chapitres XXX, XXXIX, XLVII et LXIX de *La Vie mode d'emploi* ; *Feu pâle* dans les chapitres LXIV et LXX, et *La Vraie Vie de Sebastian Knight* dans les chapitres XLVII, LII, LIII, LXIV, LXVIII et XCVII.

14. Pour cette citation implicite, comparer le chapitre LII de *La Vie mode d'emploi* (p. 291) et le chapitre IV de *La Vraie Vie de Sebastian Knight* (p. 64).

15. Titre à la une de *Hara-Kiri* le lendemain de la disparition du général de Gaulle (9 novembre 1970) — et peu après un incendie particulièrement meurtrier dans un dancing — qui valut à l'hebdomadaire « bête et méchant » une interdiction à la vente aux mineurs et à l'affichage.

16. Dans le souvenir de Marcel Bénabou, ces deux projets n'en font qu'un : « *L'Histoire universelle* devait être une vaste fresque, faisant intervenir alternativement quatre récitants, dont chacun avait sa manière propre d'envisager les événements du passé. Le but était bien sûr de brouiller le temps historique, de ruser avec le prétendu sens de l'histoire, en la soumettant, cette histoire, à un ordre autre que chronologique. Deux idées donc au départ : le recours à l'ordre alphabétique, et le recours à l'ordre numérique [...] » (« Vraie et fausse érudition chez Perec », p. 45). Dans le tapuscrit « Tentative de description d'un programme de travail pour les années à venir » (1976, pub. posth. 1985), Perec mentionne, dans la section 13 — « Théâtre, théâtre radiophonique (*Hörspiele*) » — une « *Histoire universelle* (en projet avec Marcel Bénabou) ». Le FPGP conserve une trace du travail préparatoire de ce projet sous la forme de 102 fiches dactylographiées par Perec (FPGP 48,1,2,1-102d).

Ce qui mène à dire que le jeu tend à être une simulation de la réalité ?

Il y a tout un aspect de simulation. Pour moi, le jeu est une activité sérieuse, ayant beaucoup plus d'importance dans la vie que des situations réputées ne pas appartenir au jeu.

Je ne veux pas dire, en disant qu'il s'agit d'une simulation, que ce n'est pas important.

Je ne sais pas ce que l'on appelle très exactement la réalité, et je ne sais pas donner de définition exacte du jeu. C'est d'abord une activité gratuite, qui n'a d'autres références qu'elle-même, qui se consomme en se réalisant, qui n'a pas d'au-delà, et, quand on a terminé cette activité, il n'y a plus rien d'autre. On n'a pas obtenu quelque chose, sauf le plaisir.

De même, la lecture d'un livre. Pour moi, à la fin de la lecture, le livre est fini, il reste tout le plaisir que l'on a pu prendre à lire, à se faire raconter une histoire ou des histoires. C'est comme un roman policier. C'est une très bonne image de jeu. Si l'on devine qui est le coupable à la page cinq, on ne lira pas le livre.

Vous n'avez jamais écrit de roman policier ?

J'en ai écrit des petits bouts dans la *V.M.E.* Je vais certainement en écrire, mais ils seront très anachroniques… des romans policiers anglais à énigme parfaite, genre Agatha Christie.

On a quand même un certain sentiment d'angoisse quand on voit des clubs de bridge où des vieux tapent le carton tout l'après-midi. On a l'impression que la vie de ces gens est terminée et qu'ils ne vivent plus que dans le jeu.

À côté de chez moi, au Jardin des plantes, il y a des gens qui jouent aux échecs, au tarot, au bridge. Il y en a d'autres qui les regardent. Parmi les joueurs d'échecs, je crois qu'il y en a d'assez bons. Ce qui me surprend un peu… [*«Et Perec raconte selon sa méthode d'écriture favorite une histoire : un jour, il se trouvait dans un immeuble (tiens, quel hasard) et il surprend la conversation de deux vieilles dames qui s'invectivaient au sortir d'une partie de bridge : "Tu n'aurais pas dû faire l'annonce à pique… Ton atout carreau ne valait rien, etc."Et il se demande si c'est bien ou mal. »*]

Alors, et le jeu au casino ?

Je le trouve, d'une certaine manière, plus inoffensif que les gens qui sont à la recherche du pouvoir en politique ou à la conquête de nouveaux marchés, même s'il est conçu comme un jeu, même si les joueurs sont des risque-tout. Ce côté de se donner de l'importance dans des institutions, de devenir chef de bureau, de service, sous-chef de cabinet, me semble triste.

Le jeu serait une manière de désamorcer les buts trop sérieux que se donne la société ?
Oui.

Mais peut-on concevoir une société qui ne soit faite que de jeux ?
Pour l'instant, non. En science-fiction, on a beaucoup spéculé là-dessus ; ça commence avec *Le Monde des non-A*, de Van Vogt[17]. J'ai moi-même imaginé un roman de science-fiction dans lequel la société ne fonctionnerait plus sur l'argent, mais sur l'alphabet. Tous les matins, en se réveillant, on recevrait sept lettres de scrabble et, partout dans la rue, il y aurait des scrabbles en cours. Chaque fois qu'on arriverait à poser un mot, ou à ajouter une ou plusieurs lettres sur un mot déjà existant, on en recevrait un certain nombre d'autres, on pourrait capitaliser, ce serait le capitalisme littéral. On afficherait des cours des lettres. Le « x » vaudrait très cher[18].

Il y a des vies qui sont de bons jeux et d'autres de mauvais jeux. Comme vous l'avez dit tout à l'heure, la vie moderne est un jeu. Il y a le jeu du pouvoir, de la puissance de l'argent. Ceux qui créent des empires d'argent sont passionnés par un jeu, non ?
Oui, mais ce qu'ils recherchent, ce n'est pas le jeu. Parfois, ce qui les amuse, c'est le risque qu'ils prennent mais, la plupart du temps, il n'y a même pas de risque. Ce qui est amusant dans le jeu, c'est le risque. Je n'appelle pas le tiercé un jeu. Je n'appelle pas le loto un jeu. Je n'appelle pas le *Jeu des mille francs* à la radio un jeu. Même le casino...

Ce que j'appelle jeu est une activité intellectuelle qui consiste à vaincre une difficulté pour le plaisir d'y être parvenu, ou pour la seule beauté qui peut en ressortir, car il y a des jeux qui sont vraiment très, très beaux. Le jeu chinois, le tangram, par exemple. Quand je commence à jouer au tangram, je ne m'arrête pas. Le tangram, ce sont sept petites pièces de bois ou de métal qui peuvent former un carré ou toutes sortes de formes géométriques ou de représentations. Trouver le carré est assez facile mais obtenir le triangle, le losange, la théière, c'est un casse-tête. Je vais vous en montrer un.

[« *Il se lève et nous discutons de ce nouveau phénomène, l'ouverture partout dans Paris de boutiques de jeux depuis un an... Perec commence à jouer avec le tangram.* »]
Les pièces du tangram ont des rapports mathématiques longueur-surface. Certaines ont des formes différentes mais des surfaces égales. Bon, j'ai déjà raté

17. En 1963, dans « L'univers de la science-fiction », Perec juge ce best-seller (trad. fr. 1953) de l'âge d'or de la science-fiction comme, « quoi qu'on dise, un mauvais livre » (repris dans *LG*, p. 123).
18. Ce projet est ainsi décrit en 1976 par Perec dans sa « Tentative de description d'un programme de travail pour les années à venir » (pub. posth. 1985) : « Un roman de science-fiction / Je n'en ai qu'une idée de départ mais qui m'amuse beaucoup : un monde où les lettres (de l'alphabet) remplaceraient le travail et l'argent : la vie serait une interminable partie de "scrabble"... » À notre connaissance, il n'existe pas de trace de ce projet.

le carré ! Ces sept pièces se combinent selon des milliards de façons. Il y a de très savants traités. Pour moi, c'est le jeu par excellence.

À quoi correspond l'ouverture de ces magasins ? On peut dire qu'il y a une clientèle. D'où sort-elle ?
Je ne sais pas à quoi correspond cette vogue.

On parlait de notre société organisée comme un jeu, et un jeu triste et gris lorsqu'il s'agit du jeu de la Bourse, du jeu de la prise de pouvoir, du jeu des affaires. Selon quelle forme devrait s'organiser une société fondée sur le vrai jeu pour ne pas retomber dans cet ennui ? Imaginons que l'on substitue la notion de jeu à celle de travail. Est-ce convenable ? Que se passe-t-il ? Quels sont les rapports du jeu et de l'activité créatrice ?
Il y en a beaucoup. Le jeu est ouvert sur l'imagination, sur une forme d'intelligence qui consiste à manipuler des éléments simples pour obtenir des constructions très compliquées. [*Il joue avec le tangram.*] Ces sept éléments simples, on peut interminablement les combiner entre eux...

On peut aussi penser que c'est limitant pour l'imagination ?
Oui, mais c'est comme des gammes. Il n'y a rien qui me fasse autant rêver qu'un puzzle. L'état de concentration, d'attention, de vision lié à la reconstitution du puzzle me met dans des états complètement oniriques. J'ai l'impression de flotter, c'est presque une défonce [19].

Ça vous envoie en l'air ?
[*Rire.*] Il y a plein de choses qui me font cet effet-là, mais dans le jeu, à un certain niveau, on décroche. C'est une activité tellement pleine et tellement inutile.

Revenons sur nos pas. Le jeu est considéré par certains comme une activité profondément asociale, parce que gratuite, distrayante, individuelle, démobilisatrice du seul but pour lequel les humains sont censés être sur terre, c'est-à-dire produire et consommer.
Oui, mais il n'est plus sûr que ce soit le seul but. Ensuite, il y a toutes sortes de jeux. Celui-là, c'est le solitaire : il se joue seul. Mais il y a beaucoup de jeux qui impliquent de multiples partenaires. Écrire est un jeu qui se joue à deux, entre l'écrivain et le lecteur — sans qu'ils se rencontrent jamais. Les mots croisés, c'est la même chose.

---

19. *La Vie mode d'emploi*: « [...] après être passé par tous les degrés de l'anxiété et de l'exaspération contrôlées, Bartlebooth atteignait une sorte d'état second, une stase, une espèce d'hébétude tout asiatique, peut-être analogue à celle que recherche le tireur à l'arc : un oubli profond du corps et du but à atteindre, un esprit vide, parfaitement vide, ouvert, disponible, une attention intacte mais flottant librement au-dessus des vicissitudes de l'existence, des contingences du puzzle et des embûches de l'artisan » (ch. LXX, p. 404).

Autrefois, pour éviter que le peuple ne se mêle des affaires des tyrans, on était convenu d'appliquer la formule «Panem et circenses».

Cela n'a pas changé, sinon que l'on appelle jeux le tiercé et le loto.

Il est facile de gouverner des gens qui jouent ?

Oui, mais pourquoi gouverner ? Il y a des gens que ça amuse de gouverner, alors qu'ils gouvernent, mais qu'ils nous foutent la paix, qu'on les voie le moins possible, qu'ils s'écrasent. Les institutions sont peut-être nécessaires, mais qu'on ne les voie pas. Qu'elles ne pèsent pas sur les individus.

Ce n'est pas seulement cela. Nous sommes, par l'intermédiaire des médias, impliqués en permanence, rendus responsables de tout ce qui se passe dans le monde. Il y a la guerre au Liban[20]. Nous en sommes informés minute par minute. Tout cela n'est nulle part compatible avec une vie réglée par et pour le jeu.

Je me disais que cette vie collective modelée par la télévision, par l'afflux d'informations provoque une saturation, et peut-être est-ce pour cette raison que les magasins de jeux se multiplient. C'est une réaction.

Une fuite ?

Peut-être une fuite… Dans le fait de jouer, il y a un côté «niche». Comme on parle de «niche écologique». Il y a un côté repli, ne pas se commettre avec cette image du monde que l'on veut nous donner, de monde catastrophe, de monde conflit. La guerre du Liban, à un niveau qui nous est complètement inaccessible, est un jeu. C'est un jeu entre des Russes et des Américains, par l'intermédiaire de Syriens et de Palestiniens, de Libanais et d'Israéliens. Un jeu réglé par des ordinateurs.

Et les enfants ? Pourquoi les enfants jouent-ils ?

Ils jouent parce qu'ils apprennent et parce que jouer veut dire essayer. Essayer toutes les combinaisons possibles. Le premier jeu de l'enfant, c'est de jouer avec les mains, de s'apercevoir qu'il peut les faire tourner, et ça l'amuse beaucoup. Ensuite, il s'aperçoit qu'il peut prendre ses pieds avec ses mains, etc., et il est content.

---

20. Devenu le dernier bastion palestinien après l'élimination de l'OLP en Jordanie (1970-1971), le Liban est la cible de multiples raids de représailles israéliens. En avril 1975, la guerre civile éclate entre les forces chrétiennes et les Palestiniens bientôt appuyés par les milices islamistes. Devant l'extension du conflit, le gouvernement libanais demande l'aide de la Syrie qui, en 1978, se retourne contre les phalanges chrétiennes. En 1978 également, Israël envahit le sud du Liban confié alors aux forces de l'ONU. Aucun plan de paix n'aboutissant, le pays s'enfonce dans l'anarchie et une guerre qui ne cessera véritablement qu'en 1991.

Est-ce qu'un enfant joue dans le ventre de sa mère ?
[*Rire.*] Bonne question !

Oui, cela permet de se poser la question de l'origine du jeu, biologique ou culturelle.
Oh là là !... [*Rire.*]
On m'a raconté une histoire très étonnante d'une femme enceinte qui était aux Vingt-quatre heures du Mans et qui sentait son bébé lui donner des coups de pied chaque fois que passaient les voitures. Était-ce un jeu ou une réaction ?
Le jeu, ça commence avec le développement des extérocepteurs, c'est-à-dire de la relation entre l'enfant et le milieu extérieur. Alors, effectivement, s'il a des sensations dans le ventre de sa mère... Je n'en sais rien... Ça commence quand il commence à voir, quand il commence à connaître, à s'habituer à un espace. [*Silence.*]
Quand on voit des petits chats qui jouent, on s'aperçoit qu'ils jouent relativement tôt. [*Silence.*]
Ils sont, en fait, un peu amorphes les premiers jours (ma chatte est enceinte, elle va bientôt accoucher). On sent que le jeu est une activité d'exploration. C'est une tentative en vue de réaliser toutes les potentialités du corps par rapport au monde qui l'entoure ; le petit chat qui grimpe vingt-cinq fois sur un fauteuil répète ensuite le mouvement.

Et comment passe-t-on du jeu au jeu de l'acteur ? Est-ce une manière de multiplier ses rapports avec le monde ? Ça permet de changer sans cesse la place de l'observateur, d'être un autre, des autres.
[«*D'abord, Perec répond: "Je ne sais pas", mais il a une idée, des idées...*»] Au théâtre, c'est très impressionnant de voir comment, de soir en soir, ce n'est jamais la même chose. Comment ça bouge, comment ça se met en place.
J'ai en ce moment un ami acteur, Marcel Cuvelier, qui joue le rôle d'un Japonais dans une pièce de théâtre. Au naturel, il ne ressemble pas du tout à un Japonais. Il n'est pas tellement grimé. Il a seulement un maquillage pâle[21]. Pour travailler son rôle, il a étudié certains types de postures et de découpages des phrases. Au début, il est habillé en Européen, ensuite il est à Tokyo, dans sa maison japonaise, et là, il s'est complètement métamorphosé. Pour lui, c'est certainement une passionnante expérience d'acteur. En déplaçant très peu d'éléments, il transforme complètement sa personnalité. Ça doit être pour cette

---

21. La pièce qu'évoque ici Perec est *Le Pont japonais*, de l'américain Leonard Spigelgass. L'intrigue est «dominée par un grand personnage de "Mama Juive" au franc-parler, Cendrillon de Brooklyn métamorphosée en princesse nippone» (Pierre Barillet et Jean-Pierre Grédy, «De New York à Paris...»). La pièce est représentée dans une adaptation de Barillet et Grédy au théâtre Antoine de septembre 1978 à décembre 1979. Marcel Cuvelier nous a précisé qu'il jouait alors sans aucun maquillage, se contentant de se brider les yeux à l'aide de sparadrap.

raison que les acteurs aiment tellement le frégolisme, genre Alec Guinness dans *Noblesse oblige*[22], ou Fernandel, ou Raymond Devos, ou les acteurs du groupe argentin T.S.E. dans la pièce intitulée *Vingt-quatre heures*, où ils jouèrent des centaines de rôles[23].

Et aussi dans la dernière représentation du Magic Circus, Les Mille et une Nuits[24].

Lorsque nous avons eu l'idée de ce numéro du Sauvage, *nous voulions réfléchir au jeu comme valeur sociale. Nous voulions savoir s'il était maintenant, hic et nunc, possible de concevoir une société qui joue. Par exemple, la société française pourrait-elle abandonner un moment cet air de sérieux dérisoire qu'elle se donne ou qu'on lui donne, pourrait-elle se détendre un peu et jouer? En 68, il y a une idée de jeu qui a été introduite, et puis elle est retombée sur elle-même, elle s'est sclérosée. L'audace est devenue répétitive, est devenue un autre conformisme. Comment le jeu peut-il « désclérose » la société?*

Tous les jeux dont nous avons parlé jusqu'à présent sont des jeux refuges, qui considèrent que la société est plutôt à fuir. Dans une situation comme 68, effectivement, tout devient ouvert. Le jeu et le sérieux peuvent se confondre. C'était vrai dans la mesure où les gens se parlaient. Ce n'était pas vrai dans la mesure où il y avait plein de petits Saint-Just qui surgissaient avec, derrière la tête, des idées qui n'étaient pas tellement joueuses.

Avez-vous vu ce film de William Klein qui est sorti au moment du dixième anniversaire [*rire*] et qui se termine par une discussion, en juin, des principaux chefs de groupe en train de tirer les conclusions[25]? C'est plutôt pénible de penser que de ce mouvement qui les a animés, ils ont retiré des tactiques électoralistes.

Le jeu psychodrame social dans lequel chacun en fait plus que ce qu'on lui demande dans la vie, commence à exagérer ses gestes...

J'ai lu un livre là-dessus...

22. *Noblesse oblige* (*Kind Hearts and Coronets*, Grande-Bretagne, 1949), film de Robert Hamer. Alec Guinness interprète les sept membres de la famille d'Ascoyne qui seront assassinés par l'héritier qu'ils ont renié (le premier rôle féminin est tenu par Valerie Hobson, qui épousa en secondes noces le ministre de la Guerre britannique John Profumo mentionné dans le «je me souviens» n° 389). On retrouve une intrigue similaire dans *La Disparition* (ch. 22, p. 245 *sqq.*).

23. Le groupe argentin T.S.E. («Théâtre sans explication») d'Alfredo Rodríguez Arias est reconstitué à Paris après la prise du pouvoir par les militaires en Argentine. Spectacle total qui allie extravagance et approche critique en proposant un panorama complexe qui va de l'opérette à la féerie, *Vingt-quatre heures* est créé en novembre 1975 au Théâtre national de Chaillot.

24. *Les Mille et une Nuits*, mis en scène par Jérôme Savary, est créé à Fribourg en janvier 1978 avec une troupe allemande. La pièce est reprise par la compagnie de Savary, le Grand Magic Circus et ses animaux tristes, au théâtre d'Orsay en 1978.

25. *Grands soirs et petits matins. Mai 68 au Quartier Latin* (France, 1978 — on notera la présence de Catherine Binet au montage, et celle de Bernard Zitzermann comme assistant réalisateur). Le film se termine en fait sur l'interview télévisée du général de Gaulle diffusée le 7 juin. La discussion évoquée par Perec précède immédiatement: il s'agit d'un débat diffusé sur Radio Sorbonne le mardi 4 juin où sont données les «conclusions provisoires de quelques leaders du Mouvement»: Jean-Pierre Vigier (Comité d'action du CNRS), Henri Weber (Jeunesse communiste révolutionnaire), Daniel Bensaïd (ex-22 mars, rallié à la JCR) et Alain Geismar (SNESUP).

Daniel Maja intervenant : Des Jeux et des hommes.

Oui, c'est ça, toutes les situations professionnelles et familiales décrites comme des jeux. Ça m'a laissé un peu froid.

Daniel Maja — Ça a servi de base à beaucoup de psychothérapies. [«Perec et Maja, s'aidant l'un l'autre, retrouvent lettre à lettre le nom de l'auteur, Éric Bern [26]*. »]*

Il y a un autre sens du jeu que j'aime beaucoup, c'est quand on dit qu'une porte joue, un petit coincement, un petit décalage. Vous vous souvenez, dans *L'An 01*, quand il dit : « Il faut faire un pas de côté et tout change [27]. » On ne doit plus monter dans le train. Jouer, c'est ça. Dans la résolution des jeux très compliqués, ce qui a l'air très difficile n'est difficile que parce qu'on ne fait pas le petit pas de côté qui permet de comprendre.

Je vais vous poser une devinette qui se trouve dans la *V.M.E.* Trois Russes ont un frère. Ce frère meurt sans laisser de frère. Comment est-ce possible [28] ?

La solution est donnée dans l'énoncé du problème. Seulement, on ne la voit pas parce qu'il y a un mécanisme très simple qui nous bloque. Une idée dominante dont il faut se distraire par un petit pas de côté…

Je vous donne un autre exemple que je trouve admirable. C'est une définition de mots croisés de Robert Scipion : « Du vieux avec du neuf. » Ça ne vous dit rien ?

Non.

En onze lettres, je crois.

26. Il s'agit en fait d'Eric Berne, psychiatre américain qui, en réaction contre la psychanalyse, établit vers la fin des années cinquante les bases de l'analyse transactionnelle afin d'aider les individus à comprendre leurs difficultés relationnelles et psychologiques au sein de la société. Consacré aux jeux psychologiques ou « stratagèmes », *Des jeux et des hommes. Psychologie des relations humaines* (trad. fr. 1966) connaît un succès considérable dans les années soixante-dix et reste un grand classique.

27. Sorti à Paris en février 1973, *L'An 01* est un film réalisé par Jacques Doillon avec la participation de Jean Rouch et d'Alain Resnais. Le scénario est écrit par Gébé, d'après la bande dessinée éponyme publiée dans *Politique-Hebdo* et *Charlie-Hebdo* en 1970-1972 et reprise en volume en novembre 1972. Parmi les interprètes : Romain Bouteille, Cabu, Cavanna, Delfeil de Ton, Jacques Higelin, Coluche, Gérard Depardieu… Très influencé par les retombées utopiques de Mai 1968 auquel il emprunte un des mots d'ordre, « On arrête tout et on réfléchit », pour en faire l'amorce de sa thématique, ce film « ultra-fauché » met en scène les premiers mois d'une « révolution douce » sous la forme d'un faux reportage. *L'An 01* suscita de violentes polémiques et attira plus de 300 000 spectateurs. Dans « Chalands et nonchalants » (*Cause commune*, 1973), Perec est très critique vis-à-vis du film, pour preuve : « les assez consternantes réponses données dans le film *01* [*sic*] : "Faire un pas de côté " pour se déconditionner est une idée géniale ; tout arrêter est — c'est l'évidence même — un excellent point de départ : mais ce n'est pas parce qu'il est utopiste que ce film est débile, c'est précisément parce qu'il ne l'est pas : à aucun moment il ne parvient à imaginer l'utopie, à la nourrir, à lui donner vie ; d'un bout à l'autre il reste prisonnier de la question qu'il pose ». Le « pas de côté » apparaît pour la première fois dans une planche et un texte de Gébé publiés le 25 mai 1970 dans *Charlie-Hebdo* sous le titre « Sans douleur » : « Et si au lieu de faire un pas en avant, comme le demandent les tacticiens de la Société Nouvelle, nous faisions un pas sur le côté ? / — Les queues ne tomberaient plus en face des guichets. / — Les fusils tomberaient à côté des recrues. »

28. Chapitre LXXXV, p. 488.

...

C'est « nonagénaire[29] ». C'est complètement dit dans l'énoncé. Dans le tangram, ça joue énormément. Quelque chose d'évident qu'on ne voit pas. On ne sait pas regarder.

[*«Nous nous souvenons à ce propos de la fameuse nouvelle d'Alphonse Allais,* La Nuit blanche d'un hussard rouge. *Enfermé par sa maîtresse dans un placard pour éviter de rencontrer le mari, il luttera toute la nuit. Poussant comme un fou contre la porte, il pensera que sa maîtresse l'a condamné à une mort lente... Il fallait simplement tirer sur la porte[30]. Pause, puis reprise d'une question antérieure. »*]

C'est Borges qui raconte, dans La Loterie à Babylone[31], *comment une société entière participe à un seul jeu.*

Oui, oui, sur le hasard devenu nécessité ou la nécessité déguisée en hasard. Le hasard sanctionné devient nécessité et, en fait, est manipulé par les maîtres du jeu.

Henri Lefebvre avait imaginé une société réglée par un ordinateur dans laquelle, tous les matins, les gens recevraient un horoscope extrêmement détaillé qui leur dirait que faire chaque seconde. Comme tout est programmé, tout marche très bien, sinon que des asociaux, des gens sans carte de sécurité sociale, par exemple, introduisent des accidents et cassent le jeu[32].

C'est le moment de parler des tricheurs. Est-ce qu'on peut tricher dans un puzzle?

Non. C'est pratiquement le seul jeu où l'on ne peut pas tricher. On ne peut même pas se reporter à l'image, puisque dans les vrais puzzles, selon ma définition, il n'y a pas d'image.

---

29. Définition et solution sont évoquées à deux reprises dans *La Vie mode d'emploi* (ch. LI, vers 44 du Compendium, et ch. LXX, p. 400), ainsi que dans l'« Avant-propos » des *Mots croisés* (1979). Harry Mathews: « Je me souviens de l'admiration que Georges Perec portait à Robert Scipion. Quand on l'interrogeait sur les mots croisés, il citait invariablement comme définition cruciverbiste exemplaire le "faire du vieux avec du neuf" de Scipion ("nonagénaire") » — *Le Verger*, p. 15. Robert Scipion est également mentionné dans *Espèces d'espaces* (1974, ch. 1, section 4, et ch. 2, section 3).

30. Nouvelle reprise dans le recueil *Pas de bile.* Dans ce monologue, le séducteur éconduit se réfugie dans les toilettes du couloir où il luttera une partie de la nuit contre la porte avant de s'endormir, pensant que le mari jaloux l'a enfermé grâce à un verrou extérieur. Ce n'est qu'au matin qu'il s'avisera que « la porte s'ouvrait en dedans ».

31. Nouvelle reprise dans *Fictions.*

32. Nous n'avons pas retrouvé les références précises chez Lefebvre de la « société réglée par un ordinateur » telle que Perec la décrit ici — le thème de la machine planificatrice et des « déviants » est cependant une constante de la pensée lefebvrienne, voir par exemple *Introduction à la modernité* (1962, p. 219), *Métaphilosophie* (1965, p. 185-186), *La Vie quotidienne dans le monde moderne* (1968, p. 159-160) ou *Vers le cybernanthrope* (1971). On notera que l'idée avait peu ou prou été envisagée par Perec pour *W ou le Souvenir d'enfance*: un avant-texte de la partie fictionnelle évoque en effet « le langage de la machine » qui « parle par aphorismes sportifs qu'un prêtre (arbitre) interprète » (manuscrit reproduit dans: Philippe Lejeune, *La Mémoire et l'Oblique*, p. 104).

Où trouve-t-on ces puzzles ?

Dans ces fameux magasins, mais on en trouve de moins en moins. On m'a raconté que ce sont des vieux Russes qui les fabriquent.

Ça va de soi.

Ils peuvent même les fabriquer sur mesure à partir de modèles qu'on leur procure.

Vous ne les avez pas rencontrés ? Ce ne sont pas les modèles de vos héros ?

Non, j'ai imaginé leur vie, j'ai lu des traités assez anciens sur la fabrication des jouets. Dans un rectangle de vingt centimètres sur dix, ces artisans arrivaient à découper deux cents pièces. C'étaient des puzzles en bois, découpés à la main avec des scies sauteuses. Alors que les puzzles modernes sont emboutis d'un seul coup par une presse.

Reparlons du tricheur. Le tricheur est aussi un joueur et peut-être à la puissance deux, il joue avec le jeu.

…?

Bon, alors parlons de la règle du jeu.

Pour qu'il y ait jeu, il faut qu'il y ait règle. C'est une banalité, mais qui en dit long…

Pour parler du tricheur, je peux vous parler de ce que je fais continuellement dans mon jeu d'écriture. Je m'impose des règles pour la construction de mon livre, qui sont souvent extrêmement difficiles, et quand je ne réussis pas à les suivre, je « triche » et j'appelle ça un *clinamen*. C'est une notion qui vient de l'Ouvroir de littérature potentielle, et avant cela du Collège de 'Pataphysique et, encore avant, de Démocrite et de la théorie des atomes… Est-ce bien Démocrite [33] ?… Au début, il faut un petit quelque chose pour que les atomes se touchent, pour que le système devienne dynamique. Il appelait ça le *clinamen*. Ensuite, on a donné ce nom à la petite distorsion dans la règle qui fait que la règle fonctionne. Klee a un très joli mot pour ça, il dit : « Le génie, c'est l'erreur dans le système. »

Daniel Maja — C'est aussi, en génétique, ce qui autorise la mutation.

Oui, il y a cet aspect tricher qui n'est pas vraiment tricher. Parce qu'il y a le tricheur au jeu qui tourne la règle dans le but précis de gagner. Quand je fais une réussite, je regarde en dessous pour voir si la carte qui est en dessous va

---

33. La notion est définie par Épicure et reprise par Lucrèce — pour plus de détails, voir *supra*, n° XXXIX, note 18, p. 241.

venir [*rire*]. Dans les mots croisés, c'est difficile de tricher parce qu'il faut attendre une semaine pour avoir la solution.

À part ceux que vous composez, vous jouez beaucoup aux mots croisés ?

Je fais ceux de Scipion dans *Le Nouvel Observateur*. Un petit peu ceux de Gibeau dans *L'Express*. Je ne fais pas ceux du *Monde*, que je trouve trop faciles. Quand je vois : « Fleuve d'Italie » en deux lettres, je me creuse quand même la tête parce que je me dis, ce n'est pas possible que ce soit Pô. Ce serait trop facile [34].

Est-ce autre chose ?

Non, c'est toujours Pô. Je viens de trouver une définition que j'adore pour une de mes prochaines grilles. C'est un mot en dix lettres et la définition est : « Agent double… »

… ?

Je vais vous donner la solution, parce que vous ne trouverez pas. La réponse, c'est « agent-agent [35] ». Le numéro du *Sauvage* ne sort pas avant le mois de novembre ?

Non.

Bon.

Ça ferait partie du jeu d'aller trouver dans Le Sauvage *une définition d'un jeu du* Point.

Daniel Maja — La définition serait : « La solution se trouve dans Le Sauvage. »

Vous n'avez pas de mots croisés dans *Le Sauvage ? s'enquiert alors Perec, du ton dont on demande si votre enfant n'est pas accablé d'une infirmité honteuse.*

Non. On nous propose en général des mots croisés platement écologiques. Il y a dans le jeu une contradiction fondamentale. Le jeu est une ouverture sur l'imaginaire mais il doit obéir à une règle.

Oui, mais l'imaginaire aussi.

On associe toujours l'imaginaire a un exercice totalement libre, à une totale licence.

Moi, je crois que la règle fonctionne plutôt comme un focalisateur… L'inventeur des péripéties de situations qu'il y a dans mon livre est vraiment

---

34. L'appréciation est plus tranchée dans l'« Avant-propos » des *Mots croisés*: « Des définitions comme *Fleuve d'Italie* (en deux lettres) ou *Tous les chemins y mènent* (en quatre) m'ont toujours semblé absolument contraires à l'esprit même des mots croisés » (p. 14).

35. Dans *Le Point*, n° 318, 23-29 octobre 1978 (repris dans *MC*, n° 137).

créé à partir d'un jeu, d'une combinatoire qui était préalablement établie. Ce n'est pas sorti tout armé de mon imagination. Jamais je n'ai eu le sentiment de donner autant à rêver que dans ce bouquin, mais ça n'a été possible que parce qu'au départ il y avait cette règle. [*Silence.*]

Le plus grand de tous les joueurs dans ce domaine, c'est Raymond Roussel qui, à partir de systèmes dont on n'a pratiquement pas connaissance, fabriquait des fictions qui ne s'accrochaient absolument pas à la réalité, qui étaient donc de l'imaginaire pur. Tout ce qu'on sait, c'est qu'il y avait des systèmes derrière, d'abord parce qu'il l'a un peu dit, qu'il l'a laissé entrevoir, qu'il a donné deux ou trois exemples qui ne sont pas très stimulants[36].

Lesquels ?

Par exemple, il prenait deux phrases : « Les lettres du blanc sur les bandes du vieux billard » et « Les lettres du blanc sur les bandes du vieux pillard ». Simplement avec une lettre qui change. Mais le sens de chaque mot doit être différent. Les lettres, ce sont, dans un cas, les lettres de l'alphabet et, dans l'autre cas, des missives. Le blanc, c'est le blanc, qui d'ailleurs souvent est bleu, que l'on met au bout des queues de billard, sur ce que l'on appelle le « procédé » (un mot qui a toujours fasciné Roussel). Et l'autre blanc, c'est un individu de race blanche. Les bandes, ce sont les bandes de billard et, dans l'autre cas, les bandes au sens de groupes. À partir de là, Roussel raconte une histoire qui commence par la première phrase et se termine par la dernière. Mais on ne voit plus comment le procédé a engendré l'histoire, sinon pour le début et la fin. En fait, à l'intérieur de l'histoire, il y a plein d'autres procédés, ceux-ci, sont restés masqués. Et là, ça devient beaucoup plus intéressant.

Toute cette activité ludique dans l'écriture est fondamentale.

Peut-on se trouver être le participant d'un jeu sans le savoir ? Sommes-nous quelque part victimes d'une règle du jeu ou de plusieurs jeux ? Peut-on être l'enjeu d'un jeu que l'on ignore ? La règle existe quelque part mais nous ignorons tout du jeu sauf le début et la fin, la naissance et la mort.

C'est une image borgésienne[37], mais où est le jeu si on l'ignore ? C'est le thème de la nouvelle traduite par Boris Vian.

Pourquoi, dans la V.M.E., *ne donnez-vous pas à la fin du livre la liste des jeux pratiqués dans le livre (et il y en a une quantité) ?*

36. Voir *Comment j'ai écrit certains de mes livres* — dans la réponse suivante, Perec reprend les explications données par Roussel dans les premiers paragraphes de cet ouvrage à propos de la genèse de *Parmi les Noirs*, le premier des « textes de grande jeunesse ou textes-genèse » de l'écrivain.
37. C'est en effet le thème d'un poème de Jorge Luis Borges : « Le jeu d'échecs » (dans *L'Auteur et autres textes*, trad. fr. 1965).

Je n'y ai pas pensé. Il y a des dominos, des cartes, des échecs, des mots croisés, le go, le jacquet, etc. La progression des chapitres est elle-même un jeu, elle se fonde sur ce que l'on appelle la « polygraphie du cavalier », qui consiste à parcourir toutes les cases d'un échiquier suivant la marche du cheval : un pas en avant et un en diagonale. C'est cette règle qui m'a donné la succession des chapitres. Le plan de l'immeuble dont on raconte l'histoire est semblable à un échiquier. On progresse en suivant le mouvement du cheval.

[*«Perec nous dessine sur un morceau de papier le plan de l'immeuble et nous montre comment les chapitres se suivent selon le déplacement du cheval aux échecs. »*]

Est-ce pour cela que votre immeuble n'a pas de cour ?

L'immeuble a une cour mais on n'en parle pas. Toute l'action de la *V.M.E.* se déroule en façade. C'est un livre à deux dimensions, puisque c'est un tableau. C'est un trompe-l'œil. À deux ou trois reprises, on voit au fond des pièces une porte qui s'ouvre sur l'arrière, mais c'est une illusion d'optique [38].

D'autres livres ont-ils été composés selon le même procédé ?

Oui, celui d'Italo Calvino, *Le Château des destins croisés*, composé à partir de tarots. Le narrateur est dans un château où des personnages muets se racontent des histoires en étalant des lames de tarot.

Ainsi, un personnage étale trois cartes et le narrateur raconte l'histoire que ces cartes suggèrent : un homme qui rencontre d'abord un fou, puis un roi, puis un cavalier. Un deuxième personnage étale à son tour, disons le Monde, le Pendu, un valet. Dans une troisième histoire apparaissent la Mort et l'as d'épée. Ensuite, un quatrième personnage raconte son histoire en se servant des cartes déjà étalées mais en les lisant non plus de gauche à droite, mais de bas en haut. À la fin, une quasi-infinité d'histoires devient disponible si l'on utilise les cartes dans tous les sens possibles. Donc, il y a, à partir des éléments du tarot, une combinatoire qui engendre des centaines et des centaines d'histoires. C'est l'exemple le plus proche. Il y a aussi la *Marelle* de Julio Cortázar.

D. M. — C'est également proche du Yi-king.

Oui, on peut imaginer un roman à partir du *Yi-king*. Le *Yi-king*, c'est un roman que l'on se raconte à soi-même. Et peut-être existe-t-il [39].

Ah ! j'ai oublié de vous parler d'un livre magnifique, *La Défense Loujine*, de

---

38. Voir par exemple le début du chapitre XXIX.

39. L'expérience avait été menée dans le domaine poétique : on sait aujourd'hui grâce aux manuscrits que les 64 poèmes de la troisième partie des *Morales élémentaires* (1975) de Raymond Queneau ont été conçus à partir des 64 diagrammes (*kouá*) du *Yi-king* ou *Livre des changements*. Pour plus de précisions, voir la notice des *Morales élémentaires* que donne Claude Debon dans le premier volume des *Œuvres complètes* de Queneau (p. 1455 *sqq.*).

Vladimir Nabokov. C'est un champion d'échecs qui imagine le monde qui l'entoure comme une partie d'échecs et qui imagine la « défense Loujine ». Il y a aussi *Alice derrière le miroir*, conçu comme une partie d'échecs. Alice devient reine à un moment donné [40].

Le jeu émerge partout dans la vie lorsqu'on prend la peine de l'y chercher. Le mot «jeu» est partout présent dans le langage lui-même : « Une porte a du jeu », et « Jouer serré ». Mais il est curieux de constater que le mot « jeu » français correspond à deux mots distincts en anglais : game *et* play. *Vous y avez réfléchi ?*

Non.

[« Nous sommes tous un peu épuisés par le jeu de l'entretien et nous regardons les croquis réalisés par Daniel tandis que nous bavardons. Daniel se plaint que Perec bouge beaucoup, fait remarquer une de ses expressions "rêveuses" : son regard part vers le haut. »]

Daniel Maja — J'ai retrouvé une photo de vous dans Les Choses, *dans laquelle vous apparaissiez sans barbe [41]. Depuis combien de temps portez-vous la barbe ?*

Juste après *Les Choses*, en 196... [*Il hésite et précise :*] 1966, il y a douze ans.

---

40. Lewis Carroll, *De l'autre côté du miroir et de ce qu'Alice y trouva* (titre inventorié dans la bibliothèque de Perec, traduction d'Henri Parisot, 1969). Le déroulement de la partie d'échecs est exposé dans la préface : Alice (Pion Blanc) prend la Reine Rouge au onzième coup, gagne la partie et devient Reine. Pour plus de précisions, voir François Le Lionnais, «Alice joue aux échecs» (1971, tiré à part de l'article inventorié dans la bibliothèque de Perec). On notera que dans *La Vie mode d'emploi*, Olivia Norvell interprète le rôle d'Alice « dans *Un rêve d'Alice*, lointainement inspiré de Lewis Carroll » (ch. LXXIX, p. 451).

41. Voir la quatrième de couverture de la réédition des *Choses* aux éditions J'ai Lu en 1966.

Annexe I

« 1959 : une réunion d'*Arguments* »

Propos tenus lors d'une réunion du groupe *Arguments*, le 10 janvier 1959 à Paris
(transcription de Brigitte Remer et Éric Beaumatin).

L'enregistrement de cette réunion préparatoire à la publication du numéro 16 de la revue Arguments *(«Perspectives», 4ᵉ trimestre 1959) a été intégralement publié dans* Internationale de l'Imaginaire, *nᵒ 11, hiver 1988-1989; la transcription du long récit de Perec qui suit la réunion proprement dite a paru, sous le titre éditorial «Le saut en parachute», dans le recueil posthume* Je suis né *(Seuil, 1990) — ce sont respectivement ces deux transcriptions qu'à quelques détails près nous reproduisons ici (une version des propos de Perec tenus pendant et à la suite de cette réunion avait paru initialement dans* Le Scarabée international, *nᵒ 2, été 1982). L'enregistrement de cette réunion a été déposé par Jean Duvignaud, avec les archives de la revue* Arguments, *à l'IMEC (Institut Mémoires de l'Édition Contemporaine).*

La revue Arguments, *lancée par Edgar Morin en décembre 1956 aux éditions de Minuit sur le modèle de la revue italienne* Raggionamenti, *compte parmi les membres de son comité de rédaction Colette Audry, Kostas Axelos, Roland Barthes, Jean Duvignaud, François Fejtö, Pierre Fougeyrollas, Serge Mallet et Dionys Mascolo.* Arguments *se présente comme «un bulletin de recherches, de discussions et de mises au point ouvert à tous ceux qui se placent dans une perspective à la fois scientifique et socialiste» (éditorial du premier numéro). Née de la «désagrégation du monolithisme stalinien» (Jean Duvignaud, «La convivialité intellectuelle»), se démarquant nettement de l'emprise idéologique du Parti communiste sur les intellectuels, la revue cherche avant tout, sans dogmatisme aucun, à jeter les bases d'un au-delà du marxisme. Outre ceux des membres de son comité de rédaction,* Arguments *a publié des articles de: T. W. Adorno, Georges Balandier, Michel Carrouges, Lucien Goldmann, Martin Heidegger, Georges Lapassade, György Lukács, Herbert Marcuse, Albert Memmi, Pierre Naville, Alain Touraine...*

Confrontée au « regel » idéologique du structuralisme triomphant d'une part, et à la refondation marxiste autour d'Althusser d'autre part, la revue se saborde en 1962. Son programme de recherches est alors poursuivi dans la collection « Arguments » fondée dès 1960 par Edgar Morin aux éditions de Minuit.

*Présenté aux collaborateurs d'*Arguments *par Jean Duvignaud, Perec participera à plusieurs réunions du groupe mais ne donnera pas d'article à la revue. Sur Perec et la revue* Arguments, *on consultera* Perec ou la Cicatrice, *de Jean Duvignaud ; pour plus de détails sur le groupe et la revue, la réédition intégrale des vingt-huit livraisons d'*Arguments *(1983).*

Kostas Axclos — En gros, il s'agit de préparer le numéro d'*Arguments*, qu'on intitule tout à fait provisoirement : « À quoi croyons-nous ? », ou « Révision de nos concepts de base, de nos conceptions, de nos principes d'action, etc. » Naturellement, il ne s'agit pas de savoir, dès le début, ce qu'on veut y mettre et à quoi on veut arriver. Je crois aussi qu'il serait bon que chacun se situe, à la fois sur le niveau qui lui importe le plus, c'est-à-dire non pas qu'il dise ce qu'il pense de l'art si cela ne l'intéresse pas au premier chef, ou ce qu'il pense de l'histoire ancienne s'il s'en fout, mais être au maximum sincère. [...]

[Interventions de Jean Duvignaud et Edgar Morin.]

Georges Perec — Dans la mesure où on en est aux préliminaires, il semble qu'on puisse établir un rapport entre cette réunion et celle qui a eu lieu il y a deux ans ici aussi, il y avait beaucoup plus de monde... Enfin, la première fois, on tentait de voir ce que l'on voulait faire dans *Arguments* et c'est un... il y avait aussi à l'époque une même tentative de rénovation, de mise à nu ; ou la position de certains problèmes, en dehors de tout... de tout formalisme, de tout dogmatisme. C'était... je me souviens très bien de ce qu'avait dit Fejtö à ce moment-là : *Arguments* était... une revue de naufragés[1].

Jean Duvignaud — Nous allons trouver un radeau...

Georges Perec — Un radeau...

X — Pas de la Méduse...

---

1. Selon François Fejtö — qui a dirigé en novembre 1956 le numéro triple des *Temps modernes* (« La révolte de la Hongrie ») marquant la rupture de la revue de Jean-Paul Sartre avec le Parti communiste français —, *Arguments*, qui publie notamment des contributions de bon nombre d'intellectuels d'Europe de l'Est, est la revue des « naufragés du stalinisme » (expression citée par David Bellos dans son *Georges Perec*, p. 183).

[Interventions de Jean Duvignaud, Edgar Morin, Kostas Axelos et Pierre Fougeyrollas. Brouhaha, coupure, voix diverses, puis :]

Georges Perec — Alors... C'est assez compliqué ; par le fait qu'il m'est difficile de répondre à tout ce que vous avez dit, mais il y a un certain nombre de choses dont je me souviens. Axelos : par contingence on est sur cette terre. Chez Fougeyrollas, il y a des problèmes qui méritent d'être creusés. Chez Duvignaud, nous sommes des révolutionnaires défroqués. En fait, je crois que pour moi, tout à fait personnellement, dans la mesure où je dois un peu parler de ce que je crois, le problème se pose d'une manière tout à fait différente ; très exactement, le problème ne se pose pas. Je suis défini, en janvier 1959, par ma situation militaire[2], que je le veuille ou non ; par le fait que je suis en train d'écrire un livre[3] ; par le fait aussi que, à l'heure actuelle, j'aime une femme ; par le fait que j'éprouve à vivre un certain bonheur, disons un certain équilibre, qui se situe tout à fait au-delà de la situation nationale, enfin, de la situation de la France, disons, en janvier 1959, mais qui m'a conduit à un certain nombre, non pas de réflexions, mais à un certain nombre d'intuitions ou d'impressions qui, je crois, recoupent un peu les préoccupations essentielles de la réunion de ce soir. Il y a des problèmes qui méritent d'être posés : cela signifie qu'aujourd'hui, nous sommes dans une certaine situation. Il est possible que cette situation ne corresponde à rien d'un point de vue planétaire, c'est-à-dire que fondamentalement, nous soyons obligés d'être nihilistes, mais je crois qu'il est évident que, en ce moment, je veux dire simplement, ne serait-ce que pour l'année à venir, ou pour le mois à venir, il y ait une certaine attitude devant la vie, devant les événements qui se posent. Je voudrais — je me souviens d'en avoir parlé avec Nataf[4] à midi —, je suis, enfin actuellement, je serais favorable, c'est même pas exactement favorable, je serais favorable à un renouveau du surréalisme[5]. Mais, surréalisme, absolument pas dans le sens étroit du mot, mais simplement un mouvement qui se développerait à l'heure actuelle et qui serait, qui aurait pour les années à venir, la même influence que le surréalisme a eue pour les années 1920-1930. Alors, il est possible que tout ça soit un peu confus, mais enfin, c'est... On me demande simplement de parler... Je veux dire, ce qui

2. Perec effectue alors son service militaire. Il a été incorporé le 7 janvier 1958 au XVIIIe Régiment de chasseurs parachutistes, à Pau. Grâce à son statut de pupille de la nation, il est affecté le 22 novembre au ministère de la Guerre à Paris. Le 3 juillet 1959, il est rappelé à Pau où il termine son service jusqu'à sa libération anticipée le 10 décembre 1959.
3. Début 1959, Perec est en train de mettre la dernière main à *Gaspard pas mort*, roman auquel il a travaillé durant toute l'année 1958 (voir à ce propos *CJL*, p. 182 et *passim*).
4. L'écrivain et historien André Nataf, auteur de *La Révolution anarchiste* (1968), et maître d'œuvre d'un *Dictionnaire du mouvement ouvrier* (1970).
5. En 1983, dans «La convivialité intellectuelle», article qui sert d'introduction à la réédition des numéros d'*Arguments*, Jean Duvignaud note que «le surréalisme n'a pas été sans exercer une certaine fascination» sur les membres de la revue, notamment sur Edgar Morin (p. XV).

m'ennuie, c'est ça : la seule attitude fondamentale que l'on peut exiger chez nous, je crois, la seule attitude qui est de... enfin de raisonner, enfin je veux dire... la seule attitude qu'on nous demande — c'est l'attitude qu'il faut que nous prenions —, c'est une attitude de refus, une attitude de refus qui se manifeste dans toutes nos activités et qui se regroupe continuellement ; une attitude qui soit de refus, une attitude enfin... il faut échanger, il faut communiquer, il faut en faire quelque chose, un mouvement qui déborde continuellement. Je pense, je me souviens de ce qu'il y a, il y a très longtemps, lorsque j'étais en classe de philosophie et que j'avais Duvignaud comme professeur... déjà, Duvignaud me parlait de la situation des lettres vers ces années-là ; c'était en 1951-1952[6], et il nous disait : il y a des années qui sont mortes, des années qui n'apportent rien, des années où la littérature n'avance pas, le théâtre n'avance pas, le cinéma n'avance pas, des années où il ne se produit rien, parce que... parce que les forces sont encore trop limitées, parce que les efforts sont encore trop dispersés, parce qu'il n'y a aucun regroupement, et en exemple contraire, il nous citait par exemple le rôle qu'avait eu *La NRF*, enfin, on la met entre parenthèses, parce que... ce qu'elle est devenue aujourd'hui... mais, donc, le rôle qu'a eu *La NRF* pendant les années 1930-1940[7], enfin, c'était juste avant la guerre, le rôle qu'avait, enfin, cette espèce de rôle essentiel, enfin, extrêmement dynamique, extrêmement... enfin, ce rôle qu'avaient eu à la fois le surréalisme et *La NRF*, c'était une époque extraordinaire, et, au contraire, la pauvreté qu'avait eue par la suite, par exemple, un mouvement comme celui développé par les éditions de Minuit, la fameuse littérature robbe-grillettiste, etc., l'objectivisme, le chosisme, bon, etc. Personnellement, je suis pour la fiction... Donc, je crois... je crois que c'est à peu près tout ce que je veux dire, c'est qu'il y a des problèmes qu'il faut poser, il y a des choses qu'il faut résoudre, et il y a surtout une attitude de refus qu'il faut énormément développer, dans tous les domaines qui nous sont possibles. Je veux dire : c'est très bon de faire de la recherche sociologique, de s'intéresser au problème du rendement, à la manière d'un journaliste, je crois qu'il faut, je crois que je veux dire... si par exemple, si cette réunion de ce soir était destinée à donner une nouvelle direction à *Arguments*, j'aimerais personnellement que la direction qu'on lui donne soit une direction extrêmement polémique, parce qu'il y a des choses qu'on ne peut plus accepter aujourd'hui ; nous avons encore le droit de dire « non »,

---

6. En 1953-1954, en fait.

7. Jean Paulhan dirige alors *La Nouvelle Revue française* qui touche un large public (certains numéros dépassent les 10 000 exemplaires) et qui restera, jusqu'à l'arrêt volontaire en juin 1940, la plus célèbre et la plus influente des revues littéraires françaises. Après l'échec de la reprise par Pierre Drieu La Rochelle (1940-1943) et plusieurs années d'interdiction, la revue reparaît à partir de 1953 sous la direction de Marcel Arland et Jean Paulhan. Même si elle accueille les textes des auteurs du Nouveau Roman, *La Nouvelle NRF* se contente souvent d'être la vitrine des auteurs Gallimard. En 1955, Perec y publie neuf notes de lecture, dont cinq portent sur des ouvrages parus chez Gallimard.

pour l'instant, enfin… on ne l'aura peut-être plus pour longtemps ; ça, c'est un point de vue militaire parce que je sais un peu de quoi il est question, mais tant qu'il nous est possible de dire « non », je crois qu'il faut le dire, même qu'il faut le gueuler, et que, à partir du moment où ça ne sera plus possible, bon, ben si c'est nécessaire, on prendra les armes ou on utilisera le peu de jiu-jitsu qu'on a appris pendant l'instruction parachutiste, et puis on verra ce que ça donne.

Je veux dire : il faut dire « non » aujourd'hui, dans la mesure où jusqu'au bout… enfin, je veux dire : je crois que le jour où il ne sera plus possible de dire « non », parce que j'ai un peu l'impression qu'il est trop tard — mais ça, c'est un peu une attitude pessimiste —, mais je sais qu'il faut continuer à le dire, parce que si moi je le dis, et si plein de gens le disent, et si tout le monde le dit, il est possible que cette négation finira par une révolution, par un bouleversement complet et qu'à ce moment-là, il sera possible de nouveau d'accepter ; ça se passera peut-être pas tellement facilement, mais dans la situation actuelle, il faut refuser, même si c'est inutile. Il faut refuser parce que… Je crois que je suis très optimiste. Je veux dire : si j'étais absolument persuadé que cela ne me serve plus à rien de dire « non », ben, je m'y ferais ; j'irais en Yougoslavie, j'ai des amis là-bas[8] ; je sais pas si ce serait tellement mieux, mais ce serait en tout cas préférable à la France.

Jean Duvignaud — Je reviens encore à quelque chose dont on parlait un jour. Quand il a fondé *La NRF*, Gide avait à peu près notre âge[9], et il l'a fait pour une raison précise : trouver le contact avec des gens qui venaient après lui dans l'ordre de l'âge. Ces gens, on les connaît, ce n'est pas seulement en littéraire que je pose le problème, c'est aussi politiquement ; il s'agit de se retrouver…

Georges Perec — Il me semble que ça n'a aucune espèce d'importance ; il est possible que vous ayez été terrifiés, que vous ayez été déçus, que vous ayez subi un échec… ou quelque chose de ce genre-là. Il me semble que la chose essentielle, c'est qu'il vous reste ce qui permet d'établir un moyen de communication avec nous, enfin, avec notre génération : c'est la bonne volonté, ou la mauvaise conscience, exactement… C'est simplement ces valeurs auxquelles vous voulez vous attacher, et qui sont permanentes.

[Interventions d'Edgar Morin, Jean Duvignaud et Kostas Axelos. Fin de la réunion, Perec redemande la parole :]

---

8. Perec a séjourné à Sarajevo et à Belgrade en août 1957. Pour plus de détails sur ce voyage essentiel dans la formation de l'écrivain, voir *CJL*, p. 38-50, et David Bellos, *Georges Perec*, p. 193-196.
9. Quand *La Nouvelle Revue française* est fondée en 1908, André Gide a trente-neuf ans. En 1959, les membres du comité de rédaction d'*Arguments* ont peu ou prou entre trente-cinq et quarante-cinq ans.

Georges Perec — Il y a un mot que je veux dire… Je crois que, tout à la fin de la discussion, je voudrais prendre la parole et raconter une histoire.

X — Alors racontez une histoire, mon petit vieux. Parlez bien dans le micro, un peu, là…

Georges Perec — Mais il faut que ça soit fini, que vous n'ayez plus rien à dire !

X — Qu'est-ce que vous voulez sortir là ?

Georges Perec — Je crois que c'est assez particulier. Je voudrais vous parler de… il me semble que… au départ, ça va vous sembler assez loin, mais il me semble en fait que c'est très proche…

X — Allez-y, c'est la dialectique ! [*Rires.*]

Georges Perec — … que c'est très proche de tout ce que nous avons dit ce soir. C'est une expérience très personnelle, je la raconte parce que je suis un peu… parce que j'ai bu un peu. Je voudrais parler d'un saut que j'ai fait. Au départ, il semble n'y avoir aucun rapport entre un saut en parachute et une discussion entre intellectuels. Et effectivement il n'y a aucun rapport. Simplement, si j'arrive à vous parler de la manière dont je le ressens actuellement… de la manière dont moi j'ai fait un saut en parachute à une certaine époque, il me semble qu'il y a un certain nombre de rapports communs, que je ne peux même pas chercher à définir, mais qui vont se définir de n'importe quelle façon. Alors voilà, je commence.

Nous sommes dans un camp d'aviation. Il y a un certain nombre de parachutistes. Seulement, il ne faut plus entendre le mot « parachutiste » au sens où on l'entend actuellement, simplement considérer que parmi tous ces parachutistes, il y a un parachutiste qui est moi, Georges Perec [*petit rire gêné*], c'est-à-dire quelqu'un qui, quand même, a une certaine bonne volonté, un certain goût de vivre, un certain nombre de difficultés et qui arrive à les résoudre, ou qui pense arriver à les résoudre justement dans la mesure où il va arriver à franchir toutes ces étapes nécessaires pour sauter. Il y a le bruit énorme des avions qui sont en train de tourner sur la piste. Une attente, extrêmement lente. Une sorte de déception, du fait que nous sommes en train d'attendre quelque chose, qu'il y a énormément de gens qui passent avant nous — c'est-à-dire : il y a énormément de gens qui sont en train de risquer quelque chose avant nous —, que nous, nous ne sommes pas à la mesure de notre courage. Nous sommes en train d'attendre, simplement ; on fume une cigarette, on va pisser, parce qu'on pisse toujours avant ces instants-là, et puis à un instant, à un moment… Si quelqu'un ne se sent pas intéressé, étant donné que j'estime complètement con ce que je suis en train de raconter, je voudrais qu'il m'interrompe et qu'il dise que ça n'a aucun rapport… [*Protestations.*] Mais enfin, si personne ne le fait, je vais continuer. On va pisser, et puis à un certain moment un ordre surgit, ça s'appelle «Aux faisceaux». On court tous aux faisceaux, on se met au garde-à-vous. Ça n'a aucun rapport, mais tout ça participe, d'une certaine manière, à un rituel, à une évolution du fait… à une évolution de la peur, qui est quelque chose d'extrêmement important. Parce que, à partir de ce moment-là, nous commençons à avoir peur. Tant qu'on ne nous a pas dit de nous équiper, nous n'avons pas peur parce que nous ne sommes pas encore sûrs de sauter. À partir du moment où on commence à s'équiper, nous sommes sûrs de sauter. Là, on commence à vérifier si notre parachute est complet. On vérifie les attaches, on vérifie les… Je vais encore mettre une parenthèse : il sera peut-être assez difficile de retranscrire exactement ce que je viens de dire, parce que ça pourra être assez dangereux pour un certain nombre de personnes qui n'ont rien à faire avec ce qui est ma présence ici, mais ça n'a pas d'importance. On s'équipe, on vérifie la longueur des harnais, on attache les harnais : à ce moment-là, on a le parachute derrière le dos et devant nous. Le parachute pèse quinze kilos, c'est quelque chose de très lourd et quelque chose de très pénible à porter. On est véritablement… condamnés, on est véritablement… minimisés ! Enfin, c'est terrible : on ne peut pas le porter, on ne peut pas marcher avec. On est forcés de le supporter. On inspecte nos parachutes. Un avion arrive, on monte dans l'avion. L'avion décolle. À un certain moment, l'avion est en l'air, tout le monde a commencé de chanter au moment où l'avion prenait son départ, et tout le monde s'est arrêté d'un seul coup. Quand on regarde les yeux de ceux qui sont en face de nous, on s'aperçoit qu'il y a quelque chose de commun derrière tous ceux qui sont là, derrière la peur des gens, derrière le fait qu'on sait que ce sont des fascistes, on sait que ce sont des types qui sont des salauds, absolument, des types qui sont des pauvres types… On sent qu'il y a quelque chose de commun mais on n'arrive pas à définir exactement ce que c'est. Peut-être est-ce simplement le fait qu'ils sont tous dans la même situation que nous, qu'ils vont tous être obligés à un certain moment de sortir par la porte de l'avion. À un certain moment, on nous dit : «Debout, accrochez.» «Debout, accrochez», ça signifie qu'on doit se lever — on est assis —, on doit se lever, on doit accrocher la sangle d'ouverture automatique, on doit l'accrocher au câble de l'avion et se mettre dans une certaine position vis-à-vis de celui qui nous précède et de celui qui nous suit, afin de pouvoir sortir le mieux possible. Et à ce moment-là, ça devient très compliqué : on n'arrive pas à se lever. Enfin, *je* n'arrive pas à me lever. Je ne sais pas exactement ce qu'il y a, je ne sais pas ce qui se passe, mes jambes flanchent, j'ai l'impression que je vais tout abandonner, que je vais perdre absolument tout courage, que je vais être absolument incapable de faire ce geste qui ne signifie absolument rien, qui est celui de me lever, de prendre le mousqueton de mon parachute, de l'accrocher à la sangle, puis de sauter, enfin, de m'avancer, de me préparer… eh bien je ne peux pas ! À ce moment-là, il y a un doute. C'est exactement comme si tout était remis en question.

C'est à ce moment-là que se pose le problème du choix. Exactement le problème de la vie tout entière. C'est à ce moment-là que je sais qu'il va falloir que je commence à faire confiance à des choses qui me sont tout à fait étrangères. Qu'il va falloir que je commence à assumer complètement, d'une manière définitive, ma situation : le fait que je suis parachutiste, le fait que j'ai un casque sur la tête, que j'ai un parachute dans le dos et un parachute sur le ventre, que tout cela pèse quinze kilos, que c'est très lourd, que j'ai les oreilles qui bourdonnent parce que je viens de monter quatre cents mètres en vingt secondes, que l'avion va vite, que tous ceux que je regarde, tous les gens que je regarde ont peur, parce qu'ils sont tous obligés d'avoir peur, et que moi je sens aussi cette peur qui me crispe, qui m'empêche de me lever ! Et pourtant, tout le monde se lève, d'un seul coup. Tout le monde se lève, et il ne se passe rien. On est accrochés. Les gens qui vont nous faire sauter, qui sont les moniteurs, les largueurs, vérifient si les sangles automatiques d'ouverture et les parachutes sont corrects. Toujours, tout est correct. Et à un certain moment, une sirène retentit. Au moment où cette sirène retentit, on commence à sauter. En général, d'une manière générale je veux dire, on n'est jamais le premier à sauter. Je raconte cette histoire parce qu'à ce moment-là, je n'étais pas le premier à sauter. Ce n'était pas non plus le premier saut. Ce n'était pas non plus le commencement de tout. C'était simplement la répétition. C'était la cinquième, ou la sixième, ou la septième fois que je faisais un geste qui m'était familier, que je faisais des gestes qui m'étaient familiers, que je recommençais quelque chose que j'avais déjà connu. Il n'empêche que la peur était toujours la même. Elle était même beaucoup plus grande dans la mesure où je savais ce qui allait suivre. Et, au moment où cette sirène commence à sonner, les premiers, ceux qui sont les premiers, sautent. J'ai déjà été premier à un saut, mais ça fait partie d'une autre histoire… Et à ce moment-là, tout le monde commence à avancer. Et, au fur et à mesure qu'on avance, on perd peu à peu conscience. La seule chose qui reste, c'est cette volonté, cette volonté d'en finir avec tout ce marasme, toute cette lourdeur, toute cette difficulté d'être avec ce parachute de quinze kilos sur le dos et sur le ventre, toute cette difficulté à marcher, le fait qu'on soit serrés comme des poissons… on est tous pressés, énormément pressés de sortir. Et on sort très vite. Et à un certain moment, on se trouve devant le vide. On se trouve devant une porte et, quatre cents mètres plus bas, il y a… quatre cents mètres plus bas, il y a la terre, c'est-à-dire qu'il n'y a rien. Il n'y a rien devant nous. Et on doit se jeter. C'est de ce moment dont je voudrais parler, c'est pour ça que je vous raconte cette histoire : c'est qu'il y a un certain moment où on est en présence d'un... ce n'est même pas qu'on est en présence d'un danger, c'est qu'on doit à tout prix faire confiance à quelque chose — en fait, je ne sais même plus pourquoi je vous raconte cette histoire, mais ça n'a pas beaucoup d'importance —, on doit à tout prix faire confiance à ce parachute, on doit à tout prix se dire que, oui, il va se passer la chose suivante, c'est que la SOA, la sangle d'ouverture automatique, va se dérouler, ensuite le parachute va s'ouvrir, ensuite les suspentes vont se détendre, vont se délover, ensuite le parachute va s'ouvrir complètement, on va avoir cette corolle formidable devant nous, et ça va être formidable, on va être supporté, on va descendre à une vitesse vraiment très limitée jusqu'au sol, on va atterrir, et puis ça sera fini, on aura six sauts au lieu d'en avoir cinq, ou huit au lieu d'en avoir sept... Et, à un certain moment, on doute. C'est vraiment plus fort que soi. On se demande... enfin non, ce n'est pas *on*, c'est *je*. Je me suis toujours demandé pourquoi j'ai sauté. D'abord, au début, ça ne me posait aucune question ; j'avais accepté, j'avais été affecté dans les parachutistes, j'y suis allé, bien que je pouvais avoir d'autres manières de ne pas y aller, à cause de ma situation privée, disons... J'ai accepté d'y aller parce que j'avais l'impression que j'y ressentirais quelque chose de nouveau. Je voudrais vous dire, Duvignaud, que ça m'a beaucoup surpris, le jour où Clara Malraux m'a dit que le saut en parachute équivalait à une psychanalyse [10]... Pour moi, ça avait effectivement une forme d'humour assez particulière [11] !

En fait, je crois que ce n'est pas exactement ça. Je crois que la psychanalyse m'avait apporté quelque chose de tout à fait différent, que ce n'était pas du tout le même domaine. Ici, c'était vraiment la confiance. C'était vraiment l'optimisme qui commençait, enfin, qui devenait absolument nécessaire, c'était vraiment la confiance en la vie. Il me semble que... Enfin, vous me connaissez depuis suffisamment longtemps pour savoir que ce que, par exemple, j'ai dit ce soir, ce que je vous ai dit depuis que je suis revenu à Paris, depuis le mois de novembre, était tout à fait différent de ce que je pensais avant de partir au service militaire. Il me semble que ça n'est pas totalement indifférent, qu'il y a quand même un rapport commun, qu'il y a quand même une liaison possible avec ce fait qu'on soit obligé de faire confiance à tout prix et qu'il ne soit pas

10. De juin 1956 à la fin de 1957, Perec est en analyse avec Michel de M'Uzan.

11. Dans *W ou le Souvenir d'enfance*, l'expérience du saut en parachute est à nouveau évoquée par Perec dans une note qui commente la séparation définitive d'avec la mère en gare de Lyon : « Un triple trait parcourt ce souvenir : parachute, bras en écharpe, bandage herniaire : cela tient de la suspension, du soutien, presque de la prothèse. Pour être, besoin d'étai. Seize ans plus tard, en 1958, lorsque les hasards du service militaire ont fait de moi un éphémère parachutiste, je pus lire, dans la minute même du saut, un texte déchiffré de ce souvenir : je fus précipité dans le vide ; tous les fils furent rompus ; je tombai, seul et sans soutien. Le parachute s'ouvrit. La corolle se déploya, fragile et sûr suspens avant la chute maîtrisée » (ch. X, p. 81).

possible de refuser quelque chose, qu'il ne soit pas possible de… nier, qu'il ne soit pas possible de se réfugier par exemple dans le nihilisme, ou même dans l'intellectualisme, qu'il ne soit même plus possible d'intellectualiser ! On est en face du vide, et d'un seul coup, il faut se jeter. D'un seul coup, il faut refuser sa peur ; d'un seul coup, il faut refuser d'abandonner. Et puis… et puis il faut se lancer. J'ai sauté treize fois et treize fois je me suis lancé. Treize fois j'ai eu envie d'abandonner, j'ai eu envie de me dire : « Bon, c'est pas la peine ; après tout, si je refuse, maintenant, bon, je suis breveté, ça n'a aucune espèce d'importance, je peux me dégonfler. » Ce n'était pas ça exactement… Je crois que s'il y a une seule fois où j'ai eu l'intuition, où j'ai eu la sensation d'être… je veux dire : courageux — mais pas au sens banal, au sens où on l'entend, au sens du dépassement continuel… c'était de faire cet acte absolument gratuit, de se jeter dans le vide à quatre cents mètres, cet acte qui avait des résonances… des résonances fascistes. Vraiment : des résonances fascistes. Parce que le fait d'être parachutiste, ça ne veut pas dire n'importe quoi. Ça veut dire de vivre dans un milieu qui est un milieu composé de types qui ne visent qu'à une seule chose, c'est de détruire continuellement la République. Bon, enfin, l'Algérie des colonels [12], on sait ce que c'est. Eh bien, il fallait quand même sauter, parce que si je ne l'avais pas fait, je ne crois pas que je pourrais être ici ce soir. Il fallait à tout prix que moi, je me lance dans le vide, et que j'accepte à tout prix cette difficulté, que maintenant je rapproche des difficultés des jours à venir, que je rapproche de la situation… peut-être parce que je suis un intellectuel, parce que je suis porté à faire des rapprochements toujours un peu particuliers… Il fallait absolument se lancer. Il n'était pas possible de faire autrement. Il était nécessaire de sauter, nécessaire de se jeter afin d'être persuadé que ça pouvait peut-être avoir un sens, et que ça pouvait peut-être avoir des répercussions que même soi-même on ignorait. Sur un plan absolument individuel, pour moi, ça a eu des résonances absolument incontestables : le fait qu'avant 1958 je n'arrivais pas à m'accepter et que maintenant j'y arrive constamment, continuellement, que je n'arrivais pas à me définir et que maintenant j'en suis tout à fait capable, et que ça ne me fait même plus aucun problème, en fait. C'était même important d'un point de vue plus général : la raison pour laquelle nous sommes ici, c'est que, plus ou moins, nous participons tous à une revue, et cette revue se cherche, et se cherche depuis deux ans… C'est uniquement mon impression personnelle : je crois qu'il faut qu'elle se lance, il faut qu'elle accepte de sauter. C'est tout.

---

12. Depuis la loi sur les pouvoirs spéciaux adoptée en mars 1956 et reconduite par le général de Gaulle en juin 1958, la dictature militaire règne en Algérie (pour plus de détails, voir Yves Courrière, *La Guerre d'Algérie*. Tome 3 : *L'Heure des colonels*). En 1957, plusieurs témoignages paraissent en France sur l'existence de la torture en Algérie ; en février 1958, les éditions de Minuit publient *La Question*, d'Henri Alleg — l'ouvrage sera saisi cinq semaines après sa parution.

Annexe II

« Comment j'ai écrit un chapitre de *La Vie mode d'emploi* »

Nous retranscrivons ici trois feuillets de notes préparatoires pour la conférence donnée au Cercle Polivanov le 17 mars 1978. Pour faciliter la lecture de ces notes, nous avons attribué entre crochets un numéro d'ordre aux quarante-deux contraintes régies deux à deux par une série de vingt et un bicarrés latins — contraintes qui sont, pour l'ensemble des chapitres, répertoriées dans le «Cahier des charges» du roman. Le chapitre qui sert d'exemple est le LXXIII, dans lequel les contraintes sont presque toutes réalisées deux fois (sur cette particularité, voir Bernard Magné, Georges Perec, p. 69).

Le premier feuillet a été reproduit dans: Georges Perec, Le Cahier des charges de La Vie mode d'emploi (1993); la transcription des feuillets 2 et 3 a été publiée dans Le Cabinet d'amateur (Toulouse), n°5, juin 1997, p. 41-42 (en annexe de l'article de Bernard Magné, «L'autobiotexte perecquien»).

[*1ᵉʳ feuillet*]

1°) 42 éléments
        groupés
        en 10 groupes de 4 + 2

           1. position du corps   +   type activité
            . citation 1   +   citation 2

           2. nombre de gens   +   rôle (occupant, client, démarcheur, domestique, ami)
            . 3ᵉ secteur   +   ressort dramatique

           3.
            .
           4.
            .
           5.
            .
           6.
            .
           7.
            .
        etc

2°)   1 chiffre

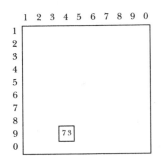

chapitre 73
N° 94

3°)   allusion à un événement quotidien survenu pdt la redac du chap

4°)   utilisation de documents spéciaux
       allusion à des objets particuliers

5°)   allusion à un autre de mes livres

incorporation
de <u>46</u> éléments

[2ᵉ feuillet]

Polivanov: comment j'ai écrit un chapitre de la vie mode d'emploi

N° : 94   : suite sérielle 94   : 94 rue des Acacias

[1]   Agenouillé   : posture de La Platière
                           : Josette cousant la jupe de Mme de B

[2]   Se servir d'un plan : officier lisant carte d'E M
                           : [je me suis servi de la carte Grenoble-Briançon]

[3]   Borges   : l'ingénieur Andrussov: histoire de l'inf p. 81 et fin 83
                           : Rosendo Juarez   «   p. 93 (tt en bas)

[4]   Calvino   : 2 tarots manquant + Les villes invisibles page 13 (forteresse)
                           : vieil horloger qu'on retrouva mort   V I p. 127

[5]   Personne   : la pièce est vide
                           : la pièce est vide

[6]   Occupant   : ?
                           : tous les anciens occupants

[7]   bibliographie   : recueil des monnaies
                           « El Fichero »

[8]   «créer»   : création mondiale de la suite sérielle 94
                           : « création » du graveur sur verre (?)

[9]   tissu de jute   : murs tendus de toile bise
                           : panneaux de jute collé du café Riri

[10]   lino   : images du « Petit Gutenberg »
                           : « Lino » Margay

[11]   avant guerre   : soldats de plomb de la guerre de 14
                           : presque tte l'histoire se passe avant guerre

[12]   Am. du Sud   : un gaucho
                           : Buenos Aires, etc…

[13]   camping   : pliant de toile
                           : chaise longue

[14]   chaise   : chaises ponteuses, etc
                           : chaise longue

F   [15]   12 pages   : F   remplacé par
                           : 12 p

	[16] couteau	: soldat ajustant baïonnette
		: F (en fait on dit de Rosendo Juarez «un gars doué pour le
		surin») remplacé par
	[17] jeune femme	: tête pour coiffeur «militaires» ou
		: Josette «institutions»
	[18] «autres» animaux	: cheval, licorne «argent (billets))»
		: «Margay»
	[19] pantalon ou jupe	: pantalon de La Platière
		: jupe pantalon de Mme de B
	[20] à rayures	: veste rayée de La Platière
		: maillot de Lino
	[21] fil	: cordon bickford
		: Josette coud
M	[22] violet	: pantalon parme de La Platière
		: maillot de Lino
	[23] chaussures	: chaussures miniature
		: Massy travaille ds une usine de chaussures
	[24] sac à main	: M
		: M (en principe ç'aurait dû être un autre manque)
	[25] lettre	: lettre écrite par La Platière : soldat remettant un lettre
		: lettre envoyée par Lino à Josette
	[26] musique sérielle	: suite sérielle 94
		: Pierrot lunaire —> Peter Mond, Arnold (Schönberg)
		et Augenlicht (de Webern)
	[27] Metsys	: tissu vert garni d'un ruban de cuir rouge, drageoir, bague,
		balance, etc.
		: Massy cf. Petit Robert p. 1221 autre nom (fautif) de Metsys
		+ St Quentin + serrurier

[3ᵉ feuillet]

[28] Conversions	: suicide de la Platière
	: histoire des Panarchistes + personnage du nom de Gottlieb
[29] Café	: guéridon de café
	: le café Riri
[30] Poissons-crustacés	: crevettes
	: marchand d'articles de pêche
[31] lampes	: lampes et torchères
	: lampe bleutée pdt la guerre
[32] cartes à jouer	: tarots
	: tripot
[33] haine	: regard du soldat sur la Plat
	: haine de Massy pour le public
[34] gravure	: suicide de la Platière
	: lithographie
[35] octogone	: cadre
	: nom du tripot
[36] pyramide	: image en linoléum
	: b. d. n. le Chéops
[37] arbuste	: image en lino (petit sapin)
	: pépiniériste, nom du navire : le Stéphanotis, + acacias
[38] cristal, verre taillé	: drageoir
	: graveur sur verre

[39] Manque ds le 6   : sac à main
                            : sac à main
[40] Faux ds le 4   : n'a pas douze pages
                            : militaire au lieu de « couteau »
                             (mais il y a qd mê un « surin » avec le Cogneur
[41] La belle   : allusion au film de Cocteau
      et
[42] La bête   : tte l'histoire reprend le thème de la B et la B
                             c'est une « Fairy Tale » (Ferri le Rital)

      allusion au quotidien : carte reçue de Woods Hole, Mass
                            : film vu pdt la rédac du chapitre : Barret, Razza et Ramon
                             (film : le dernier tueur)
      utilisation de doc spé : tête de jeune femme de Catherine

                            : plan de la route de Grenoble-Briançon
                             (dessinée par Barrère nom de l'entraîneur)
                             livre sur le demi fond
                             carte du Margay   : photo Bisserot
                                                  : Leopardus Wiedi -> De Wied
                                                  : chemin d'Entrebois -> d'Entrebois

      ~~Barrère~~

      Stampfli ?

      Enghien   : imprimerie où a été imprimé le livre sur le demi fond
                            : (+ souvenir d'une cure que j'y ai faite en 47 à peu près)

allusion à un autre de mes livres : le petit vélo (soldat au 1° rég du train à Vincennes)

Repères 1955-1978

Principales sources

Rubrique Publications (bibliographie des écrits publiés du vivant de Perec) :
a) Georges Perec, « Bibliographie sommaire (Assortie de quelques commentaires) » (1979, et « Bibliographie approximative », posth. 1985) ; b) Éric Beaumatin, « Quand j'entends parler de Perec, je sors mes fiches ! » (1983) ; c) David Bellos, Patrizia Molteni, InterPerec. *Bibliographie internationale des œuvres de Georges Perec (1992) ; d) Bernard Magné, Tentative d'inventaire pas trop approximatif des écrits de Georges Perec (1993) ; e) David Bellos,* Georges Perec *(1994, p. 731-753). Chaque fois qu'il a été possible, nous avons vérifié sur pièces, et corrigé le cas échéant, les références des documents mentionnés dans les bibliographies qui précèdent, en les complétant largement.*

Rubrique Radiodiffusions (interventions de Perec, diffusion de ses œuvres) :
a) domaine allemand : David Bellos, Georges Perec *(1994, p. 408-409) ; b) domaine francophone : relevé inédit des fichiers de l'INA établi par Delphine Godard, complété par nous d'après divers documents du fonds privé Georges Perec.*

Rubrique Télédiffusions (interventions de Perec, diffusion de ses œuvres) : *relevé inédit des fichiers de l'INA établi par Wilfrid Mazzorato, complété par nous d'après divers documents du fonds privé Georges Perec.*

Rubrique Musique (œuvres conçues à partir de textes de Georges Perec) :
a) Georges Perec, « Bibliographie approximative (assortie de quelques commentaires » (1979, posth. 1985) ; b) Philippe Drogoz, « Chronique d'une collaboration chronique » (1978) ; c) documents du fonds privé Georges Perec.

Rubrique Manifestations (interventions publiques de Georges Perec : colloques, conférences, tables rondes…) : *a) Paulette Perec, « Chronique de la vie de Georges Perec » (2001) ; b) documents du fonds privé Georges Perec.*

Rubrique Études (articles et travaux universitaires consacrés entièrement ou en partie à l'œuvre de Georges Perec, recensions remarquables) : *reprise, à quelques détails près, de la « Bibliographie des études perecquiennes » établie par Éric Beaumatin, Violaine Garguilo et Bernard Magné dans la sixième livraison des* Cahiers Georges Perec *(1996).*

Rubrique Presse (comptes rendus de presse) : *a) documents conservés à l'Association Georges Perec et dans le fonds privé Georges Perec ; b) inventaire inédit établi par Carsten Sestoft.*

Pour les rééditions posthumes, seules sont mentionnées quelques rééditions remarquables et les rééditions courantes; on trouvera les références complètes des recueils dans la bibliographie générale donnée en fin de volume II.

Les prépublications sont décrites à la date de parution et signalées à l'occasion de la reprise. Les rééditions et traductions sont signalées à la suite de l'œuvre concernée et décrites à la date de parution.

1955-1964

Publications

1955

- [Note de lecture :] Albert Vidalie, *Les Bijoutiers du clair de lune*, Paris, Denoël, 1954, *La Nouvelle NRF*, n° 25, 1ᵉʳ janvier 1955, p. 145-146.

- [Note de lecture :] Jean-Pierre Richard, *Littérature et sensation*, Paris, Éditions du Seuil, collection « Pierres vives », 1954, *La Nouvelle NRF*, n° 28, avril 1955, p. 715-716.

- [Note de lecture :] Donald Windham, *Canicule*, traduit de l'américain par Élisabeth Herbart [Élisabeth van Rysselberghe], Paris, Gallimard, collection « Du monde entier », 1954, *La Nouvelle NRF*, n° 28, avril 1955, p. 719.

- [Note de lecture :] Marcel Lallemand, *Bonheurs. 2. Bâtir la Maison*, Paris, Gallimard, 1954 (2ᵉ éd.), *La Nouvelle NRF*, n° 29, mai 1955, p. 931.

- [Note de lecture :] Félicien Marceau, *Balzac et son monde*, Paris, Gallimard, 1955, *La Nouvelle NRF*, n° 30, juin 1955, p. 1115-1116.

- [Note de lecture :] René De Obaldia, *Tamerlan des Cœurs*, Paris, Plon, 1955, *La Nouvelle NRF*, n° 34, octobre 1955, p. 789-790.

- [Note de lecture :] Henri Thomas, *La Cible. Nouvelles*, Paris, Gallimard, 1955, *La Nouvelle NRF*, n° 35, novembre 1955, p. 967-968.

- [Note de lecture] : Driss Chraïbi, *Les Boucs*, Paris, Denoël, 1955, *La Nouvelle NRF*, n° 36, décembre 1955, p. 1163.

1957

- [Compte rendu de :] Jacques Nantet, *Les Juifs et les Nations*, Paris, Éditions de Minuit, 1956, *Les Lettres nouvelles*, n° 45, janvier 1957, p. 134-135.

- [Compte rendu de :] Ivo Andritch [Andrić], *Il est un pont sur la Drina. Chronique de Vichégrad*, traduit du serbo-croate par Georges Luciani, Paris, Plon, 1956, *Les Lettres nouvelles*, n° 45, janvier 1957, p. 139-140.

1959

- [Pseudonyme :] Serge Valène, « L'enfance de Djilas, au Monténégro », *Les Lettres nouvelles*, n° 3, 18-24 mars 1959, p. 22.

Compte rendu de: Milovan Djilas, *Mémoires. 1. Pays sans justice*, version française de Suzanne Desternes, Paris, Robert Laffont, 1959.

1960

• [Paru sous la non-signature: «***»], «La perpétuelle reconquête», *La Nouvelle Critique. Revue du marxisme militant*, n° 116, mai 1960, p. 77-87.
À propos du film d'Alain Resnais, *Hiroshima mon amour*, 1958.
Note de l'éditeur (1992): «[L'article] était pour l'essentiel l'œuvre conjointe de Roger Kléman, Georges Perec et Henri Peretz, le manuscrit original étant signé "L.G." (pour *Ligne générale*). La revue l'avait fait paraître précédé de l'en-tête suivant: "En juillet dernier (*La NC*, n° 108), Jean-Marc Aucuy, parlant ici de *Hiroshima mon amour*, écrivait, tant il considérait cette œuvre comme exceptionnelle: 'Il sera temps d'y revenir encore dans dix ans'. Dix mois après, un groupe d'étudiants que préoccupe l'élaboration d'une critique de la production esthétique française contemporaine nous a fait parvenir l'étude que voici"» (p. 184).
Réédition posthume – 1992 : *L.G. Une aventure des années soixante.*

1961

• [Note de lecture:] Jean Ferniot, *L'Ombre portée*, Paris, Gallimard, 1961, *La Nouvelle NRF*, n° 108, décembre 1961, p. 1134.

1962

• Claude Burgelin, Georges Perec, «Le Nouveau Roman et le refus du réel», *Partisans*, n° 3, février 1962, p. 108-118.
La revue est publiée par François Maspero.
Note de l'éditeur (1992): «Il avait d'abord été prévu que cet article soit signé "Yves Ponthieu et Alain Bachaumond", pseudonymes empruntés à deux noms de rues parisiennes de façon purement (?) fantaisiste» (p. 183).
Réédition posthume – 1992 : *L.G. Une aventure des années soixante.*

• «Pour une littérature réaliste», *Partisans*, n° 4, avril-mai 1962, p. 121-130.
Note de l'éditeur (1992): «L'article comportait, avant publication, le titre suivant: "Pour un nouveau réalisme"» (p. 183).
Dans sa «Bibliographie sommaire» (1979), Perec mentionne une reprise de l'article dans *Libération* que nous n'avons pas retrouvée.
Réédition posthume – 1992 : *L.G. Une aventure des années soixante.*

• «Engagement ou crise du langage», *Partisans*, n° 7, novembre-décembre 1962, p. 171-181.
Note de l'éditeur (1992): «Le dactylogramme original annonçait: "à suivre" (c'est, de toute évidence, l'étude sur Robert Antelme qui était prévue)» (p. 183).
Réédition posthume – 1992 : *L.G. Une aventure des années soixante.*

1963

• «Robert Antelme ou la vérité de la littérature», *Partisans*, n° 8, janvier-février 1963, p. 121-134.
Note de l'éditeur (1992): «Georges Perec avait d'abord pensé intituler ce texte: "Robert Antelme ou la naissance de la littérature"» (p. 183-184).
Réédition anthume – Décembre 1965: extraits en revue.
Réédition posthume – 1992 : *L.G. Une aventure des années soixante.*

• « Le 6ᵉ Congrès de l'Union des Étudiants Communistes : Discussions et perspectives »,
Partisans, n° 9, mars-avril 1963, p. 209-212.

• « L'univers de la science-fiction », *Partisans*, n° 10, mai-juin 1963, p. 118-130.
À propos de : Kingsley Amis, *L'Univers de la science-fiction*, traduit de l'anglais par Élisabeth Gille,
Paris, Payot, collection « Petite bibliothèque Payot », 1962.
Réédition posthume – 1992 : *L.G. Une aventure des années soixante*.

• « Le mystère Robbe-Grillet », *Partisans*, n° 11, juillet-août-septembre 1963, p. 167-170.
Compte rendu de : Bruce Morissette, *Les Romans de Robbe-Grillet*, préface de Roland Barthes,
Paris, Éditions de Minuit, collection « Arguments », 1963.

• « La chasse au mérou », *Partisans*, n° 11, juillet-août-septembre 1963, p. 170-172.
Compte rendu de : Georges Limbour, *La Chasse au mérou*, Paris, Gallimard, 1963.

1964

• « *Wozzeck* ou la méthode de l'apocalypse », *Clarté* (mensuel de l'UEC), n° 53, janvier
1964, p. 51-53.
À l'occasion d'une série de représentations de l'opéra d'Alban Berg données à Paris en
décembre 1963.
Note de l'éditeur (1992) : « Jacques Lederer avait participé à l'élaboration de cet article » (p. 184).
Réédition posthume – 1992 : *L.G. Une aventure des années soixante*.

1965

Publications

• *Les Choses. Une histoire des années soixante*, Paris, Julliard, collection « Les Lettres
Nouvelles », 130 p.
Pas de mention d'achevé d'imprimer ; dépôt légal : 3ᵉ trimestre 1965 (sortie en librairie : début
septembre). Dédicace : « À Denis Buffard ». La collection est dirigée par Maurice Nadeau.
Rééditions anthumes – 1966, 1972, 1975, 1981 : rééditions – Octobre 1965, été 1970 : extraits
en revue.
Éditions critiques – 1969 : États-Unis, URSS.
Traductions – 1966 : allemand (RFA), italien, hongrois, tchèque – 1967 : allemand (RDA),
anglais (USA), bulgare, espagnol, néerlandais, polonais, roumain, russe – 1968 : estonien –
1969 : danois, espagnol (rééd. 1967, Cuba), portugais (Brésil) – 1970 : hongrois (rééd. 1966,
Roumanie) – 1976 : slovaque – 1978 : japonais.

• « L'argent peut faire le bonheur », *Le Nouveau Candide*, n° 233, 11-17 octobre 1965,
p. 20-21.
Publication de larges extraits des *Choses*.

• « Les dix jeunes loups de la rentrée littéraire », réponses à une enquête de Marie-
France Lepoutre, *Elle*, n° 1034, 14-20 octobre 1965, p. 187.

• « Paris en parle… À la veille des prix littéraires, les jeunes romanciers se présentent et
s'expliquent », réponses à une enquête de Jean-François Josselin, *Les Nouvelles littéraires*, n° 1993, 11-17 novembre 1965, p. 8.

• Lettre à Albert Guislain, *Le Soir* (Bruxelles), 14-15 novembre 1965.

Extrait d'une lettre de Perec cité par Albert Guislain dans «Poésie et vérité de l'"objet"», compte rendu des *Choses*.
Réédition posthume – Ici même, p. 42.

* «Georges Perec en face des choses», propos recueillis par Jacques Jaubert, *Le Figaro*, 23 novembre 1965.

* «Prix Renaudot: Georges Perec, l'homme sans qui "les choses" ne seraient pas ce qu'elles sont», propos recueillis par Jean Chalon, *Le Figaro littéraire*, 25 novembre-1er décembre 1965, p. 3.

* «Le Goncourt à l'heure du satellite», propos recueillis par Jean Gaugeard, *Les Lettres françaises*, n° 1107, 25 novembre-1er décembre 1965, p. 1 et 8.

* «Les châteaux en Espagne de Georges Perec», propos recueillis par Serge Chauvel et Jean-François Josselin, *Les Nouvelles littéraires*, n° 1995, 25 novembre-1er décembre 1965, p. 11.

* «Les moquettes de Georges Perec», entretien, *L'Express*, n° 754, 29 novembre-5 décembre 1965, p. 88-89.

* «Les artistes devant la politique», réponse à un questionnaire, *Arts*, n° 10, 1er- 7 décembre 1965, p. 10-11.

* «Rencontres parisiennes. Jacques Borel et Georges Perec, lauréat du "Goncourt" et du "Renaudot"», propos recueillis par Adrien Jans, *Le Soir* (Bruxelles), 2 décembre 1965.

* «Georges Perec s'explique: "Le bonheur est un processus... on ne peut pas s'arrêter d'être heureux"», propos recueillis par Marcel Bénabou et Bruno Marcenac, *Les Lettres françaises*, n° 1108, 2-8 décembre 1965, p. 14-15.

* «Perec et le mythe du bonheur immédiat», propos recueillis par Jean Liberman, *Presse nouvelle hebdomadaire*, n° 31, 3-9 décembre 1965, p. 3.

* «Le bonheur de la modernité», propos recueillis par Jean Duvignaud, *Le Nouvel Observateur*, n° 57, 15-21 décembre 1965, p. 32-33.

* Larges extraits de «Robert Antelme ou la vérité de la littérature» (1963), *Presse nouvelle hebdomadaire*, n° 34, 24-30 décembre 1965, p. 5.

Télédiffusions

* *Lectures pour tous*, émission diffusée le 6 octobre 1965.
  Entretien avec Pierre Desgraupes (15 mn). Autres invités: André Roussin et Guido Piovene.

* *Georges Perec: littérature chez Renault*, collection *Lire*, émission diffusée le 9 novembre 1965.
  Entretien avec Daniel Costelle (16 mn).

Radiodiffusions

* Entretien avec Roger Grenier, émission diffusée le 1er octobre 1965.
  Mentionné dans: Hans Hartje et Jacques Neefs, *Georges Perec Images*, p. 73.

- *La Semaine littéraire* (Roger Vrigny), entretien (6 mn 50), émission enregistrée le 9 novembre et diffusée le 2 décembre 1965.

- *Le Goncourt et le Renaudot*, intervention de Perec (1 mn 50), émission enregistrée le 2 novembre 1965, date de diffusion non retrouvée.

- *En direct*, entretien, émission enregistrée et diffusée le 22 novembre 1965.

- Sur Radio Télé Luxembourg, débat animé par Françoise Gilles, avec Jacques Borel (prix Goncourt pour *L'Adoration*), Georges Perec, René-Victor Pilhes (prix Médicis pour *La Rhubarbe*) et Robert Pinget (prix Femina pour *Quelqu'un*), date de diffusion non retrouvée.

- *Le Goût des livres* (Étienne Lalou), entretien (24 mn 15), émission diffusée le 7 décembre 1965.

Études

- Leclerc (Annie), « Les Choses : un combat malheureux », *Les Temps modernes*, n° 235, décembre 1965, p. 1134-1137.

- Nourissier (François), « Les habitants d'hier », *Le Nouvel Observateur*, n° 45, 6-12 octobre 1965, p. 26-27.

- Peretz (Henri), « *Les Choses* (suite) », *Les Temps modernes*, n° 235, décembre 1965, p. 1138-1139 [réponse à l'article d'Annie Leclerc].

Presse

- Comptes rendus des *Choses* : Jean-Claude Bilsville, *Le Nouvel Observateur*, 1er-7 septembre 1965 ; Paule Neuvéglise, *France Soir*, 3 septembre 1965 ; R.-M. Albérès, *Les Nouvelles littéraires*, 23-29 septembre 1965 ; *L'Express*, 27 septembre-3 octobre 1965 ; *Les Échos*, 1er octobre 1965 ; Pascal Pia, *Carrefour*, 6 octobre 1965 ; *Elle*, 6-12 octobre 1965 ; François Nourissier, *Le Nouvel Observateur*, 6-12 octobre 1965 ; *Elle*, 11-17 octobre 1965 ; Christine Arnothy, *Le Parisien libéré*, 12 octobre 1965 ; Raymond Jean, *Le Monde*, 16 octobre 1965 ; Annette Colin-Simard, *Le Journal du dimanche*, 21 octobre 1965 ; Philippe Sénart, *Combat*, 4 novembre 1965 ; Jean Marcenac, *L'Humanité*, 9 novembre 1965 ; Albert Guislain, *Le Soir* (Bruxelles), 14-15 novembre 1965 ; Tristan Renaud, *Les Lettres françaises*, 18-24 novembre 1965 ; *Le Monde*, 20 novembre 1965 ; *Le Monde*, 23 novembre 1965 (prix Renaudot) ; *Le Parisien libéré*, 23 novembre 1965 (prix Renaudot) ; *L'Humanité*, 23 novembre 1965 (prix Renaudot) ; *L'Aurore*, 23 novembre 1965 (prix Renaudot) ; *La Gazette de Lausanne*, 23 novembre 1965 (prix Renaudot) ; Jean Duvignaud, *Le Nouvel Observateur*, 24-30 novembre 1965 (témoignage sur Perec) ; Robert Kanters, *Le Figaro littéraire*, 25 novembre-1er décembre 1965 ; Serge Chauvel et Jean-François Josselin, *Les Nouvelles littéraires*, 25 novembre-1er décembre 1965 (reportage sur les prix Goncourt et Renaudot) ; Jean Gaugeard, *Les Lettres françaises*, 25 novembre-1er décembre 1965 (reportage sur les prix Goncourt et Renaudot) ; *L'Express*, 28 novembre-5 décembre 1965 (les dessous du prix Renaudot) ; Jean Bloch-Michel, *Preuves*, novembre 1965 ; Jacques Valmont, *Aspects de la France*, 2-8 décembre 1965 ; R.-M. Albérès, *Les Nouvelles littéraires*, 2-8 décembre 1965 (sur les prix Goncourt,

Renaudot, Femina et Médicis) ; Lucien Guissard, *La Croix*, 3 décembre 1965 ; Pierre-Henri Simon, *Le Monde*, 22 décembre 1965 (bilan de la saison littéraire) ; Philippe Sénart, *La Revue de Paris*, décembre 1965 (bilan de la saison littéraire) ; Jean Follain, *La Nouvelle NRF*, janvier 1966 ; Bernard Langlois, *Le Cri*, janvier 1966 ; André Thérive, *Le Spectacle du monde*, janvier 1966 ; Marianne Stoumon, *Le Flambeau*, janvier-février 1966 ; André Billy, *Le Figaro*, 17 février 1966 ; *Times Literary Supplement* (Londres), 25 février 1966 ; Jean-Marie Domenach, *Esprit*, février 1966 ; Louis Barjon, *Études*, février 1966 ; Charles Camproux, *Les Lettres françaises*, 17-23 mars 1966 ; Jacques Brenner, *Journal de la vie littéraire*, Paris, Julliard, 1966, p. 182.

1966

Publications

- Prépublication du premier chapitre de *Quel petit vélo à guidon chromé au fond de la cour ?*, *Les Lettres françaises*, n° 1120, 24 février-2 mars 1966, p. 3.

- *Quel petit vélo à guidon chromé au fond de la cour ?*, Paris, Denoël, collection « Les Lettres Nouvelles », 104 p.
  Achevé d'imprimer : 25 février 1966.
  Prépublication – Février 1966.
  Traductions – 1967 : allemand (RDA) – 1969 : tchèque – 1970 : allemand (RFA) – 1978 : japonais.
  David Bellos et Patrizia Molteni mentionnent l'existence d'une traduction en finnois : *Mika pieni Kromiohjaustankoïnen fillavi pihan perälla*, traducteur, éditeur et date inconnus (*InterPerec*, p. 18).

- « Georges Perec : pas sociologue mais documentaliste », propos recueillis par Claudine Jardin, *Le Figaro*, 28 février 1966.

- « Évidence du western », *La Quinzaine littéraire*, n° 8, 1er-15 juillet 1966.
  Compte rendu de : Raymond Bellour ed., *Le Western. Sources, mythes, auteurs, acteurs, filmographies*, Paris, U.G.E., collection « 10/18 », nᵒˢ 327-330, 1966.

- « L'usure contrôlée », *Arts-Loisirs*, n° 54, 5-11 octobre 1966, p. 53.
  Premier des seize billets de la rubrique « L'esprit des choses ».
  Réédition posthume – 1994 : les seize billets repris dans *Le Cabinet d'amateur. Revue d'études perecquiennes*, n° 3, printemps 1994.

- « L'indestructible Rolls », *Arts-Loisirs*, n° 55, 12-18 octobre 1966, p. 12.

- « Le papier roi », *Arts-Loisirs*, n° 56, 19-25 octobre 1966, p. 55.

- « Les idées du jour », *Arts-Loisirs*, n° 57, 26-octobre-1er novembre 1966, p. 10.
  La rubrique est intitulée « L'esprit des gens ».

- [Comptes rendus de :] *Trois sur un sofa* (1966), de Jerry Lewis ; *Les Rapaces* (1923, reprise), de Erich Von Stroheim, et *L'Invasion des morts vivants* (1966), de John Gilling, *Arts-Loisirs*, n° 57, 26 octobre-1er novembre 1966, p. 20.

- « Le vrai petit bistrot », *Arts-Loisirs*, n° 58, 2-8 novembre 1966, p. 12.

- « Astérix au pouvoir », *Arts-Loisirs*, n° 59, 9-15 novembre 1966, p. 9.
  La rubrique est intitulée « L'esprit gaulois ».

- « Éloge du hamac », *Arts-Loisirs*, n° 61, 23-29 novembre 1966, p. 23.

- « Du lexique et des antiquaires », *Arts-Loisirs*, n° 62, 30 novembre-6 décembre 1966, p. 21.

- « La dictature du whisky », *Arts-Loisirs*, n° 63, 7-13 décembre 1966, p. 19.
- « Esquisse d'une théorie des gadgets », *Arts-Loisirs*, n° 65, 21-27 décembre 1966, p. 21.

Réédition

- *Les Choses. Une histoire des années soixante* [1965], Paris, Éditions J'ai Lu, n° 259, 188 p.
  Dépôt légal : 4ᵉ trimestre 1966 ; collection de poche ; illustration de couverture de Philippe Mitschké. Photographie de Perec en quatrième de couverture et texte de présentation : « Georges Perec, né à Paris en 1936, actuellement chargé de recherche au CNRS, est le premier écrivain qui ait mis au service d'une entreprise romanesque les enseignements de l'analyse sociologique. Cette "histoire des années soixante" inaugure une forme nouvelle de récit et fera école. "J'ai Lu" est heureux de publier cet ouvrage, couronné en 1965 par le PRIX RENAUDOT / Notre époque s'est reconnue dans le roman de Georges Perec. De là son succès immédiat et le fait que son titre ait passé dans le langage courant. / Pour nous tous, désormais, l'idée de bonheur est liée aux "choses" que l'on acquiert : divans de cuir, chaussures anglaises, vêtements de cashmere, chaînes de haute-fidélité, tapis hindous, tables campagnardes et fauteuils Louis XIII. / Mais de quel prix nous faut-il les payer ? Choisirons-nous la liberté ou les choses ? Tel est notre dilemme. »
  Plusieurs retirages jusqu'en 1972.

Traductions

- *A Dolgok. Történet a hatvanas évekből*, traduction des *Choses* en hongrois par Réz Pál, Budapest, Európa, collection « Modern Könyvtár », 1966, 117 p. [avec une postface du traducteur].

- *Le Cose. Una Storia degli anni sessanta*, traduction des *Choses* en italien par Leonella Prato Caruso, Milan, Arnoldo Mondadori, collection « Nuovi scrittori stranieri », vol. 17, 1966, 173 p. [avec une préface de Giansiro Ferrata].

- *Die Dinge. Eine Geschichte der sechziger Jahre*, traduction des *Choses* en allemand par Eugen Helmlé, Karlsruhe, Stahlberg Verlag, 1966, 204 p.

- Traduction des *Choses* en tchèque par Alena Novotná, parue dans une livraison de *Svetová Literatura* (Prague), 1966.

Télédiffusion

- *Rétrospective : littérature et télévision* (45 mn), collection *Lire*, entretien, émission diffusée le 11 août 1966.
  Plusieurs autres séquences, avec notamment Gérard Genette, Alain Robbe-Grillet, Jacques Chardonne, Ludovic Janvier, Jean Cayrol.

Manifestation

- « Au cours du voyage en Tunisie de février-mars 1966, Georges Perec participe, en tant que lauréat du prix Théophraste-Renaudot, à la remise du prix des Quatre-Jurys, qui a lieu cette année-là à Hammamet» (Paulette Perec, «Chronique…», p. 69).

Étude

- Camproux (Charles), «La langue et le style des *Choses* de Georges Perec», *Les Lettres françaises*, n° 1123, 17-23 mars 1966, p. 7-8.

Presse

- «Georges Perec. Prix Renaudot 1965», *Femmes d'aujourd'hui* (Bruxelles), 24 février-2 mars 1966 – reportage de Régis Saint-Hélier au domicile de l'écrivain : «Georges Perec, en pantalon de velours côtelé marron et pull beige – dans la même tenue qu'il avait le jour de l'attribution du Renaudot pour affronter la presse et les photographes – m'a ouvert la porte. C'est un jeune homme brun, au visage mat, aux yeux bleus, à l'air effacé et timide.» Plus loin, Georges et Paulette Perec sont décrits sous les traits d'un «vrai couple de jeunes d'aujourd'hui, non conformistes, agnostiques, un peu bohème, sortant beaucoup mais travaillant encore plus».

- *Le Monde*, 6 mars 1966 – entrefilet annonçant l'adaptation cinématographique des *Choses* par Jean Michaut-Mailland : «Le film sera tourné l'été prochain à Sfax.»

- Comptes rendus de *Quel petit vélo à guidon chromé au fond de la cour ?* : Yvan Audouard, *Le Canard enchaîné*, 16-22 février 1966 ; Jean Chambon, *Arts-Loisirs*, 23 février-1er février 1966 ; Robert Kanters, *Le Figaro littéraire*, 17-23 février 1966 ; *Le Parisien libéré*, 22 février 1966 ; Anne Villelaur, *Les Lettres françaises*, 24 février-2 mars 1966 ; *Les Échos*, 25 février 1966 ; G. Ch., *Les Nouvelles littéraires*, 24-30 mars 1966.

1967

Publications

- «Des drug-stores et de leur environnement», *Arts-Loisirs*, n° 67, 4-10 janvier 1967, p. 15.

- «Le computeur pour tous», *Arts-Loisirs*, n° 68, 11-17 janvier 1967, p. 21.

- «Le hit-parade», *Arts-Loisirs*, n° 69, 18-24 janvier 1967, p. 11.
  La chronique est intitulée «L'esprit des mœurs».

- «Pour un usage rationnel du bouillon», *Arts-Loisirs*, n° 72, 8-14 février 1967, p. 11.

- «Principes élémentaires de la diversification», *Arts-Loisirs*, n° 73, 15-21 février 1967, p. 13.

- «Du terrorisme des modes», *Arts-Loisirs*, n° 75, 1er-7 mars 1967, p. 9.
  La rubrique est interrompue ; selon Paulette Perec, «cette collaboration se révèle moins rentable et moins intéressante que [Perec] ne l'espérait» («Chronique de la vie de Georges Perec», p. 70).

- «Une quête en rond», *La Quinzaine littéraire*, n° 24, 15-31 mars 1967, p. 8.

Compte rendu de : Alain Guérin, *Un bon départ*, Paris, Christian Bourgois Éditeur, 1967.
Réédition posthume – 1990 : publié sous le titre « Kléber Chrome » et présenté par erreur comme un projet inédit de roman, *Je suis né*.

- Prépublication des chapitres deux, trois, cinq et six d'*Un homme qui dort*, *Les Temps modernes*, n° 250, mars 1967, p. 1537-1556.

- *Un homme qui dort*, Paris, Denoël, collection « Les Lettres Nouvelles », 163 p.
  Pas de mention d'achevé d'imprimer ; dépôt légal : 2ᵉ trimestre 1967 (sortie en librairie : fin avril). Dédicace : « pour Paulette / In memoriam J. P. ».
  Prépublication – Mars 1967.
  Rééditions anthumes – 1974, 1976.
  Traductions – 1968 : néerlandais – 1969 : hongrois – 1970 : japonais – 1973 : extraits en anglais (USA) – 1980 : italien.

- « Interview de Georges Perec le 2 mai 1967 », dans : Patricia Prunier, « *Les Choses* de Georges Perec : Une histoire des années soixante », mémoire de civilisation française sous la direction de M. Baujeu, Paris, Sorbonne, 52 p. [p. 40-52].

- « Perec : "L'asservissement aux choses et la fascination de l'indifférence, cela fait partie d'un même mouvement" », propos recueillis par Gilles Dutreix, *Nice-Matin*, 28 juillet 1967.

- Préface à : Roger Price, *Le Cerveau à sornettes*, traduit de l'anglais par Jacques Papy, Paris, Julliard, collection « Humour secret », 1967, 217 p. [p. 9-13].
  Pas de mention d'achevé d'imprimer ; dépôt légal : 3ᵉ trimestre 1967. Réédition de l'ouvrage paru en 1952 avec une courte préface du traducteur (Paris, Le Club français du livre).

- « Écriture et mass-media », *Preuves*, n° 202, décembre 1967, p. 6-10.
  Communication au colloque « Mass-media et création imaginaire » de Venise (Fondation Cini, 15-20 octobre 1967), organisé par l'Institut de sociologie de l'art de la faculté des lettres de Tours et l'Association internationale pour la liberté de la culture, éditrice de la revue *Preuves*.

- « chemin de pierre », dans : Alain Guérin, Roger Kléman, Georges Perec, Jacques Roubaud, *Sur des dessins et des peintures de Pierre Getzler*, Paris, décembre 1967, p. 1-3.
  Catalogue composé pour une exposition des œuvres de Pierre Getzler organisée par Georges et Paulette Perec dans leur appartement de la rue du Bac.

Traductions

- *Les Choses. A Story of the Sixties*, traduction des *Choses* en américain par Helen R. Lane, New York, Grove Press, 1967, 127 p.

- *Die Dinge. Eine Geschichte aus den sechziger Jahren*, traduction des *Choses* en allemand par Henryk Keisch, Berlin (RDA), Verlag Volk und Welt, 1967, 222 p.

- *Las Cosas. Una historia de los años sesenta*, traduction des *Choses* en espagnol par Jesús López Pacheco, Barcelone, Seix Barral, 1967, 154 p.

- *De Dingen. Een verhaal uit de jaren 60*, traduction des *Choses* en néerlandais par Dolf Verloen, Utrecht-Anvers, A. W. Bruna & Zoon, collection « Witte beertjes », n° 990, 1967, 144 p.

- *Rzeczy. Historia z lat szescdziesiatych*, traduction des *Choses* en polonais par Anna Tatarkiewicz, Varsovie, Pánstwowy Instytut Wydawniczy, 1967, 130 p.

- *Lucrurile. Povestire din anii 60*, traduction des *Choses* en roumain par Livia Storescu,

Bucarest, Editura pentru Literatura Universala, collection «Meridiane», 1967, 142 p. [avec une préface de Constantin Crisan].

• [*Vetchime*], traduction des *Choses* en bulgare par Georges Panov, Sofia, Narodna Mladej, 1967, 110 p.

• [*Vetchi*], traduction des *Choses* en russe par Tamara Ivanova, Moscou, *Revue de littérature étrangère*, n° 2, 1967, p. 11-60.

Note de Perec dans sa «Bibliographie approximative» (1985) : «En m'envoyant ce numéro de revue, la traductrice m'annonçait que le livre devait sortir en volume aux éditions de "La Jeune Garde". Mais je n'en ai jamais reçu d'exemplaires.»

• *Was für ein kleines Moped mit verchromtem Lenken steht da auf dem Kasernenhof?*, traduction de *Quel petit vélo à guidon chromé au fond de la cour?* en allemand par Henryk Keisch, Berlin (RDA), Verlag Volk und Welt, 1967, 115 p.

Télédiffusion

• *Lectures pour tous*, émission diffusée le 3 mai 1967.

Entretien à propos d'*Un homme qui dort* avec Pierre Desgraupes (10 mn). Autres séquences avec Paul Guth, Costa Lacerda, Roger Peyrefitte et Yannis Ritsos.

Radiodiffusions

• *Was für ein kleines Moped mit verchromter Lenkstange steht dort im Hof?* (*Quel petit vélo à guidon chromé au fond de la cour?*), traduction en allemand par Eugen Helmlé, texte lu par Nestor Xaidis, lecture diffusée par la Saarländischer Rundfunk le 15 juin 1967.

• *Die Lösung des Rätsels. Interviews zur Thesen der Pataphysik*, entretien diffusé par la Saarländischer Rundfunk le 2 novembre 1967.

Manifestations

• «Pouvoirs et limites du romancier français contemporain», conférence prononcée le 5 mai à l'université de Warwick (Coventry, Angleterre).

• Du 13 au 28 juillet, Perec est aux États-Unis, invité par la Michigan State University d'East Lansing où il donne deux conférences.

• «Écriture et mass-media».

Voir ci-dessus, section Publications.

Études

• Kléman (Roger), «*Un homme qui dort* de Georges Perec», *Les Lettres nouvelles*, juillet-septembre 1967, p. 158-166.

• Pérez Minik (Domingo), «*Las Cosas*, de Georges Perec, o la sociedad industrial de masas en entredicho», *Insula* (Madrid), n° 247 [article repris en 1973].

- Pingaud (Bernard), « L'indifférence, passion méconnue », *La Quinzaine littéraire*, n° 27, 1ᵉʳ-15 mai 1967, p. 3-4 [article repris en 1975].

- Prunier (Patricia), « *Les Choses* de Georges Perec : Une histoire des années soixante », mémoire de civilisation française sous la direction de M. Baujeu, université de la Sorbonne, 52 p. [comprend en annexe une interview de Perec].

Presse

- Comptes rendus d'*Un homme qui dort* : Yvan Audouard, *Le Canard enchaîné*, 16-22 avril 1967 ; A. C., *Les Échos*, 28 avril 1967 ; Georges Bratschi, *La Tribune de Genève*, 29 avril 1967 ; Bernard Pingaud, *La Quinzaine littéraire*, 1ᵉʳ-15 mai 1967 ; Matthieu Galey, *Arts-Loisirs*, 3-9 mai 1967 ; Étienne Lalou, *L'Express*, 8-14 mai 1966 ; R.-M. Albérès, *Les Nouvelles littéraires*, 18-24 mai 1967 ; Robert Sabatier, *Le Figaro littéraire*, 22-28 mai 1967 ; *L'Aurore*, 23 mai 1967 ; *Combat*, 27 mai 1967 ; Pierre-Henri Simon, *Le Monde*, 31 mai 1967 ; Roger Grenier, *Le Nouvel Observateur*, 31 mai-6 juin 1967 ; Jean Gaugeard, *Les Lettres françaises*, 8-14 juin 1967 ; H.-C. T., *La Gazette de Lausanne*, 10 juin 1967 ; *L'Humanité*, 15 juin 1967 ; *La Croix*, 15 juin 1967 ; Marc Slonim, *The New York Times Book Review*, 18 juin 1967 ; *Elle*, 22-28 juin 1967 ; Philippe Sénard, *La Table ronde*, juillet-août 1967 ; Jacques Bersani, *La Nouvelle NRF*, août 1967 ; L. Bourquelot, *Études*, octobre 1967 ; Jean-François Rollin, *Esprit*, novembre 1967 ; Philippe Sénard, *La Revue de Paris*, décembre 1967 (bilan littéraire de la saison).

1968

Publications

- [Présentation de :] Jacques Roubaud, « J'ai choisi le sonnet », *La Quinzaine littéraire*, n° 42, 1ᵉʳ-15 janvier 1968, p. 6-7.
  Perec interroge Jacques Roubaud à l'occasion de la sortie de ε, premier volume du poète ; les réponses de Roubaud sont présentées par un court texte de Perec suivi de cette note : « (Avec l'accord et l'aide de Jacques Roubaud, j'ai regroupé les éléments de notre entretien sous trois rubriques qui concernent : 1. la forme, 2. la structure et 3. la méthode.) »

- « La consultation », *Les Lettres nouvelles*, novembre-décembre 1968, p. 14-25.
  Prépublication des chapitres 1 et 2 de *La Disparition* (1969), signée « G ORG S P R C ».

- « Booz assoupi » et « La mort d'un baryton », *Subsidia pataphysica*, n° 6, 10 Sable 97 EP [vulg. 10 décembre 1968], p. 74-80.
  Prépublication de deux extraits de *La Disparition* (1969) : poème extrait du ch. 10 et extraits du ch. 9.
  Publication du Collège de 'Pataphysique.

- « L'art et la manière d'aborder son chef de service pour lui demander une augmentation », *Enseignement programmé* (*Les cahiers de l'Institut national pour la formation des adultes*), n° 4, décembre 1968, p. 45-66.
  Première version de *L'Augmentation* sous la forme d'une longue phrase monologuée, avec reproduction de l'organigramme de départ.
  Réédition anthume – 1ᵉʳ trimestre 1973, en revue.

Traductions

• *Asjad. Üks kuuekümnendate aastate lugu,* traduction des *Choses* en estonien par Leili-Maria Kask, Tallinn, Kirjastus, collection «Perioodika», 1968, 84 p.

• *Een Slaaper,* traduction d'*Un homme qui dort* en néerlandais par A. de Swarte, Utrecht/Anvers, A. W. Bruna & Zoon, collection «Witte beertjes», n° 1175, 1968, 108 p.

Radiodiffusions

• *Der Mann, der schläft (Un homme qui dort),* traduction en allemand par Eugen Helmlé, texte lu par Heiner Schmidt et Gretl Palm, lecture diffusée par la Saarländischer Rundfunk le 12 septembre 1968.

• *Die Maschine,* traduction en allemand et adaptation par Eugen Helmlé, *Hörspiel* diffusé par la Saarländischer Rundfunk le 13 novembre 1968 – rediffusion le 5 décembre 1968 par la Westdeutscher Rundfunk.

Études

• Gilbert (John), «Un homme qui dort», *Novel* (Providence, Brown University), n° 2-1, 1968, p. 94-96.

• López Pacheco (Jesús), « *Les Choses* o la rehumanización de la novela francesa», *Revista de Occidente* (Madrid), n° 61, 1968, p. 118-123.

• Rybalka (Michel), «Un homme qui dort», *The French Review* (Montana State University), n° 41, février 1968, p. 586-587.

1969

Publications

• *La Disparition,* Roman, Paris, Denoël, collection «Les Lettres Nouvelles», 1969, 319 p.
  Achevé d'imprimer: 29 mars 1969. Pascal Pia: «La couverture du nouvel ouvrage de M. Georges Perec attirera l'attention des titulaires du permis de conduire. On dirait qu'un panneau de signalisation en décore les deux plats. […] regardez bien ce qui, à première vue, semble un signal routier. Ce que vous lirez alors vous aidera sans doute à découvrir quelle absence est à l'origine de l'exploit littéraire que constitue la rédaction de cet ouvrage» (*Carrefour,* 21 mai 1969).
  Prépublications – Novembre et décembre 1968.
  Rééditions anthumes – 1979 : réédition – Août 1970: extraits en revue – 1973 : extraits (OULIPO, *La Littérature potentielle*).
  Traductions – 1973 : extraits en allemand – 1977 : extraits en allemand.

• «Les horreurs de la guerre. Drame alphabétique en trois actes et trois tableaux», *Union des écrivains,* n° 1 : «Textes», avril 1969, non paginé.
  Grand in-8° br., seul numéro paru de cette revue d'inspiration soixante-huitarde; textes de

Michel Butor, Guillevic, Ludovic Janvier, Bernard Pingaud, Jérôme Peignot..., dessins de Jean Hélion.
Réédition anthume – 1973 : OULIPO, *La Littérature potentielle*.

• Pierre Lusson, Georges Perec, Jacques Roubaud, *Petit traité invitant à la découverte de l'art subtil du go*, Paris, Christian Bourgois Éditeur, 1969, 154 p.
Achevé d'imprimé : 19 mai 1969.

• « Histoire du lipogramme », *Les Lettres nouvelles*, juin-juillet 1969, p. 15-30.
Réédition anthume – 1973 : OULIPO, *La Littérature potentielle*.

• « W », *La Quinzaine littéraire*, n° 81, 16-31 octobre 1969, p. 24-25.
Publication en feuilleton de la partie fictionnelle de *W ou le Souvenir d'enfance* (dernière livraison en août 1970) ; la couverture du numéro porte l'annonce suivante : « Le début du roman-feuilleton de Georges Perec », accompagnée du dessin d'un revolver ; dans le numéro précédent du bimensuel, l'annonce du feuilleton promet « Du suspense, du rêve, de l'humour ».
Le texte publié en revue comporte quelques variantes par rapport au texte paru en volume (pour un pointage de ces variantes, voir Odile Javaloyes-Espié, « L'art de la croix dans *W ou le Souvenir d'enfance* de Georges Perec », mémoire de maîtrise, université de Provence, 1983).

• « W », *La Quinzaine littéraire*, n° 82, 1er-15 novembre 1969, p. 26-27.

• « W », *La Quinzaine littéraire*, n° 83, 16-30 novembre 1969, p. 28-29.

• « W », *La Quinzaine littéraire*, n° 84, 1er-15 décembre 1969, p. 24-25.

• « Georges Perec : "J'utilise mon malaise pour inquiéter mes lecteurs" », propos recueillis par Anne Redon, *Le Coopérateur de France* (Fédération nationale des coopératives de consommation), 1er-15 décembre 1969, p. 6-7.

• « W », *La Quinzaine littéraire*, n° 85, 15-31 décembre 1969, p. 26-27.

• *Petit Abécédaire illustré*, plaquette hors commerce.
Plaquette stencilée qui ouvre la série des « vœux », « petits textes, généralement fondés sur des variations homophoniques, tirés à une centaine d'exemplaires et envoyés à [ses] amis à l'occasion de la nouvelle année » (« Bibliographie sommaire », 1979).
Perec : « Le *Petit Abécédaire illustré* fut rédigé en novembre 1969 à l'intention des *Cahiers du Moulin* imprimés au Moulin d'Andé, où, l'année précédente, avaient été publiés neuf *Tankas* de Jacques Roubaud depuis lors rassemblés dans *Mono no aware*. Cette édition ne s'étant pas faite, je décidai de tirer moi-même 100 exemplaires de ce texte » (« Petite histoire d'un texte source », 1977).
Rééditions anthumes – Octobre 1970, en revue – 1971 : « édition pirate » (voir section Musique) – 1973 : OULIPO, *La Littérature potentielle*.
Rééditions posthumes – 1992 : [Collectif], *Le Moulin d'Andé*, Paris, Quai Voltaire (le texte est donné comme constituant la troisième livraison des *Cahiers du Moulin*) – 1989 : *Vœux*.

Éditions critiques

• *Les Choses. Une histoire des années soixante*, édition annotée par Tatiana Gromova, Moscou, Éditions du Progrès, 1969, 180 p.
Avec une postface de Charles Camproux, « La langue et le style des *Choses* de Georges Perec » (article paru dans *Les Lettres françaises* en 1966).

• *Les Choses. Une histoire des années soixante*, Edited by Jean Leblon, New York, Appleton-Century-Crofts, 1969, XVI + 153 p.

Traductions

- *As Coisas. Uma estória dos anos '60*, traduction des *Choses* en portugais (Brésil) par T. C. Netto, São Paulo, Nova Crítica, 1969, 137 p.

- *Las Cosas. Una historia de los años sesenta*, traduction des *Choses* en espagnol par Jesús López Pacheco, La Havane, Instituto del Libro, collection « Cocuyo », 1969, 134 p.
  Réédition de la traduction espagnole de 1967.

- *Ting. En Historie fra 1960'erne*, traduction des *Choses* en danois par Pia et Palle Birkgholm, Copenhague, Glydendals Bekkasinbøger, 1969, 126 p.

- *Co je to tam vzadu na dvore za kolos chromo vanymi rididitky ?*, traduction de *Quel petit vélo à guidon chromé au fond de la cour ?* en tchèque par Alena Novotná, illustrations de Antonin Hadek, *Svetova Literatura* (Prague), n° 4, 1969.

- *Az alvó ember*, traduction d'*Un homme qui dort* en hongrois par Boldizsár Gábor, Budapest, Európa, collection « Modern Könyvtár », n° 155, 1969, 105 p. [avec une postface de Réz Pál].

Radiodiffusions

- *Die Maschine*, rediffusion par la Saarländischer Rundfunk le 1ᵉʳ janvier 1969.

- *Begegnung in Saarbrücken*, émission diffusée par la Saarländischer Rundfunk le 26 juin 1969.
  Extraits d'œuvres de Perec lu par l'auteur en français et par Eugen Helmlé en allemand.

- *La Vedette c'est vous* (L. Legros), émission enregistrée le 24 juin 1969 et diffusée le 24 juillet 1969.
  Perec parle des cas de mutilations volontaires (6 mn 45).

- *Les Matinées de France Culture*, émission enregistrée le 22 août 1969, date de diffusion non retrouvée.
  Entretien avec Perec et Jacques Roubaud, à l'occasion de la parution du *Petit traité invitant à la découverte de l'art subtil du go* (31 mn).

- *Wucherungen* (*L'Augmentation*), traduction en allemand par Eugen Helmlé, émission diffusée par la Saarländischer Rundfunk le 12 novembre 1969.

Manifestations

- Février 1969 : lecture en français (par Georges Perec) et en allemand (par Eugen Helmlé) à l'université de Sarrebruck.
  D'après David Bellos, *Georges Perec*, p. 443-444.

- 5 septembre 1969, lecture à Sarrebruck, avec Ludwig Harig, pour le vernissage d'une exposition de Pierre Getzler à la galerie Elitzer.
  Affichette annonçant l'exposition reproduite dans : David Bellos, *Georges Perec*, p. 459.

Études

- Bénabou (Marcel), «Autour d'une absence», *La Quinzaine littéraire*, n° 71, 1er-15 mai 1969, p. 8-9.

- Pia (Pascal), «Un roman lipogrammatique», *Carrefour*, 21 mai 1979 [repris dans: Pascal Pia, *Feuilleton littéraire*. Tome 2: 1965-1977, Paris, Fayard, 2000, p. 391-395].

- Van Itterbeek (Eugene), «Verhalen van een socioloog», dans *Tekens van leven. Beschouwingen over het schrijverschap*, Bruxelles-La Haye, Manteau, 1969, p. 108-118.

- Camatta (Renée), «L'emprise du monde matériel dans *Les Choses* de Georges Perec», mémoire de maîtrise de lettres modernes, université de Grenoble, 1969, 63 p.

Presse

- «Les nouveaux mordus du morpion japonais» (avec une photographie de Perec jouant au go avec Jacques Roubaud), reportage d'André Bercoff au Moulin d'Andé, *L'Express*, 25-31 août 1969.

- Comptes rendus de *La Disparition*: Étienne Lalou, *L'Express*, 28 avril-4 mai 1969; Marcel Bénabou, *La Quinzaine littéraire*, 1er-15 mai 1969; A. C., *Les Échos*, 9 mai 1969; *Paris-Jour*, 12 mai 1969; Pascal Pia, *Carrefour*, 21 mai 1969; R.-M. Albérès, *Les Nouvelles littéraires*, 22-29 mai 1969; Anne Villelaur, *Les Lettres françaises*, 4-10 juin 1969; Maurice Chapelan, *Le Figaro littéraire*, 9-15 juin 1969; Robin Buss, *Times Literary Supplement* (Londres), 10 juillet 1969; *La Tribune de Genève*, 8 novembre 1969.

1970

Publications

- « W», *La Quinzaine littéraire*, n° 86, 1er-15 janvier 1970, p. 28-29.

- « W», *La Quinzaine littéraire*, n° 87, 16-31 janvier 1970, p. 28-29.

- « W», *La Quinzaine littéraire*, n° 88, 1er-14 février, p. 26-27.

- «Qui est-ce?», propos recueillis par Pierre Bourgeade, *La Quinzaine littéraire*, n° 88, 1er-14 février, p. 8-9.
  Réédition anthume – 1971.

- « W», *La Quinzaine littéraire*, n° 89, 15-28 février 1970, p. 26-27.

- Présentation de *L'Augmentation*, *Le Figaro*, 21 février 1970.
  Texte de présentation et remerciements de Perec à Jacques Perriault, Eugen Helmlé et Johann-Maria Kamps pour leur rôle joué dans la conception de la pièce.
  Réédition anthume – 1981 : texte de présentation en quatrième de couverture, *Théâtre I*.

- «Comment fonctionne la machine?...», propos de Georges Perec et Marcel Cuvelier recueillis par Colette Godart, *Les Lettres françaises*, n° 1323, 25 février-3 mars 1970, p. 13.
  À propos de *L'Augmentation*.

- « W », *La Quinzaine littéraire*, n° 90, 1ᵉʳ-15 mars 1970, p. 26-27.

- « W », *La Quinzaine littéraire*, n° 91, 16-31 mars 1970, p. 26-27.

- « W », *La Quinzaine littéraire*, n° 92, 1ᵉʳ-15 avril 1970, p. 26-27.

- « W », *La Quinzaine littéraire*, n° 93, 16-30 avril 1970, p. 26-27.

- « W », *La Quinzaine littéraire*, n° 94, 1ᵉʳ-15 mai 1970, p. 28-29.

- « W », *La Quinzaine littéraire*, n° 96, 1ᵉʳ-14 juin 1970, p. 26.

- « W », *La Quinzaine littéraire*, n° 97, 15-30 juin 1970, p. 26-27.

- « W », *La Quinzaine littéraire*, n° 98, 1ᵉʳ-15 juillet 1970, p. 28.

- « W », *La Quinzaine littéraire*, n° 99, 16-31 juillet 1970, p. 28.

- « Chanson par un fils adoptif du commandant Aupick », *Poésie 1*, n° 13 : « La poésie française d'humour », 1ᵉʳ-15 août 1970, p. 89.
  Soit le poème « Sois soumis mon chagrin », extrait de *La Disparition* (1969, ch. 9).
  Livraison de la revue composée par Claude-Michel Cluny.

- « W », *La Quinzaine littéraire*, n° 100, 1ᵉʳ-31 août 1970, p. 28.
  Dernier épisode publié en feuilleton.
  Deux notes finales : l'une (en romain), signale la fin du récit ; dans l'autre (en italique), Perec estime la tentative « suffisamment avancée pour que sa publication bimensuelle ne soit plus nécessaire » et annonce la publication de *W ou le Souvenir d'enfance*, « développement de ces textes », pour l'année 1971.

- « 9691/Edna D'Nilu/O, mû, acéré, Pseg Roeg », *Change*, n° 6 : « La poétique, la mémoire », [septembre] 1970, p. 217-223.
  Numéro composé par Jacques Roubaud.
  Le sommaire de la revue mentionne le texte sous le titre « Palindrome », désigné par Perec dans sa « Bibliographie sommaire » (1979) par l'expression « le grand palindrome ».
  David Bellos : « Un certain nombre d'exemplaires ont été distribués par Perec lui-même [en 1969]. Puisque la mise en pages du tapuscrit n'est pas identique à celle des diverses publications, ces quelques exemplaires constituent donc une sorte de première édition (quasiment introuvable) du Grand Palindrome » (*Georges Perec*, p. 739).
  Rééditions anthumes – 1973 : OULIPO, *La Littérature potentielle* (variantes) – Hiver 1974 : extrait en revue – 1980 : *La Clôture et autres poèmes* (variantes).

- « PG », carton d'invitation pour le vernissage (8 décembre 1970) d'une exposition de Pierre Getzler à la galerie Camille Renault.
  Palindrome signé : « GP ». Le carton comporte également un texte de Jacques Roubaud.
  Réédition anthume – 1980 : « À Pierre Getzler », *La Clôture et autres poèmes* (dans la bibliographie de ce volume, Perec référence le texte comme « Préface à l'exposition de Pierre Getzler »).

Rééditions

- Extraits des *Choses* (1965), *Promesses*, numéro spécial « Les fusils poétiques », été 1970.
  Ce numéro comporte entre autres une réédition de « Un conte à votre façon » (1967), de Raymond Queneau.

- « Petit Abécédaire illustré » (1969), *Chroniques de l'Art vivant*, n° 14, octobre 1970.
  Perec : « Jean Clair et Alain Clerval [...] publièrent le texte [...] dans une mise en pages plutôt bâclée » (« Petite histoire d'un texte source », 1977).

Traductions

- *Was für ein kleines Moped mit verchromter Lenkstange steht dort im Hof?*, traduction de *Quel petit vélo à guidon chromé au fond de la cour?* en allemand par Eugen Helmlé, Hof, Verlag für neue Literatur, 1970, 62 p..
  Avec une sérigraphie de Pierre Getzler.

- [*Nemuru Otoko*], traduction d'*Un homme qui dort* en japonais par Takeshi Ebisaka, Tokyo, Shobun-sha, 1970, 165 p. [avec un commentaire du traducteur].

- *A Dolgok. Történet a hatvanas évekből*, traduction des *Choses* en hongrois par Réz Pál, Bucarest, Kriterion, coll. «Könyvkiadó», 1970, 139 p. [avec une postface du traducteur].
  Perec: «la traduction est la même que celle de l'édition hongroise, mais il s'agit d'une édition roumaine destinée à la minorité hongroise de Transylvanie» («Bibliographie approximative», 1985).

Théâtre

- *L'Augmentation, ou Comment, quelles que soient les conditions sanitaires, psychologiques, climatiques, économiques ou autres, mettre le maximum de chances de votre côté en demandant à votre chef de service un réajustement de votre salaire*, théâtre de la Gaîté-Montparnasse (Paris), mise en scène de Marcel Cuvelier, première le 26 février 1970 (vingt-six représentations).

Radiodiffusions

- *Wucherungen* (*L'Augmentation*), rediffusion par la Westdeutscher Rundfunk le 27 janvier 1970.

- *Une semaine à Paris* (André Parinaud), France Culture, émission enregistrée le 6 mars 1970 et diffusée le 8 mars 1970.
  Intervention de Perec à propos de *L'Augmentation* (5 mn).

- *Art et esthétique*, France Culture, émission enregistrée le 24 février 1970 et diffusée le 10 mars 1970.
  Perec et Jean-Noël Vuarnet discutent à propos des recherches poétiques de Jacques Roubaud.

- *Les Matinées de France Culture*, émission enregistrée le 23 mars 1970 et diffusée le 27 mars 1970.
  Entretien à propos de *L'Augmentation* (36 mn 30).

- *Où en est le roman français?*, France Culture, émission enregistrée le 28 mars 1970, date de diffusion non retrouvée.
  Perec évoque son rapport à l'écriture.

- *Les Extraordinaires Aventures de M. Eveready*, Radio Abidjan (Côte d'Ivoire), feuilleton diffusé tous les jours, sauf le dimanche et le mois d'août, du 15 avril au 31 octobre 1970.
  Feuilleton publicitaire écrit par Perec pour les piles électriques Eveready; cent soixante-cinq épisodes de quatre minutes.
  Il existe par ailleurs un seul numéro d'un fascicule de bande dessinée anonyme réalisée à par-

tir du texte de Perec et conçue pour accompagner le feuilleton (la parution devait être mensuelle) : *Les Aventures de M. Eveready*, n° 1, sans lieu, sans date (FPGP 118,10,1 ; reproduction de la couverture dans : Jacques Neefs et Hans Hartje, *Georges Perec Images*, p. 118).

• *Wucherungen* (*L'Augmentation*), rediffusion par la Saarländischer Rundfunk le 9 septembre 1970.

Manifestation

• Du 14 au 17 octobre 1970, Perec est invité au festival Neue Literatur organisé à Hof (RFA).

Eugen Helmlé et Ludwig Harig participent également à la manifestation durant laquelle est diffusé *Die Maschine* (1968). Un catalogue est édité à l'occasion du festival : *Neue Literatur in Hof*, Hof, Verlag für neue Literatur, 1970.

Étude

• White (J.J.), « Goethe in the machine : Georges Perec's computer-based exercises with the repertoire of "Über allen Gipfeln" », *Publications of the English Goethe Society*, vol. XLI, 1970, p. 103-130.

Presse

• Comptes rendus de *L'Augmentation* : *Le Figaro*, 16 février 1970 (annonce du spectacle) ; *Le Figaro*, 23 février 1970 (photographies de la distribution et du metteur en scène) ; Colette Godart, *Les Lettres françaises*, 25 février-3 mars 1970 ; Jean Dutourd, *France-Soir*, 4 mars 1970 ; Claude Baignières, *Le Figaro*, 4 mars 1970 ; *L'Aurore*, 4 mars 1970 ; Bertrand Poirot-Delpech, *Le Monde*, 4 mars 1970 ; Jacques Lemarchand, *Le Figaro littéraire*, 6-12 mars 1970 ; *Combat*, 10 mars 1970 ; Claude Olivier, *Les Lettres françaises*, 11-17 mars 1970 ; Roger Kanters, *L'Express*, 16-22 mars 1970 ; *La Croix*, 22 mars 1970 ; Jean-Pierre Leonardini, *L'Humanité*, 26 mars 1970.

1971

Publications

• Douze grilles de mots croisés, *Politique-Hebdo*, du n° 16 (21-27 janvier 1971) au n° 27 (8-14 avril 1971).

Premières grilles de mots croisés publiées. Les solutions de la dernière grille ne sont pas publiées, l'hebdomadaire cessant de paraître momentanément.

Réédition posthume – 1999 : *Les Mots croisés*.

• « Quatre rêves particulièrement influencés par le cinéma », *La Nouvelle NRF*, n° 226, octobre 1971, p. 147-152.

Textes repris en 1973 dans *La Boutique obscure* (rêve n°ˢ 14, 19, 41 et 60 – quelques variantes).

• Une grille de mots croisés dans : Michel Laclos ed., *Les Grilles de Paris. 99 mots croisés imaginés par 99 célébrités du Tout-Paris*, Paris, Albin Michel, 1971, p. 160-161.

• [En collaboration avec Philippe Drogoz et Eugen Helmlé] « Tagstimmen », dans : [Collectif], *Die Funkpostille. Ein Querschnitt durch das Programm des Saarländischen Rundfunks im Sendejahr 1971*, Sarrebruck, Saarländischer Rundfunk, 1971, p. 46-67.

• Georges Perec, *Tagstimmen/Voix de jour*, ARD-prix Italia, 1971.
Plaquette bilingue éditée à l'occasion de la nomination du *Hörspiel* pour le prix Italia 1971.
Dans sa « Bibliographie approximative » (1985), Perec mentionne par ailleurs l'édition d'un disque « sur lequel figure également une pièce radiophonique de René de Obaldia, *Sprechen wir von Charles oder das Bankett der Quallen* ».

• *Lieux communs travaillés*, plaquette hors commerce, 17 p.
150 exemplaires ronéotés sur papier rose. Plaquette réalisée « à la fin de l'année mil neuf cent soixante et onze », « vœux » pour la nouvelle année.
Réédition posthume – 1989 : *Vœux*.

Réédition

• « Qui est-ce ? » (1970), dans : Pierre Bourgeade, *Violoncelle qui résiste*, Paris, Éric Losfeld, 1971, p. 109-116.

Radiodiffusions

• *Les Matinées de France Culture*, émission enregistrée le 22 janvier 1971, date de diffusion non retrouvée.
Michel Butor, Jacques Roubaud, Tzvetan Todorov et Perec discutent à propos de l'évolution des techniques littéraires.

• Georges Perec, Philippe Drogoz, Eugen Helmlé, *Tagstimmen, Hörspiel* diffusé par la Saarländischer Rundfunk le 28 avril 1971.

Musique

• *Petit Abécédaire illustré*, pièce de « théâtre musical » de Philippe Drogoz conçue à partir de 17 micro-récits extraits du texte éponyme de Perec (1969), création à la VIIᵉ Biennale de Paris (24 septembre-1ᵉʳ novembre 1971).
Avec Pierre Urban (voix, guitare sèche, luth, guitare électrique) et Bernadette Val (soprano, derbouka).
Perec : « À cette occasion, Alain Trutat fit réaliser sur une simple feuille recto-verso une édition pirate qui fut distribuée aux spectateurs » (« Petite histoire d'un texte source », 1977).

• *Diminuendo. Opéra comique pour deux personnes*, musique de Bruno Gillet, livret de Georges Perec, création à la VIIᵉ Biennale de Paris (24 septembre-1ᵉʳ novembre 1971).
Avec Bruno Gillet (piano), Claude Lavoix (harmonium), Christiane Legrand (soprano), Michel Lorin (percussion), Ward Swingle (baryton) et Pierre Thibaud (trompette).

Manifestation

• « Théorie et pratique du palindrome », conférence prononcée le 12 février 1971 au Cercle Polivanov, sur l'invitation du Centre de poétique comparée.

Le Centre de poétique comparée est animé depuis 1969 par Léon Robel, Jacques Roubaud et Pierre Lusson. Le 28 avril 1971, dans le même lieu, Marcel Bénabou expose le projet P.A.L.F. Renseignements fournis par Léon Robel.

Cinéma

• Sortie parisienne le 5 mars 1971 de *Jupiter*, film de Jean-Pierre Prévost, dans lequel Perec tient un petit rôle.

Photogramme du film avec Perec reproduit dans *Portrait(s) de Georges Perec*, p. 142-143.

Études

• Gato-Trocchi (C.), « La Situazione "suicido" nella letteratura francese degli anni '50 e '60 », *Rivista di sociologia* (Rome), n° 22, p. 205-222 [à propos des *Choses* (p. 215-216)].

1972

Publications

• « Les gnocchis de l'automne ou Réponse à quelques questions me concernant », *Cause commune*, n° 1, mai 1972, p. 19-20.

Texte surtitré : « Autoportrait ». La revue est animée par Alain Bourdin, Christine Brunet, Jean Duvignaud (rédacteur en chef), Pascal Lainé, Françoise Maillet, Georges Perec et Paul Virilio. Réédition posthume – 1990 : *Je suis né.*

• « Six rêves », *Cause commune*, n° 2, juin 1972, p. 49-52.

Textes repris en 1973 dans *La Boutique obscure*: rêves n°s 5, 13, 45, 49 (sans titre), 77, 85 ; quelques variantes par rapport au texte du recueil.

• Harry Mathews, « Trois tribus », « traduit de l'anglais par Georges Perec avec la collaboration de l'auteur », *Les Lettres nouvelles*, septembre-octobre 1972, p. 18-31.

Chapitres « En Abyssinie », « Les mères du soleil », « La victime » et « La dernière tribu » de *Les Verts Champs de moutarde de l'Afghanistan* (1974).

• « L'orange est proche », *Cause commune*, n° 3, octobre 1972, p. 1-2.

Éditorial de la livraison.

Traduction – 1977 : portugais.

Réédition anthume – 1975 : *Le Pourrissement des sociétés.*

• « Fonctionnement du système nerveux dans la tête », « pièce stéréophonique pour conférencier et chœur intérieur », Paris, Atelier de création radiophonique de l'ORTF, 1972, 41 p.

Tiré à 36 exemplaires, le 26 juillet 1972. David Bellos : « Selon le fichier de Radio-France,

Fonctionnement fut accepté par France Culture et la production en fut confiée à Alain Colas. Pourtant nous n'avons retrouvé aucune trace d'une diffusion quelconque» (*Georges Perec*, p. 755).

• «Fonctionnement du système nerveux dans la tête», *Cause commune*, n° 3, octobre 1972, p. 42-55.
Même texte que le précédent, avec un dessin de Fred Forest.

• *Les Revenentes*, Paris, Julliard, collection «Idée fixe», 1972, 127 p.
Achevé d'imprimer: 2 novembre 1972. Collection dirigée par Jacques Chancel.
Réédition anthume – Décembre 1972: extraits en revue.

• Georges Balandier, Jean Duvignaud, Georges Perec, Paul Virilio, «Le grabuge», discussion, *Cause commune*, n° 4, novembre 1972, p. 2-15.

• «En cent», *Subsidia pataphysica*, n° 18: «L'An 100», 27 Sable 100 EP [vulg. 27 décembre 1972], p. 70-72.
Premier chapitre des *Revenentes*.

• *Die Maschine. Hörspiel*, Übersetzung und deutsche Fassung von Eugen Helmlé, Stuttgart, Philipp Reclam, collection «Universal Bibliothek», n° 9352, 1972, 88 p.
Avec une postface de Werner Klippert. Extraits de la présentation explicative traduits en français dans: Bernard Magné, *Perecollages*, 1989, p. 222.

• *Versions latines*, plaquette hors commerce, 1972.
Variations homophoniques «imaginées et réalisées à la fin de l'année mil neuf cent soixante-douze, il en a été tiré une centaine d'exemplaires»; «vœux» pour l'année 1973.
Réédition posthume – 1989: *Vœux*.

Réédition

• *Les Choses. Une histoire des années soixante* [1965], Paris, Éditions J'ai Lu, n° 259, 1972, 185 p.
Dépôt légal: 1ᵉʳ trimestre 1972. Couverture de Sylvain Nuccio; même quatrième de couverture que la réédition de 1966 aux mêmes éditions. Perec: «la couverture des premiers tirages est une illustration de Philippe Mitschké sur laquelle on voit un jeune couple, une affiche du studio 28 avec Orson Welles dans *Mr Arkadin*, *L'Express*, l'Arc de Triomphe de l'Étoile, une chaussure (anglaise), un billet de cent francs; elle a été remplacée ensuite par une photographie montrant un fauteuil de Charles Eames et divers objets (oiseaux) exotiques; aucune des deux ne me plaît vraiment» («Bibliographie sommaire», 1979).
Plusieurs retirages jusqu'en 1975.

Multimédia

• Perec «rédige, pour honorer une commande, le commentaire du mur d'images présenté par le CNRS en février au Salon des arts ménagers».
Paulette Perec, «Chronique de la vie de Georges Perec», p. 87; manuscrits: FPGP 11,5,1-32d.

Radiodiffusions

• *AudioPerec* (170 mn), France Culture, Atelier de création radiophonique n° 101 produit par Alain Trutat, émission enregistrée les 3 et 4 mars 1972, diffusée le 5 mars 1972.

L'émission propose, entrecoupée d'interventions des membres de l'Oulipo, une audition des travaux récents de Perec : *Diminuendo* (1971) ; *L'Augmentation* (1970), accompagnée pour la circonstance d'un « commentaire sonore de Philippe Drogoz » ; le *Petit Abécédaire illustré* (1969), mis en musique par Philippe Drogoz (1971) ; *Tagstimmen* (1971), et *Souvenir d'un voyage à Thouars*, création d'une partition aléatoire de Perec, dirigée par l'auteur et interprétée par Philippe Drogoz et le Groupe d'études et de réalisations musicales (partition reproduite dans la première livraison des *Cahiers Georges Perec*, 1985).

- *Stroj*, traduction de *Die Maschine* (1968) en serbo-croate par Dubravko Ivacan, diffusion par Radio-Zagreb (IIIe programme) le 5 mars 1972.
  D'après David Bellos, *Georges Perec*, p. 408.

- *Tagstimmen*, rediffusion par la Saarländischer Rundfunk le 29 mars 1972.

- *Der Mechanismus des Nervensystems im Kopf*, traduction de « Fonctionnement du système nerveux dans la tête » (1972) en allemand par Eugen Helmlé, *Hörspiel* diffusé par la Westdeutscher Rundfunk le 15 juin 1972.

- *Vingt ans de* Lettres nouvelles, France Culture, émission enregistrée le 13 juillet 1972 et diffusée le 27 juillet 1972.
  À propos de la revue de Maurice Nadeau fondée en mars 1953.

Théâtre

- *Die Gehaltserhöhung, oder, wie die physischen, psychischen, klimatischen, ökonomischen und sonstigen Bedingungen beschaffen sein müßen, damit Sie die größtmöglichsten Chancen haben, Ihren Abteilungsleiter um eine Aufbesserung Ihres Gehalts bitten zu können. Ein Organigramm*, traduction de *L'Augmentation* en allemand par Eugen Helmlé, création en octobre 1972 au Theater am Sozialamt de Munich.
  Seul le titre distingue ce texte de *Wucherungen* (1969) ; la pièce, montée avec grand succès, sera reprise dans plusieurs villes allemandes l'année suivante (voir David Bellos, *Georges Perec*, p. 531-532).

Études

- Crisan (Constantin), « Introducere sumara la romanul stilistic », dans *Iesirea di metafora*, Bucarest, Cartea romaneasca, 1972, p. 117-128 [à propos des *Choses*].

- Gollub (Judith), « Georges Perec et la littérature potentielle », *The French Review* (Montana State University), vol. XLV, n° 6, 1972, p. 1098-1105.

Presse

- Compte rendu des *Revenentes* : *Elle*, 15-21 janvier 1973.

1973

Publications

• «La mort des choses», dans: [Collectif], *La Vie des choses*, catalogue d'une exposition au Musée Galliéra (12 janvier-11 février 1973), Paris, publication des Peintres témoins de leur temps, 1973, non paginé.
Achevé d'imprimer: 10 janvier 1973. Portrait à la plume de Perec dû à Walter Spitzer.

• «Approches de quoi?», *Cause commune*, n° 5: «l'infra-quotidien, l'infra-ordinaire», février 1973, p. 3-4.
Éditorial de la livraison.
Traduction – 1977: portugais.
Réédition anthume – 1975 : *Le Pourrissement des sociétés*.
Réédition posthume – 1989 : *L'infra-ordinaire*.

• «Micro-traductions. 15 variations discrètes sur un poème connu», *Change*, n° 14: «Transformer, traduire», février 1973, p. 113-117.
Variations sur le *Gaspard Hauser* de Verlaine. Le numéro de la revue est composé par Léon Robel.

• Marcel Bénabou et Georges Perec, «Le P.A.L.F.», *Change*, n° 14: «Transformer, traduire», février 1973, p. 118-130.
Le volume OULIPO, *La Littérature potentielle* livre un autre aspect de ce travail sous le titre «La littérature sémo-définitionnelle».
Réédition posthume – 1989 : *Presbytère et prolétaires*.

• OULIPO, *La Littérature potentielle (Créations Re-créations Récréations)*, Paris, Gallimard, collection «Idées», n° 289, 308 p.
Achevé d'imprimer: 13 avril 1973. On notera dans le recueil (p. 97-98) deux courts textes lipogrammatiques signés Raymond Queneau extraits de *La Disparition*.
Le volume comprend les contributions inédites suivantes de Perec:
• [«J'ai cru voir...»], boule de neige de pas 1 et de longueur 11, p. 110.
• Marcel Bénabou et Georges Perec, «La littérature sémo-définitionnelle. Une chaîne de citations», p. 123-132.
• Marcel Bénabou et Georges Perec, «L.S.D. poétique», p. 133-137.
• Marcel Bénabou et Georges Perec, «L.S.D. analytique (exercice sur une phrase de Raymond Roussel)», p. 138-140.
Réédition posthume – 1989 : ces trois textes en collaboration, *Presbytère et prolétaires*.
• [«Voyons voir...»], exercice d'homosyntaxisme, p. 178.

• *La Boutique obscure. 124 rêves*, postface de Roger Bastide, Paris, Denoël/Gonthier, coll. «Cause commune», 1973, non paginé.
Achevé d'imprimer: 22 mai 1973. Unique volume de la collection «Cause commune».
Prépublications – Octobre 1971 et juin 1972.
Traduction – 1974, extraits en espagnol.

• «J'ai cherché des matériaux dans les rêves pour faire une autobiographie nocturne», propos recueillis par Gilles Dutreix, *Nice-Matin*, 16 septembre 1973.

• «Ô, images, vous suffisez à mon bonheur», *La Quinzaine littéraire*, n° 172, 1er-15 octobre 1973, p. 37-38.
Compte rendu d'*Une semaine sous l'influence de*, pièce de Richard Foreman représentée au théâtre Récamier du 20 septembre au 15 octobre 1973.

• «Chalands et nonchalants», *Cause commune*, n° 7, octobre 1973, p. 4-5.

• *Ulcérations*, plaquette hors commerce, 22 p.

> Pour les «vœux» de l'année 1974, Perec abandonne les variations homophoniques et compose son premier ensemble de vers hétérogrammatiques (399 séries avec matrice typographique). Rééditions anthumes – 1974, en plaquette – Mars 1975, extraits en revue – 1980 : *La Clôture et autres poèmes* (nombreuses variantes) – 1981 : OULIPO, *Atlas de littérature potentielle* (extraits) ; OULIPO, *La Bibliothèque oulipienne*.

Rééditions

• «L'art et la manière d'aborder son chef de service pour lui demander une augmentation» (1968), *Communication et langages*, n° 17, 1er trimestre 1973, p. 41-56.

> Quelques passages supprimés par rapport à la publication originale.

• Dans : Oulipo, *La Littérature potentielle* :
  • «Histoire du lipogramme» (1969), p. 77-93.
  • «Un roman lipogrammatique», reprise du Post-scriptum de *La Disparition* (1969), p. 94-96. Avec un «P.S. : Il est intéressant de signaler que plusieurs critiques, rendant compte de ce livre, ne se sont pas aperçus – au cours de ces 312 pages – de la "disparition" de la lettre E.»
  • «Traductions lipogrammatiques de poèmes bien connus», reprise de «Vocalisations» et «Nos chats» (signé «Un fils adoptif du Commandant Aupick») de *La Disparition* (1969), p. 99-100.
  • «9691/EDNA D'NILU/O, MU, ACERE, PSEG ROEG», reprise du «grand palindrome» (1970) sans les points de suspension centraux, p. 101-106.
  Perec : «une lecture hyper-attentive permettrait de remarquer que les deux textes ne sont pas exactement identiques. Il y avait en effet une erreur dans le premier» («Bibliographie sommaire», 1979).
  • «Les horreurs de la guerre. Drame alphabétique en trois actes et trois tableaux» (1969), p. 111-114.
  • «Petit Abécédaire illustré» (1969, 1970), p. 239-244.

Traductions

• «Between Sleeping and Waking», extraits d'*Un homme qui dort* traduits en américain par Harry Mathews, *The Paris Review*, n° 56, printemps 1973, p. 49-56.

• «Das Literarische Experiment : Leipogrammatischer Text und Übersetzung von Perec – Helmlé», *Einzelheiten Texte aus dem Saarland*, n° 1, p. 14-18.

> Traduction du début de *La Disparition* par Eugen Helmlé, avec le texte original en regard, suivie d'un commentaire non signé et d'une interview non signée d'Eugen Helmlé.

Cinéma

• Selon Bernard Queysanne, Perec écrit le commentaire d'un court métrage réalisé par Patrice Molinard (commande du CNRS), *Le Mieux-Être* – jusqu'à ce jour, aucune copie n'a été retrouvée.

Télédiffusion

• Dans le cadre d'une émission réalisée par Jean-Pierre Prévost de la série télévisée *Les Poètes*, Perec interviewe Jacques Roubaud sur ses terres languedociennes de Saint-Félix (20 mn) – date de diffusion non retrouvée.

Manifestation

• Avril 1973 : Perec est invité au Festival de théâtre de Novi Sad (Yougoslavie).
Radio Zagreb a diffusé une traduction serbo-croate de *Die Maschine* en 1972. D'après Paulette Perec, « Chronique de la vie de Georges Perec », p. 91.

• Le 12 juillet 1973, dans le cadre du colloque « Changement de forme, Révolution, Langage » organisé à Cerisy-la-Salle par le collectif *Change* (2-12 juillet, direction : Jean-Pierre Faye, Jacques Roubaud), Perec et Marcel Bénabou exposent le projet *P.A.L.F.*
Communication non reprise dans les actes du colloque publié en 1975 (Tome I : *Change de forme*, tome II : *Change matériel*, U.G.E., coll. « 10/18 », nos 976 et 977). On notera que la revue *Change* a publié une présentation du *P.A.L.F.* dans son numéro de février 1973.
La communication de Perec et Bénabou est mentionnée par Bertrand Poirot-Delpech dans un compte rendu du colloque publié dans *Le Monde* daté du 19 juillet 1973 (« Un colloque du collectif *Change*. Sous la plage, les pavés ? »).

Radiodiffusion

• Le 9 mai 1973, Perec accorde une interview à François Turmel pour le service français de la BBC – date de diffusion non retrouvée.

Études

• Bouchez (Madeleine), « Georges Perec ou l'ennui parmi "les choses" », dans *L'Ennui de Sénèque à Moravia*, Paris, Bordas, collection « Univers des lettres », 1973, 207 p. [commentaire d'un extrait des *Choses*, p. 178-180].

• Pérez Minik (Domingo), « *Las Cosas*, de Georges Perec, o la sociedad industrial de masas en entredicho », dans *La Novela extranjera en España*, Madrid, Taller de Ediciones Josefina Betancor, 1973, p. 73-79 [reprise d'un article paru en revue en 1967].

• Roubaud (Jacques), « Les rêvent écrivent », *La Quinzaine littéraire*, n° 166, 16-30 juin 1973, p. 19-20.

Presse

Compte rendu de *La Boutique obscure* : Bertrand Poirot-Delpech, *Le Monde*, 14 juin 1973 ; Jacques Roubaud, *La Quinzaine littéraire*, 16-30 juin 1973 ; Maurice Achard, *Combat*,

4 juillet 1973 ; Claude Bonnefoy, *Les Nouvelles littéraires*, 9-16 juillet 1973 ; Claude Mauriac, *Le Figaro littéraire*, 18-24 août 1973 ; Catherine David, *Le Nouvel Observateur*, 10-16 septembre 1973 ; André Marissel, *Esprit*, mai 1974.

1974

Publications

• Présentation de *La Poche Parmentier*, lieu de publication non retrouvé, *circa* février 1974.
Réédition posthume – Ici même, p. 144.

• « Georges Perec ou les coulisses de l'exploit linguistique », propos recueillis par René Cenni, *Nice-Matin*, 12 février 1974.
À l'occasion de la création de *La Poche Parmentier* à Nice.

• « Entretien : Georges Perec et Bernard Queysanne », propos recueillis par Gilles Durieux, *Unifrance Film*, n° 479, février 1974, n. p.

• Dossier du film : *Un homme qui dort*, Paris-Tunis, Dovidis-Satpec, 1974, 9 p.
Dossier publié après l'obtention du prix Jean-Vigo le 24 mars 1974.' Contenu : synopsis, fiche technique, fiche artistique, extraits d'un entretien, notices bio-biblio-filmographiques des réalisateurs, notices biographiques des acteurs, extraits de comptes rendus de presse ; synopsis et entretien : extraits, dans une version légèrement modifiée, de l'entretien précédent.

• « *Un homme qui dort*. Lecture cinématographique », *Combat*, 4 avril 1974, p. 12.
Réédition posthume – Ici même, p. 151.

• Jean Duvignaud, Georges Perec, Paul Virilio, « Controverse. À propos de *Cause commune* », *Le Monde*, 31 mai 1974, p. 16.
Lettre envoyée au *Monde* après l'arrêt de la revue, signée « Jean Duvignaud, Georges Perec, Paul Virilio et la rédaction de *Cause commune* », suivie de la réponse d'Albert Blanchard, directeur général des éditions Denoël.
Réédition posthume – Ici même, p. 134.

• « Autour d'un film », propos de Georges Perec, Bernard Queysanne et Jacques Spiesser recueillis par Simone Benmussa, *Combat*, 31 mai 1974, p. 13.
Extraits d'un débat qui a suivi une projection du film donnée en avant-première pour les lecteurs du journal.

• « Entretien avec Georges Perec et Bernard Queysanne », propos recueillis par Luce Vigo, *La Revue du cinéma. Image et son*, n° 284, mai 1974, p. 68-74.
Avec trois photogrammes du film (p. 71) et une photographie de tournage (p. 73).

• « Vivre au point mort. L'homme qui dort. Entretien avec Bernard Queysanne et Georges Perec », propos recueillis par Bernard Nave, *Jeune Cinéma*, n° 79, juin 1974, p. 36-39.

• « "Un bonhomme qui dort ne peut pas arrêter le temps." Entretien avec Georges Perec et Bernard Queysanne », propos recueillis par Jacques Grant, *Cinéma 74*, n° 189, juillet-août 1974, p. 46-51.
Avec une photographie du tournage (p. 47). Suivi d'un entretien avec Bernard Queysanne, « La distribution d'un film français "difficile" » (p. 52).

- « "Busco al mismo tiempo lo eterno y lo efímero". Diálogo con Georges Perec », propos recueillis par Jorge Aguilar Mora, *Siempre* (Mexico), supplément littéraire « La cultura en México », 1974, p. VI-VIII.

- « Journal d'un usager de l'espace », *Les Nouvelles littéraires*, n° 2450, 9-15 septembre 1974, p. 6-7.
  Prépublication de larges extraits d'*Espèces d'espaces* estampillés du « Label Nouvelles littéraires », avec un photogramme extrait d'*Un homme qui dort*. Le titre de cette prépublication reprend les derniers mots du texte de Perec donné sur le rabat de la quatrième de couverture du volume : « C'est à partir de ces constatations que s'est développé ce livre, journal d'un usager de l'espace. »

- *Espèces d'espaces*, Paris, Galilée, collection « L'Espace critique », 1974, 124 p.
  Pas de mention d'achevé d'imprimer ; dépôt légal : 4ᵉ trimestre 1974 (sortie en librairie : 16 octobre). Collection dirigée par Paul Virilio. Texte de présentation sur le rabat de la quatrième de couverture signé « G. P. ».
  Prépublication – Septembre 1974.
  Rééditions anthumes – 1976 : réédition – 1976, extraits dans : Antonio Corpora, *Arbres et l'isar à lenggries* – Décembre 1978, extraits en revue – Février 1979, extraits en revue.
  Traduction – 1974, extraits en espagnol.

- « Qu'est-ce que la littérature potentielle ? », *Le Magazine littéraire*, n° 94 : « L'irrévérend monsieur Queneau », novembre 1974, p. 22-23.
  Soit « 35 Variations sur un thème de Marcel Proust », accompagné d'un court texte de présentation.

- Publication des trois points de suspension centraux du « grand palindrome » (1970) accompagnés d'une note, *Roy Rogers* (New York), numéro spécial « One line poems », hiver 1974, p. 37.
  La livraison de la revue constitue une anthologie de monostiches recueillis par Bill Zavatsky.

- *Les Adventures de Dixion Harry*, plaquette hors commerce, 24 p.
  Plaquette ronéotée à « une centaine / d'egg-samplers », réalisée « dans les premiers / jours de décembre 1974 / à / Griffydam / (Leicestershire) » ; « vœux » pour l'année 1975.
  Réédition posthume – 1989 : *Vœux*.

- Harry Mathews, *Les Verts Champs de moutarde de l'Afghanistan* [*Tlooth*, 1966], traduit de l'américain par Georges Perec et l'auteur, Paris, Denoël, collection « Les Lettres Nouvelles », 1974, 188 p.
  Pas de mention d'achevé d'imprimer ; dépôt légal : 1ᵉʳ trimestre 1975 ; © 1974.
  Prépublication – Septembre 1972.

- Entretien avec Georges Perec et Bernard Queysanne, « une interview de Christian Caminade », *Connaissance des hommes* (Avon), décembre 1974, p. 7.
  Il s'agit d'un entretien fictif, les réponses sont un montage réalisé à partir de l'entretien avec Gilles Durieux paru en février 1974 dans *Unifrance Film*.

- « Experimental Demonstration of the Tomatotopic Organisation in the Soprano (*Cantatrix sopranica L.*) », dans *Recueil d'articles offerts en hommage à Marthe Bonvallet*, Paris, Faculté de Médecine Saint-Antoine, [1974].
  Texte en anglais. Encart tapuscrit (sur des pages de format A5, numérotées de 511 à 529) inséré dans le recueil offert à Marthe Bonvallet, à l'occasion de son départ à la retraite, par l'ensemble de ses collaborateurs du LA 38 (hôpital Saint-Antoine) du CNRS (cote BnF. 8-Z Pièce 4837). Perec : « ce pastiche d'article de neurophysiologie circule dans les milieux scientifiques sous forme de photocopies de plus en plus pâles » (« Bibliographie sommaire », 1979).
  Rééditions anthumes – Juin 1980, en revue – Mai 1981, en revue.
  Réédition posthume – 1991 : *Cantatrix sopranica L. et autres écrits scientifiques*.

Rééditions

• *Un homme qui dort*, Roman, Paris, Denoël, coll. « Les Lettres nouvelles », 1967.
  Réimpression de l'édition originale (mêmes mentions d'éditeur et de dépôt légal), avec couverture ajoutée reproduisant l'affiche du film et portant sur les rabats la même prière d'insérer (avec une très légère modification) que celle figurant sur la couverture jaune à rabat originale.

• *Ulcérations* (1973), Paris, Bibliothèque oulipienne, n° 1, 1974, 24 p.
  Achevé d'imprimé : 24 septembre 1974. Édition hors commerce, tirage limité et numéroté de 150 exemplaires.

Traduction

• Rêves n°ˢ 38 et 84 de *La Boutique obscure* (1973) et quatre extraits d'*Espèces d'espaces* (1974) traduits par Jorge Aguilar Mora, en encadrés dans l'entretien paru dans *Siempre* en 1974.

Cinéma

• *Un homme qui dort* (82 mn, noir et blanc), film de Georges Perec et Bernard Queysanne, production Dovidis (Paris) – Satpec (Tunis).
  21 mars 1974 : prix Jean-Vigo ; 24 avril 1974 : sortie à Paris, cinéma *Le Seine* ; 11 et 13 mai 1974 : projections hors compétition au Festival de Cannes, section Perspectives du cinéma français.
  De juin à décembre, le film est projeté dans de nombreux festivals (Toulon, Los Angeles, Carpentras, Édimbourg, Thonon-les-Bains, Turin, Carthage, Londres, Grenoble). Version anglaise traduite par Harry Mathews, texte lue par Shelley Duval : *A Man in a Dream* (1974). Pour plus de précisions, voir *supra*, p. 145.

• *Le FIAP* (6 mn), réalisation de Bernard Queysanne, texte de Georges Perec, produit par Pathé pour le ministère des Affaires étrangères.
  Collection « Chroniques de France ». Le FIAP est le Foyer international d'accueil de Paris

Théâtre

• *La Poche Parmentier*, création le 12 février 1974 au Théâtre de Nice, mise en scène de Robert Condamin.

Manifestation

• « Recherches sur les pangrammes », conférence donnée le 14 décembre 1974 au Cercle Polivanov.
  Renseignement fourni par Léon Robel.

Radiodiffusions

• *Double audition* (Even de Tissot), France Musique, émission enregistrée et diffusée le 19 mars 1974.

Perec et Philippe Drogoz évoquent leurs collaborations (17 mn 40).

• *186.260.374.010*, intégralité de la bande-son du film *Un homme qui dort*, France Culture, Atelier de création radiophonique n° 186, émission diffusée le 26 mars 1974.
186 est le numéro du programme, 260.374 la date de diffusion, 010 le nom du groupe de recherche musicale formé par Philippe Drogoz et Eugénie Kuffler (Ensemble 010).

• *Panorama* (Jacques Duchateau), France Culture, émission diffusée le 2 mai 1974.
Perec parle du film *Un homme qui dort* (4 mn 35).

• *Radioscopie*, France Inter, Jacques Chancel interviewe Jacques Spiesser, émission diffusée le 13 mai 1974.
Diffusion d'extraits de la bande-son d'*Un homme qui dort*.

• Georges Perec, Philippe Drogoz, Eugen Helmlé, *Konzertstück für Sprecher und Orchester*, diffusé par la Saarländischer Rundfunk le 18 juillet 1974.
Dernier *Hörspiel* de Perec.

• *Diminuendo* (1971), rediffusion sur France Culture le 23 novembre 1974 (23 mn).

Études

• Daney (Serge), compte rendu d'*Un homme qui dort*, *Libération*, 9 mai 1974 [repris dans: Serge Daney, *La Maison cinéma et le monde. 1. Le Temps des Cahiers. 1962-1981*, Paris, P.O.L, 2001].

• Kenler (Raymond), « *Les Choses* de Georges Perec: les objets, langage d'une logique de stratification sociale; intertextualité: *L'Éducation sentimentale* de Gustave Flaubert », mémoire de licence en philologie romane, université de Liège, 132 p.

• Palermo (Giuseppe), « Due romanzi lipogrammatici di Georges Perec: *La Disparition*, *Les Revenentes* », tesi di laurea, sous la direction de Cosimo Amantonico, université de Bari, 110 p.

• Pons (Maurice), « Un livre, un film: *Un homme qui dort* de Georges Perec et Bernard Queysanne », *Les Temps modernes*, n° 336, juillet 1974, p. 2506-2508.

Presse

• Compte rendu de *La Poche Parmentier*: Michel Cournot, *Le Monde*, 22 avril 1974.

• Comptes rendus d'*Un homme qui dort*: *Le Figaro*, 28 mars 1974 (diffusion de la bande-son sur France Culture); *Le Film français*, 29 mars-4 avril 1974 (interview de Queysanne); *Le Monde*, 31 mars-1er avril 1974 (diffusion de la bande-son sur France Culture); Jacques Grant, *Combat*, 17 avril 1974; Michèle Dokan, *Le Quotidien de Paris*, 16 avril 1974; Magali Moustiers, *Télérama*, 20-26 avril 1974; Gilles Jacob, *L'Express*, 22-28 avril 1974; Henry Chapier, *Le Quotidien de Paris*, 25 avril 1974; Jean de Baroncelli, *Le Monde*, 27 avril 1974; François Maurin, *L'Humanité*, 27 avril 1974; G. Teisseire, *L'Aurore*, 27 avril 1974; *Le Point*, 29 avril-5 mai 1974; Robert Chazal, *France-Soir*, 30 avril 1974; *L'Humanité-dimanche*, 1er-7 mai 1974; *Pariscop*, 1er-7 mai 1974; Mireille Amiel, *Témoignage chrétien*, 2-8 mai 1974; Samuel Lachize, *L'Humanité-dimanche*, 5-11 mai 1974; Serge Daney, *Libération*, 9 mai 1974; Jean-Louis

Bory, *Le Nouvel Observateur*, 13-19 mai 1974; Georges Charensol, *Les Nouvelles littéraires*, 13-19 mai; *La Croix*, 20 mai 1974; Mireille Amiel, *Cinéma 74*, mai 1974; Georges Franju, *Positif*, mai 1974; Bernard Nave, *Jeune Cinéma*, juin 1974; *Écran 74*, juin 1974; Paul Fournel, *La Tribune médicale*, 6 juillet 1974; Maurice Pons, *Les Temps modernes*, juillet 1974; *Téléciné*, juillet 1974; *La Revue du cinéma. Image et son*, septembre 1974.

• Comptes rendus d'*Espèces d'espaces*: François Bott, *Le Monde*, 1er novembre 1974; *Les Nouvelles littéraires*, 25 novembre-1er décembre 1974; Claude-Henri Rocquet, *La Quinzaine littéraire*, 1er-15 décembre 1974; Claude Mauriac, *Le Figaro littéraire*, 28 décembre 1974-3 janvier 1975; Christian Audejan, *Esprit*, décembre 1974; Madeleine Chapsal, *L'Express*, 17-23 février 1975.

1975

Publications

• « Tentative d'épuisement d'un lieu parisien », dans: Paul Virilio, Georges Perec, Jean-Michel Palmier, Jean Duvignaud, *Le Pourrissement des sociétés. Cause commune*. 1975/1, Paris, Union Générale d'Éditions, collection « 10/18 », série « Cause Commune », n° 936, 1975, p. 59-108.
  Achevé d'imprimer: 24 mars 1975.
  Traduction – 1977: portugais.
  Réédition posthume – Novembre 1982, en plaquette.

• *W ou le Souvenir d'enfance*, Récit, Paris, Denoël, collection « Les Lettres Nouvelles », 1975, 224 p.
  Achevé d'imprimer: 2e trimestre 1975. Jaquette illustrée d'une photographie de Christine Lipinska représentant la façade du salon de coiffure de Cyrla Perec au 24, rue Vilin (photographie reprise dans le coffret hors commerce *La Clôture*, 1976), avec la lettre W en surimpression en très gros caractère jaune; quatrième de couverture signée « G. P. ».

• Quatre problèmes de mots croisés, *La Quinzaine littéraire*, du n° 213 (1er-15 juillet 1975) au n° 216 (1er-15 septembre 1975).
  Titre de la rubrique: « Les mots croisés de Georges Perec », annoncée en couverture du n° 213. La solution de la dernière grille est dans le n° 217 (16-30 septembre 1975), accompagnée du commentaire suivant: « Georges Perec, requis par d'autres travaux, interrompt momentanément la rubrique de ses mots croisés. »
  Réédition posthume – 1999 : *Les Mots croisés*.

• « Les lieux d'une fugue », *Présence et regards*, nos 17-18, automne 1975, p. 4-6 et 32.
  Nombreuses coquilles, mastics. Texte daté de mai 1965, pièce principale du dossier « Georges Perec, l'homme qui veille » (voir ci-dessous, section Études). Photographie de Perec par Anne de Brunhoff en couverture.
  Réédition posthume – 1990 : *Je suis né*.

• Prospectus de souscription pour le coffret hors commerce *La Clôture*.
  Souscription ouverte jusqu'au 15 janvier 1976, une page dactylographiée signée « G. P. ».
  Réédition posthume – 1992 : Mireille Ribière, Bernard Magné, *Les Poèmes hétérogrammatiques*.

Rééditions

- Dans *Le Pourrissement des sociétés*:
  - «L'orange est proche» (1972), p. 245-250.
  - «Approches de quoi?» (1973), p. 251-255.
- Extraits de *Ulcérations* (1973, 1974), *Subsidia pataphysica*, n° 26, mars 1975, p. 16-17.
- *Les Choses. Une histoire des années soixante* [1965], Paris, Éditions J'ai Lu, n° 259, 1975, 121 p.
  Achevé d'imprimer: juin 1975. Couverture de Sylvain Nuccio; même quatrième de couverture que les rééditions de 1966 et 1972 aux mêmes éditions. Nombreux retirages.

Cinéma

- Septembre 1975: projection d'*Un homme qui dort* au Festival de Venise.
  À cette occasion, de nombreux articles, dans l'ensemble élogieux, paraissent dans la presse italienne.

Télédiffusions

- *1930-1934* (52 mn), seconde époque réalisée par Michel Pamart et Claude Ventura de la série *La Vie filmée des Français*, production INA, commentaires écrits et lus par Perec, diffusion sur FR3 le 1er août 1975.
- *Ahö... Au cœur du monde primitif* (93 mn), documentaire réalisé par Daniel Bertolino et François Floquet, texte de Georges Perec, production Via le Monde (Montréal), projection en avant-première à Montréal le 20 novembre 1975.
  Montage d'extraits de la série télévisée canadienne *Les primitifs*, quatre épisodes réalisés par Bertolino (sur les Pygmées du Cameroun, les Kalash du Pakistan, les Kashkai d'Iran et les Papous de la Nouvelle-Guinée), deux par Floquet (*Ces hommes qui viennent du ciel, L'Étrange Énigme des Orang-Kubus*). Le film obtient le Canadian Film Award du meilleur long métrage documentaire.

Manifestations

- Le 8 mai 1975, Perec est invité à un colloque d'écrivains à Ljubljana (Yougoslavie).
  D'après Paulette Perec, «Chronique de la vie de Georges Perec», p. 96.
- Le 8 octobre 1975, Perec participe à une manifestation publique de l'Oulipo au Palais des Beaux-Arts de Bruxelles où est montrée, dans le cadre du festival culturel Europolia 75, une exposition en hommage à Raymond Queneau.

Radiodiffusions

- *Der Tod Helmles*, lecture d'extraits de *La Boutique obscure* traduits en allemand par Eugen Helmlé, émission diffusée par la Saarländischer Rundfunk le 5 janvier 1975.

- *De la nuit. Les doigts dans la cassure*, émission enregistrée le 26 juin 1975, date de diffusion non retrouvée.
  Perec s'entretient avec J. M. Duprez à propos de *W ou le Souvenir d'enfance* (24 mn).

- *Rencontre avec Jean Duvignaud* (P. Galbeau), France Culture, émission enregistrée le 13 juillet 1975 et diffusée le 25 juillet 1975.
  Perec s'entretient avec le sociologue à propos de la manipulation du discours politicien (11 mn 25).

- *Entretiens avec Maurice Nadeau*, France Culture, émission enregistrée le 11 juin 1975 et diffusée en cinq épisodes (25 mn chacun) du 17 au 21 novembre 1975.
  Série produite par Perec, qui tient également le rôle d'interviewer.

- *Die Maschine* (1968), rediffusion par la Saarländischer Rundfunk le 29 juin 1975.

- *Poésie ininterrompue* (Claude Royet-Journoud), France Culture, émission consacrée à Harry Mathews, diffusée du 18 au 24 août 1975.
  Participation de Perec. Dans un des six épisodes, Mathews lit un extrait d'*Espèces d'espaces* (2 mn 40).

- *Mi-fugue mi-raisin*, France Culture, émissions diffusées les 22 et 29 novembre et le 6 décembre 1975.
  Perec évoque *La Boutique obscure* (1973).

- *Autoren im Dialog*, émission enregistrée le 6 juin 1975 et diffusée par la Saarländischer Rundfunk le 12 décembre 1975.
  Discussion avec Eugen Helmlé et lecture bilingue d'extraits de *W ou le Souvenir d'enfance*.

Études

- Burgelin (Claude), « *W ou le Souvenir d'enfance* de Georges Perec », *Les Temps modernes*, n° 351, octobre 1975, p. 568-571.

- Delbourg (Patrice), « Ce curieux personnage assis au fond d'une banquette », *Présence et regards*, n°ˢ 17-18, automne 1975, p. 8.

- Morissette (Bruce), « Post-Modern Generative Fiction: Novel and Film », *Critical Inquiry* (Chicago), hiver 1975 [à propos d'*Un homme qui dort*].

- Pingaud (Bernard), « L'indifférence, passion méconnue », *Présence et regards*, n°ˢ 17-18, automne 1975, p. 9-10 [republication du compte rendu d'*Un homme qui dort* paru en 1967 dans *La Quinzaine littéraire*].

- Pontalis (Jean-Bertrand), « À partir du contre-transfert: le mort et le vif entrelacés », *Nouvelle Revue de psychanalyse*, n° 12: « La psyché », automne 1975, p. 73-87.

- Pudlowski (Gilles), « L'homme des choses et ses racines », *Présence et regards*, n°ˢ 17-18, automne 1975, p. 7.

- Roberts (Jean-Marc), « Georges Perec, l'homme qui veille », *Présence et regards*, n°ˢ 17-18, automne 1975, p. 3.

Presse

- Comptes rendus de *W ou le Souvenir d'enfance*: Pascal Pia, *Carrefour*, 8 mai 1975 ; Roger-Pol Droit, *Le Monde*, 23 mai 1975 ; Jean Duvignaud, *Le Nouvel Observateur*, 26 mai-1ᵉʳ juin 1975 ; Jean-Baptiste Mauroux, *La Quinzaine littéraire*, 1ᵉʳ-15 juin 1975 ; André

Stil, *L'Humanité*, 12 juin 1975 ; Jean-Marc Roberts, *Le Quotidien de Paris*, 13 juin 1975 ; Matthieu Galey, *L'Express*, 28 juillet-3 août 1975 ; Jean-Baptiste Baronian, *Le Magazine littéraire*, septembre 1975 ; Claude Burgelin, *Les Temps modernes*, octobre 1975 ; Jean Duvignaud, *La Nouvelle NRF*, décembre 1975.

- Compte rendu de *Le Pourrissement des sociétés*: Michel Cournot, *Le Nouvel Observateur*, 12-18 mai 1975.

1976

Publications

- Georges Perec, Christine Lipinska, *La Clôture*, Paris, Imprimerie Caniel, 1976, n. p. [36 f.], coffret à l'italienne.
  Achevé d'imprimer : 14 janvier 1976. Cent exemplaires hors commerce numérotés et signés par l'auteur et l'artiste. Dix-sept poèmes hétérogrammatiques (avec leur matrice) accompagnés de seize photographies de Christine Lipinska (le prospectus annonçait dix-sept photographies) représentant des façades de la rue Vilin.
  Rééditions anthumes – 1980 : les dix-sept poèmes sans les matrices, *La Clôture et autres poèmes* – 1980 : poème n° 17, en plaquette – Juin 1980 : poème n° 11, en revue – 1981 : poème n° 17 (OULIPO, *Atlas de littérature potentielle*).
  Réédition posthume – 1992 : poèmes n⁰ˢ 1 et 17 reproduits d'après l'édition originale dans : Mireille Ribière, Bernard Magné, *Les Poèmes hétérogrammatiques*.
- « Je me souviens », *Les Cahiers du Chemin*, n° 26, 15 janvier 1976, p. 83-108.
  Prépublication des 163 premiers « Je me souviens », quelques variantes avec la publication en volume (1978).
- « Lire : esquisse socio-physiologique », *Esprit*, n° 453 : « Lecture II : le texte dans l'espace », janvier 1976, p. 9-20.
  Traduction — 1977 : hongrois.
  Réédition posthume – 1985 : Penser/Classer.
- « Notes concernant les objets qui sont sur ma table de travail », *Les Nouvelles littéraires*, n° 2521, 26 février-4 mars 1976, p. 17.
  Rééditions posthumes – Mars 1982, en revue – 1985 : *Penser/Classer*.
- « Douze regards obliques », *Traverses* (Centre de création industrielle, CNAC Georges-Pompidou), n° 3 : « La mode », février 1976, p. 44-48.
  Réédition posthume – 1985 : *Penser/Classer*.
- Quarante-deux problèmes de mots croisés, *Le Point*, du n° 181 (8-14 mars 1976) au n° 223 (27 décembre-2 janvier 1976).
  Titre de la rubrique : « Mots croisés / par Georges Perec ». Le numéro de la grille est celui de l'hebdomadaire. La grille du n° 196, fautive, est republiée dans le n° 197. La publication hebdomadaire des mots croisés se poursuit régulièrement jusqu'en avril 1982.
  Rééditon anthume – 1979 : *Les Mots croisés*.
  Réédition posthume – 1999 : *Les Mots croisés*.
- Traduction de : Harry Mathews, « Plasma Lacté » (« Milk Plasma »), *Action poétique*, n° 65 : « La cuisine », mars 1976, p. 47.

Le numéro est composé par Pierre Lartigue, Pierre Getzler et Pierre Lusson ; illustrations de Pierre Getzler.

- « Tentative d'inventaire des aliments liquides et solides que j'ai ingurgités au cours de l'année mil neuf cent soixante quatorze », *Action poétique*, n° 65 : « La cuisine », mars 1976, p. 185-189.
  Réédition posthume – 1989 : *L'infra-ordinaire*.

- « Cinq milliards de milliards de romans », *Les Nouvelles littéraires*, n° 2531, 6-12 mai 1976, p. 7.
  Compte rendu de : Italo Calvino, *Le Château des destins croisés*, traduit de l'italien par Jean Thibaudeau et l'auteur, Seuil, 1976.

- Prépublication de seize poèmes d'*Alphabets*, *L'Écho des savanes*, n° 21, juin 1976, p. 20-21.
  Poèmes n°s 2, 6, 16, 27, 38, 49, 60, 71, 85, 97, 107, 118, 129, 140, 151 et 162, sans les matrices typographiques, nombreuses variantes – et erreurs – par rapport à l'édition en volume.

- « Le métier de chercheur », propos recueillis par Bruno Frappat, *Le Monde*, 13 octobre 1976, p. 22.
  Brefs propos de Perec interrogé dans le cadre d'une enquête sur les conditions de travail des chercheurs du CNRS réalisée à Gif-sur-Yvette.

- *Alphabets. Cent soixante-seize onzains hétérogrammatiques*, illustré par Dado, Paris, Galilée, collection « écritures/figures », 1976, n. p.
  Achevé d'imprimer : 25 novembre 1976. Vingt-deux illustrations en noir et blanc.
  Prépublication – Juin 1976.
  Réédition anthume – 1981 : extraits (OULIPO, *Atlas de littérature potentielle*).
  Réédition posthume – 1985 : réédition avec vingt pages d'illustrations nouvelles (la plupart en couleurs) qui se substituent ou s'ajoutent aux illustrations originales.

- Antonio Corpora, *Arbres et l'isar à lenggries*, 12 eaux-fortes, textes de Nello Ponente, Pierre Restany et Erich Steingräber, poèmes de Friedrich Hölderlin et Georges Perec, Paris, Galilée, 1976.
  Parution en novembre 1976. Les « poèmes » sont en fait deux extraits d'*Espèces d'espaces*.

- *Petite Histoire de la musique*, plaquette hors commerce, n. p. [16 p.].
  Plaquette « réalisée à la fin de l'année / mil neuf cent soixante-seize », « 100 exemplaires numérotés / de 197700 à 197799 » ; « vœux » pour l'année 1977.
  Réédition posthume – 1989 : *Vœux*.

Rééditions

- *Un homme qui dort*, Roman, Paris, Union Générale d'Éditions, collection « 10/18 », n° 1110, 1976, 182 p.
  Achevé d'imprimer : 27 octobre 1976. Sur la couverture : « Georges Pérec » ; en quatrième de couverture, photographie de l'auteur et les trois derniers paragraphes du roman.

- *Espèces d'espaces*, Paris, Denoël/Gonthier, collection « Médiations », 1976, 148 p.
  Achevé d'imprimer : 4 novembre 1976.
  Le texte de présentation signé « G. P. » présent sur le rabat de la quatrième de couverture de l'édition originale n'est pas repris. Les derniers mots de ce texte de présentation sont donnés en sous-titre sur la couverture : « Journal d'un usager de l'espace ».

Traduction

- *Veci*, traduction des *Choses* en slovaque par Michaela Jurovská, Bratislava, Smena, 1976, 134 p.

Cinéma

- *Gustave Flaubert. Le travail de l'écrivain* (6 mn), documentaire réalisé par Bernard Queysanne, texte écrit par Perec et lu par Jacques Spiesser, produit par Pathé pour le ministère de l'Intérieur.
  Collection « Chroniques de France ».

Télédiffusion

- *Les Chemins de Georges Perec* (27 mn 52), collection *Fenêtre sur*, émission réalisée par Jean-Claude Hechinger et diffusée sur Antenne 2 le 22 mars 1976.
  Entretien avec Viviane Forrester au domicile de l'écrivain et rue Vilin ; Perec explique précisément quelques algorithmes de *La Vie mode d'emploi* et le projet *Lieux*.

Manifestations

- 5-8 février 1976 : Perec est invité à Berlin, villa Wannsee, pour un colloque littéraire franco-allemand dirigé par Walter Höllerer.
  Programme annoté : FPGP 99,45,31,1. Parmi les autres intervenants : Michel Chaillou, Hélène Cixous, Jean-Marie Domenach, Bernard Noël, Claude Simon, Michel Tournier, Jean Lescure, Eugen Helmlé. C'est à la villa Wannsee que, le 20 janvier 1942, fut arrêtée la *Endlösung* par les Nazis.
- 12 juin 1976 : manifestation de l'Oulipo organisée à la librairie Federop de Lyon.
  Participants : Jacques Bens, Paul Fournel, Harry Mathews, Georges Perec (voir le « Liminaire » de Perec à la plaquette *La Cantatrice sauve*, 1981).

Radiodiffusion

- *Le Rêve et le Langage*, France Culture, émission enregistrée le 16 février 1976 et diffusée le 20 avril 1976.
  Perec s'entretient avec Germaine Rouvre (16 mn).
  Réédition posthume – 1997 : « L'écriture des rêves », coffret *Georges Perec* (4 CD).

Études

- Poirson (Alain), « Georges Perec : *W ou le Souvenir d'enfance* », *La Pensée*, n° 186, 1976, p. 151-153.
- Roubaud (Jacques), « Écrit sous la contrainte », *La Quinzaine littéraire*, n° 246, 16-31 décembre 1976, p. 20-21 [compte rendu d'*Alphabets*].

Presse

• Comptes rendus d'*Alphabets*: Jacques Roubaud, *La Quinzaine littéraire*, 16-31 décembre 1976; Pierre Lartigue, *L'Humanité*, 23 décembre 1976; Robin Buss, *Times Literary Supplement* (Londres), 6 mai 1977.

1977

Publications

• Cinquante-deux grilles de mots croisés, *Le Point*, du n° 224 (3-9 janvier 1977) au n° 275 (26 décembre 1977-1ᵉʳ janvier 1978).
   Réédition anthume – 1979 : *Les Mots croisés*.
   Réédition posthume – 1999 : *Les Mots croisés*.

• Préface de : Claudine Dannequin, *Les Enfants bâillonnés*, Paris, Éditions CEDIC, collection « Langue française, théorie et pratique », 1977, 176 p. [p. 3-5].
   Dépôt légal : 3ᵉ trimestre 1976, © 1977.

• « Guettées », *Les Lettres nouvelles*, février-mars 1977, p. 61-71.
   Extraits du projet *Lieux*, série « réels » : rue de la Gaîté. Référencé par Perec sous le titre « Tentative de description de quelques lieux parisiens : Guettées » dans la « Bibliographie sommaire » (1979). Dernière livraison de la revue de Maurice Nadeau.

• « Georges Perec : "des règles pour être libres" », propos recueillis par Claude Bonnefoy, *Les Nouvelles littéraires*, n° 2575, 10-16 mars 1977, p. 21.
   À propos de *La Vie mode d'emploi* (1978).

• « Les lieux d'une ruse », dans : [Collectif], *La Ruse. Cause commune*, 1977/1, Union Générale d'Éditions, collection « 10/18 », série « Cause Commune », n° 1143, 1977, p. 77-88.
   Dépôt légal : 2ᵉ trimestre 1977.
   Réédition posthume – 1985 : *Penser/Classer*.

• Quatrième de couverture de : Raymond Queneau, *Un rude hiver* [1939], Gallimard, collection « L'imaginaire », n° 1, 1977, 175 p.
   Dépôt légal : mai 1977.

• Harry Mathews, Georges Perec, « Roussel et Venise. Esquisse d'une géographie mélancolique », *L'Arc*, n° 68 : « Raymond Roussel », 3ᵉ trimestre 1977, p. 9-23.
   Réédition posthume – 1991 : *Cantatrix sopranica L. et autres écrits scientifiques*.

• « Vues d'Italie », *Nouvelle revue de psychanalyse*, n° 16 : « Écrire la psychanalyse », automne 1977, p. 239-246.
   Extraits du projet *Lieux*, série « réels » : place d'Italie. Référencé par Perec sous le titre « Tentative de description de quelques lieux parisiens : Vues d'Italie » dans la « Bibliographie sommaire » (1979).

• « Les voyages de Smautf », *Exit*, nᵒˢ 12-13, automne 1977, p. 66-69.
   Prépublication du chapitre XV de *La Vie mode d'emploi*.

• « La rue Vilin », *L'Humanité*, 11 novembre 1977, p. 2.

Extraits du projet *Lieux*, série «réels». Référencé par Perec sous le titre «Tentative de description de quelques lieux parisiens: la rue Vilin» dans la «Bibliographie sommaire» (1979). Réédition posthume – 1989 : *L'infra-ordinaire.*

- «Trois chambres retrouvées», *Les Nouvelles littéraires*, n° 2612, 24-30 novembre 1977, p. 20.
  Coquilles, mastic. Extraits du projet *Lieux où j'ai dormi*, texte daté d'octobre 1977.
  Rééditions posthumes – Mars 1982, en revue – 1985 : *Penser/Classer.*

- «Dos, caddy d'aisselles», dans: OULIPO, *À Raymond Queneau*, Paris, Bibliothèque oulipienne, n° 4, [1977], 35 p. [p. 31].
  Pas de mention d'achevé d'imprimé. Édition hors commerce de 150 exemplaires. Le texte est un palindrome syllabique à partir du poème *El Desdichado*, de Gérard de Nerval.
  Rééditions anthumes – 1980: *La Clôture et autres poèmes* – 1981 : OULIPO, *La Bibliothèque oulipienne.*

- «Petite histoire d'un texte source», préface à: Italo Calvino, *Piccolo Sillabario illustrato*, Paris, Bibliothèque oulipienne, n° 6, [1977], 25 p. [p. 3-4].
  Pas de mention d'achevé d'imprimé. Édition hors commerce de 150 exemplaires. Le texte de Calvino reprend en italien le procédé homophonique du *Petit Abécédaire illustré* (1969).
  Réédition anthume – 1981 : OULIPO, *La Bibliothèque oulipienne.*

Traductions

- «Az Olvasás Társadalomlélektani Vázlat», traduction de «Lire: esquisse socio-physiologique» (1976) en hongrois par Peter Adam, *Nagyvilag*, n° 5, 1977, p. 643-650.

- «Leitura exaustiva de un lugar parisieise ou as ruinas de Paris», traduction de «Tentative d'épuisement d'un lieu parisien» [1975] en portugais par António Martinho Baptista, dans: *Cause Commune, O Apodrecimento das sociedades* [*Le Pourrissement des sociétés*, 1975], Lisbonne, Livraria Bertrand, collection «Tempo aberto», 1977.

- «A laranja esta a porta», traduction de «L'orange est proche» (1972) en portugais [voir ci-dessus].

- Traduction de «Approches de quoi?» (1973) en portugais [voir ci-dessus].

- «Anton Voyl schwand dahin. Über das Leipogram und Georges Perec's *Disparition*», traduction d'extraits de *La Disparition* (1969) avec un essai par Eugen Helmlé, *Akzente* (Munich), n° 5, octobre 1977, p. 453-472.
  Perec: «étude sur le livre comprenant plusieurs exemples de traduction en allemand sans E: l'avant-propos, le chapitre 1, le chapitre 6, le sonnet des voyelles et "Brise marine" (ces deux derniers traduits par Ludwig Harig)» («Bibliographie approximative», 1985).

Télédiffusions

- *Aujourd'hui madame* (53 mn), émission intitulée *Des objets... pour quoi faire?*, diffusée le 2 mars 1977.
  Perec est invité avec André Castelot, Marie Cardinale, Dominique Ribert et Pierre Quoniam.

- *L'Œil de l'autre* (France, 90 mn, couleur), film de Bernard Queysanne, scénario de Noureddine Mechri à partir d'un synopsis de Perec, production INA (1976), film diffusé sur FR3 le 18 mai 1977 (collection «Cinéma 16»)
  Synopsis écrit en 1974 (FPGP 48,3,12,1-13d et 48,3,18,1-7d).

Radiodiffusions

- *Poésie ininterrompue* (145 mn, Claude Royet-Journoud), France Culture, émission enregistrée le 1ᵉʳ février 1977, diffusée par épisode quatre fois par jour du 14 au 19 février 1977.

  Perec donne lecture de son « anthologie personnelle », il a choisi cent un textes : plus d'une trentaine extraits de ses propres productions (des poèmes contraints pour la plupart), les autres de Raymond Queneau, Michel Leiris, Joe Brainard, Sei Shônagon, Isaac de Benserade, Harry Mathews, Jacques Roubaud, Étienne de La Boétie, Italo Calvino, Henri Michaux, l'abbé de Marolles, Théophile de Viau, Raymond Roussel, Hans Bellmer, Maurice Scève et Shakespeare.

  Le 20 février, en guise de conclusion, Perec s'entretient pendant une demi-heure avec le poète Bernard Noël.

  Réédition posthume – 1997 : coffret *Georges Perec* (4 CD).

- *Le Pont des arts*, France Culture, les 6, 13, 20 et 27 août 1977, diffusion de quatre émissions sur la pataphysique.

  Invités : Eugène Ionesco, François Le Lionnais, Noël Arnaud, Jean Lescure, Paul Braffort, Jean Queval, Claude Berge et Georges Perec.

Musique

- *La Fosse d'orchestre*, expérience musicale de Philippe Drogoz d'après *La Poche Parmentier* (1974), création à l'ARC (Animation-Recherche-Confrontation, musée d'Art moderne de la ville de Paris) le 11 mai 1977.

- *Scrabble music*, pièce radiophonique de Philippe Drogoz basée sur la *Petite Histoire de la musique*. Diffusion sur France Culture.

Manifestations

- Les mercredis 7 septembre et 7 décembre 1977, Perec lit des extraits de *La Vie mode d'emploi* lors de soirées organisées au CNAC Georges-Pompidou.

Études

- Dupras (L.), « Images de la jeunesse chez Balzac et Perec », mémoire de maîtrise, s.l., 98 p.

- Engwall (Gunnel), « Perec, *Les Choses*, sur quelques aspects quantitatifs », dans : Lennart Carlsson ed., *Actes du VIᵉ Congrès des romanistes scandinaves* (Upsal, 11-15 août 1975), Uppsala-Stockholm, Almqvist & Wiksell Internat, collection : « Acta Universitatis Upsaliensis : Studia Romanica Upsaliensia », n° 18, 1977.

- Rocquet (Claude-Henri), « Georges Perec », dans : Claude Bonnefoy, Tony Cartano, Daniel Oster, *Dictionnaire de la littérature française contemporaine*, Paris, Jean-Pierre Delarge, 1977, p. 245-246.

1978

Publications

- Cinquante-deux grilles de mots croisés, *Le Point*, du n° 276 (2-8 janvier 1978) au n° 387 (25-31 décembre 1978).
  Réédition anthume – 1979 : grilles n°s 276-305 et 311-316, *Les Mots croisés*.
  Réédition posthume – 1999 : *Les Mots croisés*.

- *Je me souviens. Les choses communes I*, Paris, Hachette, collection «P.O.L», 1978, 147 p.
  Achevé d'imprimer : 2 janvier 1978. Dédicace : «pour Harry Mathews». Avec *Album d'images de la villa Harris*, d'Emmanuel Hocquard, le volume ouvre la collection dirigée par Paul Otchakovsky-Laurens.
  Prépublication – Janvier 1976.

- «Ce qu'il se passe quand il ne se passe rien», propos recueillis par Monique Pétillon, *Le Monde*, 10 février 1978, p. 17.

- «Compendium libri "De vita et modo utendi" cum CLXXVIII ex personis quæ in eo libro sunt», *Poésie*, n° 4, 1er trimestre 1978, p. 107-112.
  Prépublication de la partie surcontrainte du chapitre LI de *La Vie mode d'emploi* (1978).

- «Histoire de l'homme qui voulut retrouver le Très-Saint Vase», *Nouvelles impressions* (Tours), n° 1, 2e trimestre 1978, p. 54-64.
  Prépublication de larges extraits du chapitre XXII de *La Vie mode d'emploi* (1978).

- «Notes brèves sur l'art et la manière de ranger ses livres», *L'Humidité*, n° 25 : «La bibliothèque», printemps 1978, p. 35-38.
  Présenté comme «Extrait des *Notes de chevet*, en préparation»; avec une illustration de Pierre Getzler.
  Réédition posthume – 1985 : *Penser/Classer*.

- Tirage à part du chapitre LV de *La Vie mode d'emploi*, Paris, Hachette, mai 1978, 32 p.
  Le fascicule est distribué en mai 1978 aux professionnels présents au Festival du livre de Nice. La couverture, qui reproduit celle du roman, porte la suscription suivante en diagonale et en lettres rouges : «Ce nouveau roman de Georges Perec, à paraître en septembre prochain, sera l'un des événements de la rentrée littéraire. Voici le chapitre LV»; à l'intérieur, un texte de présentation du roman (reproduit dans : Bernard Magné, *Tentative d'inventaire pas trop approximative des écrits de Georges Perec*, p. 67).

- «Entretien avec Georges Perec», dossier de presse du film *Les Lieux d'une fugue*, INA, *circa* juin 1978.
  Le film est diffusé le 6 juillet 1978, cet entretien est donné comme «extrait d'un entretien» daté de 1977.

- «Post-scriptum», *La Quinzaine littéraire*, n° 284 : «La musique, le mot, la voix», 1er-31 août 1978, p. 6.
  Fait suite à «Chronique d'une collaboration chronique», de Philippe Drogoz.

- «Des comédies au rabais», *Les Nouvelles littéraires*, n° 2647, 4-10 août 1978, p. 11.
  Compte rendu du Festival Metro Retro donné au cinéma *La Clef* (Paris, V^e).

- *La Vie mode d'emploi*, Romans, Hachette, collection «P.O.L», 1978, 700 p.
  Achevé d'imprimer : 25 août 1978.
  Prépublications – Automne 1977 – 1er trimestre 1978 – 2e trimestre 1978 – Mai 1978.
  Rééditions anthumes – Octobre et novembre 1978 : extraits en revue – 1979, 1980 : rééditions.
  Traductions – 1980 : bulgare – 1982 : allemande (RFA).

- «Un livre pour jouer avec», propos recueillis par Jacqueline Piatier, *Le Monde*, 29 septembre 1978, p. 18.

- «Je ne veux pas en finir avec la littérature», propos recueillis par Pierre Lartigue, *L'Humanité*, 2 octobre 1978.

- « Sur la sellette. L'impossible Monsieur Perec », propos recueillis par Jean-Louis Ezine, *Les Nouvelles littéraires*, n° 2655, 6-12 octobre 1978, p. 32.
  Rééditions posthumes – Mars 1982, en revue – 1982 : Jean-Louis Ezine, *Les Écrivains sur la sellette*, Paris, Seuil.

- «Une minutieuse fascination», propos recueillis par Jean-Pierre Vélis, *L'Éducation*, n° 363, 12-18 octobre 1978, p. 24-26.

- Entretien avec Gérard Dupuy, *Libération*, 31 octobre 1978.
  Avec un extrait du «Rappel de quelques-unes des histoires racontées dans cet ouvrage» (*La Vie mode d'emploi*, 10 entrées).

- Chapitres XXXV, XXXVII et XXXVIII de *La Vie mode d'emploi*, *Lire*, n° 38, octobre 1978, p. 254-263.

- «Deux cent quarante-trois cartes postales en couleurs véritables», *Le Fou parle. Revue d'art et d'humeur*, n° 8, octobre 1978, p. 11-16.
  Réédition anthume – 1979, extraits en revue.
  Réédition posthume – 1989 : *L'infra-ordinaire*.

- «La maison des romans», propos recueillis par Jean-Jacques Brochier, *Le Magazine littéraire*, n° 141 : «Nietzsche», octobre 1978, p. 32-35.

- «Charades», *Le Magazine littéraire*, n° 141 : «Nietzsche», octobre 1978, p. 34.
  Treize variations homophoniques sur les titres des œuvres de Perec. Perec : «bien que n'ayant pas été édité sous forme de vœux, *Œuvres anthumes* (partiellement publié dans *Le Magazine littéraire* d'octobre 1978) se rapproche manifestement de ces textes» («Bibliographie sommaire», 1979).
  Réédition posthume – 1989 : «Œuvres anthumes», *Vœux* (note de l'éditeur : «À ce jour, aucun autre texte se rapportant à "Œuvres anthumes" n'a été retrouvé»).

- «Georges Perec : "J'ai fait imploser le roman"», propos recueillis par Gilles Costaz, *Galerie des arts*, n° 184, octobre 1978, p. 71-73.

- Cuchi White, Georges Perec, *Trompe l'œil*, Paris, Imprimerie Patrick Guérard, 1978, n. p. [9 f., 6 f. de photographies en couleurs].
  Achevé d'imprimer : novembre 1978. Six poèmes «franglais» accompagnés de six photographies en couleurs de Cuchi White. Édition hors commerce sous étui (22 x 22 cm) ; 125 exemplaires numérotés dont 10 numérotés de A à J sur vélin de Rives ; signature de l'auteur et de l'artiste.
  Réédition anthume – 1980 : les six poèmes, *La Clôture et autres poèmes*.

- «Entretien avec Georges Perec écrivain. Vivre et jouer avec les mots», propos recueillis par Patrice Delbourg, *circa* novembre 1978, p. 74-76.
  Lieu et date de publication non retrouvés, photocopie de l'entretien conservée dans le Fonds privé Georges Perec (3,49,3d).

- «Georges Perec : le grand jeu», propos recueillis par Francine Ghysen, *Femmes d'aujourd'hui* (Bruxelles), 14-20 novembre 1978, p. 4-5.

- «Dans six jours, lundi 20 novembre, à 13 heures. L'un de ces six auteurs recevra le prix Goncourt 1978», réponses à une enquête réalisée par Françoise de Comberousse et Jean-Claude Lamy, *France-Soir*, 15 novembre 1978.

- «Come ha fatto a costruire quel *"puzzle"* infernale?», propos recueillis par Elena Guicciardi, *Tuttolibri* (Turin), 18-24 novembre 1978.

  Sur-titré «Georges Perec ci parla del suo singolare romanzo, favorito al Goncourt», l'entretien a lieu à Paris, au domicile de Perec.

- «Georges Perec: un homme-livre», propos recueillis par Claude Helleu, *L'Aurore*, 27 novembre 1978.

  La première page du Préambule de *La Vie mode d'emploi* précède l'entretien.

- «Cyd Charisse m'était contée», *Les Nouvelles littéraires*, n° 2666, 6-12 décembre 1978, p. 32.

  Compte rendu de: Jean-Pierre Missiaen, *Cyd Charisse. Du ballet classique à la comédie*, Paris, Henri Veyrier, 1978.

- «Georges Perec le bricoleur», propos recueillis par Catherine Clément, *Le Matin*, 8 décembre 1978, p. 16.

- «Notes sur ce que je cherche», *Le Figaro*, 8 décembre 1978, p. 28.

  Réédition posthume – 1985 : *Penser/Classer*.

- «Une rédaction», *Le Nouvel Observateur*, n° 737, 23-29 décembre 1978, p. 60-61.

  Dans un dossier intitulé : «Il était une fois des conteurs... Tendre, insolite, cruel, Noël vu par sept écrivains français» (textes de Patrick Modiano, Pierre Viansson-Ponté, Claude Roy, Daniel Boulanger, Bertrand Poirot-Delpech, Madeleine Chapsal). Dans sa «Bibliographie sommaire» (1979), Perec intitule le texte : «Mon plus beau souvenir de Noël».

- «Treize vers hétérogrammatiques pour Hans Dahlem», dans : Hans Dahlem. *Ein Buch zum 50. Geburstag von seinen Freunden*, Herausgegeben von Ludwig Harig und Michael Krüger, Sarrebruck, SDV, 1978, p. 556.

  Réédition anthume – 1980 : texte sans la matrice, *La Clôture et autres poèmes*.

  Réédition posthume – 1992 : fac-similé de l'édition originale dans : Mireille Ribière, Bernard Magné, *Les Poèmes hétérogrammatiques*.

- «La vie : règle du jeu», propos recueillis par Alain Hervé, *Le Sauvage* (*Le Nouvel Observateur-Écologie*), n° 60 : «Le jeu», décembre 1978, p. 8-25.

  Nombreuses illustrations de Daniel Maja; avec un extrait du chapitre XXVI de *La Vie mode d'emploi*, un extrait d'*Espèces d'espaces* (ch. V, section 1), et une grille de mots croisés (voir ci-dessous).

- «Un problème inédit de Georges Perec», *Le Sauvage* (*Le Nouvel Observateur-Écologie*), n° 60 : «Le jeu», décembre 1978, p. 25.

  Grille de mots croisés de six sur six sans case noire.

  Réédition posthume – 1999 : *Les Mots croisés*.

Traductions

- *Mono no jidai / Eitei no oku ni aru furomu mekki no handoru no chiisa na baikutte nani ?*, traductions des *Choses* et de *Quel petit vélo à guidon chromé au fond de la cour?* (1966) en japonais par Mitsuo Yugé, Tokyo, Librairie Hakusuisha, collection «Atarashii sekaï no bungaku», 1978, 294 p.

- *W oder die Erinnerung an die Kindheit*, traduction de *W ou le Souvenir d'enfance* (1975) en allemand par Thorgerd Schücher, Berlin (RDA), Verlag Volk und Welt, 1978, 191 p.

Manifestations

• 26 février 1978 : Perec lit des extraits de *Je me souviens* dans le cadre des soirées de l'ARC (Animation-Recherche-Confrontation), musée d'Art moderne de la ville de Paris.

• 5 mars 1978 : Perec lit des extraits de *La Vie mode d'emploi* dans le cadre des soirées de l'ARC.

• 17 mars 1978 : conférence au Cercle Polivanov, « Comment j'ai écrit un chapitre de *La Vie mode d'emploi* ».
  Perec explicite très précisément les contraintes qui génèrent le roman à partir de l'exemple du chapitre LXXIII.

• 26 août-2 septembre 1978 : stage de la Fondation de Royaumont : « Écrire et Dire à Royaumont – Autour de Raymond Queneau ».
  L'Oulipo est représenté par Paul Fournel, Georges Perec et Jacques Roubaud.

• 6 décembre 1978 : dans le cadre des « Rendez-vous de la rue d'Ulm » (École Normale Supérieure), conférence intitulée « Écriture et contrainte ».

Télédiffusions

• *Les Lieux d'une fugue* (38 mn, film 16 mm, couleur), réalisé par Georges Perec, texte de Georges Perec (1975), production INA, diffusion sur TF1 le 6 juillet 1978 (collection « Caméra-je »).
  Image : Bernard Zitzermann ; montage : Catherine Binet ; musique : Robert Schumann, Gérard Frémy ; texte dit par Marcel Cuvelier. En mai 1982, le film est projeté au Festival de Cannes dans la section Perspectives du cinéma français (hors compétition).

• *Le Regard des femmes* (1 h 51 mn), émission intitulée *La Voix au chapitre*, diffusée le 26 septembre 1978.
  Autres invités : Marianne Viviez, Jean Blettner.

• *Ciné Regards* (32 mn), émission diffusée sur FR3 le 26 novembre 1978.
  Perec parle de l'écriture cinématographique d'Ozu à propos du film *Le Goût du saké* (sorti à Paris en décembre 1978) ; Michel Ciment participe également à l'émission.

• *Aujourd'hui Madame* (50 mn), émission intitulée *Trois auteurs face à leurs lectrices*, diffusée sur Antenne 2 le 27 novembre 1978.
  Autres invités : Jean Raymond et Catherine Rihoit.

• Le 27 novembre 1978, courte interview de Perec à l'occasion du prix Médicis dans les journaux télévisés de TF1 et d'Antenne 2.

• *Apostrophes* (1 h 10 mn, Bernard Pivot), émission intitulée *Des goûts et des couleurs*, diffusée sur Antenne 2 le 8 décembre 1978.
  Autres invités : Jacques Brenner, Michel-Antoine Burnier, Conrad Destrez (prix Renaudot), Jean Dutourd et Alain Robbe-Grillet (qui fait l'éloge de *La Vie mode d'emploi*). On aperçoit par ailleurs Perec parmi le public de l'émission d'*Apostrophes* diffusée le 22 septembre 1978 et dans laquelle est invité Charles Bukowski.

Radiodiffusions

• *Les Nuits magnétiques* (Alain Veinstein), France Culture, émission enregistrée et diffusée le 16 janvier 1978.

Perec lit des extraits de *Je me souviens* (2 mn 50).

• *Les Nuits magnétiques* (Alain Veinstein), France Culture, émission enregistrée et diffusée le 1er mars 1978.
Perec décrit le projet *Lieux* et évoque le film *Un homme qui dort* (12 mn 40).

• *Tagstimmen*, rediffusion par la Saarländischer Rundfunk le 9 avril 1978.

• *Le Panorama de France Culture*, émission diffusée le 13 avril 1978.
Perec parle de *Je me souviens*.

• *Radioscopie* (Jacques Chancel, 55 mn), France Inter, émission diffusée le 22 septembre 1978.

• *Les Matinées de France Culture*, émission enregistrée et diffusée le 12 octobre 1978.
Entretien avec Roger Vrigny à propos de *La Vie mode d'emploi* (20 mn).

• *Le Panorama de France Culture*, émission diffusée le 7 novembre 1978.
Participent également à l'émission : Paul Fournel, Paul Braffort, Jacques Bens et Jacques Duchateau, producteur de l'émission.

• *Un Livre, des voix* (39 mn 30, Pierre Sipriot), France Culture, émission enregistrée le 6 novembre et diffusée le 10 novembre 1978.
Perec présente *La Vie mode d'emploi* et s'entretient avec Jacques Roubaud (15 mn).

Études

• [Anonyme], « Rumeurs, Georges Perec », *Revue Belles Lettres* (Bungei, Tokyo), vol. XVII, n° 4, 1978, p. 283-285.

• Engwall (Gunnel), « Contenu, vocabulaire et statistique. Illustration de quelques méthodes quantitatives », *Cahiers de lexicologie*, XXXIII, n° 2, 1978, p. 71-90 [sur *Les Choses* et *Le Déluge*, de J. M. G. Le Clézio].

• Lancelot (Bernard-Olivier), « Lire Perec : Espace et écriture », mémoire, université d'Oslo (Romansk Institutt), 121 p.

Presse

• Comptes rendus de *Je me souviens* : Monique Pétillon, *Le Monde*, 10 février 1978 ; Marie Chaix, *Le Nouvel Observateur*, 6-12 février 1978 ; Serge Koster, *La Quinzaine littéraire*, 16-28 février 1978 ; C. Bourniquel, *Les Nouvelles littéraires*, 19-25 janvier 1978 ; *Le Figaro*, 25 février 1978 ; Matthieu Galey, *L'Express*, 27 février-5 mars 1978 ; Chantal Labre, *Esprit*, mars 1978.

• Comptes rendus des *Lieux d'une fugue* : Jacques Renoux, *Télérama*, 1er-7 juillet 1978 ; *L'Express*, 3-9 juillet 1978 ; Laure Dubreuil, *Le Matin*, 6 juillet 1978 ; Christian Combaz, *Le Figaro*, 6 juillet 1978.

• Comptes rendus de *La Vie mode d'emploi* : Gilbert Ganne, *L'Aurore*, 5 septembre 1978 ; *21 heures*, 10 septembre 1978 ; Patrick Thévenon, *L'Express*, 11-17 septembre 1978 ; Catherine David, *Le Nouvel Observateur*, 18-24 septembre 1978 ; Jean Clémentin, *Le Canard enchaîné*, 20-26 septembre 1978 ; *Le Matin*, 25 septembre 1978 ; Jean-Pierre Amette, *Le Point*, 25 septembre-1er octobre 1978 ; Jacqueline Piatier, *Le Monde*, 29 septembre 1978; Jacques Chessex, *24 heures* (édition de Lausanne), 1er octobre 1978; *L'Humanité*, 2 octobre 1978; Claude Bonnefoy, *Les Nouvelles littéraires*, 6-12 octobre 1978; Jacques De Decker, *Le Soir* (Bruxelles), 11 octobre 1978; François Nourissier, *Le Figaro magazine*, 14-20 octobre 1978; Hubert Juin, *La Quinzaine littéraire*, 16-31 octobre 1978; Annie Coppermann, *Les Échos*, 17 octobre 1978; *Le Canard enchaîné*, 18-24 octobre 1978; Michel Samson, *Rouge*, 20-26 octobre 1978; Lucien Guissard, *La Croix*, 21 octobre 1978; F. Salvaing, *L'Humanité dimanche*, 25-31 octobre 1978; *Libération*, 31 octobre 1978; Jacqueline Bastié, *Spécial*, novembre 1978; Gilles Blanchard, *Télérama*, 4-10 novembre 1978; *Le Nouvel Observateur*, 13-19 novembre 1978; *La Libre Belgique*, 15 novembre 1978; *France Soir*, 15 novembre 1978; *Nord-éclair* (Lille), 16 novembre 1978; Maurice Chavardes, *Témoignage chrétien*, 18-24 novembre 1978; Guy Rossi-Landi, *Valeurs actuelles*, 20-26 novembre 1978; *Nord-matin* (Lille), 21 novembre 1978; *La Vie*, 23-29 novembre 1978; *Le Provençal* (Marseille), 26 novembre 1978; Françoise Ducout, *Elle*, 27 novembre-3 décembre 1978; Françoise Xenakis, *Le Matin*, 28 novembre 1978; *Le Figaro*, 28 novembre 1978; *L'Aurore*, 28 novembre 1978; *L'Humanité*, 28 novembre 1978; *Le Parisien libéré*, 28 novembre 1978; Jean-Claude Lamy, *France-Soir*, 29 novembre 1978; *Le Monde*, 29 novembre 1978; *Canal*, novembre 1978; Chantal Labre, *Esprit*, novembre-décembre 1978; Daniel Adler, *La Presse nouvelle*, 1er décembre 1978; Jacques Almira, *Les Nouvelles littéraires*, 1er-7 décembre 1978; *Télé 7 jours*, 2-8 décembre 1978; Henry Bonnier, *La Dépêche du Midi* (Toulouse), 3 décembre 1978; Jean Duvignaud, *Le Nouvel Observateur*, 4-10 décembre 1978; *France catholique*, 8 décembre 1978; *Le Progrès* (Lyon), 8 décembre 1978; *La Croix*, 12 décembre 1978; *Ici Paris*, 21 décembre 1978; Robert Poulet, *Rivarol*, 21 décembre 1978; Pépita Dupont, *Paris-Match*, 22-28 décembre 1978; Philippe Dulac, *La Nouvelle NRF*, décembre 1978; Paul Guth, *Le Midi libre*, 23 janvier 1979; Robert Poulet, *Le Spectacle du monde*, janvier 1979; *La Revue des deux mondes*, janvier 1979; *Femmes d'aujourd'hui*, 31 janvier-6 février 1979; Yankel, *Galerie des arts*, février 1979; *Mieux vivre*, février 1979; Benoît Peeters, *La Revue nouvelle*, février 1979.

Index

Index des œuvres de Georges Perec

Les numéros renvoient à ceux des pages où Georges Perec mentionne ou fait allusion à un de ses ouvrages (publiés, inédits, ou restés à l'état de projet).

Index des noms propres

Les numéros de l'index correspondent à ceux des pages. Ils renvoient aussi bien au corps des entretiens et conférences qu'à l'appareil critique. Lorsque le nom en question est uniquement cité en note, la lettre « n » suit le numéro de la page.

Table

CET OUVRAGE
A ÉTÉ ACHEVÉ D'IMPRIMER
DANS LES ATELIERS
LA MANUTENTION
À MAYENNE
EN MARS 2003

N° éd. 34. N° d'impr. 95-03.
Dépôt légal : mars 2003
ISBN 2-910686-39-6
(*imprimé en France*)